Judith Schildt

Konkreter Perspektivismus

Judith Schildt

Konkreter Perspektivismus

Selbstverhältnisse, Beziehungen zum Anderen und
die Frage nach dem Verstehen im interkulturellen Kontext

Tectum Verlag

Judith Schildt

Konkreter Perspektivismus.
Selbstverhältnisse, Beziehungen zum Anderen und
die Frage nach dem Verstehen im interkulturellen Kontext
Zugl.: Stuttgart, Univ. Diss. 2008
ISBN: 978-3-8288-2447-8
Umschlagabbildung: Daisyray – www.istockphoto.com

© Tectum Verlag Marburg, 2010

Besuchen Sie uns im Internet
www.tectum-verlag.de

Bibliografische Informationen der Deutschen Nationalbibliothek
Die Deutsche Nationalbibliothek verzeichnet diese Publikation in der
Deutschen Nationalbibliografie; detaillierte bibliografische Angaben sind
im Internet über http://dnb.ddb.de abrufbar.

Danksagung

Steht am Ende auch zurecht allein die Person für das Geschriebene gerade, deren Name auf dem Titelblatt aufgeführt ist, so ist das Denken und Erdenken eines Themas immer auch Teamwork. Ohne die vielen Hinweise, Ratschläge, Nachfragen, Kritik und vor allem die Zuhörerschaft vieler Augen- und Ohrenpaare hätte dieser Text nicht das werden können, was ich mit ihm zu vermitteln hoffe. Ich danke an erster Stelle Prof. Dr. Christoph Hubig und Prof. Dr. Li Wenchao, die mir als Betreuer und Gutachter zu jedem Zeitpunkt der Genese der Arbeit über das bloß Notwendige hinausgehend mit Ratgeberschaft zur Seite gestanden haben und mich zudem frühzeitig in den professionellen Wissenschaftsbetrieb einbanden. Symmetrische Kommunikationsverhältnisse sind alles andere als selbstverständlich, deshalb möchte ich hier ganz ausdrücklich Christoph Hubigs Respekt und Wenchao Lis Geduld hervorheben, die sie mir bei Meinungsverschiedenheiten oder einem zuweilen (zu) rasanten Vorpreschen in die Weite des Denkfeldes stets entgegenbrachten.

Mein zweiter großer Dank gilt Prof. Dr. Benjamin Specht. Es gehen ungezählte literatur- und wissenschaftshistorische Impulse auf ihn zurück, die zur „Erdung der Kantschen Taube" verholfen und den Absturz eines zwischenzeitlich hoch fliegenden Projekts aus dem luftleeren Raum verhindert haben.

Mit Dr. Michaela Hänke-Portscheller hatte ich eine sehr aufmerksame und wohlgesonnene Zuhörerin zur Seite. Ich möchte besonders für den Kampfgeist und Mut zum Durchhalten danken, den sie bei mir immer dann wiederbelebt hat, wenn es darum weniger gut bestellt war.

In der Zeit zwischen Mai und August 2006 habe ich mich auf einem vom Deutschen Akademischen Austauschdienst (DAAD) geförderten Forschungsaufenthalt an der Technischen Universität in Dalian/ VR China aufgehalten. Dem DAAD danke ich für die finanzielle Unterstützung. Vor Ort in Dalian hatte ich in Dr. Wang Fei eine warmherzige Kollegin, die mir wertvolle Hinweise gab, um der chinesischen Sprache und des untersuchten Materials Herr zu werden.

Zwischen 2004 und 2008 wurde ich vom Kulturwissenschaftlichen Institut in Essen/Nordrhein-Westfalen (KWI) gefördert. Am KWI war meine Promotion in die wissenschaftliche Forschungs- und Veranstaltungstätigkeit der Studiengruppe „Kulturen der Verantwortung" eingebunden. Hier konnte ich viel über das organisatorische und operative Geschäft der Wissenschaft lernen. Für die lebendige Gruppenarbeit sei den beiden Gruppenleitern, PD Dr. Ludger Heidbrink und PD Dr. Alfred Hirsch, sowie im weiteren auch meiner Kollegin Regina von Görtz M.A. herzlich gedankt.

Das alltägliche Geschäft des Denkens besteht nach wie vor aus dem aussitzenden Schreiben und Erschreiben von Worten. Viele Freunde sind hier für mich dagewesen und haben mich immer wieder motiviert. Allen von ihnen möchte ich für ihre Unterstützung danken, besonders – in der Hierarchie der Buchstabenfolge – Mechthild Adameit M.A., Diana Brenscheidt M.A., Dorothee Brieger, Prof. Dr. Aaron Bustamante, M.A. Heike Flemming, Dr. Sigrun Nickel, Dr. Alexandra Popp sowie meiner Schwester Katrin.

Die Arbeit ist durch mich, noch mehr und wichtiger aber durch die zwei Personen ermöglicht worden, die am längsten aufbauenden Anteil an meinem Werdegang hatten: meine Mutter Margitta und meinen Vater Raimar. Ihnen widme ich meine Arbeit. Danke, dass Ihr beide immer hinter meinen Entscheidungen gestanden und sie verteidigt habt!

Frankfurt am Main, im Mai 2010

Inhaltsverzeichnis

1 Ich bin Tajomaru Oder Die Unmöglichkeit eines auktorialen Standortes 13

2 Um Fremdes wissen und es verstehen – Fragegegenstand der Arbeit 15

3 Gang der Argumentation 16

4 Concrete Perspectivism. Self-Relations, Correlations to the Other and the Question of Understanding in an Intercultural Context – Synopsis of the Dissertation Thesis 19

5 I'm Tajomaru or The Impossibility of an Omniscient Point of View 19

6 To know about and understand the Other – The Topic of the Doctoral Thesis 22

7 The Course of Work 23

Begegnungsweisen – Weisen der Selbstvergegenwärtigung

I Philosophiegeschichtliche Zu- und Eingänge zum Fremden 29

1 Begriffsgeschichte und Hermeneutiken des Verstehens 29

2 Zeitgenössische Kulturwissenschaften und die Wissenschaft vom Fremden 35

3 Im Fokus klassischer Verstehenstheorien – Kritik und Anknüpfungspunkte der Kulturwissenschaften 40

3.1 Methodologische Kritik und moralische Anklage 41

3.2 Das Problem von Universalisierung und Relativismus 44

3.2.1 Grenzen der Kritik I – Methodische Ein- und Ausgänge 47

3.2.2 Grenzen der Kritik II – Veränderte Welten 49

3.3 Kulturverstehen und das Problem der Analogiebildung 52

4 Universalismus und individuelle Perspektiviertheit der Welt 55

4.1 Wurzeln des Kulturvergleichs – Zur Individualität der
Analogiebildung (G.W. Leibniz) 56
4.1.1 Vielheit des Denkens und substanzielles Sein 58
4.1.2 Konkrete Welthaftigkeit und individuiertes Ganzes 61

4.2 „Kontingente Notwendigkeiten" – Zum Verhältnis von
theoretischer Wahrheit und kultureller Diversität 64

**II Selbst und Anderes – Zwischen objektiver und subjektiver
Aneignung des Lebens (Søren Kierkegaard) 73**

1 Unbestimmtheiten (in) der modernen Welt 73

1.1 Das „unbekannte Unbekannte" oder das Problem der
kulturellen Fremde im Kontext der Reduktion des Wissens 76

1.2 Unbestimmtheit des Einzelnen 79

2 Søren Kierkegaard – Existenz und Weltbezug 82

2.1 Jene „Angst des Wählenkönnens" – Die anthropologische
Ausgangslage 83

2.2 Existenz im Werden – Zur konkreten Lebensweltlichkeit
des Individuums 88

2.3 Zur Wahrheitssuche des Erkennenden – Die Frage nach Gott 93

2.4 Verzweiflung im Endlichen – Selbst und Verhältnis 99

3 Selbst und Anderes – Wege der Hermeneutisierung
des Anderen (Auswertung I) 107

3.1 Selbst und Anderes in hermeneutischer Relation –
Fremdwerden des Anderen 108

3.2 Zwiefalt im Zwiespalt Oder Zur negativen universalen
Perspektivität des Selbst 111

3.2.1 Welt in Beziehungen – Die Negativierung des
Einheitsgedankens 112

3.2.2 Welt als Grundlosigkeit 115

4	Prozessualisierung und Entdinglichung im existentiellen Verstehen	118
5	Mitteilbarkeit des Anderen und selbstdeutende Aneignung	127
6	Kulturelle Andersheit in existenzphilosophischer Perspektive – Ertrag Søren Kierkegaards (Auswertung II)	133
7	Methode und Methodisierbarkeit im Verstehen	141

III Selbst in Ordnungen – Vom Bezug auf Fremdes zum Entzug des Verstehens (Bernhard Waldenfels) 145

1	Restschwierigkeiten mit der Analogie und ein Einstieg in den Ausstieg	145
2	Fremdheit im Selbst und Präferenz des Eigenen im Fremden	148
2.1	Selbstordnung und Ordnungskulturen	153
2.2	Vom Ordentlichen zum Außer-Ordnungshaften – Grade des Fremden und Orte der Kultur	157
3	Frageregularium vs. Antwortgeschehen – Zum kommunikativen Anspruch des Fremden	162
4	Fremde Ordnungen und Überschüsse ohne Ordnungsrahmen (Auswertung)	166
4.1	Entzug im Bezug – Probleme mit der Differenz (Kritik)	166
4.2	Auf dem Weg zur Kultur (Sieben Thesen)	178

IV Funktionalität im Verstehen – Der Einspruch der Kultur in kommunikativen (Dis-)kontinuitäten (Niklas Luhmann) 183

1	Einleitung: Bedenken und Systemtheorie	183
2	Wie ist Kommunikation an Verstehen beteiligt? – Zum Umgang mit Intransparenz unter systemtheoretischem Blickwinkel	187
2.1	Die Geschlossenheit der eigenen Ordnung – System/Umwelt-Differenz und sinnhafter Weltbezug	189

2.1.1　System, Autopoiesis und Selbstreferentialität 189

2.1.2　Selbstbeobachtung, Fremdbeobachtung, Weltbezug 192

2.2　Weltverhältnisse als eigener „Distinktionsgewinn"
– Systemischer Fremdbezug und funktionale Methode
(Auswertung I) 196

3　Kommunikation über das Fremde, Kommunikation mit
dem Fremden? – Zur Hermeneutik in sozialen Systemen 201

3.1　Differenz in Relation – Information, Mitteilung, Verstehen 204

3.2　Individualität oder Holismus? – Zum gesellschaftlichen
Funktionalismus der systemtheoretischen
Kommunikationspräambeln 209

4　„Genau so oder auch ganz anders" – Beobachtete Welt
im Visier der Kultur 212

5　Zur Frage der hermeneutischen Verfügung über
das Fremde (Auswertung II) 221

5.1　Abbau von Unwahrscheinlichkeit oder
funktionalistische Starren? (Thesen/Kritik) 223

5.2　Bruchstellen der Theorie/Im Übergang 233

Fremde Welten – Verstehensanfänge

V　Vorlauf – Kulturgeschichtliche Überschneidungen 239

1　Warum Technikphilosophie? 239

2　(Europäische) Wurzeln der Technik und Anfänge
der Technikphilosophie 242

3　Zukunft im Aufbruch – Technologieboom und
Technikreflexion 247

4　Terminologie und Ideologie – Fremde Ansichten und
das Fremde an Ansichten 250

VI Fremdrezeption verstehen: Chinesische Leitbilder der Technik – Leitbilder chinesischer Technikphilosophie ... 255

1 Grundlagen der alten Weltordnung (Vorbemerkungen) ... 255

2 Die Zweischneidigkeit des technischen Schwertes – Über Neutralität, Normen und Werte ... 257

2.1 Natürliche Technik, technische Objektivität, objektive Neutralität ... 259

2.2 Humane Technik als „schöpferische Kraft" ... 264

3 Technisch Mögliches und wirklich Gutes – Technik im Kontext des Wissensbegriffs ... 269

4 Fortschrittsträume von der guten Gesellschaft ... 275

4.1 Kreativität und Innovation im technikphilosophischen Diskurs ... 276

4.2 Road to Mandalay? ... 281

5 Auf dem Weg zur diesseitigen Harmonie – Versöhnung in der „Einheit von Himmel und Mensch" ... 284

5.1 Tian ren heyi im Kontext der Rezeption europäischer Technikphilosophie ... 285

5.2 Klassisches Vorbild, moderner Abbruch ... 290

6 Rezeption und Reflexion – Zum Umgang mit Fremdem und dem Wunsch nach Ebenbürtigkeit (Auswertung) ... 295

6.1 Rekanonisierung und Revitalisierung des verlorenen Selbst – Versuch einer Interpretation ... 296

6.2 Fremdverstehen = Falschverstehen? – Versuch einer Kritik ... 300

6.3 Konkurrenz von Wissensordnungen/Was (übrig-)bleibt ... 305

VII Paradoxien und Verständigungsvorurteile ... 311

1 Ergangene Wege – Zurück zur Selbstvergegenwärtigung ... 311

2　Sprachstrukturen und das Vorurteil mentaler Determiniertheit 313

3　Babylonisches Gewirr – Die Möglichkeit einer Übersetzung 319

VIII Neuland, unterwegs **337**

1　Verständigungsversuch(e), induktiv 337

2　Offenheit und Kontinuität – Zur Frage der
　　wechselseitigen Kommunikation 339

2.1　Im-Gespräch-bleiben als Offenheit 339

2.2　Die Wiederholung – Kontinuität im Versuch 346

3　Selbstvergewisserung im Progress – Acht Thesen zur
　　Hermeneutik auf interkulturellem Feld (Auch ein Resümee) 350

Literaturverzeichnis **367**

Einleitung

1 Ich bin Tajomaru Oder Die Unmöglichkeit eines auktorialen Standortes

„Diese Geschichte werde ich nie verstehen. ... Ich begreife es nicht. Wie ist diese Geschichte wirklich gewesen?" – Der Sturmregen prasselt auf das verfallene Tempeltor. Ein Holzfäller, ein Mönch und ein herumstreunender Dritter haben Schutz unter ihm gesucht. Und während es nicht aufhören will zu regnen, verstricken sie sich in den unterschiedlichen Perspektiven, aus denen heraus zuvor drei an einem Verbrechen Beteiligte vor Gericht den Tod eines Samurais schilderten. Der berühmte Räuber Tajomaru, dem es durch eine List gelang, die Frau eines Edelmannes zu vergewaltigen, sagt aus, den Ehemann nach seiner Tat im ehrenvollen Kampf besiegt und getötet zu haben. Dagegen behauptet die Witwe, wegen ihrer Entweihung von ihrem Mann verstoßen worden zu sein und ihn deshalb erstochen zu haben, um ihm und sich ihre Schande zu ersparen. Schließlich kommt durch ein Medium auch der Tote vor Gericht zu Gehör: Betroffen schildert er, dass sich seine Frau nach dem Akt dem Räuber an den Hals geworfen habe und verlangte, ihn zu meucheln. Aus Gram und weil Tajomaru ihn entgegen dem Wunsch der Frau freiließ, habe er nur noch den Freitod wählen können.

Auf der Basis zweier Kurzgeschichten[1] Akutagawa Ryūnosukes (1892–1927) verhandelt Kurosawa Akira (1910–1998) im Film *Rashomon* (1950) die Frage nach der Wahrheit und beantwortet sie mit einer Vielzahl von unterschiedlichen, individuellen Verstehensperspektiven, welche sich die an einem Geschehen Beteiligten über das Ereignis stets bilden. Bei der Frage nach Wahrheit muss man also zur Kenntnis nehmen, dass menschliche Individuen sie immer auch

---

[1] Akutagawa, Ryūnosuke [1915]. „Rashomon." In: *Rashomon. Ausgewählte Kurzprosa*. Berlin 1975. S. 5–13; ders. [1921]. „Im Dickicht." In: *Rashomon*. A.a.O., S. 339–351.

zu ihrem eigenen Vorteil auslegen. *Die* Wahrheit wird von verschiedenen Perspektiven aus betrachtet und von vielen Einzelnen im Sinne persönlicher Betroffenheit und unter dem Blickwinkel ihrer Nützlichkeit als solche *verstanden*. Letztlich sei ein Geschehen dann aber auch deshalb nie ganz verstehbar, so Kurosawa, weil das „menschliche Herz selbst nicht restlos verstanden werden kann".[2]

Gleichwohl lässt *Rashomon* verbindliche Aussagen zu über das, was passiert ist sowie darüber, was verstanden wird. Stellt man nämlich die Blickwinkel der Beteiligten nebeneinander – einschließlich dem des Holzfällers, welcher, wie sich im Verlaufe der Erzählung herausstellt, das Verbrechen sogar direkt beobachtet hatte –, so wird ersichtlich, inwiefern jeder einzelne zu seinen Gunsten zur „Fälschung" tendierte. Obwohl also keine der Geschichten für sich genommen unbedingt glaubwürdig erscheint, so schält sich in der Aneinanderreihung und Gegenüberstellung der Sichtweisen doch ein Multiperspektivismus konkreter Betrachtungswinkel heraus – und damit eine bestimmte Wahrheit im Sinne des Verstehens dieses Geschehens.[3] Indem Individuen etwas stets *für sich* verstehen und mit Bezug auf sich selbst auslegen, bereichern und konkretisieren sie offenbar das Bild von anderen.

Die Grenzen zwischen Wahrheit und Unwahrheit, zwischen Realität und Fiktion, zwischen Geschehen und Erinnerung, letztlich zwischen Verstehen, Missverstehen und Unverstehen eigener und fremder Sichtweisen sind fließend. Wo es interessante Dinge und Zusammenhänge zu verstehen gibt, sind immer mehrere Tajomarus an Ort und Stelle, die miteinander um den besseren, um den „echteren" Zugang zu ihnen streiten. Nichtsdestotrotz verwischen die Grenzen in der einzelnen Situation nicht, dies genau durch jene vielen eigenwilligen Köpfe. Weil es viele verschiedene Blickwinkel

---

[2] Siehe: http://www.criterion.com/asp/release.asp?id=138&eid=213&section=essay&page1 („Akira Kurosawa on *Rashomon*." Zugang am 28.9.2007).

[3] Dies auch im Gegensatz zu Akutagawas absolutem Relativismus der *short story*.

sind, von denen aus auf die Welt geschaut und durch die sie verstanden wird, fügt die Welt sich zusammen und können Eigenes und Anderes in ihr letztlich etwas besser verstanden werden.

2 Um Fremdes wissen und es verstehen – Fragegegenstand der Arbeit

Dass auf die Welt von differenten Blickwinkeln aus geblickt wird, ist gerade auch im Feld der Kulturen zunehmend Gesprächsthema. Je überflüssiger es hier scheinen will, ein zeitgenössisches Nebeneinander mehrerer Kulturen zu konstatieren und das wachsende Gegeneinander einzelner kultureller Ordnungsräume bloß wiederholt zu kritisieren, desto stärker drängt sich gleichzeitig die Frage nach dem Verhältnis der Kulturen untereinander und nach deren Möglichkeiten gegenseitiger Verständigung auf. Wir wissen heute, dass es neben unserer eigenen kulturellen Ordnung eine Vielzahl anderer gibt, deren Handlungsparadigmen und Zugang zu Mensch und Umwelt wir unverständlich, sogar problematisch finden können. Das Problemfeld der Kulturkonflikte und der potentiell unfriedlichen Auseinandersetzungen zwischen differenten Ordnungen, ahnen wir überdem, besteht mit großer Wahrscheinlichkeit nicht einfach nur darin, dass sich die verschiedenen Seiten allein noch nicht „klar genug" ausgedrückt haben. Im Gegensatz zu einem bloßen „lack of information", einer nur kurzzeitig noch nicht überbrückten Lücke von Informationen, geraten Kulturen gerade deshalb miteinander in Konflikt, weil sie jeweils ein eigenes Verständnis von dem pflegen, wie man sich in der Welt verhalten und sie gestalten soll. Auf diese Weise ist das Problem kultureller Differenzen keines allein unbekannter Informationen und Daten, sondern vielmehr ein grundsätzliches des Verstehens und Fremdverstehens verschiedener Sichtweisen auf, Kommunikationen über und Handlungsstrategien in der Welt, die untereinander inkompatibel erscheinen.

Diesem Tatbestand sucht der hiesige Text Rechnung zu tragen, indem er sich der Frage nach der Möglichkeit des spezifisch auf fremde Kulturen bezogenen Verstehens widmet. Ich gehe von der Überlegung aus, dass es Differenzen zwischen einer jeweils eigenen Kultur, in der Menschen verortet sind, und fremdkulturellen Ordnungen gibt, welche nachgerade als nicht-rekapitulierbare, epistemologisch dunkle Dichotomien wahrgenommen werden. Die sich hieraus ergebende Frage ist, inwiefern sich Bedingungen für die Möglichkeit eines Zugangs zur fremden Ordnung eruieren lassen. Mittels einer systematisch intendierten Diskussion des philosophischen Problems der Hermeneutik im interkulturellen Kontext und entlang des Entwurfs einer Methodologie des Fremdverstehens gehe ich einer Reihe von Fragen als notwendig aufeinander bezogenen Aspekten im Hinblick auf das Kontingenzproblem von Kultur nach und versuche hierbei Anknüpfungsmöglichkeiten durch eine explizit kulturhermeneutisch modifizierte Terminologie aufzuzeigen.

3 Gang der Argumentation

Eine kulturhermeneutische, sprich auf das Verstehen des Fremden einer anderen Kultur ausgerichtete Fragestellung hat ihr Nachdenken über dieses Fremde in die Nähe eines Vorbedenkens der Umstände zu stellen, unter denen sich der Verstehenwollende ihm zu nähern sucht. Dabei liegt philosophisch gesehen vielen der Probleme des kulturellen Miteinanders und insbesondere ihres Gegeneinanders ein erkenntnistheoretisches Dilemma zugrunde. Das Dilemma besteht darin, dass sich Aussagen über fremde Kulturen und Ordnungszusammenhänge immer nur als über inadäquate Spiegelfassaden gebildete Identifikationen klassifizieren. Epistemologisch disqualifizieren sie sich damit. Anders formuliert, Kulturen und kulturell Fremdes adäquat zu verstehen krankt am Problem der inadäquaten Analogiebildung, die ein Vergleich ermöglichendes, ebenentheoretisch höher gestelltes *tertium* voraussetzt, das Fremde damit aber stets kategorial verfehlt. Im Kontext einer Einführung in diese Thematik und vor dem Hintergrund einer kleinen Begriffsgeschichte der Hermeneutik sowie Hauptentwicklungslinien neuerer Kulturwissenschaften setze ich mich im ersten Kapitel mit der Problematik der Analogiebildung zwischen Kulturen auseinander und kennzeichne sie als methodisches Problem des Streits so genannter universalistischer mit relativistischen Standpunkten. Im Ausgang einer systematischen, sich interpretativ verstehenden Aufnahme des Monadenbegriffs von **Gottfried Wilhelm Leibniz** suche ich die Kritik an der Analogiebildung sowie am universalistischen Ansatz als Scheinproblem auszuweisen und zu zeigen, warum ein funktional-ontologischer Universalismus notwendig mit einer Vielheit von kulturell verorteten Weltentwürfen verschränkt ist (Abschnitt I).

Wenn eine potentiell unendlich große Vielheit des Denkens angenommen werden darf, können einzelne, individuelle Perspektiven auf die Welt zum Ausgangspunkt eines methodologischen Entwurfs der Fremdverstehensthematik werden. Mit **Søren Kierkegaard**s Überlegungen zur Selbstverständigung über das eigene Leben zeige ich auf, wie Verstehen die ausgezeichnete Weise eines konkreten, lebensweltlich verorteten Individuums ist und inwiefern es dessen Existenzweise charakterisiert, sich auf ein Anderes zu beziehen. Das Andere ist ein als Fremdes gedeutetes universales Größeres, dem der Einzelne qua persönlicher Perspektive relational verbunden ist, dem er sich aber allein negativ in Form der Alterierung nähern kann (Abschnitt II).

Das Andere der einzelnen Existenz taucht als ein ordnungsmäßig differentes Fremdes auf, das sich in verschiedenen Graden äußert. Auf der Grundlage von **Bernhard Waldenfels'** Arbeiten zum Phänomen der Fremderfahrung suche ich in systematischer Absicht zu erörtern, inwiefern das Fremde im eigenen Weltbezug als Außer-Ordentliches erscheint. Selbst und Fremdes sind jedoch auch in überindividuell bindenden Ordnungsverhältnissen wechselseitig aufeinander bezogen. Die Ordnungsverhältnisse sind nicht nur inter-individuell wirksam. Als so genannter Ordnungskulturen bedingen sie einen kommunikativen Anspruch des Fremden, dem sich der Verstehenwollende gegenüber sieht (Abschnitt III).

Das Andere der eigenen Existenz wird auf diese Weise kommunizierbar. Es meint dann ein Fremdes, welches nicht nur negativ verstanden wird, sondern über welches auch positive Aussagen gemacht werden. Ich setze an dieser Stelle **Niklas Luhmann**s systemtheoretische Arbeiten zur Kommunikation ein und zeige auf, dass im Verstehen des Fremden spezifisch funktionalistische Tendenzen zum Tragen kommen. Diese haben Fremdheit verkürzende, verfügungsrationalistische Folgen. Das Phänomen der Kultur zeichnet hier aber dafür verantwortlich, dass sich das als Verschiedenes kommunizierte Fremde immer wieder von Einsprüchen durchzogen sieht, welche hermeneutisch-interpretative Verstarrungstendenzen aufzubrechen vermögen (Abschnitt IV).

Der Polyperspektivismus, welcher auf der Basis der vorangegangenen vier Abschnitte gewonnen wurde, fordert mindestens eine konkrete Auseinandersetzung, d.h. einen konkreten Verstehensversuch eines kulturell Fremden ein. In zwei Kapiteln wende ich mich der zeitgenössischen **chinesischen Wissenschaft** zu. *In concreto* diskutiere ich chinesische Hauptentwicklungslinien technikphilosophischer Ansätze, dies vor dem Hintergrund von einerseits europäischen Rezeptionseinflüssen und andererseits einer älteren, spezifisch chinesischen Wissensordnung. Meine Analyse der Veränderungen und der Umbruchsituation, die am Umgang der chinesischen Wissenschaft mit den für sie fremden Texten und Ideen beobachtbar ist, versuche ich in einen interpretativen, fremdkulturell reflektierten Kontext einzubetten (Abschnitte V und VI).

Über den wichtigen „Umweg" des konkreten Interpretationsversuchs eines kulturell Fremden gelange ich schließlich zu der Frage, wie über eine Verständigung über das Fremde hinausgehend auch eine **Verständigung mit Fremdem** unternommen werden kann. Hier gehe ich auf das Vorurteil der mentalen Determiniertheit durch Sprachstrukturen sowie auf Möglichkeiten der Übersetzung ein.

In der Untersuchung gelange ich zu dem Schluss, dass einem Fremdverstehen in interkultureller Perspektive qua wiederholender Selbstvergegenwärtigung zu Offenheit und Kontinuität verholfen werden kann. Auf diese Weise werden Grundlagen für eine wechselseitige Kommunikation und gegenseitige Verständigung eingerichtet (Abschnitte VII und VIII).

4 Concrete Perspectivism.
Self-Relations, Correlations to the Other and the Question of Understanding in an Intercultural Context – Synopsis of the Dissertation Thesis

The following abstract gives a short outline of my philosophical doctoral thesis, which deals with the question of intercultural hermeneutics. It finishes with a final conclusion related to the conditions of the possibility of understanding the cultural Other. In the abstract I will rise a number of hypotheses building the center of my theoretical und methodological approach. To meet the requirements of precise presentation, I will divide the abstract into three sections.

5 I'm Tajomaru or The Impossibility of an Omniscient Point of View

„I'll never understand this story. ... I don't comprehend it. How has this event really happened?" – Stormy rain is pattering on a tumble-down temple gate. Under the gate a woodcutter, a priest and a commoner are seeking protection from the rain. While the rainfall won't cease, the three men talk about a crime, for which two of them had to appear in court and convene as witnesses three days before. But the longer they speak about the murder of a samurai und try to comprehend how this could have happened, the worse and falser their memories seem to get. Finally, the woodcutter and the priest get caught up in the many contradictions of the different perspectives and versions which have been recounted in court by the people being involved in the case of a nobleman's death and the rape of his wife.

On a day of scintillating midsummer heat the famous bandit Tajomaru used a bit of cunning in the forest to get the wife of a samurai caught up and assaulted her indecently. During the later interrogation he states that he honourably defeated and dispatched the husband after the ravish incident. In contrast to Tajomaru the woman claims that after the rape her husband divorced her because of her desecration. To spare both of them further ignominy she stabbed him to death. Finally, the spirit of the dead samurai is heard through a medium: Touched deeply by the incident he delineates how after the violation the wife threw herself at the bandit und demanded Tajomaru to assassinate him. But instead of this Tajomaru released him. Bowed down with grief the Samurai decided to commit suicide.

In his film *Rashomon* (1950), based on two short stories written by the Japanese author Akutagawa Ryūnosuke (1892–1927)[4], the director Kurosawa Akira (1910–1998) poses the question of objective truth. He answers it with a multiplicity of different, individual perspectives of understanding, which each participant in an event is always creating. Therefore, the question of truth can only be put appropriately, if one recognises, that every individual tries to take advantage of it. In other words, every man interprets the world according to his or her own leverage. Due to that, *the* truth in principle can only be created from many different perspectives of a multitude of unique individuals. And it can only be *understood* from the viewpoint of several persons being affected by it. Finally Kuro-

---

[4] Akutagawa Ryūnosuke [1915]. „Rashomon." [Rashomon] In: *Rashomon. Ausgewählte Kurzprosa*. Berlin 1975. pp. 5–13; ibid. [1921]. „Im Dickicht." [Yabu no Naka] In: *Rashomon*. A.a.O., pp. 339–351.

sawa points out, that an event can never be understood completely, „because the human heart itself is impossible to understand".[5]

Nevertheless, the story of *Rashomon* gives us the possibility to make the right conclusions about what happened, how it happened, and last but not least: what can be interpreted accurately. If one brings together all angles of view(s) of the involved figures and juxtaposes them – including as well the perspective of the woodcutter, who observed the incident directly, as one gets to know in the course of the film – it is possible to filter out the most unreliable contents. That is to say, relating to the human tendency to „adulteration" we find truth by excluding the contradictions through a so-called multi-perspective scene construction. Although none of the testimonies seems to be trustworthy by him- or herself, a *multiperspectivism of the concrete* however rises based on the comparison and the confrontation of all the narrator's controversial views. Then we reach a certain kind of truth in terms of *understanding* an event.[6] Due to the fact that individuals do always understand an event by referring to themselves and interpreting it for their own sake, impressions of others and an image of the Other get more and more concrete and vivid.

The lines between truth and falsehood, reality and fiction, event and memory, and even between understanding, misunderstanding and incomprehension of oneself's and others' views are blurred. If there are things and contexts to understand, there are always several Tajomarus competing for the adequate and the „true" approach. However, these lines do not disappear in a specific situation, just because of the existence of a multitude of „opinionated heads". In conclusion, the world as seen and understood by us can be assembled like pieces of a jigsaw puzzle, and one's Own and Other (in

---

[5] http://www.criterion.com/asp/release.asp?id=138&eid=213&section=essay&page1 („Akira Kurosawa on *Rashomon*." (Last access 28.9.2007).

[6] By the way, we leave Akutagawas viewpoint of absolute relativism here, too.

German: *Eigenes und Anderes*)[7] can be understood a little more adequately.

6 To know about and understand the Other – The Topic of the Doctoral Thesis

The assumption that the world is always seen and interpreted differently from varying points of view has been subject of a lot of discussions for quite some time now. It obviously manifests itself in the field of cultures. But although a diagnosis of the contemporary co-existence of several cultures seems unnecessary in this context and an animadversion on the growing number of specific inter-cultural conflicts might be redundant, it is hard to avoid the question of cultural inter-relationships and the possibilities of mutual understanding. Today, we know that parallel to our own cultural order there exists a plurality of other orders, whose divergent paradigms of action and whose access as well as participatory approach to man and environment is regarded as being quite incomprehensible, at least as problematic. Moreover we suspect that the problem area of cultural conflicts and potentially violent conflicts between different orders most likely not only derives from an imprecise verbalization of every side's wishes and aims. Cultures come into conflicts with each other not only because of a mere „lack of information" meaning just a short-term unclosed gap of information that could be bridged in principle. Instead of this cultural orders favor different concepts what a culture *shall* be and how human beings are supposed to behave in the world and form it. In this way the problem of cultural differences and heightened dichotomies is not solely one of lacking information and datas, but basically one of divergent ways

---

[7] Technical advise: In order to identify clearly the most important and regularly used philosophical concepts of this thesis paper, the German technical terms will be presented in parantheses after their English translation.

of understanding and communicating and finally, developing strategies to act in the world which are incompatible with each other.

The matter of fact I've been speaking about leads me to the decision that a further, more profound reflection addressing the specific problem of the possibility of understanding an alien culture is necessary. In doing so, I base my question on the consideration that there are political, economic and even ethical differences between a culture, somebody is located in (in German: *verortet*), and a foreign culture, whose ideals are impossible to recapitulate entirely. To put it in other words, this means its implications for actions are perceived as opaque epistemological dichotomies. From here on I'd therefore like to put myself to the task of examining whether there is an access to extraneous orders which can be reflected in terms of cultural hermeneutics. In the following I intent to explore the issue by undertaking a systematically intended discussion of the philosophical problem of hermeneutics in an intercultural context. I want to show that a couple of questions concerning the method and methodology of understanding the alien (in German: *Fremdverstehen*) are essentially and closely connected with each other, particularly with regard to the problem of cultural contingency. In this context, I will also further explore the question of possible links of understanding by way of an explicitely „culture-hermeneutically" (in German: *kulturhermeneutisch*) modified terminology.

7 The Course of Work

A culturally-reflected hermeneutic answer to the question of understanding the alien and a cultural area being different from ours relies on a premeditation on the circumstances under which the one who seeks to understand (in German: *der Verstehende, der Verstehenwollende*) approaches the Other. Generally speaking, from a philosophical point of view the majority of problems of „Cultural Together" and especially cultural conflicts are based on an epistemological dilemma. The dilemma predicates that propositions about foreign cultures and order contexts do always classify themselves as positive identifications which are built through inadequate so-called „mirror-facades" (in German: *Spiegelfassaden*). Due to that these propositions disqualify themselves epistemologically. To put it in other words, the search for an understanding of cultures and the cultural alien is afflicted by the problem of inadequate analogical forms. Analogy takes a third, comparison-allowing *tertium comparationis* being located on a higher theoretical level than the necessary precondition. Because of that one can only mistake the Other. Integrated in the context of an introduction to the main topic and against the background of a short history of hermeneutical ideas as well as the main development directions in contemporary cultural studies and culture-hermeneutical scientific disciplines, my first chapter deals with the subject of analogy between different cultures. Here I would like to reveal the problem as a methodically relevant dispute which is held between so-called universalism-orientated (in German: *universalistisch*) standpoints and relativism-favoring (in German: *relativistisch*) viewpoints. My starting point is a systematically undertaken interpretation of **Gottfried Wilhelm Leibniz**'s concept of the *monad*. Based on that I seek to review the animadversion on analogical form and on the universalistic approach as a pseudo problem. In doing so, I give reasons why the concept of functional-ontologic universalism is absolutely necessary interwoven with a multitude of different, culture-located concepts of the world and attempts of being in the world (Chapter I).

If one assumes an endlessly large amount of multiplicities of thinking and understanding the world, then a single, unique perspective glancing at the world may be taken as the initial point of a methodological reflexion on the topic of understanding the alien. For that, I'd like to refer to the philosophical thought of **Søren Kierkegaard**. I want to point out, that a certain kind of self-reflection or rather a specific form on reflecting the conditions of an individual *Self*'s life (in German: *Selbstvergegenwärtigung*) necessarily leads to the conclusion that just this Self is caused as a uniquely living existence (in German: *individuelle Existenz*) by an unknown bigger Other. Thus, the mode of individual understanding characterises precisely the manner of the lifeworld-located (in German: *lebensweltlich verortet*) human individual that is fundamentally referring to the Other. Finally, the Other is nothing else but the alien which is interpreted as the Universal and as a bigger unity. The single individual – qua his or her personal perspective – refers relationally to this unity which means that the Self is trying to approach the Other only by means of its negative alteration (in German: *Alterierung*) (Chapter II).

The Other as the unique existence's or rather the Kierkegaardian Self's unknown Universal manifests itself in various levels of orderly differentiated kinds of alien. In this third chapter I want to make plausible, based on the work of the phenomenologist **Bernhard Waldenfels** and the systematic discussion of his theses about the phenomenon of alien-experience (in German: *Fremderfahrung*), how far the alien is indeed an extra-orderly Other (in German: *ein Außer-Ordentliches*). Nevertheless, Self and Other are both based in supra-individual order-relations (in German: *Ordnungsverhältnisse*), besides that they are mutually interwoven with each other. These order-relations are not only effective from an inter-individual viewpoint. As I name them as „order cultures" (in German: *Ordnungskulturen*) they determine the alien's communicative demand with which the one who understands is always confronted (Chapter III).

In that way the unique living existence's Other is something being communicable, which means it is an alien which can not only be understood negatively, but one can also make positive propositions about. Here I introduce **Niklas Luhmann**'s communication groundwork for a theory of systems and show that understanding the alien always inheres a functionalistic tendency which furthermore entails some Otherness-abbreviating, possessive-rationalistic (in German: *verfügungsrationalistisch*) implications. In this context the phenomenon of culture is responsible for something else as well: the alien which is now only communicated as a dissimilar other (in German:

ein verschiedenes anderes) can be crossed by objections again and again. These objections finally even can re-open all hermeneutical petrification tendencies (in German: *Verstarrungstendenzen*) (Chapter IV).

The polyperspectivism which has been – based on four different approaches – discussed and demonstrated theoretically above, calls for at least one concrete discussion, that is to say one concrete attempt to understand a cultural alien. Therefore, in the next two chapters I turn my attention to the **field of contemporary Chinese science**. In concrete, I discuss a series of current Chinese approaches to the philosophy of technology and interpret them against the background of European, culture-strange brought reception influences on the one hand, and, on the other hand, older main development directions of a specifically Chinese order of knowledge (in German: *Wissensordnung*). My analysis of the changes in the Chinese field of science is situated nowadays and tries to embed it in an interpretative, culturally reflected context. One can observe the current state of flux in the Eastasian scientific area in the specific way, Chinese texts are dealing with texts from other cultures as well as ideas coming from the Western, European and Anglo-saxonian Occident (Chapters V and VI).

Across the „loop way" of one concrete interpretational attempt to a cultural alien I finally arrive at the question of how, apart from an understanding of the Other, one can take a step forward to a **mutual understanding** with the Other. In this context I address the issue of the prejudice of mental determinacy through language structures and the benefiting possibilities of translation. In my examination I conclude that an understanding of the Other in an intercultural perspective will be forced through repetitive self-reflection (in German: *Selbstvergegenwärtigung*). It'll give rise – qua an individual self-reflection – to openness and continuity which are the basics for mutual communication that is to say for a two-way understanding (Chapters VII and VIII).

Begegnungsweisen –
Weisen der Selbstvergegenwärtigung

I Philosophiegeschichtliche Zu- und Eingänge zum Fremden

1 Begriffsgeschichte und Hermeneutiken des Verstehens

Wenn philosophisches Denken bedeutet, dass die für Erkenntnisgewinn angewandte Vorgehensweise auf ihre Problembeschreibungskraft hin geprüft wird, so stellt sich im Feld einer interkulturell orientierten Hermeneutik folgende Frage: Inwiefern ist sie in der Lage, ein methodisches Instrumentarium zu entwerfen, welches den fokussierten Bereich fremder Kulturen anders und womöglich zureichender als herkömmliche Verstehensansätze zu erschließen vermag. Das Anliegen, welches neuere Kulturwissenschaften und eine Kulturhermeneutik des Fremden vorbringen, wird dabei verständlicher, wenn man es vor dem philosophiegeschichtlichen Hintergrund ansiedelt, von dem sich diese Disziplinen abheben wollen und als eigenständig behaupten. Die hiesige aufrissartige Einleitung in die Geschichte des Hermeneutikbegriffs und der hermeneutischen Theorie will durch eine punktuelle Stichwortsammlung Theoreme vorstellen, die später von explizit kulturhermeneutisch orientierten Strömungen aufgenommen und kritisch hinterfragt werden. In einer Gegenüberstellung ausgewählter Thesen und Theoreme wird die Frage nach der Notwendigkeit einer neuen, so genannten Kulturhermeneutik aufgeworfen. Davon ausgehend soll in einer ersten, heuristisch angelegten Begründung der Status und philosophische Anspruch der hiesigen Überlegungen bestimmt werden.

Das Wort Hermeneutik[8] (von: ἑρμηνεύειν) verweist auf den griechischen Gott Hermes, der den Menschen göttliche Botschaften über-

---

[8] Grammatisch-lexikalische Hinweise entstammen dem *Benseler Griechisch-Deutsche[n] Schulwörterbuch*. Bearb. von Adolf Kaegi [1931]. Stuttgart, Leip-

bringt und verkündet. Hermeneutik ist die Kunst der ἑρμηνεία, der Auslegung, und als solche hat sie die Aufgabe des ‚Erklärens', ‚Aussprechens', ‚Darstellens' und ‚Dolmetschens', nicht zuletzt des Übertragens einer fremden Sprache in die eigene. Bis in die Neuzeit steht die Auslegungslehre unter theologischem Leitfaden, in der dem Maßgeblichen im Sinne des normativ Richtigen des Textes zur Deutung verholfen werden soll.

Eine historische Hermeneutik, die ihren Sinn nicht mehr primär dem Kerygmatischen entnimmt, entsteht mit Friedrich Daniel Ernst Schleiermachers (1768–1834) allgemeiner Kunstlehre des Verstehens. Hermeneutik als Theorie des Verstehens[9] soll die Möglichkeit des „methodisch gesicherten Erfassens objektivierter Sinnintentionen"[10] geben, die in der Sprache des Textes oder einer Rede als ihrem wesentlichen Moment liegt.[11] Will er verstehen, muss der Auslegende den Grundgedanken eines Werkes erfassen, er soll „‚die Rede zuerst ebensogut und dann besser [...] verstehen als ihr Urheber.'"[12] Was bedeutet das? Das Verstehen des Auszulegenden ist eine Aufgabe, in der die Rekonstruktion des Textes stets an das Verhältnis gebunden bleibt, welches der Interpret zum Inhalt und zum individuellen Stil des Autors hat. Die Sprache ist notwendiges Medium der Ermöglichung der Mitteilung zwischen Autor und Leser.

---

zig [15]1994. S. 308 f. Begriffsgeschichtliche Erläuterungen lassen sich von folgenden vertieften Übersichten leiten: Gadamer, Hans-Georg. Artikel „Hermeneutik". In: *Historisches Wörterbuch der Philosophie* (Bd. 3). Hg. von Gottfried Gabriel, Karlfried Gründer, Joachim Ritter. Basel, Stuttgart 1974. S. 1061–1073 [im Folgenden: HistWBPh], sowie Apel, Karl-Otto. Artikel „Verstehen". In: HistWBPh (Bd. 11). S. 918–1038.

[9] Siehe Schleiermacher, Friedrich D.E. „Über den Begriff der Hermeneutik mit Bezug auf F.A. Wolfs Andeutungen und Asts Lehrbuch." In: Ders. *Hermeneutik und Kritik.* Hg. und eingel. von Manfred Frank. Frankfurt a.M. 1977. S. 313.

[10] Rodi, Frithjof. Erkenntnis des Erkannten. Zur Hermeneutik des 19. und 20. Jahrhunderts. Frankfurt a.M. 1990. S. 90.

[11] Siehe Schleiermacher. *Hermeneutik und Kritik.* A.a.O., S. 109.

[12] Schleiermacher. *Hermeneutik und Kritik.* A.a.O., S. 94, S. 213.

Der jeweilige Sinn einer Rede bringt jedoch auch einen historischen Abstand zwischen Interpretandum und Interpret mit. Sprache als Schema der Ermöglichung von Rede impliziert so jeweils eine relative Fremdheit des Auszulegenden, dessen Sinn es mittels des Verfahrens der divinatorischen bzw. der komparativen Methode zu rekonstruieren gilt.[13]

Hermeneutisch ist nach Schleiermacher zum einen die Methode des Einordnens eines Einzelnen in den größeren Zusammenhang eines auszulegenden Ganzen zu nennen. Zum anderen kommt dem Verstehen nun die Reflexionsaufgabe über dieses Ganze als „Totalität des Möglichen"[14] zu. Qua Verstehen vermag sich das sprachlich verfasste Individuum als hervorgebrachtes Endliches zu begreifen, dem prinzipiell unendliche Möglichkeiten des Individuell-Seins zur Verfügung stehen[15] – in Schleiermachers Worten: „[Ü]berall ist Konstruktion eines endlichen Bestimmten aus dem unendlichen Unbestimmten."[16] Das vorausgesetzte Moment der erfassbaren „Gedanken aus einer Gesamtheit der Lebensmomente des Individuums"[17], das den Text verfasst hat, gewährleistet hier eine – psychologisch basierte – Objektivität des einen verstehbaren Ganzen.

Ebenso wie bereits Schleiermacher das Psychische als Grundlage für ein historisch reflektiertes Verstehen thematisiert, rückt später auch Wilhelm Dilthey (1833–1911) das psychologische Verstehen im Hinblick auf dessen Historizität ins Zentrum der Hermeneutik. „[D]er

---

[13] Hubig spricht von der Rede als „Modifikationsresultat" und als Aktualisierung von Sprache. Hubig, Christoph. „Die Hermeneutik bei Schleiermacher und Dilthey und ihre Bedeutung für die Psychologie." In: Jüttemann, Gerd (Hg.). *Wegbereiter der historischen Psychologie*. München, Weinheim 1988. S. 70–83. S. 73. Vgl. Schleiermacher. *Hermeneutik und Kritik*. A.a.O., S. 208, 169, 151.
[14] Schleiermacher. *Hermeneutik und Kritik*. A.a.O., S. 177.
[15] Siehe Hubig. „Die Hermeneutik bei Schleiermacher und Dilthey." A.a.O., S. 74.
[16] Schleiermacher. *Hermeneutik und Kritik*. A.a.O., S. 80.
[17] Schleiermacher. *Hermeneutik und Kritik*. A.a.O., S. 181.

subjektivistische Ausgangspunkt" soll qua Reflexion auf die Sprache „im Nachhinein objektivierenden Verfahren überantwortet"[18] werden. Die Hermeneutik wird hier zur allgemeinen Erkenntnistheorie der Geisteswissenschaften überhaupt. Im Unterschied zu den erklärenden Naturwissenschaften sucht Dilthey den Verstehensbegriff als solchen zu verorten, der sich auf Basis einer Psychologie des individuellen Lebens und der Erlebnisse eines verstehenden Subjekts begründet sieht.[19]

Ein Zusammenhang des Ganzen und fremder Lebensäußerungen wird nach Dilthey vom Erleben und von der Biographie des einzelnen Menschen her verstehbar. Erst aus einem größeren Raum von Möglichkeiten heraus vermag sich der Mensch nämlich als individuelles Selbst zu begreifen. So drückt sich im Lebenszusammenhang eines einzelnen Individuums immer auch die gesamte geistige Welt aus, das eigene Leben bildet für das verstehende Individuum eine Art zur determinierten Selbstbiographie geronnene ‚Sammelschnittstelle des zufälligen, objektiven Weltgeschehens'. Leben sieht sich dann erst im Blick auf den Gesamtzusammenhang der „Vorstellungswelt"[20], also auf Basis der „Totalität unseres Lebens" als so-und-nicht-anders festgelegt. Fremdes Leben wird im Vergleich zum eigenen verstehbar, wenn Erlebnisse als Ausdruck einer jeweiligen (fremden) Biographie begriffen werden.

Der Verstehensbegriff steht bei Schleiermacher und Dilthey unter der Präambel eines rekonstruktiven, methodischen Verfahrens. Es soll eine Objektivität der vom auslegenden Subjekt ausgehenden Verstehensleistung herstellen und gewährleisten. Schon bei Dilthey verliert jedoch die Annahme, dass das Subjekt hermeneutisch vorrangig oder privilegiert sei, seine Relevanz. Es sind dann der onto-

---

[18] Hubig. „Die Hermeneutik bei Schleiermacher und Dilthey." A.a.O., S. 71.
[19] Siehe Dilthey, Wilhelm [1910]. *Der Aufbau der geschichtlichen Welt in den Geisteswissenschaften*. Frankfurt a.M. 1970. S. 140–143; S. 310 (Zusätze, IV, Abschnitt „Die Biographie als Kunstwerk").
[20] Dilthey. *Aufbau*. A.a.O., S. 141.

logische Ansatz Martin Heideggers (1889–1976) sowie die philosophische Hermeneutik Hans-Georg Gadamers (1900–2002), in denen der Status des Verstehens endgültig umgedeutet wird. Die Hermeneutik ist zum einen nicht mehr bloße Verfahrensmethode. Darüber hinaus wird sie von starren, Verstehenssubjekt zentrierten Grundlagen befreit. Dem Verstehen wird hier der methodologisch reflexive Universalitätsanspruch abgesprochen, welcher entweder nur auf die Intention eines Autors abhebt oder gänzlich unabhängig vom Seelenleben des Autors bestünde. Verstehen entfaltet sich nun in fundamentalontologischer Dimension (Heidegger), oder es ist *das* geschichtliche Sinn- und Wahrheits-Geschehen der eigenen Welt (Gadamer).

Die im Hauptwerk des frühen Heidegger, *Sein und Zeit* (1927), entwickelte Hermeneutik will aufzeigen, dass Verstehen nicht nur ein Verfahren unter anderen ist, um das etwaige Gemeinte einer Rede bzw. eines Textes zu eruieren. Verstehen zeichnet sich als grundlegende Seinsweise des menschlichen Daseins aus. Das von Heidegger als Existenzial bezeichnete Verstehen ist hier die konstitutive und unhintergehbare Zugangsweise des Menschen zur Welt überhaupt. Menschliche Existenz macht sich je im verstehend auslegenden Bezug zur und in der Welt aus. In der Perspektive von einerseits faktischem Sein und andererseits möglichem Seinkönnen, zwischen denen sich das menschliche Dasein aufspannt, sieht Heidegger folglich auch den Status der Hermeneutik erst dann hinreichend gewürdigt, wenn diese sich ins Ontologische hin transformiert sieht. So aber bildet das Verstehen die ontologische Grundstruktur des Menschen und ist *die* Weise seines Erkennens von Welt, zu der er sich in eine reflexive Verstehenssituation zu bringen hat. In diesem Kontext macht Heidegger auf die lebensweltlich verankerte Vorurteilshaftigkeit aufmerksam, die jedes Verstehen kennzeichnet.[21]

---

[21] Heidegger, Martin [1927]. *Sein und Zeit*. Tübingen, [18]2001. § 1–2 [S. 2–8], § 31–32 [S. 142–153]. [im Weiteren: SuZ]

Die hermeneutisches Fragen auszeichnende Vorurteilshaftigkeit stellt im Anschluss an Heidegger systematisch dessen Schüler Hans-Georg Gadamer heraus. Er entwickelt die Verstehensfrage im Ausgang der historischen Geisteswissenschaften und dem Problem der objektiven Erkennbarkeit des Sinns von Texten. Gadamer zeichnet Verstehen als wirkungsgeschichtlichen Vorgang aus, der weniger als Handlung eines Subjekts und vielmehr als „Einrücken in ein Überlieferungsgeschehen" zu begreifen ist. Das hiesige Hermeneutikverständnis betont die Zugehörigkeit zu einer Tradition, durch welche der Verstehende bereits in einem impliziten, deshalb überhaupt verstehbaren, aber noch auszulegenden und in diesem Sinne „dienenden" Verhältnis zur Vergangenheit steht. Erst „das Bewußtsein der Mitzugehörigkeit dieser Welt", die es zu verstehen gilt, lässt ein „Verständnis in der Sache" entstehen. Dies charakterisiert philosophisches Verstehen nach Gadamer wesensmäßig. Als wirkungsgeschichtlicher Vorgang hat Verstehen aber erst dann wahre „Teilhabe am gemeinsamen Sinn", wenn es den Zeitabstand zwischen dem, was verstanden werden soll, und demjenigen, der versteht, als produktive Möglichkeit geschichtlicher „Horizontverschmelzung" sieht.[22]

Ausgehend vom älteren Verständnis der Hermeneutik als einer bloßen Auslegungskunst, wandelt sich deren Anspruch in mehreren Schritten und erweitert sich ihr Geltungsbereich. Stellt die Hermeneutik bei Schleiermacher noch eine allgemeine historische Auslegungslehre dar, führt sie bei Dilthey zu einer Typenlehre der geistigen Welt auf psychologisch-hermeneutischer Basis. Heidegger erhebt die Hermeneutik in den Stand einer umgreifenden Ontologie des menschlichen Seins. Bei Gadamer wird ihr die Fundamentalaufgabe der Grundlagenreflexion der historischen Geisteswissenschaften zugewiesen. An die unterschiedlichen hermeneutischen Theori-

---

[22] Gadamer, Hans-Georg [1960]. *Wahrheit und Methode. Grundzüge einer philosophischen Hermeneutik.* Tübingen ⁶1990 (durchges. Aufl.). S. 274, 295–312. [im Weiteren: WuM]

en schloss man sich später auf verschiedene Weise wissenschaftlich, teils affirmativ, teils kritisch an. Zum einen bildete die Frage des Gegenstands- und Geltungsbereichs der Hermeneutik einen theorieinternen Diskussionsschwerpunkt. Von der Warte anderer Philosophieströmungen aus betrachtet, wird die hermeneutische Disziplin zudem immer wieder auch grundsätzlich auf ihre Funktion und Berechtigung be- und hinterfragt.[23]

Um hier den Status von Ansätzen in den Blick zu bekommen, die als ausdrücklich *kultur*hermeneutisch orientierte Wissenschaften auftreten oder sich dezidiert als *Hermeneutik des Fremden* positionieren, ist ein Einblick in die Darstellung und Aufbereitung des Gegenstandsbereichs dieser „neuen" Hermeneutiken notwendig. In dem Kontext kann Aufschluss über Schnittpunkte und Unterschiede zu den Vorgängern gewonnen werden. In einem teilweise als Vergleich angelegten, thesenartigen Aufriss möchte ich zweierlei zeigen: zum einen, inwiefern ein hermeneutisches Herangehen an die Problematik des Fremdverstehens legitim erscheint; zum anderen, inwiefern der Gegenstandsbereich der *klassischen Theorien,* wie ich die von Schleiermacher, Dilthey, Heidegger und Gadamer deskriptiv-subsumierend bezeichne, für das Thema der hiesigen Arbeit zureicht. Mit anderen Worten: Welche guten Gründe gibt es, die einen Neuansatz *Hermeneutik des Fremden bzw. Kulturhermeneutik* plausibel machen?

2 Zeitgenössische Kulturwissenschaften und die Wissenschaft vom Fremden

Im Feld der Auseinandersetzung über kulturelle Fremde und in der Diskussion um die Verstehbarkeit von kulturell(-em) Fremden sind die Strömungen vielfältig, werden die (Selbst-)Bezeichnungen der Anhänger oder Gegner klassischer Hermeneutiken ob deren Fülle

---

[23] Hierfür siehe Angehrn, Emil. Interpretation und Dekonstruktion. Untersuchungen zur Hermeneutik. Weilerswist 2003.

zunehmend unübersichtlicher. Es fallen Begriffe wie „kulturhermeneutisch" und „kulturwissenschaftlich", „interkulturelle Philosophie" und „(Philosophie der) Interkulturalität", „vergleichende" bzw. „komparative Philosophie", „Xenologie" oder einfach „Hermeneutik des Fremden", mit denen Fremdes auf die Möglichkeit des verstehenden Zugangs hin thematisiert wird. Ineins differerieren auch Gegenstands- und Geltungsbereiche, mit denen Fremdes und kulturelle Fremde erfasst werden sollen.

Institutionell im Wissenschaftsbetrieb verankerte Fächer wie etwa die Sinologie[24], die sich bereits von Haus aus mit anderen Kulturen beschäftigen, haben in den letzten Jahren ihre Bemühungen intensiviert, fremdkulturelle Räume unter die Lupe zu nehmen und auch methodisch zu reflektieren.[25] Die spezifisch auf Fremdvölker ausgerichtete Ethnologie hatte eine kulturtheoretisch reflektierte Forschung bereits seit längerem in den Mittelpunkt gerückt.[26] In der

---

[24] Siehe die wegweisenden Arbeiten des Franzosen François Jullien: *Über die Wirksamkeit*. Berlin 1999; ders. *Der Umweg über China. Ein Ortswechsel des Denkens*. Berlin 2002; ders. „Eine Dekonstruktion von außen. Von Griechenland nach China, oder: Wie man die festgefügten Vorstellungen der europäischen Vernunft ergründet." In: *Deutsche Zeitschrift für Philosophie** 53/ 2005. S. 523–539 (*im Weiteren: DZPh). Die wissenschaftlichen Anfänge der Chinakunde liegen in Deutschland primär in der Philologie und der Sprachwissenschaft. Freilich bildet auch heute die Übersetzungsproblematik einen Schwerpunkt. Siehe etwa Aufsätze von Rolf Elberfeld, Karl-Heinz Pohl und Günter Wohlfart in dem von Rolf Elberfeld u.a. herausgegebenen Sammelband *Translation und Interpretation*. München 1999. Zur Übersetzungsproblematik s.u. VII 3.

[25] Untersuchungen liefern z.B.: Shimada, Shingo. Grenzgänge – Fremdgänge. Japan und Europa im Kulturvergleich. Frankfurt a.M., New York 1994; Breinig, Helmbrecht (Hg.). Interamerikanische Beziehungen. Einfluß-Transfer-Interkulturalität. Ein Erlanger Kolloquium. Frankfurt a.M. 1990; Armbruster, Claudius/Hopfe, Karin (Hg.). Horizont-Verschiebungen. Interkulturelles Verstehen und Heterogenität in der Romania. Tübingen 1998.

[26] Siehe Lévi-Strauss, Claude [1962]. *Das wilde Denken*. Frankfurt a.M. ^{12}2004; Geertz, Clifford. *Dichte Beschreibung. Beiträge zum Verstehen kultureller Systeme*. Frankfurt a.M. 1983.

Philosophie sind im Vergleich dazu insbesondere die Entwicklungen der letzten 25 Jahre auffällig, die unter den Schlagworten „Kultur", „Interkulturalität" und „Fremdheit" das Verstehensproblem ins Zentrum der Diskussion rücken. Zu nennen sind in diesem Kontext vor allem drei größere Disziplinstränge, in denen eine Diskussion im Gange ist: die *Interkulturelle Philosophie*, die *Phänomenologie* sowie die *xenologischen Kulturwissenschaften*.

Vertreter der *interkulturellen Philosophie* stellen die Fremdheitsproblematik unter dem Aspekt unterschiedlicher Philosophieentwicklungen in mehreren Kulturen ins Zentrum. Anliegen ist es, einen Philosophiebegriff zu entwickeln, der für mehrere differente Ursprünge inhaltlich bestimmten Denkens offen ist. „Überlappungen" zwischen den unterschiedlichen philosophiegeschichtlichen Traditionen sollen hermeneutisch ethische Verständigung ermöglichen.[27] In ähnlicher Stoßrichtung sucht hier auch die *komparative Philosophie* zwischen uneinheitlichen Philosophiebegriffen, die sich aus unterschiedlichen Wirkungsgeschichten generieren, Bezüge herzustellen und Bedingungen der Möglichkeit für eine Begegnung zwischen diesen Entwürfen zu klären.[28]

Die Diskussion um Möglichkeiten des Fremdverstehens taucht im Weiteren als Diskussion um interkulturelle Kommunikation[29] und

---

[27] Als eine Art Erfinder oder Gründungsmitglieder der interkulturellen Philosophie auf deutschsprachigem Boden gelten Franz M. Wimmer: „Ansätze einer interkulturellen Philosophie." In: Kimmerle, Heinz/Mall, Ram A. (Hg.). *Philosophische Grundlagen der Interkulturalität*. Amsterdam, Atlanta 1993. S. 29–40, sowie Ram Adhar Mall: „Begriff, Inhalt, Methode und Hermeneutik der interkulturellen Philosophie." In: Kimmerle/Ders. (Hg.). *Philosophische Grundlagen der Interkulturalität* A.a.O. S. 1–28.

[28] Siehe Elberfeld, Rolf u.a. (Hg.). *Komparative Philosophie. Begegnungen zwischen östlichen und westlichen Denkwegen*. München 1998; ders. „Überlegungen zur Grundlegung ‚komparativer Philosophie'." In: *Allgemeine Zeitschrift für Philosophie* 1/1999. S. 125–154.

[29] Die Diskussion pendelt zwischen erkenntnis- und kommunikationstheoretischer Fragestellung. Siehe den Sammelband von Simon, Josef/Stegmaier,

Interkulturalität auf. Wollte die interkulturelle Philosophie noch das „inter-" bzw. das vereinigende „unter" der Kulturen stärken, so konzentriert sich ein als *Philosophie der Interkulturalität* auftretender Denkansatz eher auf das Differenzmoment zwischen Kulturen und unterschiedlichen Philosophieentwicklungen.[30] Die zeitgenössische Phänomenologie nimmt sich in diesem Kontext verstärkt dieses Fokus an. Innerhalb des philosophischen Fachkanons erscheint sie als diejenige Disziplin, welche sich bisher am weitesten explizit inter- bzw. fremdkulturell ausgerichteten Fragestellungen zugewendet hat.[31]

Sich an Edmund Husserl[32], Martin Heidegger[33] und die moderne französische Schule[34] anschließende phänomenologische Untersu-

---

Werner (Hg.). *Fremde Vernunft. Zeichen und Interpretation IV.* Frankfurt a.M. 1998.

[30] Siehe die Unterscheidung von Elberfeld in seinem Buch Kitaro Nishida (1870–1945). *Moderne japanische Philosophie und die Frage nach der Interkulturalität.* Amsterdam, Atlanta 1999. Hier S. 270.

[31] Siehe den von Christoph Jamme und Otto Pöggeler herausgegebenen Sammelband: *Phänomenologie im Widerstreit.* Frankfurt a.M 1989. Desweiteren Held, Klaus. „Heimwelt, Fremdwelt, die eine Welt." In: Orth, Ernst Wolfgang (Hg.). *Phänomenologische Forschungen: Perspektiven und Probleme der Husserlschen Phänomenologie* (Bd. 24/25). Freiburg i.Br., München 1991. S. 305–337.

[32] Z.B. Sepp, Hans-Rainer. „Homogenisierung ohne Gewalt? Zu einer Phänomenologie der Interkulturalität im Anschluß an Husserl." In: Schneider, Notker u.a. (Hg.). *Philosophie aus interkultureller Sicht. Philosophy from an Intercultural Perspective.* Amsterdam, Atlanta 1997. S. 263–275. – Husserls Exposition der Fremderfahrung ist *der* Ausgangspunkt phänomenologischer Betrachtung.

[33] Z.B. Held, Klaus. „Europa und die interkulturelle Verständigung. Ein Entwurf im Anschluß an Heideggers Phänomenologie der Grundstimmungen." In: Gander, Hans-Helmuth (Hg.). *Europa und die Philosophie.* Frankfurt a.M. 1993. S. 87–103.

[34] Emmanuel Lévinas' Philosophie des „Anderen" gibt hier oft Anlass zur Diskussion. Siehe z.B. Delhom, Pascal/Hirsch, Alfred (Hg.). *Im Angesicht des Anderen. Levinas' Philosophie des Politischen.* Zürich, Berlin 2005. Auch fin-

chungen suchen indes mehr einer Fremd*erfahrung* nachzuspüren. Das Fremde stellt sich vielen ihrer Vertreter im Problemfeld seiner adäquaten Repräsentation dar, welches nicht durch übliche hermeneutische Verstehensmethoden gelöst werden kann.

Neben der interkulturellen Philosophie sowie phänomenologischen Perspektiven sind als dritte die *Kulturwissenschaften und Kulturtheorien* zu nennen, die von einem allgemeineren Rahmen aus betrachtet einen methodologisch reflektierten Zugang zur Fremdheitsproblematik suchen. Es dürfte dennoch kaum etwas schwieriger in seinem Gegenstands- und Geltungsbereich einzugrenzen und zu erfassen sein als diese Disziplin. Sich ab der Mitte des 19. Jahrhunderts in ihrer Problemlage herauskristallisierend, reicht die zeitgenössische Bandbreite von einer Kulturphilosophie über pragmatische Handlungstheorien[35] bis hin zu einer neuerdings aufgekommenen Xenologie, die dezidiert Kulturwissenschaft des Fremden und von Fremdem sein will.[36] Die jenen einzelnen Forschungssträngen eingeschriebene Maxime, wonach es einer faktischen Vielzahl von Lebensformen eine ebenso aufgefächerte „Kontextualisierung des Gegebenen durch das Mögliche"[37] beizustellen gilt, wirkt sich auf den thematisierten „Gegenstand" Kultur dementsprechend aus: er zählt – und: nur – in der Bandbreite und Abgrenzung des differenten Gebrauchs von demjenigen, was eigene oder fremde Kultur ist bzw. sein soll. Auch in der *Xenologie* wird Kultur hier im Sinnbild von

---

den andere französische Autoren Gefallen am Fremd-Fokus, etwa Roland Barthes: [1970]. *Das Reich der Zeichen*. Frankfurt a.M. 1981.

[35] Rorty, Richard. „Rationalität und kulturelle Verschiedenheit." In: Ders. *Wahrheit und Fortschritt*. Frankfurt/Main, 2000. S. 269–290.

[36] Siehe Albrecht, Corinna/Wierlacher, Alois. „Kulturwissenschaftliche Xenologie." In: Nünning, Ansgar und Vera (Hg.). *Konzepte der Kulturwissenschaften. Theoretische Grundlagen – Ansätze – Perspektiven*. Stuttgart 2003. S. 280–306. Schon in den 1970er Jahren verlieh Munasu Duala-M'bedy einem Buch dieses Logo: *Xenologie. Die Wissenschaft vom Fremden und die Verdrängung der Humanität in der Anthropologie*. Freiburg, München 1977.

[37] Konersmann, Ralf. „Kultur als Metapher." In: Ders. (Hg.). *Kulturphilosophie*. Leipzig ²1998. S. 327–354. S. 328.

Austauschprozessen als Oberbegriff sowie ethisch wertverhaftete, appellative Forderung nach gleichberechtigter Begegnung ausgewiesen. Als eine übergeordnete Kulturwissenschaft will die Xenologie damit dasjenige Fremdheitswissen schaffen, dessen eine interkulturelle Hermeneutik nach ihrer Ansicht erst noch bedarf.[38]

Blickt man auf die einzelnen Strömungen, so sind die Fächer nach wie vor kulturtheoretisch fokussiert. Es finden sich weit weniger asiatische, arabische, afrikanische und mehr herkömmliche europäische oder angelsächsische Bezugspunkte im Mittelpunkt der Aufmerksamkeit, als die theoretischen Überlegungen zuvor eingefordert hatten. Die konkrete Auseinandersetzung mit fremdsprachigen und fremdkulturellen Texten steht also sehr oft noch ganz praktisch aus. Wie eine Wissenschaft aussieht, die einen Begriff von Kultur nicht nur über, sondern auch im philosophischen Zusammenspiel mit anderen konkreten Kulturen entwickelt, bleibt daher abzuwarten.

3 Im Fokus klassischer Verstehenstheorien – Kritik und Anknüpfungspunkte der Kulturwissenschaften

Die Frage nach Interkulturalität, interkulturellem Verstehen, allgemeiner Bedingungen für die Möglichkeit eines Verstehens von Kulturfremdem sieht sich in der Forschungslandschaft mit unterschiedlichen Fragestellungen verknüpft. Inwiefern ist eine Kritik an „klassischen Hermeneutiken" angebracht? Und an welchen Stellen leisten sie wichtige Vorarbeit für eine Kulturhermeneutik des Fremden? Das soll hier in Grundzügen erläutert werden und dient als Vorbereitung für die hiesige methodologische Aufnahme des Verstehensthemas.

---

[38] Albrecht/Wierlacher. „Kulturwissenschaftliche Xenologie." A.a.O., S. 280 f., S. 287.

Die entweder interkulturell, kulturhermeneutisch, xenologisch oder auch fremdheitsphänomenologisch auftretenden Philosophieströmungen grenzen sich zumeist aus epistemologischen, methodischen und moralphilosophischen Gründen von älteren hermeneutischen Ansätzen ab. Dabei lassen sich drei Typen von Argumenten unterscheiden, unter denen Hermeneutik als adäquate Zugangsweise zu Fremdem diskutiert und mit denen Kritik an klassischen Theorien der Hermeneutik geübt wird.

3.1 Methodologische Kritik und moralische Anklage

Wie kann ich etwas Fremdes verstehen, ohne es mir in inadäquaten Kategorien der Strukturierung von Welt und so unverstandener Weise „verzerrt" anzueignen? Das ist das kulturhermeneutische Grundproblem. In das Fremde soll sich der Verstehenwollende weder einfühlen. Noch soll er von seiner eigenen Biographie auf die des unverstandenen Anderen schließen. Vorwürfe dieser Art richten sich seltener an Schleiermacher oder Dilthey. Kritik wird vor allem an Gadamers Theorie des horizontverschmelzenden aneignenden Verstehens geübt.

Die grundlegenden Argumentationspunkte betreffen folgende Theorieelemente:[39] Gadamers Verstehensbegriff rückt nur die eigene historische Tradition in den Mittelpunkt des Verstehensgeschehens, auf eine fremdkulturell ausgerichtete Hermeneutik ist er nicht übertragbar. Einher geht damit eine nichtlegitime Universalisierung der westeuropäischen Sichtweise. Aus diesem Grund entwickelt Gadamer nach Ansicht seiner Kritiker keinen hinreichenden Begriff

---

[39] Die einzelnen Kritikpunkte bringen u.a. vor: Holenstein, Elmar. Menschliches Selbstverständnis. Ich-Bewußtsein – intersubjektive Verantwortung – interkulturelle Verständigung. Frankfurt a.M. 1985. S. 111, 187 ff.; Göller, Thomas. Kulturverstehen. Grundprobleme einer epistemologischen Theorie der Kulturalität und kulturellen Erkenntnis. Würzburg 2000. S. 53 ff.; Bernasconi, Robert. „Horror alieni. Auf der Suche nach einem philosophischen Pluralismus." In: Därmann, Iris/Jamme, Christoph (Hg.). Fremderfahrung und Repräsentation. Weilerswist 2002. S. 125–150. S. 143 f.

von Fremdheit und vom Fremden, sondern nur unzulängliche Unterscheidungskategorien von „Bekannt/Unbekannt" oder „Vertraut/Unvertraut". Gadamer sieht Fremdes zudem nicht als Gewinn für die Hermeneutik an, sondern nur als einen zu eliminierenden Störfall. Formen der Differenz als Zeichen von unterschiedlichen Kulturen sind daher ebenso wenig mit ihm zu denken wie die Möglichkeit eines Fremden, das nicht früher oder später in den Bereich des Aneignenden integriert wird. Schlussendlich, so seine Gegner, spricht Gadamer gerade Formen des interkulturellen Kennenlernens wie etwa dem Gespräch eine wahrhaft hermeneutische Auslegungsweise ab.[40]

Kritik wird auch an Heideggers Hermeneutik gerichtet. Heidegger sieht sich unter den so genannten abendländischen Philosophen öfter als derjenige herausgehoben, der einen Dialog mit dem Osten geführt hat.[41] Wird seine Phänomenologie für die Frage nach interkultureller Verständigung einerseits hoch geschätzt, wirft man ihm andererseits vor, die an der westeuropäischen Begriffsgeschichte orientierten Aussagen zu verabsolutieren. Heideggers Interesse am

---

[40] Die selten positiv ausfallende Kritik betrifft Gadamers Begriff des Vorverständnisses. Siehe Stagl, Justin. „Szientistische, hermeneutische und phänomenologische Grundlagen der Ethnologie." In: Schmied-Kowarzik, Wolfdietrich/Stagl, Justin (Hg.). *Grundfragen der Ethnologie. Beiträge zur gegenwärtigen Theorie-Diskussion*. Berlin 1980. S. 1–38. S. 4 f. Im Gegensatz zur überwiegenden Mehrheit spechen Andreas Vasilache und Werner Kogge Gadamers Verstehensbegriff durchaus Potential für die Fremdverstehensproblematik zu. Siehe Vasilache, Andreas. *Interkulturelles Verstehen nach Gadamer und Foucault*. Frankfurt a.M., New York 2003. S. 54, 61; Kogge, Werner. *Verstehen und Fremdheit in der philosophischen Hermeneutik. Heidegger und Gadamer*. Hildesheim u.a. 2001. S. 11, 16, 156 f.

[41] Siehe z.B. diverse Aufsätze in: Gander, Hans-Helmuth (Hg.). *Europa und die Philosophie*. Frankfurt a.M. 1993. Vgl. Rorty, Richard. „Heidegger, Kundera und Dickens." In: Ders. *Eine Kultur ohne Zentrum. Vier philosophische Essays*. Stuttgart 1993. S. 72–103. S. 81.

ostasiatischen Denken[42] wird als „Pose des wohlwollenden Wegweisers" verurteilt, die mehr von Unreflektiertheit und weniger von wirklichem Verstehenwollen eines *ganz Anderen* zeugen soll.[43]

Die Kritik an Gadamer, ein unvertrautes Unverstandenes illegitim aneignen zu wollen, sowie an Heideggers Exklusivierung des geographischen Ortes machen zwei von drei Haupteinwänden gegenüber klassischen Hermeneutiken deutlich. Zum einen wird die jeweilige Methode des Verstehens für das kulturspezifische Verstehen für unzureichend, weil eurozentrisch erklärt.[44] Als nächstes schließt sich daran der Vorwurf der unzulässigen Universalisierung einer partikulären Perspektive an. Heideggers und Gadamers Theorien werden unter den Verdacht eines unbegründeten homogenisierenden Universalismus der Kulturen gestellt, der sich durch eine präsupponierte Identitätsunterstellung stabilisiert sieht. Die Rede von „Identität" meint hier die Annahme eines einheitlichen, abschließend bestimmbaren Was unserer selbst, das ungeprüft auch auf Fremdes übertragen wird.

Zwei Argumenttypen bilden die Hauptstützen der Kritik an den klassischen Hermeneutiken. Den ersten Typ nenne ich das *methodologische Argument*, des zweite wird als *moralistisches Argument* bezeichnet. Sie werden wie folgt miteinander verkoppelt: Zuerst wird der Theorie ihr methodischer Stellenwert abgesprochen. Daraufhin

---

[42] Deshalb erfährt Heidegger auch in der japanischen Forschung besondere Aufmerksamkeit, beruhend auf Heideggers Text „Gespräch mit dem Japaner" (Heidegger, Martin [1953/54]. „Aus einem Gespräch von der Sprache. Zwischen einem Japaner und einem Fragenden." In: Ders. *Unterwegs zur Sprache*. [13]2003. S. 83–155). Siehe Buchner, Hartmut (Hg.). *Japan und Heidegger. Gedenkschrift der Stadt Meßkirch zum hundertsten Geburtstag Martin Heideggers*. Sigmaringen 1989.

[43] Mall. „Begriff, Inhalt, Methode und Hermeneutik der interkulturellen Philosophie." A.a.O. S. 18, 24 (Fn 8).

[44] Vgl. die Rekonstruktion der Kritik von Axel Horstmann: „Interkulturelle Hermeneutik – eine neue Theorie des Verstehens?" In: DZPh 3/1999. S. 427–448. S. 428 f.

kann jener Methode eine euro- bzw. ethnozentrische (wahlweise „kolonialistische", „oktroyierende") Haltung unterstellt werden. Die theoretisch motivierte Kritik kippt um in eine moralische Anklage der westlichen philosophischen Tradition: Diese sehe ihre Rationalitätsvorstellung als einzig wahre an, habe sie jedoch nur aufgrund ihres politischen Vormachtstatus durchsetzen können.[45]

3.2 Das Problem von Universalisierung und Relativismus

Die methodologische und die moralistische Argumentationsstrategie weisen auf ein Problem hin, das landläufig das „Universalismus-Relativismus-Dilemma" genannt wird. Wenn man sich einen groben Überblick über die Felder verschafft hat, auf denen der/das Fremde, der/das Andere, „das große Unbekannte", also: das Unverstandene einer fremden Kultur verhandelt werden, dann kann man feststellen, dass sich die Problematik der Universalisierbarkeit konstant im Unterscheidungsschema „Universalismus vs. Relativismus" durch die einzelnen Disziplinen und Forschungsstränge zieht. Das Gros der Ansätze siedelt sich auf diesem Feld der Auseinandersetzung an. Die methodologische und die moralistische Kritik an den klassischen Hermeneutiken passt sich hier ein. – Was impliziert der Universalisierungsvorwurf genau?

Der Versuch des Fremdverstehens befindet sich in einer paradoxen Grundsituation.[46] Über der Notwendigkeit, zu verallgemeinerungs-

---

[45] Diese Intention findet sich nicht bei Göller und Schmidt, wohl aber bei Mall und Heinz Kimmerle. Vgl. den unter dem Aspekt „abendländischer Absolutheitsansprüche" konzipierten Sammelband von Brocker, Manfred/Nau, Heino (Hg.). *Ethnozentrismus. Möglichkeiten und Grenzen des interkulturellen Dialogs*. Darmstadt 1997, darin die Aufsätze von Mall, Ram A. „Interkulturelle Philosophie und Historiographie." S. 69–89, sowie Kimmerle, Heinz. „Die interkulturelle Dimension im Dialog zwischen afrikanischen und westlichen Philosophien." S. 90–110.

[46] Dies bescherte der Ethnologie sogar eine offizielle Krise des Faches in der „ethnographischen Fremddarstellung". Vgl. Berg, Eberhard/Fuchs, Martin

fähigen Aussagen zu gelangen, gerät der Versuch in Gefahr, das Fremde zu verfehlen. Verallgemeinerbarkeit von Aussagen über „etwas" Fremdes (als *das* Fremde) bedeutet in negativer Konsequenz Universalisierung, das meint die Übertragung der eigenen Bedeutungs- und Bewertungskategorien auf das Fremde. Auf diese Weise wird auch die eigene Vernunftsphäre verabsolutiert und auf den anderen, fremden Bereich ausgedehnt. Der Bereich des Fremden würde – so die Kritik – nur noch als „Subsystem"[47] der eigenen Kriterien von Welterfassung *begriffen* werden, *aber unverstanden* bleiben. Gerade das Einzigartige des Unbekannten würde illegitimer Weise zugunsten der Kategorien des Verstehenden eingeebnet. – Die Herausforderung für die kulturspezifisch verortete Hermeneutik lautet also: Verstehen soll nicht universalisierend sein, so dass Fremdes nur den anerkannten Schemata der eigenen Kultur angeglichen wird.

Allein grammatisch befreit uns dieses Problem jedoch noch nicht von der Frage nach dem Was der fremden Kultur. Hier besteht zudem die Möglichkeit eines zweiten methodischen Extrems: Das ist eine so genannte relativistische Position. Nach relativistischer Maxime soll jede Kultur ausschließlich innerhalb ihres eigenen Wertesystems verstanden werden. Das Adjektiv „relativistisch" bringt zunächst die Kulturverhaftetheit subjektiver Erkenntnisbedingungen zum Ausdruck. Allgemeiner deutet es auf die Beschränktheit menschlichen Denkens und Handelns hin. Die These des kulturellen Relativismus wird derzeit vor allem unter ethischem Blickwinkel ins Feld geführt. Behauptet wird dann, dass aus dem Faktum der kulturellen Vielfalt von Sittlichkeits- und Moralstandards nicht auf eine universale Geltung geschlossen werden kann. In kulturhermeneuti-

---

(Hg.). *Kultur, soziale Praxis, Text. Die Krise der ethnographischen Repräsentation.* Frankfurt a.M. 1993, sowie Kogge, Werner. *Die Grenzen des Verstehens. Kultur – Differenz – Diskretion.* Weilerswist 2002. S. 121–175.

[47] Siehe Waldenfels, Bernhard. „Paradoxien ethnographischer Fremddarstellung." In: Därmann/Jamme (Hg.). *Fremderfahrung und Repräsentation.* A.a.O. S. 151–182, S. 151.

scher Perspektive bedeutet eine stärkere relativistische Position die Unvergleichlichkeit, letztlich die Unverstehbarkeit von Fremdem. Da der Verstehenwollende die fremden Bedeutungen nicht in die eigenen übertragen darf, vergibt er sich letztendlich auch eine Verstehensmöglichkeit, welche sich z.B. über Entsprechungen und Analogiebildung aufbaut.

An der relativistischen These der Unvergleichlichkeit und Unvergleich*bar*keit von Kulturen wird wiederum folgendes kritisiert: Ein Kulturrelativismus vermag diese nur nebeneinander zu stellen, jedoch nicht – ethisch, politisch, hermeneutisch – untereinander zu vermitteln. Letztlich führt Relativismus in einen nicht durchführbaren Solipsismus, der sich selbst widerspricht:[48] Eine strukturelle Relativität und eine Unvergleichbarkeit kann nur im Wissen um das Wesen dieser fremden Kulturen behauptet werden.[49]

Wofür ein Verstehen, kann man sich nun fragen, wenn es uns das Unbekannte der anderen Kultur entweder nur universalisierend als reines *alter ego* verstellen oder aber relativierend als beliebiges Fremdes verfehlen lässt? Universalistische Entwürfe, die ein personen-, kontext- und kulturenübergreifendes Verstehen in den Vordergrund der Begegnung mit Fremdem rücken, scheinen sich mit ihren „Gegnern", welche eine lebensweltliche Eigenheit und nicht zu überbrückende Andersheit aller Kulturen betonen, zu keiner gemeinsamen Schnittmenge durchringen zu können. Einig ist man sich allein in dem (Ausgangs-)Punkt, dass die unverstandene fremde Kultur nicht ein Spiegel- oder Ebenbild desjenigen, der sie verstehen will, ontologisch sein kann und normativ auch nicht sein soll. Wie dies und ein Verstehen des Fremden dann möglich ist, darüber

---

[48] Vgl. Stagl, Justin. „Eine Widerlegung des kulturellen Relativismus." In: Matthes, Joachim (Hg.). *Zwischen den Kulturen? Die Sozialwissenschaften vor dem Problem des Kulturvergleichs*. Göttingen 1992. S. 145–166. S. 147.

[49] Relativisten sind dabei meist die anderen. Siehe z.B. Stagl. „Szientistische, hermeneutische und phänomenologische Grundlagen der Ethnologie." A.a.O., S. 6; Holenstein. *Menschliches Selbstverständnis*. A.a.O., S. 125, 195.

herrscht eine die Parteien parteienübergreifend trennende Uneinigkeit.

3.2.1 Grenzen der Kritik I – Methodische Ein- und Ausgänge

Es scheint so, dass man unweigerlich in die eine oder andere Falle tappt, die mit den Begriffen „Universalismus" von der einen und „Relativismus" von der anderen Seite ausgelegt wurden. Immerhin ist das eine ganz effiziente Strategie, um die eigene Position zu stärken: die jeweils gegnerische These wird auf diejenigen Elemente hingewiesen, welche sie nicht erklären kann (theorieinternes methodologisches Argument) und dann des oktroyierenden Anspruchs wegen kritisiert (theorieexternes moralistisches Argument). Das theorieinterne methodologische Argument gegen einen kulturhermeneutischen Universalismus lautet dann, dass er nicht wirklich die Möglichkeit eines Außen und Außerhalb seiner Welt bzw. Theorie zulässt,[50] woraus die theorieexterne moralistische Kritik am monokulturellen Anspruch folgt. Demgegenüber wird als theorieinterne Kritik am Relativismus vorgebracht, dass er epistemologisch gesehen selbst gar nicht die Bedingungen seiner Behauptungen erfüllt. Das wird wiederum mit dem theorieexternen Gegenargument verknüpft, dass der Relativismus einem schlussendlich Moral und Sitten amortisierenden „Anything goes" Tür und Tor öffnet. – Mit dieser Strategie können einige Schwachstellen klassischer Hermeneutiken pointiert herausgestellt werden. Theorieexterne, lösungsorientierte und so auch methodologisch reflektierte Schlussfolgerungen bleiben indessen unerschlossen.

Bevor man sich endgültig von der philosophischen Hermeneutik verabschieden will, sollten einige Punkte zur Kenntnis genommen werden. Klassische Hermeneutikentwürfe hatten nämlich unter Umständen nicht den Fokus, welchen die zeitgenössische kulturherme-

---

[50] „Popperianisch" kann man dem Universalismus als einer Art Holismus vorwerfen, der sich gegen die Falsifikation der eigenen Theorie immunisiert hat.

neutische Thematik heute auf die Agenda bringt. Wird man Heidegger und Gadamer also gerecht, wenn man den philosophiehistorischen Problemkontext sowie wirkungsgeschichtliche Entwicklungen einfach ignoriert? Axel Horstmann wendet zu Recht ein, dass man Gadamer schwerlich den Vorwurf in der Totale machen kann, eine fremde Kultur nicht verstehen zu wollen. Zu seiner Zeit hatte Gadamer sich überhaupt nicht im Umfeld dieser Auseinandersetzung bewegt. Somit wird ihm Ignoranz und eine ablehnende Haltung gegenüber interkulturellen Überlegungen im Nachhinein einfach untergeschoben.[51]

Heideggers Frage wiederum, ob die Asiaten „den europäischen Begriffssystemen nach[]jagen" sollten,[52] könnte auch als „Streitfrage", als die sie im Originaltext bezeichnet wird, akzeptiert werden. Nicht zwangsläufig geht mit ihr eine persönlich abschätzige Sichtweise von Heidegger einher. Wohl aber kann darin der Versuch gesehen werden, überhaupt mit dem Gesprächspartner einer fremden Kultur ein gemeinsames Fragefeld zu eröffnen. Man sieht und lässt den Fundamentalontologen hier ausgerechnet über diejenigen Steine stolpern, die im Angesicht des erwachten kulturpolitischen Bewusstseins heute allerorten auf dem theoretischen Problemfeld groß aufgestellt sind. Könnte man dies Heidegger frei nach dem „Prinzip der Billigkeit" womöglich nicht auch nachsehen?

Die klassische philosophische Hermeneutik darf ihrem Geltungsanspruch nach nicht völlig zurückgesetzt werden, denn sie hat diese über die Jahrzehnte der Diskussion zum Teil sogar ausgebaut und jedenfalls nie gänzlich Deutungsterrain verloren. Dass sie bis heute in den Mündern der Diskutanten ist, zeigt faktisch und ganz praktisch die Relevanz klassischer Ansätze für die aktuelle, ausdrücklich

---

[51] Horstmann. „Interkulturelle Hermeneutik – eine neue Theorie des Verstehens?" A.a.O. S. S. 429.
[52] Wie Mall es beschreibt. Der Autor hält diese Frage für „wohlwollend arrogant". Siehe Mall. „Begriff, Inhalt, Methode und Hermeneutik der interkulturellen Philosophie." A.a.O. S. 24 (Fn 8).

auf Kulturfremdes bezogene Hermeneutikdiskussion. Die neuen Kulturhermeneutiken gewinnen wenigstens partiell und *ex negativo* ihr Profil aus der Kritik an Gadamer und Co.[53] Gleichwohl können klassische Hermeneutiken kein exklusiver Ausgangspunkt der kulturhermeneutischen Diskussion mehr sein. Angesichts einer veränderten Problemlage ist fraglich, ob allein eine Diskussion der – ausschließlich in Westeuropa und im angelsächsischen Bereich entstandenen – Theorien noch zureicht. Und wenn es stimmt, dass sich jede konkrete Ordnung jeweils eine andere Vorstellung von dem macht, was Kultur ist, dann haben verschiedene Ordnungen auch eigene Kulturkonzepte, die erschlossen werden können. Hier steht dann aber zu fragen aus, ob eine philosophische Kulturhermeneutik die Möglichkeit des Verstehensvollzugs nicht auch in einem konkreten Verstehensprozess zu erweisen hat, wo sie das je spezifische Fremde einer anderen Kultur ins Zentrum ihres Denkens rücken will.

3.2.2 Grenzen der Kritik II – Veränderte Welten

Angesichts der neuen Problemlage kommt eine Hermeneutik des Fremden zum Zug, die sich in der philosophischen Folge von klassischen Verstehenstheorien weiß, diese jedoch zum Ausgangspunkt einer qualitativen Abgrenzung und Neupositionierung nimmt. Hier gerät ein drittes, so genanntes *geschichtspragmatisches* Argument in den Blick, durch welches die explizit auf Kultur bezogenen Disziplinen ihre diskursiven Vorteile gegenüber klassischen Hermeneutiken betonen wollen. Was meint es?

Mit dem geschichtspragmatischen Argument soll der Geltungsanspruch kulturspezifischer Hermeneutik auf zweierlei Weise unterstrichen werden. Zunächst wird darauf hingewiesen, dass die Geschichte der westeuropäisch-angelsächsischen Philosophie – jene Theorien, die landläufig als „abendländisch" etc. bezeichnet werden

---

[53] Hier schließe ich mich Horstmanns Einschätzung an. Siehe Horstmann. „Interkulturelle Hermeneutik – eine neue Theorie des Verstehens?" A.a.O., S. 432.

und zumeist mit dem Anspruch versehen sind, als *die* Philosophie schlechthin zu gelten – bereits seit längerer Zeit im Austausch mit anderen Philosophietraditionen steht. Nicht nur gab es interkulturelle Prozesse schon vor mehreren hundert Jahren. Darüber hinaus haben sie auch die Genese der europäischen Kultur und Philosophie seit der Neuzeit wesentlich mitbestimmt.[54] Philosophie ist also von jeher wesentlich interkultureller, als es klassische Theorien zur Kenntnis nehmen. Das erfordert einen in sich pluralen Begriff von Kultur bzw. Welten.[55] Die Hermeneutik soll sich *wirkungspluraler* begreifen, weil sich die Entwicklungsgeschichte philosophischen Gedankenguts nicht nur in eine Richtung erstreckt (bspw. Europa → China), sondern multidirektional angelegt ist (Indien → China, China → Europa, Europa → China). Die Kulturhermeneutik, so wird argumentiert, berücksichtigt wesentlich stärker die netzartigen Kommunikationswege und Beeinflussungsstränge der Kulturen und Geistestraditionen untereinander. Ein Versuch, etwas Kulturfremdes zu verstehen, vermag daher nicht mehr exklusiv auf der Tradition von nur einer Philosophielinie angestrengt zu werden, sondern hat grundlegend auch andere Philosophiehistorien mit zu berücksichtigen. Die Kulturhermeneutik will sich also insofern gegenüber klassischen Hermeneutiken in der Vorhut wissen, weil sie grund-

---

[54] Elberfeld. *Kitaro Nishida.* A.a.O., S. 275 f. Ideengeschichtlich zeugt hiervon etwa Gottfried Wilhelm Leibnizens reges Interesse am chinesischen *Yijing* [Buch der Wandlungen], in dessen Zeichensystem er eine Parallele zu seinem Entwurf einer binären Arithmetik zu erkennen glaubte. Siehe dazu die instruktiven Einblicke bei: Li Wenchao/Poser, Hans (Hg.). *Das Neueste über China. G.W. Leibnizens* Novissima Sinica *von 1697*. Stuttgart 2000. Auch kam es bspw. bereits im 17. Jh. im Rahmen der christlichen China-Mission zu einem Kontinente übergreifenden Kulturaustausch. Hierzu Li Wenchao. *Die christliche China-Mission im 17. Jahrhundert. Verständnis, Unverständnis, Mißverständnis. Eine geistesgeschichtliche Studie zum Christentum, Buddhismus und Konfuzianismus.* Stuttgart 2000.

[55] Siehe Elberfeld. *Kitaro Nishida.* A.a.O., S. 279.

sätzlich mehrere Interpretationen von Welt zulässt und um diese als konstitutive für das Verstehen von Kulturfremdem weiß.[56]

Das geschichtspragmatische Argument beinhaltet noch einen zweiten Aspekt, warum sich eine Auseinandersetzung mit Fremdem nicht mehr nur vor dem Hintergrund einer einzelnen philosophischen Geschichtstradition generieren soll. Das ist die veränderte Problemlage von sich ständig erweiternden und verschränkenden Kommunikationswegen. Sie lassen heute erstmalig global und in Echtzeit differente Kultur- und Weltverständnisse aufeinandertreffen. Diese Welten pflegen zumindest nominell mit dem Willen zur politischen, wirtschaftlichen wie ökologischen Gleichberechtigung Kontakt, und sie suchen dabei gerade auch im Angesicht der Verschränkung von diplomatischen Beziehungen und Handelswegen das Spezifische ihrer Kultur zu schützen. Hier gelangt eine Vielzahl an Kulturen und Anschauungen von Welt miteinander in Berührung. In Anbetracht dieser Konstellation bezweifeln Vertreter der Kulturhermeneutik, ob der Verbleib in nur einer Denkgeschichte für das Verstehen eines Kulturfremden noch ausreicht.

Es ergeben sich auf der Grundlage der drei Argumentationstypen für eine neue Reflexion der Hermeneutik deshalb folgende Szenario-Eckpfeiler, die für den weiteren Verlauf anleitend sind. Unter methodologischem Blickwinkel ist zu prüfen, inwiefern es bestimmten Ansätzen eher gelingt, ein kulturhermeneutisch relevantes Verständnis von Fremdem zu entwerfen. Dem moralistischen Argument kommt hier eine kontrafaktische Leitfunktion zu. Es stellt den methodologischen Überlegungen Warnschilder am Wegesrand auf, indem die gebildeten Hypothesen *ex negativo* der Frage nach einem verbindlichen Sittlichkeitsanspruch unterzogen werden. In geschichtspragmatischer Perspektive haben sich die hiesigen Ausführungen schließlich mit einer einzelnen, fremdkulturellen Denk-

---

[56] Vgl. hierzu Wimmer, Franz. M. „Zur Aufgabe des Kulturvergleichs in der Philosophiehistorie." In: Ders. (Hg.). *Vier Fragen zur Philosophie in Afrika, Asien und Lateinamerika*. Wien 1988. S. 154–161.

tradition auseinanderzusetzen. Ziel ist es, den theoretischen Befund seinem Status nach auszuweisen: Er ist eine wirkliche, ordnungsmäßig verankerte, individuierte Perspektive auf eine von vielen möglichen Dimensionen von Fremdheit.

3 Kulturverstehen und das Problem der Analogiebildung

Wenn es zutrifft, dass aufgrund der Wirkungsgeschichte von Kulturen sich nicht nur deren Vergangenheit miteinander verschränkt hat, sondern auch ihre Gegenwart, drängt sich unmittelbar die Frage auf, inwiefern Gemeinsamkeiten, Ähnlichkeiten und Ungleichheiten erfahrbar werden. In den Sozial- und Kulturwissenschaften ist es, wenn nicht bereits seit langem methodischer *common sense*, so doch immer wieder eine methodologisch – im besten philosophischen, sprich kritischen Sinne – affirmativ diskutierte Thematik, in welcher Weise fremde Kulturen per Analogiebildung zugänglich sind. Nicht das *Ob*, sondern das *Wie* von Vergleichsmöglichkeiten steht zur Disposition.[57]

Die Analogisierung ist in den Kulturwissenschaften, was die Erkenntnisbildung des Faches betrifft, heute durchaus anerkannt.[58] Ob

---

[57] Einen breitgefächerten Einblick in die sozialwissenschaftliche Diskussion gibt der von Joachim Matthes herausgegebene Band *Zwischen den Kulturen. Die Sozialwissenschaften vor dem Problem des Kulturvergleichs*. Göttingen 1992. Die Philosophie betreffend siehe Elberfeld. „Überlegungen zur Grundlegung ‚komparativer Philosophie'." A.a.O., S. 140 f.

[58] Siehe Straub, Jürgen. *Verstehen, Kritik, Anerkennung. Das Eigene und das Fremde in der Erkenntnisbildung interpretativer Wissenschaften*. Göttingen 1999. S. 22. Bei Matthes soll Vergleichen als „kulturelles Stiften von Alterität" reflektiert und reziprok angelegt werden. Siehe Matthes, Joachim. „The Operation called ‚Vergleichen'." In: Ders. (Hg.). *Zwischen den Kulturen?* A.a.O. S. 75–99. S. 77, 83, hier 98; vgl. ders. „Kulturvergleich: Einige methodologische Anmerkungen." In: Breinig (Hg.). *Interamerikanische Beziehungen*. A.a.O. S. 13–24. S. 14 f.

der Vergleich zwischen Kulturen dabei konstitutiv und Strategie per se für diejenigen Wissenschaften ist, die in ihrer Erkenntnisgewinnung interpretativ verfahren, sei dahingestellt. Fakt ist jedoch, dass man vor dem Problem steht, ein den Vergleich ermöglichendes *Drittes* annehmen zu müssen. Erkenntnistheoretisch betrachtet supponiert das Mittel der Analogiebildung eine notwendig vorauszusetzende Prämisse. Dabei wird jedoch unterstellt, dass Fremdes grundsätzlich wissbar ist, um parallelisierende Entsprechungen bilden zu können. Die beiden Kulturen werden vergleichbar, weil sie unter ein ebenentheoretisch höheres Drittes als dem *tertium comparationis* gestellt werden, das eine Analogie zu bilden erlaubt.

Ein interkultureller Vergleich, der immer auch das die Kulturen Konstituierende der verschiedenen Sprachen zu berücksichtigen hat, benötigt – in übersetzungstheoretischer Perspektive – ein philologisches Drittes sowie – in hermeneutischer Hinsicht – ein lebensweltliches *tertium*, anhand dessen eine methodisch gesicherte Analogie gebildet werden kann. Dazu bedarf es philologisch bzw. lebensweltlich gemeinsamer oder familienähnlicher begrifflicher Bezugspunkte, unter die beide Kulturen gestellt werden können. Einher geht damit eine Denkweise in Äquivalenzen, nach der eine Benennung von Dingen aus der fremden Kultur in der Weise stattfindet, dass ihnen Entsprechungen innerhalb der eigenen Kultur beigestellt werden.

Das Problem mit dem *tertium* beginnt, wo mit ihm eine eigenkulturzentrierende oder zentristische Haltung gegenüber dem Fremden anderer Kulturen einhergeht. Die Vergleichsgröße, das *tertium comparationis*, geht nämlich zumeist aus der Kultur hervor, aus der heraus der Vergleichende zu verstehen sucht. Die Gefahr der Verwendung eines epistemologischen Leitkriteriums, welches das Fremde in dichotomische Unterscheidungsmuster von „modern – traditional", „kultiviert – barbarisch", „zivilisiert – naturverhaftet" usw. einordnet und damit selbstredend die eigene Kultur zu einer (geschichtlich) fortgeschritteneren, nicht nur anderen, sondern auch besseren macht, folgt auf dem Fuße. Im Extremfall wird das unverstandene Fremde normativ hinter das eigene Weltverständnis gestellt.[59]

Im Kulturvergleich ist also eine strikte Analogiebildung, welche die spezifischen konkreten Umstände einer Kultur ignoriert, genauso unzureichend wie eine Verwendung von Analogien per Übersetzung, in welcher ein- und dieselben Lebensverhältnisse vorausgesetzt werden. Die Frage, ob zwei differente Kulturen von „ein und derselben Sache" reden bzw. mit einer ähnlichen kulturellen Einstellung an diese herangehen, ist keine Frage einer bloß explizit gemachten Information, deren Teile alle eineindeutig festgestellt werden könnten.[60] Die Standardisierung und Annahme der Standardisierbarkeit von Lebensumständen bedeutet hier gleichsam eine unpassende „Marginalisierung des Fremden"[61]. Der Kulturvergleich verfehlt an dieser Stelle seine Leitidee, neben Ähnlichkeiten gerade auch jene Kulturen auszeichnenden konstitutiven Differenzen herauszuarbeiten.

Wie kann Analogiebildung dann kulturhermeneutische Annäherungsprozesse unterstützen? Eine wissenschaftliche, streng methodische Vorgehensweise, auf deren Grundlage des Vergleichs epistemologisch positive Aussagen über Fremdes gemacht werden, scheint hier an eine Grenze zu stoßen und vor einem Dilemma zu

---

[59] Siehe Matthes. „The Operation called ‚Vergleichen'." A.a.O., S. 81 f., sowie Shimada, Shingo/Straub, Jürgen. „Relationale Hermeneutik im Kontext interkulturellen Verstehens. Probleme universalistischer Begriffsbildung in den Sozial- und Kulturwissenschaften – erörtert am Beispiel ‚Religion'." In: DZPh 3/1999. S. 449–477. S. 452.

[60] Siehe Lohmar, Dieter. „Intersubjectivity and the meeting of cultures. A critique of the hermeneutics of the ‚strict analogy'." In: Schneider, Notker u.a. (Hg.). *Einheit und Vielfalt. Das Verstehen der Kulturen*. Amsterdam, Atlanta 1998. S. 195–211. S. 196, 204–206. Die These strikter Analogie unterstellt eine Originalzugänglichkeit zum Gegenstand. Zum Problem der originalen (Un-)Zugänglichkeit des Fremden vgl. Därmann. „Fremderfahrung und Repräsentation. Einleitung." A.a.O., S. 7–46.

[61] Figal, Günter. „Übersetzungsverhältnisse." In: Ders. *Der Sinn des Verstehens. Beiträge zur hermeneutischen Philosophie*. Stuttgart 1996. S. 101–111. S. 104.

stehen. Entweder handelt man sich mit der Bildung von Äquivalenzen das Problem der unzulässigen Synthetisierung von nur partikular gültigen Unterscheidungsmustern ein, oder fremde Kultur „verschwindet" in der Vielfalt ihrer welterschließenden, aber unverstandenen Zugänge.

4 Universalismus und individuelle Perspektiviertheit der Welt

Zeugt aber eine schier unvereinbare Zugangsweise des Verstehenwollenden mit dem Fremden nicht selbst wiederum von einer quantitativen Diversität der Kulturen, die auch positiv Möglichkeiten bereitstellt, kulturelle Vielfalt zu beschreiben? Ein Zugang zu Fremdem, der sich über konkrete Entsprechungen diesem annähert, ist dann eine von vielen möglichen individuellen Weisen, Fremdes zu verstehen. Die Herausforderung, die dem Verstehenwollenden hierin durch das Fremde gestellt wird, bestünde weniger in einem erkenntnistheoretischen Dualismus zwischen den Kulturen, welcher überwunden werden soll. Sondern der Verstehenwollende hat sich selbst seiner konkreten Zugangsweise als individuell verankerter *conditio sine qua non* jeden Verstehensversuchs zu vergewissern. Ein Verstehen von Fremdem qua Analogiebildung ist konstitutiv an die Perspektive gebunden, unter der wir ihm begegnen. Die tatsächliche Erfahrung, die wir miteinbringen und neu gewinnen, ist dann ebenso konstitutiv für den Verstehensversuch wie die Tatsache, dass überhaupt nur etwas verstanden wird, wenn wir fragen, wie wir uns selbst verstehen.

In seiner strukturellen Tragweite ist dieser Gedanke nicht eben neu. Bereits Gottfried Wilhelm Leibnizens (1646–1716) philosophietheoretische Schriften zur Metaphysik der Monade sind ein großangelegter Entwurf, in dem Welt als ein unveräußerliches Vieles beschrieben wird, ohne dass auf ein Verstehen im Gedanken an ihre Einheit verzichtet würde. Leibnizens Idee von der einen Welt, die nur von vielen individuellen Blickwinkeln aus gesehen und nur in vielen verschiedenen Perspektiven verstanden werden kann, dient mir für den weiteren Argumentationsgang dazu, um folgendes aufzuzeigen: Eine universalistisch orientierte Sichtweise ist genau so lange legitim, wie sie das Moment des Relativen als den perspektivischen Standort desjenigen, der Welt in individuell verorteten Entsprechungen wahrnimmt, zum konstitutiven Teil und erfahrungsbegründet unbedingten Ausgangspunkt des Verstehens von Welt macht. Leibnizens Monadentheorie steht hier am Beginn der methodologischen Diskussion des Verstehensproblems. Mit ihrer Hilfe soll herausgearbeitet werden, wie „universal(-isierend)" und „relativ(-i-vierend)" ausgerichtete Überzeugungen unter Bedingungen ihrer Kompossibilität als spezifische Weisen von Weltverständnis aufgefasst und miteinander in Beziehung gesetzt werden können.

4.1 Wurzeln des Kulturvergleichs – Zur Individualität der Analogiebildung (G.W. Leibniz)

China wurde nicht erst im modernen Zeitalter der Hochtechnologien entdeckt. Bereits im 17. Jahrhundert war seine Denktradition zu einer größeren kulturellen Herausforderung für das „Alte Europa" geworden.[62] Bei der Frage, wie ein Bezug zu Chinas fremder Wirk- und Denkgeschichte hergestellt werden kann, ohne in den epistemologischen Aporien der Analogiebildung stecken zu bleiben, begegnen wir den Schriften Gottfried Wilhelm Leibnizens. Seit je hegte der Universalgelehrte über seinen ontologischen, logischen und erkenntnistheoretischen Überlegungen nicht nur ein randständiges Interesse an der fremden chinesischen Kultur. Ein Kulturvergleich und Kulturaustausch stellte sich für Leibniz nicht nur als amüsantes Aperçu dar, das neben den theoretischen Studien abfiel. Er sollte

---

[62] Siehe Poser, Hans. „Leibnizens *Novissima Sinica* und das europäische Interesse an China." In: Li/Poser (Hg.). *Das Neueste über China*. A.a.O. S. 11–28. S. 11 f.

vom Status eines ernstzunehmenden Anwendungsfeldes der metaphysischen Annahmen sein.⁶³ Für Leibniz,

> „cultural exchange on an intellectual level does not consist simply in describing the thought of another culture, but in actually engaging that thought, making use of it, and incorporating it into our own thought. [...] In engaging a foreign thought, one problem is balancing similarities and differences. Without similarities, we have no point of access into the thought of the other. Without differences, however, we have nothing to learn. The problem is that similarity and difference seem opposed. For Leibniz, however, they are not opposed, as his well known criterion of perfection is ‚la plus varieté, avec le plus grand ordre'."⁶⁴

Leibnizens Interesse an Chinas Kultur verleiht ineins seinen ontologisch-logischen Erkenntnissen sowie dem konkreten Verstehensversuch in Bezug auf ein fremdes Denken Ausdruck. Ähnlichkeiten bzw. Gemeinsamkeiten und Differenzen von Verstehenwollendem und zu verstehendem Fremden balanciert Leibniz unter der Ägide einer *characteristica universalis* aus. Insbesondere die metaphysischen Schriften und die monadologische Theorie sind es, welche in diesem Kontext wichtige Anhaltspunkte geben: Ziel des Philosophen ist es aufzuweisen, wie innerhalb einer größtmöglichen universalen Ordnung soviel Vielfalt wie möglich erhalten werden kann.⁶⁵ Einheit in

---

[63] Für einen Einblick siehe das Vorwort der *Novissima Sinica* Leibnizens, abgedruckt in: Hsia, Adrian. *Deutsche Denker über China*. Frankfurt a.M. 1985. S. 9–27.

[64] Perkins, Franklin. „The Theoretical Basis of Comparative Philosophy in Leibniz' Writings of China." In: Li/Poser (Hg.). *Das Neueste über China*. A.a.O. S. 275–293. S. 276. Es liegt auch eine Monographie zum Thema von Perkins vor: *Leibniz and China. A commerce of light*. Cambridge 2004.

[65] Leibniz, Gottfried Wilhelm [1714]. *Monadologie*. In: Ders. *Monadologie und andere metaphysische Schriften*. Hamburg 2002. § 58 [S. 135] [im Folgenden: M]. Vgl. Ders. [1714]. *Auf Vernunft gegründete Prinzipien der Natur und der Gnade*. In: ebd. Abschnitt 10 [S. 165].

der Pluralität wird hier theoretisch hergestellt, indem eine Vielfalt von individuellen Zugängen zur Welt – die Leibnizschen Monaden – Ausdruck des Universalen ist, der mit einem hermeneutischen Weltverständnis korrespondiert.

Vor dem Hintergrund dieses Leitgedankens soll Leibnizens Konzept der Monade näher vorgestellt werden. Inwiefern findet sich darin ein tragfähiges Arrangement für die Frage nach dem Fremdverstehen und dem Zugang zu Fremdem? Das Leibnizsche Konzept der perspektivisch verankerten Erkenntnis dient mir dazu, die individuelle Weise von Welterschließung als Möglichkeit fremdkulturellen Verstehens auszuweisen.[66] Es geht mir deshalb nur bedingt um eine systematische Erörterung der metaphysischen Voraussetzungen, auf denen das Leibnizsche Weltverständnis beruht. Mit Leibniz möchte ich auf den thematischen Aspekt von Universalismus und Relativismus und deren strategische Vorteile für die Verstehensfrage aufmerksam machen.

4.1.1 Vielheit des Denkens und substanzielles Sein

Der Fremdverstehensversuch steht vor der Herausforderung, jene die andere Kultur charakterisierenden Differenzen weder in einer Einheit einzuebnen noch diese bloß als „unge-teil-tes" diverses Anderes unvermittelt nebeneinander zu stellen. Von einer Vielfalt des Denkens ausgehend, soll den durch verschiedene kulturelle Traditionen entstandenen Sichtweisen auf Welt zur Geltung verholfen werden. Der Anspruch auf verbindliche Aussagen über die jeweils andere „Seite" – die des zu Verstehenden – soll nicht aufgegeben werden müssen. Wie in kulturhermeneutischer Sichtweise die Vielfalt des Denkens Ausgangspunkt der Frage nach Fremdverstehens-

---

[66] Meine Argumentation im Kontext von Möglichkeiten des analogisch verfahrenden Zugangs zu Fremdem stützt sich hier zu Teilen auf den Aufsatz von Franklin Perkins: „The Theoretical Basis of Comparative Philosophy in Leibniz' Writings of China." A.a.O. Vgl. auch Di Mauro, Tullio/Formigari, Lia (Hg.). *Leibniz, Humboldt, and the origins of comparativism*. Amsterdam, Philadelphia 1990.

möglichkeiten ist, so gründen auch die Leibnizschen Überlegungen zu Welt und Weltzugang auf der Annahme einer Vielheit des individuellen Denkens und Seienden.

Die Leibnizsche These von der Einheit, die in einer Pluralität individuellen Seins besteht, basiert auf einer Theorie der Monade. Was ist eine Monade, und wie zeichnet sich ihr Verhältnis zur Welt aus? Monade ist ein Grundbegriff in der Leibnizschen Ontologie. Monaden sind kleinste einfache Substanzen, durch die Welt konstituiert wird. Die monadische Substanz als solche kleinste unteilbare Einheit steht in einer Vielheit von Bezügen.[67] Leibniz betont, dass Monaden keine Teile sind oder aus solchen bestünden, sondern dass sie „die wahren Atome der Natur" oder „Elemente der Dinge" bilden, aus denen das Universum in seinen Grundfesten besteht. Ein Verständnis der Monade muss sich mithin über das Verhältnis, in dem Monaden zueinander stehen, erschließen. Das Sein der Monade ergibt sich aus einem ihr inneren Prinzip der Bewegung. Das Bewegungsprinzip, das Leibniz terminologisch als *Appetition* fasst, besteht in einer prinzipiell unendlichen Folge von Bezügen, so genannten *Perzeptionen*, die als vorübergehende Zustände der Monade diese zur aktiven Wahrnehmung befähigen und in einem ausgezeichneten Bezug zur Welt halten. Das Sein der Monade erschließt sich so weniger über die Frage des *Was* als vielmehr über ein funktionales *Wie* von Relationen, in der sich Monaden zu anderem finden und situieren.[68]

Monaden halten sich in einer Art Fließgleichgewicht.[69] Sie situieren sich als Ensemble von Folgen hin zu bestimmten Perzeptionen aus Folgen her von anderen Perzeptionen. Als ein Gefüge von Relationsfolgen drücken Perzeptionen den Bezug der einfachen Substanz zur Welt im Ganzen aus. Welt wird in der Monade über deren Perzeptionen in sich selbst repräsentiert, wie Leibniz metaphorisch aus-

---

[67] Siehe M § 13.
[68] Siehe M § 3, § 15, § 14.
[69] Siehe M § 22.

drückt: „reflektiert" oder „widerspiegelt". Die Monadensubstanz macht sich in nichts anderem als jenem Netz von Beziehungen innerhalb ihrer selbst aus, das sie durch die Perzeptionen instanziiert und durch welches sie sich und Welt als eine unter vielen anderen monadischen Welten verwirklicht. Der Monadenbegriff ist ein Strukturbegriff mit ontologischem Anspruch.[70] Eine größere Einheit erschließt sich vom monadischen Strukturbegriff her, der einerseits die Aufbau- und die Funktionsweise eines Einzelnen und andererseits das (innerlich wiedergegebene) Relationsgefüge des Ganzen meint.

Indem sie sich auf anderes bezieht, konstituiert die Monade Welt. Umgekehrt ist Welt dasjenige einheitliche Gerüst, das sich aus der prinzipiell unendlichen Vielzahl von möglichen konkreten Bezügen ergibt, die Monaden zu anderen *ausdrücken*. Monadenstruktur ist auf diese Weise grundlegend welthafte, weil auf Welt bezogene Struktur. Als solche wird die Einheit von Welt aus der Vielheit individueller Bezüge gebildet, die Monaden wechselseitig eingehen.[71] Welt ist nicht die Summe der einzelnen Teile, sondern das Gefüge der sich untereinander gegenseitig reflektierenden kleinsten Einheiten. Das Gerüst der Monaden stellt einen Ausdruck des Ganzen dar, ohne das Ganze selbst zu sein.[72] Substanzielles Sein kommt nach Leibniz nie allein einem Einzelnen oder auch bloß Zweien zu, sondern ist das dezidierte Charakteristikum einer Vielheit von Seienden. Das, was das Ganze ist resp. sein kann, ergibt sich aus dem Netz von vielen Einzelnen, die sich aufeinander beziehen und sich dadurch gegenseitig voneinander abgrenzen.

---

[70] Holz formuliert, dass die Monade als reiner „Formbegriff" ein wesentliches Seinsverhältnis impliziert. Siehe Holz, Hans Heinz. *Gottfried Wilhelm Leibniz. Eine Monographie*. Leipzig 1983. S. 19.
[71] Vgl. auch Stegmaier, Werner. *Substanz. Grundbegriff der Metaphysik* (Reihe problemata, Bd. 63). Stuttgart, Bad-Cannstatt 1977. S. 179 ff.
[72] So auch Holz. *Leibniz*. A.a.O., S. 70.

4.1.2 Konkrete Welthaftigkeit und individuiertes Ganzes

Ganzes und Einzelnes werden in einer sich gegenseitig bedingenden und erst wechselseitig hinreichend begründenden Verschränkung von individuierten Bezügen einzelner Seiender denkbar. Die Welt als Inbegriff des Ganzen wechselseitiger Beziehungen stellt sich als größte und allgemeinste Einheit der – prinzipiell unendlich vielen – einzelnen Relationen dar, welche Monaden miteinander unterhalten.[73] Erst das Zusammenspiel, in dem Monaden als kleinste Einheiten von Welt integriert sind, bildet damit einen vollständigen Begriff des Ganzen und ein hinreichendes Verständnis von der Zugangsweise zur Welt. Die Strukturhaftigkeit der Monade erfüllt sich demnach nicht schon in ihrer Bezughaftigkeit per se, die das potentielle Gesamt der Relationen zu anderen Monaden umgreift. Die Monadenstruktur birgt zwar prinzipiell das Ganze der möglichen Bezüge, in den Worten Leibnizens: die Monade hat das Ganze in sich eingeschlossen (*enfermer*) bzw. „eingefaltet" (*plier*). Dabei ist sie jedoch notwendig auf einen konkreten Bezug auf anderes angewiesen und bleibt darauf verwiesen. Leibniz formuliert, dass

> „diese Vorstellung [des Ganzen, JS] in den Einzelheiten des ganzen Universums undeutlich ist und nur in einem kleinen Teil der Dinge deutlich sein kann, d.h. entweder in den am engsten benachbarten oder in den in bezug auf jede der Monaden größten. Andernfalls wäre jede Monade eine Gottheit. Nicht im Gegenstand, sondern in der Modifikation der Erkenntnis des Gegenstandes sind die Monaden beschränkt. Sie gehen auf undeutliche Weise ins Unendliche, zum Ganzen, sind aber begrenzt und unterschieden durch die Grade der deutlichen Perzeptionen." (M § 60)

---

[73] Den Widerspruch zwischen *einer* Einheit und prinzipiell *unendlich* vielen einzelnen Seienden löst Leibniz durch den unendlich Vieles schöpfenden Gott. (M § 36–40) Die einzelne Substanz wird damit zum „Musterfall für die Einheit des Universums [...]. Am Einzelnen bewährt sich das unendliche Ganze." Holz. *Leibniz*. A.a.O., S. 80.

Die Monade perzipiert das Universum nur ausschnittweise deutlich.[74] Dabei versteht sie sich als eine von allen anderen unterscheidbare Substanz nur vom Gefüge ihrer präzisen näheren (bzw. ferneren) Beziehungen her. Eine Monade drückt sich erst in einer ausschnitthaft verfassten Reihe als Individuelles aus, das meint in ihren konkreten, „deutlichen" [*distinct(e)*] Beziehungen, die sie zur Welt einnimmt. Dann und nur dann ist sie wirklich ein Einzelnes, nämlich weil sie bestimmte Bezüge in sich „vorstellt" bzw. „repräsentiert". Die Individualität, sprich die wirklich-faktischen Relationen zu anderem, in denen sich Monaden situieren, sind notwendige Bedingung, um den grundsätzlichen strukturellen Bezug auf Welt erst hinreichend verstehen zu können.[75]

Das Eigentliche des Wissens, das eine Monade faktisch haben kann, besteht demnach in ihren eigenen, nur von ihr so bezughaft wahrgenommenen und reflektierten Erfahrungen, die sie mit der Welt macht. Die Monade ist wesentlich Welt verstehend. Ein wahrgenommenes Etwas begreift die Monade, weil sie selbst sich zu ihm verhält und weil sich das Wie erst im individuellen Bezug auf sie selbst und durch sie ausmacht. Weil die Beziehung wechselseitig angelegt ist, agiert die Monade grundlegend hermeneutisch. Wahrnehmender und Wahrgenommenes sehen sich in ein sich gegenseitig bedingendes, konstituierendes und beeinflussendes Verhältnis gesetzt.

Die Monade ist empirisch, sie verfährt in erfahrungsbedingter Tätigkeit. Innerhalb des Leibnizschen Systems bleibt sie an ein apriorisch vorausgesetztes Ganzes gebunden. Das Ganze ist dasjenige, auf welches sich die Monade stets prinzipiell bezieht, es „schöpft" in Leibnizens Worten die Bedingung der Möglichkeit von substanziel-

---

[74] Vgl. M § 62.
[75] M § 15, 60. Vgl. Holzens Beschreibung von der Zwei-Einigkeit von Substanz und Struktur, dem materiellen Daß-Sein (appetitiver Aspekt) und dem formhaften So-Sein (perzeptiver Aspekt) der Monade. Siehe Holz. *Leibniz*. A.a.O., S. 73.

ler Individualität. Von einer nicht-göttlichen, das heißt zeitlich verfassten Perspektive aus kann erst durch Existenz und wirkliche Relationen ein Ganzes nicht nur als möglich, sondern auch wirklich vorgestellt werden. Das Ganze wird hier in Bezügen und individuell rückgebundenen Perspektiven „widergespiegelt". Der Leibnizsche Universalismus baut hier auf einer Vorstellung auf, in der eine gegenseitige Bedingtheit von Einheit und Vielfalt, von allgemeinem Ganzen und besonderem Einzelnen *conditio* von Welt ist. Diese kann nur als Ganzheit von individuierten Konkreten verstanden werden.[76]

Einzelne Monaden sind auf diese Weise je in der Welt, dies jedoch nicht in einem äußerlich-räumlichen, sondern in einem hermeneutisch-bedeutungsmäßigen Sinne. Dass die Monade Welt erfährt, indem sie diese in sich selbst widerspiegelt, ist hier äußerste Ausformung des Gedankens von welthaftem Sein der Substanz und gerade nicht Ausdruck einer monadischen Weltabgeschlossenheit oder -abgeschiedenheit. Monaden haben keine Welt, zu der sie erst additiv gelangen müssten, sondern sie sind diese, und nur als solche können sie auch überhaupt in einem ontologischen Sinne sein. Die von Leibniz hervorgehobene und so oft solipsistisch[77] missverstandene „Fensterlosigkeit"[78] der Monade besagt nichts weiter, als dass mit dem Monadenbegriff Welthaftigkeit, das bedeutet ein ontologischer Status als weltlich Seiendes und nur so bedeutsames Einzelnes hevorgehoben wird. Das Leibnizsche Weltverständnis eröffnet sich uns demnach nur, wenn die einzelne Zugangsweise zur Welt als Seinsweise in und von Welt begriffen und ihrem hermeneutischen

---

[76] So auch Holz. *Leibniz*. A.a.O., S. 75–83.
[77] So Busche, Hubertus. *Leibniz' Weg ins perspektivische Universum. Eine Harmonie im Zeitalter der Berechnung*. Hamburg 1997. S. 505, 516. Immerhin gibt Busche zu, dass die sog. „solipsistische Immanenzperspektive" der Monade zugunsten ihrer finalen Deutungsperspektive schlussendlich zum unselbständigen Aspekt herabgesetzt wird.
[78] Siehe M § 7; vgl. Leibniz. *Metaphysische Abhandlung*. In: Ders. *Monadologie und andere metaphysische Schriften*. A.a.O. Abschnitt 26 [S. 75].

Gehalt nach ernst genommen wird. Ein Ganzes (als Gemeinsamkeit herstellendes *tertium*) aber kann nur als das individuierte Ganze eines welthaften Einzelnen verstanden werden, das sich in je konkreter Perspektive auf dieses für ihn Ganze bezieht.

Dem Begriff der Ganzheit, gleichsinnig dem der Einheit des Ganzen inhäriert damit nicht von vornherein einen Automatismus, Fremdes zu nivellieren. Wenn wir davon ausgehen, dass ein Ganzes immer nur ein Allgemeines für denjenigen ist, der einen Verstehensversuch von Fremdem als seine eigene individuell-partikuläre Sichtweise reflektiert, so kann die Rede davon sein, dass „es ebenso viele unterschiedliche Universen gibt, die gleichwohl nur die Perspektiven eines einzigen sind, je nach den verschiedenen Gesichtspunkten jeder Monade"[79] als denjenigen Einzelnen, die sich verstehend auf Andere(s) beziehen. Der Universalismus eines verstandenen Ganzen ist hier ausschließlich universalistisch gesinnter Relationismus. Universal gesinnt sein bedeutet eine Haltung, die das Relationale, also das In-Beziehungen-Situierte vieler verschiedener Blickwinkel als notwendige Bedingung für ein Ganzes herausstellt, jedoch nicht mehr positiv umfassend beschreiben zu können meint. Einheit darf sich hier nur negativ als gesetzte regulative Leitidee verstehen, die ihre Vielfalt, Welt zu beschreiben, nicht weiter reduziert. Einheit wird allein als das vorgestellte Ganze von Differenzen konkret repräsentiert.

4.2 „Kontingente Notwendigkeiten" – Zum Verhältnis von theoretischer Wahrheit und kultureller Diversität

Die Monaden, die das Ganze vermittels ihrer differenten Bezugnahmen durch sich darstellen, sind „Spiegel des Universums".[80] Das Gefüge der je verschiedenen individuellen Perspektiven der Seienden vervielfacht die Welt optisch.

---

[79] M § 57.
[80] M § 63.

„[W]ie dieselbe Stadt von unterschiedlichen Seiten betrachtet als eine andere erscheint und wie perspektivisch vervielfältigt ist, so geschieht es auch durch die unendliche Vielheit der einfachen Substanzen, daß es ebenso viele unterschiedliche Universen gibt, die gleichwohl nur die Perspektiven eines einzigen sind, je nach den verschiedenen Gesichtspunkten jeder Monade." (M § 57)

Die Leibnizsche Systematik stützt ihre These von der Ordnung des größeren Ganzen zum einen auf die wechselseitige Verschränkung der monadischen Weltausschnitte. Die Rede von „unterschiedlichen Universen" sieht sich als die Mehrzahl perzeptiver Schwerpunktsetzungen von monadischen Individuen verstanden.

Dass die Universen der monadischen „Blicke" jedoch als eine wirkliche und einzige Welt gelten können, garantieren zureichend erst zwei metaphysische Grundprinzipien. Das sind der Satz des Widerspruchs (*le Principe de la Contradiction*) und der Satz des zureichenden Grundes (*le Principe de la Raison suffisante*).[81] Innerhalb der Leibnizschen Axiomatik gewährleisten sie, dass eine Einheit angenommen werden darf, auch wenn wir täglich die konkrete Erfahrung von Unordnung und von unüberschaubarer Vielfalt – positiv formuliert: subjektiv allein die Erfahrung von vielen Welten – machen. Das Prinzip des zureichenden Grundes, das in der Leibnizschen Argumentation zu Gott als dem Ermöglicher aller Dinge führt[82], begründet die Existenz vieler verschiedener Monaden, die unterschiedliche Erfahrungen in die Welt einbringen, wie es zum anderen eine größtmögliche Ordnung der Individuen untereinander auf dieser Welt garantiert.

---

[81] Siehe M § 31, 32. Vgl. Leibniz. *Auf Vernunft gegründete Prinzipien*. A.a.O., Abschnitt 8 [S. 163].

[82] M § 38. Vgl. Ders. [1710]. Versuche in der Theodicée über die Güte Gottes, die Freiheit des Menschen und den Ursprung des Übels. Hamburg 1996. 1. Teil, § 7 (S. 95 f.).

Die theoretisch hergeleiteten Prinzipien sind im Gegensatz zu den Tatsachenwahrheiten (*verités de faits*) Wahrheiten der Überlegung (*verités éternelles*). Sie hängen nicht von ihrer Erfahrbarkeit ab, sondern können allein per Analyse eingesehen werden.[83] Wahrheiten der Überlegung haben aber einen logisch-ontologischen Doppelcharakter.[84] Die Leibnizschen Überlegungen zur Erkenntnis rekurrieren – ebenso wie der Monadenbegriff – auf die faktisch wirkliche, gegebene Welt. Das Leibnizsche System der Erkenntnis von Welt vollzieht sich hinreichend erst in der sich gegenseitig bedingenden, nur wechselseitig explizierbaren Allianz von einerseits notwendiger theoretischer Wahrheit (vermittels der zwei Prinzipien) und andererseits tatsächlichen kontingenten, d.h. aus der Perspektive der einzelnen Seienden nicht vorherbestimmten[85] Erfahrungen. Notwendige Wahrheit und tatsächliche Diversität sind aufeinander verwiesen sowie, einander begründend, angewiesen. Ohnehin speist sich das Meiste des Wissens, das individuelle Seiende generieren, aus deren eigener unvollständiger, subjektiver Erfahrung.

Was wird damit für die Frage nach Verstehen von Fremdem und spezifischer für die Universalismus-Problematik gewonnen? Leibnizens Argumentationsgang stützt die hiesige Vermutung, dass der Geltungsanspruch eines Universalen (Ganzen) in erfahrungsunabhängigen Grundprinzipien seine erkenntnistheoretisch motivierte Begründung hat. Erst in erfahrungsbedingten, aposteriorisch seienden Tatsachen und einer Diversität des Vielen findet das Ganze jedoch eine hinreichende Verankerung. Muss man ein universalisierendes Drittes annehmen, so stellt sich das fremde Spezifische einer anderen Kultur als hinreichende wie notwendige Bedingung für ihr Verstehen heraus. Zugang und Eingang zum einen Ganzen hält und verwirklicht sich erst in der tatsächlichen, subjektiv verstandenen

---

[83] Vgl. M § 33.
[84] Siehe Holz. *Leibniz*. A.a.O., S. 114–116.
[85] Zum freien Willen vgl. Leibniz. *Metaphysische Abhandlung*. A.a.O., S. 31 f. [These 13]: Kontingent sind die Dinge für uns, weil das Künftige „außer im Verstande und Willen Gottes, noch keine Realität" hat.

Vielheit jeweils unterschiedlicher Kulturen. Und nur in den unendlich vielen, individuellen Erfahrungen kann eine größere Einheit sich ein konkretes Gesicht geben. Hierin kommt ihr überhaupt erst ein universeller Anspruch zu. Das universale Eine existiert ausschließlich in und durch die konkrete „Unordnung" von Vielen. Allein in dieser Vielheit von Erfahrungen *ist* Universalismus überhaupt.

Das Zusammenspiel von notwendigen Wahrheiten der einen Vernunft und dem phänomenalen Befund von vielen unterschiedlichen, den Grundprinzipien scheinbar widersprechenden Tatsachen (*verités de faits*) stellt die Begriffe von Universalismus und Kulturrelativität in einen notwendigen und gleichzeitig produktiven Begründungs- und Erläuterungszusammenhang. Weil das Meiste unseres Wissens aus der Erfahrung – monadisch gesprochen: aus den Perzeptionen – stammt, ergibt sich ein Zusammenhang von einer notwendig anzunehmenden Welt und unterschiedlichen, kulturell bedingten Erfahrungen.[86] Diese These besteht aus zwei Argumentationsteilen: (1) Weil sich unser Wissen meist aus der uns auszeichnenden individuellen Bezüglichkeit speist, ist Wissen nicht bloß abhängig von perspektivischer Erfahrung, sondern bereits seinem eigentlichen Gehalt nach perspektiviert. (2) Weil aber notwendigen Wahrheiten nur von existierenden Wesen lebensweltlicher Gehalt verliehen werden kann, hängt deren Verwendung wesentlich von unseren kulturell bedingten, eingeschränkten Kenntnissen ab. Perkins betont hier, dass notwendige Wahrheiten von existierenden Wesen nur aposteriorisch angewandt werden können. Deshalb hängen sie letztlich essentiell mit unseren kulturell determinierten Erfahrungen zusammen.

„This spatial or cultural conditioning of necessary truths occurs primarily in two ways. First, because of our finitude, we can bring into apperception only a limited number of necessary truths. Our knowledge of necessary truths follows a limited or-

---

[86] So auch Perkins. „The Theoretical Basis." A.a.O., S. 289 ff.

der of discovery. [...] The second effect of our expression of existing things on our use of necessary truth is in applying necessary truths to existing things. [...] The use of necessary truths always depends on being applied correctly in experience. The only way that we can come to know that this thing is A is through our spatially and culturally conditioned experience. Second, we usually do not have such clear and distinct knowledge of existing things, and we thus depend on experience to teach us causal connections."[87]

Das empirisch fundierte Wissen um eine Pluralität von Weltauffassungen ist Grundpfeiler und Charaktermerkmal unseres Zugangs zu und Verständnisses von Welt. Gleichzeitig geschieht die Erfahrung von kultureller Fremde hermeneutisch: Derjenige, der eine solche Erfahrung macht, legt sie Bezug nehmend auf sich und anwendend auf das eigene Weltverhältnis aus.[88]

Fürs Erste gibt uns Leibniz für die Frage nach dem Verstehen eines Kulturfremden folgende Instrumente an die Hand, die für uns methodologischem Mehrwert haben sollen:

1. Der Begriff „Universalismus" lässt sich als „universal orientierter Relationalismus" operationalisieren. Die Operationalisierung zielt auf das dem Terminus zugrunde gelegte notwendige Verhältnis von Wahrnehmendem und Wahrgenommenem bzw. Wahrzunehmendem ab und schreibt dem Universalismusbegriff eine grundlegend hermeneutische Struktur ein. *Hermeneutisch* meint „Bezug nehmend auf etwas". Universalismus, insofern er

---

[87] Perkins. „The Theoretical Basis." A.a.O., S. 290 f.
[88] Freilich basieren Leibnizens Thesen auf der Prämisse einer einheitlichen Rationalität, welche die Vielfalt von hermeutisch konstituierten Weltverhältnissen sich nicht in ein unverbundenes Nebeneinander auflösen lässt. Auch Perkins unterschlägt das nicht. Siehe Perkins. „The Theoretical Basis." A.a.O., S. 292. Vgl. Kiyoshi Sakai. „Leibnizens Chinologie und das Prinzip der *analogia*." In: Li/Poser (Hg.). *Das Neueste über China*. A.a.O. S. 258–274. S. 266. An späterer Stelle wird das kritisch in Rechnung zu stellen sein.

als Relationalismus verstanden wird, hebt demnach auf das Verhältnis eines Einzelnen ab, das sich zu etwas anderem in ein Verhältnis setzt, und steht für das Gefüge der sich verhältnishaft verschränkenden Einzelnen.

2. Der Begriff des Universalismus hat funktionalontologischen Stellenwert. Universalismus ist das notwendig anzunehmende *tertium*, welches eine Bezugnahme auf Kulturfremdes ermöglicht, die über den Modus von Entsprechung, Herausstellung von Ähnlichkeiten und Bildung von Analogien (universalisierend) vorgeht. Dadurch können Differenzen erst ausgewiesen werden. Der Universalismusbegriff impliziert an dieser Stelle keine ethisch-normativierende Verhältnisbildung.

3. Mit der Pluralität der Verhältnisbildung ist notwendig eine empirische Verortung des Universalismus verbunden. Die Leitidee des Universalismus muss sich konkret, das meint durch individuelle Erfahrungen ausdrücken: Sie sieht sich als die zum Teil widersprüchliche empirische Vielfalt kulturell repräsentiert.

Diese ersten Hinweise, welche für die kulturhermeneutische Problematik mit der Leibnizschen Theorie und dessen Universalismusbegriff gewonnen wurden, werfen im Feld der Thematik des Fremdverstehens wiederum Fragen auf. Ausgehend von einzelnen Grundthesen Leibnizens, lässt sich wie folgt an mehrere Problemfelder anknüpfen.

4. Die Bildung des Verhältnisses zwischen Wahrnehmendem und Wahrgenommenem setzt, will sie sich aktiv gestaltend verstehen und eigenständig verhalten können, einen Akt der Bewusstmachung bzw. der Reflexion voraus. Die Leibnizsche Apperzeption bezeichnet das von Bewusstsein begleitete einzelne Seiende, welches sich in einem Verhältnis zu anderem findet und um dieses Verhältnis weiß. Muss das Bewusstsein von der Verhältnisbildung darum auch eines von sich selbst sein? Inwiefern hat sich der Verstehenwollende in einen ausgezeichneten Bezug zu sich selbst zu bringen, wenn er sich in einem hermeneutisch

relevanten Verhältnis zum Fremden findet? (weiter bei II 2.4 bis 3)

5. Der hermeneutische Bezug von etwas auf etwas, welcher mit der Monadenstruktur gewonnen wurde, lässt das Problem der Unterscheidung zwischen dem „anderen" bzw. „Fremden" des Bezugs noch offen. Da Leibniz von einer prinzipiell wissbaren Welt als dem Ganzen der Bezüge ausgeht, stellt sich für ihn nicht die Frage nach einem Fremden (in) der Welt, das meint einem möglicherweise uneinnehmbaren und ganz Anderen der eigenen Perspektive. Weiterführend soll diskutiert werden, unter welchen Bedingungen vom verschiedenen Fremden als dem nur (un-)bekannten anderen unserer selbst die Rede sein kann; inwiefern muss vom Fremden als dem von uns je geschiedenen Vielfältigen und Anderen gesprochen werden? (II 6; III)

6. Das Axiom der einen Rationalität, die nach Leibnizens Vorannahme viele Kulturen unterschiedlich ausdrücken, sieht sich durch das Problem einer grundsätzlicheren Radikalität des Fremden verschärft. Hier ist zu fragen: Unter welchen Bedingungen darf noch von Einheit die Rede sein, wenn sie sich nicht mehr auf eine einzige Rationalität berufen kann? Im Anschluss an die Leibnizschen Überlegungen sollen aktuelle, veränderte epistemologische Rahmenbedingungen in Rechnung gestellt werden. Zu fragen ist hier, wie ein Universalismus unter Bedingungen höherer Unbestimmtheit und eines größeren Nichtwissens über die Welt inhaltlich weitergedacht werden kann? (weiterführend II 1, 3.2.1, III 2-4)

7. Die Welt zeichnet sich durch das Bezugnehmen der einzelnen Seienden untereinander aus. In den Termini von Perspektive und gegenseitiger Verschränkung ist auch ein gemeinschaftsstiftender Gehalt angesprochen. Leibnizens Begriffe sind auf folgende Fragestellung hin zu präzisieren: Wie ist Fremdverstehen durch die Sozialität des verstehenwollenden Einzelnen bedingt?

In welcher Konstellation stehen Sozialität und individuelle Verhältnisbildung des Verstehenwollenden zueinander? (IV) Der Universalismusbegriff konnte entlang Leibnizens Ausführungen näher als ein „universal orientierter Relationalismus" bestimmt werden. Das argumentative Zentrum bildet die mit jenem Terminus in den Vordergrund gerückte Struktur des „Relationalen", d.h. die Beziehung der Einzelnen zueinander, welche wiederum erst durch die Erfahrungen jener Einzelner initiiert und verwirklicht wird. Diese Struktur lässt sich auch als ein bezugsbedingtes, individuelles Verhältnis zwischen Verstehenwollendem und dem zu Verstehenden beschreiben. Der Relationalismus sieht sich damit in den faktischen, individuellen Beziehungen von weltlich eingebundenen, verstehenden Einzelnen verwirklicht. Die neuzeitliche Intention von der prinzipiell positiven Bestimmbarkeit des Ganzen, die Leibniz vertritt, soll im weiteren Argumentationsverlauf vor der Folie moderner, lebensweltlich veränderter Bedingungen genauer geprüft werden. Es ist nämlich fraglich, ob und inwiefern sich unter zeitgenössischen Bedingungen das Verhältnis des Einzelnen zur Welt notwendig so positiv fassen lässt, wie es noch das metaphysisch verankerte System Leibnizens konnte. Ich will erörtern, wie der sich selbst reflektierende Einzelne im modernen lebensweltlichen Kontext das Verhältnis zum Fremden gestaltet, wenn dieses nicht mehr unter der apriorischen Präambel von Wissen und Wissbarkeit steht, sondern – die hermeneutisch orientierte Fremdheitsproblematik verschärfend – unter der des Nichtwissens. Die Frage nach der Verstehbarkeit von Kulturfremdem sieht sich heute zum einen durch konfligierende Sittlichkeitsvorstellungen herausgefordert. Noch stärker wird die Vorstellung von einer verstehbaren Vielfalt der Weltverständnisse und perspektivierter Zugänge zur Welt jedoch von einer veränderten Lebenswelt in die Erklärungspflicht genommen: Diese vermag die eigene Einheit selbst nur noch widersprüchlich zu fassen.

II Selbst und Anderes – Zwischen objektiver und subjektiver Aneignung des Lebens (Søren Kierkegaard)

*Ich kann um mich selbst herumsegeln;
aber ich kann nicht über mich hinauskommen.*[89]

Søren Kierkegaard, *Die Wiederholung*

1 Unbestimmtheiten (in) der modernen Welt

Eine „Maladie des Negativen" bringt das Denken, das im Zeichen der positiven Einheit und des Ganzen stand, am Ende des 19. Jahrhunderts ins Wanken. Jenes „Leiden am Verneinten" nimmt denkerisch die modernen Schwierigkeiten des „Umgangs mit Unbestimmtheit" und das „Phänomen zunehmender Unwissenheit" vorweg. Welchem Tatbestand trägt diese Chiffre diagnostisch Rechnung? Was kennzeichnet die Tendenzen, denen Unbestimmtheit ihre Signatur verpasst?

Dass Unbestimmtheiten die zeitgenössische Lebenswelt durchziehen, ist nicht erst der Prozessualisierung systemischer Gesellschaftskontexte und zunehmend höher ausdifferenzierten Erkenntnisgewinnungsverfahren geschuldet, sieht sich darin jedoch manifestiert. Unbestimmtheit avanciert zur „Signatur der Moderne"[90]. Auf epistemologischem Gebiet wird mit ihr der Umstand des reflexiv gewordenen Wissens gemeint. Positives Wissen kann zwar noch vor

---

[89] Kierkegaard, Søren [1843]. *Die Wiederholung.* In: *Gesamtausgabe der Werke in vier Einzelbänden* (Bd. 3). Hg. von Hermann Diem, Walter Rest unter Mitwirkung von Niels Thulstrup und der Kopenhagener Kierkegaard-Gesellschaft. München 1976, 2005. S. 396 [Im Folgenden: W].
[90] Siehe Gamm, Gerhard/Hetzel, Andreas. „Eine zeitgemäss-unzeitgemässe Philosophie der Technik." In: Diess. (Hg.). *Unbestimmtheitssignaturen der Technik. Eine neue Deutung der technisierten Welt.* Bielefeld 2005. S. 9–15. S. 9.

einem Hintergrund als solches ausgewiesen werden. Der Hintergrund, der als Ermöglichungsgrund angenommen wird, kann jedoch nicht mehr auch selbst innerhalb des Wissensbereichs thematisiert und bestimmt werden. Daraus folgt, dass das konstituierte Wissenssystem innerhalb seiner Grenzen nicht mehr in der Lage ist, auch auf das sie Begrenzende begründend abzuheben.[91]

Eng verbunden mit einer Negativierung epistemologischer Rahmenbedingungen sind das technische und ethische Feld. In ihnen zeitigen sich spezifisch praxisrelevante Folgen des Unbestimmtheitsphänomens. In technikphilosophischer Sicht weist der Begriff zum einen auf die Problematik der unintendierten und nicht absehbaren Nebenfolgen von Erfindungen hin. Nebenfolgen sind in einem technischen System als dem Bestand möglicher Gestaltungen mit enthalten und stellen die Technikfolgenbewertung und Technikfolgenabschätzung vor das Problem, nicht wahrnehmbare Wirkmechanismen einkalkulieren und wissensmäßig opake Entwicklungen berücksichtigen zu müssen. Daraus ergibt sich für das menschliche Individuum, welches die Technologien verantworten muss, die Gefahr einer Überforderung.[92] In ethischer Perspektive sieht sich zudem das Problem des individuellen Handelns angedeutet, angesichts komplexer systemischer Kontexte an Grenzen souveräner Steuerung zu geraten.[93] Das „Leiden an Unbestimmtheit"[94] bringt

---

[91] Siehe Gamm, Gerhard. Flucht aus der Kategorie. Die Positivierung des Unbestimmten als Ausgang der Moderne. Frankfurt a.M. 1994. S. 18, 29; vgl. Ders. Nicht nichts. Studien zu einer Semantik des Unbestimmten. Frankfurt a.M. 2000. S. 178–191.

[92] Siehe Hubig, Christoph. „Verantwortung und Hochtechnologie." In: Bayertz, Kurt (Hg.). *Verantwortung – Prinzip oder Problem?* Darmstadt 1995. S. 98–139. S. 98 f.; ders. „Wirkliche Virtualität'. Medialitätsveränderung der Technik und der Verlust der Spuren." In: Gamm/Hetzel (Hg.). *Unbestimmtheitssignaturen der Technik.* A.a.O. S. 39–62. S. 39 f.

[93] Vgl. hierzu Heidbrink, Ludger. Kritik der Verantwortung. Zu den Grenzen verantwortlichen Handelns in komplexen Kontexten. Weilerswist 2003. S. 289–300.

eine Entkopplung von Individuum und Handlungskontext hervor, die eine verselbständigte Moral und eine negative, vereinseitigte Lebenspraxis evozieren.

Leibniz hatte noch eine Welt annehmen dürfen, die als prinzipiell wissbares Ganzes vom Menschen verstanden werden konnte. Der Tatbestand des Unsicherwerdens von epistemologischen Hintergrundbedingungen führt zu vier erkenntnistheoretischen Konsequenzen, die sich in der hermeneutischen Ausgangslage der Begegnung mit Fremdem niederschlagen sollen:

1. Der Verlust transzendentaler Verortetheit und vollständiger Analysemöglichkeiten der eigenen Grundlagen stellt die Idee des Relationalismus, der methodische Relevanz für die Kulturhermeneutik erhielt, unter Zugzwang. Er kann seine Voraussetzungen nur noch negativ begründen, d.h. sich nur qua eigener Setzung behaupten.

2. Dies provoziert einen Vertrauensverlust in die Grundlagen der eigenen Existenz und in das bisher feste Wissen um die [(eigene) Lebens]-Welt. Beziehungen, in denen das Individuum steht, sind nur widersprüchlich erfassbar. Von Einheit kann nur noch erkannt werden, dass sie nicht mehr positiv zu bestimmen ist.

3. Beeinflusst Unbestimmtheit bereits die Voraussetzungen der individuellen Perspektive, aus der heraus der Weltbezug geschieht, haben Unbestimmtheiten auch als *conditio* des Fremdzugangs bedacht zu werden. Der Relationalismus, der sich als regulative Leitidee für die Frage nach der Verstehbarkeit des Fremden erwies, hat die von ihm bestärkte Verschränkung von vielfältigen Weltzugängen mittlerweile in einem Rahmen zu konkretisieren, welcher strukturell nur unzureichend bekannt ist.

---

94 So Honneth, jedoch mit Fokus auf Freiheitsmodelle im Anschluss an Hegels Rechtsphilosophie. Honneth, Axel. *Leiden an Unbestimmtheit. Eine Reaktualisierung der Hegelschen Rechtsphilosophie.* Stuttgart 2001. S. 69.

4. Das Unbestimmtheitstheorem setzt jedoch auch ein produktives Potential frei. Dem Fremdem öffnet sich ein Raum, in dem dieses nicht nur zum gänzlich wissbaren anderen des Verstehenden wird, sondern – trotz und gerade vor dem Hintergrund der eigenen, je unvollständig bleibenden Erfahrungen – erst überhaupt Fremdes sein kann. Die Frage nach der Kommunizierbarkeit des zu verstehenden Fremden tritt damit an die Stelle von jener nach seiner Erkennbarkeit.

Die Unbestimmtheit, unter der die Moderne „leidet", scheint eine Plattform bereitzustellen, auf der Verstehenwollender und Fremdes sich in nicht-starren Strukturen und so erst zu generierenden und ständig neu generierbaren Relationen begegnen können. Unbestimmtheit deutet hier womöglich den genuineren Sinn dessen an und weist gleichwohl nur negativ darauf hin, was die relationale Struktur eines Universalismus meint, der nicht holistisch-vereinnahmend zu verfahren sucht, sondern der seine Bedeutung in einer spezifisch interkulturellen Problemlage erschließen will.

1.1 Das „unbekannte Unbekannte" oder das Problem der kulturellen Fremde im Kontext der Reduktion des Wissens

Die Problematik, die das Unbestimmtheitsphänomen ausmacht, hat seinerzeit auch den bis zu den US-amerikanischen Kongresswahlen 2006 amtierenden Verteidigungsminister Donald Rumsfeld umgetrieben und dabei eine nahezu poetische Sensibilität für das Thema des Kulturverstehens an den Tag legen lassen – mag sie als solche auch nicht persönlich intendiert gewesen sein. Auf einer Pressekonferenz des Verteidigungsministeriums[95] sagte Rumsfeld Folgendes:

---

[95] Am 12. Februar 2002, also gut ein Jahr vor dem Einmarsch US-amerikanischer Truppen in den bis dato unter der Regentschaft von Saddam Hussein stehenden Irak.

„Wir kennen das alle,
Es gibt bekannte Größen, die bekannt sind,
Es gibt Dinge, da wissen wir, daß wir sie wissen. Wir wissen auch:
Es gibt bekannte Unbekannte. Das heißt,
Wir wissen, daß es gewisse Dinge gibt,
Die wir nicht wissen.
Es gibt jedoch auch unbekannte Unbekannte,
Diejenigen, bei denen wir nicht wissen,
Daß wir nichts wissen."[96]

Was hier als *figura etymologica* formuliert ist, stellt das Verstehensproblem von fremden Kulturen *in nuce* dar.[97] Die Problematik des Kulturverstehens siedelt sich in einem Drei-Ebenen-Modell der Reduktion von Wissen an. Auf der ersten Ebene stehen bekannte Größen einer anderen Kultur. Sie sind auch ohne (kulturelle) Widerstände adaptierbar, z.B. das Benutzen von Stäbchen beim chinesischen Essen. Das zu-Verstehende macht sich hier jeweils in den verschieden getätigten Entscheidungen für etwas und gegen anderes aus. Sie sind jedoch prinzipiell in der eigenen Kultur verwendbar und erscheinen bedeutungsmäßig nicht weiter fraglich.

---

[96] Zitiert nach Schirrmacher, Frank. „Rumsfelds Kunst. Die poetische Sprache des Pentagons: sechs Gedichte des amerikanischen Verteidigungsministers." In: *Frankfurter Allgemeine Zeitung* vom 8. April 2003, S. 39 (Übersetzung: Joachim Kalka; Es handelt sich Wort für Wort um exakte Zitate, allein der Zeilenfall wurde zur „poetischen Verdeutlichung" geändert). Seiner Beschreibung ließ Rumsfeld gleichwohl nicht die Vorsicht im Umgang mit diesen „unbekannten Unbekannten" in der Praxis folgen, die eine Mehrheit bspw. der EU-Staaten für wesentlich konfliktangemessener gehalten hatte.

[97] Rumsfelds Sujet ist systemtheoretisch als Beobachtung zweiter Ordnung reformulierbar. Siehe Luhmann, Niklas. *Ökologische Kommunikation. Kann die moderne Gesellschaft sich auf ökologische Gefährdungen einstellen?* Opladen ³1990. S. 57. Für das eigene Beobachten gilt, dass man nicht sehen kann, was man nicht sehen kann. Aber immerhin kann man sehen, *dass* man nicht sehen kann, *was* man nicht sehen kann.

Auf einer zweiten Ebene sieht sich all jenes gefasst, von dem man im Kontext einer anderen Kultur möglicherweise schon einmal gehört, gelesen, das man vielleicht auch selbst miterlebt hat. Deren Bedeutung kann man sich jedoch nicht mehr ohne Weiteres leicht erklären. Dazu kann ein schamanistisches Heilungsritual in den Anden genauso wie das Gruppenverhalten von Japanern in Gefahrensituationen zählen. Hier besteht kein Wissen in dem Sinne mehr, als das man das Beobachtete ohne weiteres in den eigenen Verstehens- oder Verwendungshorizont implementieren könnte. Das Unbekannte der anderen Kultur wird zu dem von unserer Kultur unterschiedenen anderen. Es kann grundsätzlich aber entschlüsselt und wissensmäßig eruiert werden, wovon dann etwa soziologische oder ethnologische Untersuchungen zeugen.

Auf der dritten Ebene erst sehen wir uns mit dem konfrontiert, was ich das im philosophischen Sinne eigentliche Unbekannte nennen möchte und in der Diskussion unter dem Terminus des „Fremden" der anderen Kultur läuft. Fremd ist einem die andere Kultur, wo von ihr überhaupt nichts mehr ausgesagt werden kann. Von Kultur kann auch nicht mehr als spezifischem „Wer" oder „Was" die Rede sein. Die fremde Kultur ist deshalb ein „unbekanntes Unbekanntes", weil sie strukturell nicht mehr in die eigenen oder in bekannte Wissensordnungen überführt werden kann. Das Fremde scheint hier auf dasjenige abzuzielen, was die Frage nach den Bedingung(en) der Möglichkeit dieser anderen Kultur überhaupt betrifft und nicht mehr in eigenen oder bereits bekannten Kategorien operationalisiert zu werden vermag. – Fremdes ist also nicht eineindeutig mit der Verschiedenheit oder Abgrenzung von geographischen und politischen Räumen gleichzusetzen. Vielmehr spielt das fehlende Wissen um die Umgangsmöglichkeiten mit ihm und Reaktionsfähigkeiten auf das Fremde eine entscheidende Rolle.

1.2 Unbestimmtheit des Einzelnen

Unbestimmtes, vor dessen Hintergrund sich Fremdes äußert, wäre hier gleichsinnig eine Chiffre dafür, was sich uns in dem Versuch entzieht, wenn wir etwas über die unseren lebensweltlichen Kontext bedingenden Voraussetzungen aussagen wollen. Insofern Leben nicht wissensmäßig erschlossen werden kann, stoßen wir seit je auch auf ein Anderes, das als epistemologisch opakes „Fremdes" zu verstehen bleibt. Fremdes wird es nicht erst im Bezug auf anderes, wenn und wo es in seinem „Wesen" verschlossen bleibt. Fremdes zeigt sich uns bereits in der Suche nach der eigenen Lebensverständigung und in der Frage, was die eigene lebensweltliche Existenz auszeichnet.

Dem Anliegen der eigenen Lebensverständigung als Verstehen eines größeren, fremd bleibenden Anderen nimmt sich zur Mitte des 19. Jahrhunderts erstmals der Däne Søren Kierkegaard (1813–1855) an. Kierkegaard ringt mit dem unvollständigen Verständigungsversuch über das Leben und thematisiert das Fremde aus der individuellen Perspektive des Menschen heraus. Leben situiert er vor dem Hintergrund eines „Anderen". Vom Anderen können wir nicht wissen, weil es die mögliche Andersheit der eigenen Existenz ist und damit nur als Alienität, d.i. als unbestimmtes Fremdes im Sinne des Anderen unserer selbst, reflektiert werden kann. Die individuelle Perspektive, die mit Leibniz als Ausgangspunkt des Versuchs zu verstehen ausgewiesen wurde, sieht sich hier näher bestimmt als das qua welthafter Bezüge auf ein Anderes Verwiesene. Es kann zwar nur negativ als Bedingung der Möglichkeit für eigene Bezugsmöglichkeiten angenommen werden, darf sich jedoch als konstitutiven und individuierenden Fluchtpunkt verstehen.

Folgt man dieser Matrix, so ist bei Kulturfremdem nicht mehr nur die bloße Nicht-Kenntnis eines bis dato unbekannten (Text-)Kontextes wichtig. Entscheidend ist der Umstand, dass Verstehen mit einer grundsätzlichen Unbestimmbarkeitsstruktur des Fremden operiert, welcher der Einzelne als dem grundsätzlichen Andersseinkönnen seiner selbst begegnet. Von der individuellen Perspektive der eigenen Person ausgehend,[98] nehmen sich Kierkegaards Schriften dieses Problems der Unmöglichkeit objektivierenden Verstehens an: Fremdes kann nicht mehr adäquat in vollständige Wissensstrukturen überführt werden. Kierkegaard stellt dem ein Existenzdenken entgegen. Hier ist „das Andere" der hermeneutische Anlass, der sich als Motor jeden Fremdverstehens herausstellt.

Kierkegaard kritisiert die Ansicht, dass das Andere der individuellen Existenz als Andersseinkönnen der eigenen Vernunft umfassend erschlossen werden kann. Dementgegen tritt der Aspekt der individuellen Aneignung als Phänomen eines sich selbst begründenden Verstehens in den diskursiven[99] Vordergrund. Weil eine eineindeutig erfassbare Rationalität, die für Leibnizens Theorie noch maßgebend war, immer mehr abhanden gekommen ist, kann sich der Einzelne nur noch gebrochen, das meint: negativ-hermeneutisch zum Fremden als dem Anderen seiner eigenen Existenz verhalten. Fremdes kann in eine Alterität überführt werden, die sich immerhin als bestimmtes Fremdes identifizieren lässt, jedoch nicht zum Eigenen wird.[100] Unbestimmtheiten, durch die moderne Lebensbereiche gekennzeichnet sind, wirken sich prägend auf Individuen aus und halten den Einzelnen in einer Art „Zwischen". Hierin kann sich ihm Fremdes zeigen, ohne dass er darauf positiv zugreifen könnte.

Kierkegaards Ausführungen zum Selbst- und Weltverstehen ermöglichen es, Fremdes unter den Gesichtspunkten von Alienität und Alterität zu reflektieren und eine in Alterität überführte Alienität als Möglichkeit des individuellen Fremdverstehens auszuwei-

---

[98] Kierkegaard fasst das Selbst als Subjektivität, d.i. als Einheit von Subjekt und Objekt, er thematisiert es jedoch nicht als Selbst des Geistes, sondern als Selbst des individuellen Menschen.

[99] „Diskursiv" heißt: „qua Reflexion *ex post*". Nicht intendiert sind festgelegte transzendentale Vorannahmen. Die Reflexion ist nicht notwendig auf vollständige Wissensrekapitulation angelegt oder darauf angewiesen.

[100] Wir wissen dann also immerhin, dass wir von bestimmten Dingen nichts wissen.

sen. Ein Verstehensversuch bedeutet dann einen spezifischen, perspektivierten Umgang mit der Unbestimmtheit von Fremdem. Kierkegaards Existenzdenken bereitet auf diese Weise die Möglichkeit vor, einen sich nur in einer von zwei reduktiven Vollzugsweisen generierenden, pejorativen oder affirmativen Verstehensbegriff als mehr oder weniger verkürzt darstellen zu können: Wo ausschließlich auf das Fremde unter der Perspektive seiner Unbestimmtheit abgehoben, d.h. Fremdes einzig als Alienität reflektiert wird, zeigt es sich als nur vorprädikativ anzudeutender und entstrukturierter Fluchtpunkt, der nicht verstanden werden kann. Fremdes wird hier aber verkürzt als Außer-Ordentliches gedeutet, der Verstehensversuch einem unlauteren Kontroll- und Assimilationsversuch gleichgesetzt. (siehe im Weiteren Abschnitt III)

Fremdes kann andererseits aber auch allein unter dem Aspekt der Alterität, d.h. auf seine Identifizierbarkeit als bestimmbares Fremdes hin reflektiert werden. Dann wird das Fremde nicht auch reflexiv reflektierend als Bedingung der Möglichkeit begriffen, um zum Eigenen ein bewusstes Verhältnis qua Eingeständnis der eigenen Kontingenz einnehmen zu können.[101] Verstehen fungiert als strukturiertes Kommunikationsverfahren, anhand dessen Kulturen eineindeutig voneinander exkludiert bzw. abgegrenzt werden können. Vergessen wird hierüber aber, dass mittels der eigenen Perspektive, aus der heraus verstanden wird, gerade kein vollständiges Wissen über die Welt möglich ist. (siehe Abschnitt IV)

Die nachfolgenden Thesen lassen sich von der Idee leiten, dass Kierkegaards religionsphilosophische Schriften auch an einen kulturhermeneutischen Problemkontext anschließbar sind.

---

[101] Was nicht bedeutet: das Fremde zum Eigenen zu *machen*.

2 Søren Kierkegaard – Existenz und Weltbezug

Ein Verstehensversuch hebt bei der individuellen Perspektive an, in deren Bezügen auch der zu Fremdem und auf Fremdes angelegt ist. Doch wer ist es, der diese individuelle Perspektive einnimmt? Auf wen bezieht er und wie situiert er sich unter Bedingungen von Kontingenz geprägten Bezugsmöglichkeiten auf Welt? – Diejenige Zugangsweise zur Welt, welche wesentlich mit den Unvollständigkeiten des Lebens umgeht, wird von Kierkegaard mit der Figur des „existierenden Selbst" thematisiert.

Ins Zentrum seiner Überlegungen rückt Kierkegaard die individuelle Perspektive, aus der heraus sich der einzelne Mensch verstehend auf Welt und so auch auf Fremdes bezieht. Kierkegaards Denken der individuellen „Existenz" und des „Selbst" lässt das Ringen mit neuen lebensweltlichen Unwägbarkeiten aufscheinen. Kierkegaard pointiert dies als hermeneutische Grundkonstellation des menschlichen Individuums. Grundsätzlich an der Möglichkeit objektiven Wissens zweifelnd, fragt er, wie sich das menschliche Individuum Welt erschließt und inwieweit sie dem Einzelnen unerschlossen bleibt. Verstehen wird hier als existenzielle Form der individuellen Welterschließung thematisiert. Verstehen wird im Kontext einer größeren Unbestimmtheit und Nichtwissbarkeit des Lebens gedacht. Kierkegaard entwickelt hier eine Terminologie, die die Grundsituation des Umgangs mit fremdkulturellen Texten wiedergibt, indem er sie als dezidierten Verstehensversuch von Welt ausweist.

Mithilfe von Kierkegaard soll hier zweierlei geklärt werden: (1) Kierkegaards Reflexion auf die individuelle Situiertheit des Denkens soll uns erste Hinweise in der Bestimmung des Verhältnisses geben, in dem sich der Verstehenwollende gegenüber fremdkulturellen Texten befindet. Zu fragen ist, inwiefern Kierkegaards Äußerungen zur Subjektivität des Subjekts in dessen Verhältnis zur Wahrheit sowie die Überlegungen zum individuellen Denker Anhaltspunkte für die Relation von individuellem Selbst und unverstandenem, fremdem

Text sind. (2) Davon ausgehend sind Bedingungen zu erläutern, unter denen sich von der Perspektive der eigenen Existenz aus eine Aneignung des Fremden im Sinne einer Überführung von Alienität in Alterität vollzieht, die durch epistemologische und kategoriale Unbestimmtheit eingeschränkt ist.

2.1 Jene „Angst des Wählenkönnens" – Die anthropologische Ausgangslage

Die Wendung zur Subjektivität, die Kierkegaard seinerzeit problemgeschichtlich im Anschluss an und entschiedener Abgrenzung zur idealistischen Philosophie Georg Wilhelm Friedrich Hegels (1770–1831) vollzog, nimmt ihren Ausgang in einer negativen Anthropologie der *Angst*. Vom methodischen Standpunkt aus hat alles Bemühen Søren Kierkegaards um philosophische Akuratesse im Leben des einzelnen Individuums seinen Ausgangspunkt, und alle diskursiven Wege kommen auch wieder beim Einzelnen an. Die Zufälligkeit ist hier „ein wesentlich mit zur Wirklichkeit Gehörendes", „in dem Wesentlichen der menschlichen Existenz" aber liegt, „daß der Mensch ein Individuum" ist.[102]

In den Schriften des zu Lebzeiten an keinem Lehrstuhl verankerten, stets als „Privatmann" denkenden und schreibenden Kierkegaard werden begriffliche Konstellationen wie „Wahrheit" – „Paradox" – „Subjektivität", „Existieren" – „Verstehen" – „Handeln", „Verzweiflung" – „Angst" – „Tod" miteinander verknüpft und in ein negativ-anthropologisches, lebensweltlich relevantes Verhältnis gesetzt. Hier fällt der Aspekt der Zufälligkeit bzw. der Nicht-Vorherbestimmbarkeit des Lebens stark ins Gewicht. Er wird von Kierkegaard als wesentliches Charakteristikum der Wirklichkeit ausgewiesen, das dem Individuum dessen von Kontingenz und Offenheit bestimmtes Leben bewusst macht und dementsprechend als Leitmotiv fungiert. Weil die Welt als Verbindlichkeit stiftender und

---

[102] Kierkegaard, Søren [1844]. *Der Begriff Angst*. Stuttgart 1992. Aus dem Dänischen von G. Perlet. S. 14, 34 (Einleitung). [Im Folgenden: BA]

einfordernder Raum verloren gegangen ist, steht der Einzelne nun vor einer Fülle von Möglichkeiten. Er selbst muss sich wählend für die eine und gegen andere Möglichkeiten entscheiden und konstituiert damit erst Wirklichkeit. Das bedeutet in der Konsequenz, dass es verschiedene Seinsmöglichkeiten gibt, wie es auch unterschiedliche Wahlmöglichkeiten gibt.

Wo nicht mehr aus der Welt vorgängige Notwendigkeiten folgen, sondern mehrere Möglichkeiten des Daseins und der Wahl auftauchen, da sieht sich das menschliche Individuum mit der Angst konfrontiert, die aus seiner Freiheit zu eigenen Entscheidungen und den Möglichkeiten zur selbständigen Festlegung von Verbindlichkeiten folgen. Als eine zur Reflexion[103] fähige Existenz ist der Mensch dazu angehalten, seine eigene gelebte Wirklichkeit von den nicht realisierten Möglichkeiten zu unterscheiden. Als freies, seine eigene Wirklichkeit wählen und bestimmen könnendes Wesen sieht sich der Mensch qua Freiheit kritisch herausgefordert. Es liegt an ihm, (hinreichende Gründe für) eigene Möglichkeiten zu haben, zu ergreifen, sich zu versperren oder zu verwerfen. Søren Kierkegaard führt die von ihm ins Zentrum seiner Ausführungen gestellte Struktur individuierten Daseins und dessen eigenständiges Handlungsvermögen unter der selbstreflexiv angelegten Denkfigur des „Wählenkönnens" zusammen. Kierkegaard bezeichnet dieses Wahlvermögen zunächst als Entscheidungsfähigkeit über „Möglichkeit von Möglichkeiten" und expliziert es dann unter dem Leitbegriff *Angst*. „Angst" ist nun aber nicht mehr bloß eine unter anderen der dem Individuum eigenen resp. sich ihm eröffnenden Möglichkeiten. Angst bedeutet „die Wirklichkeit der Freiheit als Möglichkeit für die Möglichkeit" selbst.[104]

---

[103] „Bewusst", „Bewusst sein" intendiert nicht Selbstreflexivität im Sinne eines Sich-ganz-durchsichtig-Seins, das heißt eines vollständigen Wissenkönnens von sich selbst: Der Grund, in dem der Mensch als Mensch seine Legitimation sucht, liegt nicht in ihm selbst noch könnte er von ihm vollständig erklärt werden. Siehe weiter unten II 2.4.

[104] BA, S. 50 (Caput I, § 5).

„Daß die Angst zum Vorschein kommt, das ist der Kernpunkt des Ganzen. Der Mensch ist eine Synthese aus Seelischem und Körperlichem. Doch eine Synthese ist undenkbar, wenn sich die beiden Teile nicht in einem Dritten vereinen. Dieses Dritte ist der Geist. [...] wie verhält sich der Geist zu sich selbst und zu seiner Bedingung? Er verhält sich als Angst. [...] die ganze Wirklichkeit des Wissens projektiert sich in der Angst als ungeheures Nichts der Unwissenheit. [...] Angst [...] ist [...] ein Nichts, eine ängstigende Möglichkeit zu *können*. [...] Da ist nur die Möglichkeit des Könnens, als höhere Form von Unwissenheit, als höherer Ausdruck von Angst, weil es in einem höheren Sinn ist und nicht ist". (BA, S. 52–54, I § 5)

Mit dem Begriff macht Kierkegaard unter dem Gesichtspunkt des Einzelnen auf den Umstand aufmerksam, dass der Mensch seine Lebensführung von Grund auf selbst bestimmen muss. Er kann sich zwischen mehreren Möglichkeiten entscheiden, hat sich jedoch auch selbst für die eigene zu lebende Wirklichkeit zu entscheiden. In den Möglichkeiten von konkreten Wahlen – die auch die Option des Falschwählens, des Sich-Verwählens bergen – wird sich das menschliche Individuum über sich selbst bewusst: Der einzelne Mensch ist es ganz allein, der sich für etwas und gegen anderes entscheidet. Im Angesicht der Eigenständigkeit seines Wählens wird der Einzelne damit auf sich selbst zurückgeworfen. In der Fähigkeit, eigene Entscheidungen zu treffen, offenbart sich auf diese Weise aber auch eine „selbstische Unendlichkeit der Möglichkeit, die nicht wie eine Wahl verlockt", die dem Individuum nicht mehr ausschließlich begrüßenswert erscheint, sondern die ihn „ängstigt".[105]

Angst zeitigt zwei widersprüchliche Haltungen ihr gegenüber. Kierkegaard charakterisiert sie gedoppelt als „sympathetische Antipathie" und „antipathetische Sympathie"[106]: Angst weist positiv auf die sich in individueller Freiheit gründende Selbstbestimmtheit des

---

[105] BA, S. 73 (II, § 2).
[106] BA, S. 52.

Wählens hin. Gleichzeitig steht sie für die Unwissenheit des Einzelnen ob seiner unbestimmten Wahlmöglichkeiten. Angst hebt weder normativ noch pejorativ auf das Verhalten des individuellen Einzelnen zu sich selbst ab, sondern weist sich negativ-anthropologisch im Hinblick auf die Seinsweise des Menschen in der Welt aus. Ein menschliches Individuum sein heißt: Angst *sein*. Reflektiert der Mensch seine Lebensweise, dann wird er sich darüber bewusst, dass er nicht wissensmäßig über den Bestand der von ihm angenommenen oder abgelehnten Möglichkeiten verfügt. Ebenso kann er den Möglichkeitenbestand nicht selbststeuernd erweitern oder reduzieren. „Sich zu ängstigen" meint: die Grundlagen eigener Möglichkeitsverwirklichungen nicht zu wissen, erkennen oder beeinflussen zu können. – Besteht ein einzelnes Leben aus der Freiheit von vielen, immer wieder neu zu tätigenden konkreten Wahlen, so verfügt der Mensch doch nicht über die Möglichkeit der *Entscheidung für die Wahl* respektive das Wählen(können) *selbst*, somit auch nicht über die Möglichkeit der vollständigen Regulierung des Möglichkeitenbestands. Die Wahl ist dem einzelnen Menschen aufgegeben, ohne dass er darüber entscheiden oder diese grundlegende Fähigkeit ablehnen könnte. Deshalb ängstigt sich der Einzelne: Das menschliche Individuum findet sich innerhalb eines Bereichs von Möglichkeiten, in dem es nichts über Mechanismen tatsächlicher Wahlentscheidungen aussagen kann oder einen hinreichenden Grund hierfür finden würde.

Kierkegaard geht noch weiter. Er sagt, dass Angst sich auf keinen spezifischen Gegenstand, sondern vielmehr auf *Nichts* richtet. Angst bezieht sich auf nichts Bekanntes innerhalb des eigenen Möglichkeitsfeldes. Darum ist der einzige Entscheidungsmaßstab der individuellen Wahl wiederum der Einzelne selbst. Angst steht als eine Art anthropologische Negativ-Bestimmung für das ausschließlich durch sich selbst verwirklichbare Wählenkönnen von Möglichkeiten. Deren potentielle Bandbreite und deren Wirkmächtigkeiten sind aber nicht kalkulierbar. Für die individuelle Wahl selbst darf letztlich kein vorgängig verbindlicher Grund mehr angenommen werden. „Die Pointe des Einzelnen ist gerade sein negatives Sich-Verhalten zum Allgemeinen" als dem Ganzen von Möglichkeiten.[107] Der einzelne Mensch kann weder ein Gesamt des Möglichen qua eigener Wahl kreieren noch übt er souverän modifizierenden oder konstitutiven Einfluss darauf aus.

Das angsthafte Selbstwählen bringt ein Verständnis des menschlichen Seins mit sich, das sich allein aus der Perspektive der konkreten Existenz heraus entwirft. Kierkegaards Individuum ist nicht mehr vor dem Spiegel einer abstrakten, allgemeinen „Essenz" zu verstehen, in dem er sich als splitterhafter Teil oder kreiertes Abbild begreifen dürfte. Die Perspektive des Konkreten meint, eine etwaige Essenz, ein Wesentliches oder ein Wesen des Einzelnen nur noch aus der individuellen wirklichen Existenz heraus exponieren zu können. Bei Kierkegaard sieht sich das Ganze aus den vielen verschiedenen Blickwinkeln selbstgewählter Existenzen beleuchtet, aus denen gleichwohl kein positiv erkennbares Ganzes folgt, das in den Blick genommen bzw. ausgedrückt werden könnte. Der Einzelne, der sich Möglichkeiten eröffnet, geht von sich aus – ohne ein anderes (Ganzes) erreichen zu können.[108] Bei Leibniz stand dem Einzelnen dagegen noch ein sinnvolles Handeln („Perzipieren", „Bezugnehmen") auf Grundlage einer einheitlichen Rationalität offen.

Der Status, der dem Angstbegriff in den anthropologischen Überlegungen Kierkegaards zukommt, wurde eingangs als selbstreflexive Denkfigur angedeutet. Angst ist das „Sich-Zeigen der Freiheit vor sich selbst in der Möglichkeit".[109] Dies meint einen reflexiven Prozess des Selbstbewusstwerdens eigener Wahlmöglichkeiten: Der einzelne Mensch wird sich seiner eigenen Existenzweise bewusst, nämlich selbst wählen zu können und so auch *sich* selbst zu wählen.

---

[107] BA, S. 93 (II, § 2, Sternchen-Fußnote).
[108] Vgl. Schulz, Walter [1957/1967]. „Sören Kierkegaard. Existenz und System." In: Schrey, Heinz-Horst (Hg.). *Sören Kierkegaard.* Darmstadt 1971. S. 297–323. S. 307.
[109] BA, S. 130 (Caput IV).

Wie selbständig das menschliche Individuum durch seine Wahlfreiheit aber auch sein mag und sich in seiner Wahl selbst bestimmt, so wenig kann es doch Eineindeutigkeit herstellen oder vermöchte die Resultate seines Handelns zu kontrollieren.[110] Angst bringt letztlich zum Ausdruck, dass es mehrere verschiedene Weisen zu existieren gibt, ohne dass sich damit ein zwingender Anspruch verbunden sähe. Konstitutiv bleibt allein der individuelle Bezug auf ein negatives Ganzes von nicht gewählten Möglichkeiten. Das nicht Gewählte als jenes in die eigene Lebenswelt nicht Implementierte, Eingeordnete, Verwirklichte stellt sich nun als das nicht Implementierbare, nicht Einordbare, nicht Verwirklichbare heraus. Es bildet den notwendigen negativen Bezugspunkt der eigenen gewählten Existenz.

2.2 Existenz im Werden – Zur konkreten Lebensweltlichkeit des Individuums

Die Existenz muss als individuelles Leben immer wieder neu gewählt werden. Zum Wesentlichen des menschlichen Lebens gehört deshalb, dass es *wird*. *Werden* ist die zeitlich und inhaltlich offen gehaltene Struktur des Weltbezugs. Die Entscheidungen liegen beim Einzelnen. Immer wieder Entscheidungen zu treffen heißt, einen Prozess des Werdens als Konstitutive und Weise des Sichverhaltens zur und in der Welt anzuerkennen. Welche Bedeutung kommt dem Werden für das Individuum aber letztlich im eigentlichsten Sinne zu? Werden drückt aus, dass der Einzelne *existiert*.

„Dem Existierenden ist das Existieren das höchste Interesse, und die Interessiertheit am Existieren die Wirklichkeit. Was Wirklichkeit ist, läßt sich in der Sprache der Abstraktion nicht ausdrücken. Die Wirklichkeit ist ein *inter-esse* [...] Die einzige

---

[110] So auch Schulz. „Existenz und System."A.a.O., S. 307. Das ist m.E. gleichsinnig mit dem, was Gamm meint mit: „Die Subjektivität verfällt der Grundlosigkeit; das ist die Kehrseite des absoluten Vermögens (des Differenzsinns der Freiheit), alle Bestimmungen übersteigen zu können." Siehe Gamm. *Flucht aus der Kategorie*. A.a.O., S. 32.

Wirklichkeit, die es für einen Existierenden gibt, ist seine eigene".[111]

Der Begriff der Existenz sowie jener ebenso oft (in substantivierter Verbform) verwendete sinngleiche Terminus des Existierens charakterisieren die nach Kierkegaards Verständnis eigentliche, lebensweltliche Verfasstheit des Individuums. Da, wo er sich als individuiertes Einzelnes bewusst begreift, existiert der Mensch. Er versteht sein Leben als etwas, das sich in einem ständigen Tätigen von neuen Entscheidungen, in einem ununterbrochenen Verwirklichen von (eigenen) Möglichkeiten ausmacht und welches damit eine Existenz im Sinne eines unabgeschlossenen, individuierten Lebens führt. Ein Individuum zu werden bedeutet, „mit Bewußtsein in seine Existenz vor[zu]dringen".[112] Existenz zeitigt eine offene Struktur, in der der Mensch sich so lange befindet, wie er lebt.[113] Insofern *hat* der Mensch nicht nur eine Existenz, sondern sein Leben *ist* bzw. bedeutet wesentlich Existenz.

Weil der Existierende ständig für sich selbst Entscheidungen fällen muss, ist schlussendlich allein die eigene Existenz für ihn wichtig. Wirklich gehen kann es ihm nur um *sein* Werden, nicht um das anderer. Warum kann der Einzelne unter diesen Umständen dann überhaupt vom Anderen als den jeweils anderen Leben seiner eigenen Existenz wissen? Anders formuliert: Wie kommt der Einzelne zu anderen Einzelnen? Zwar sagt Kierkegaard, dass „die einzige Wirklichkeit", die es für den Existierenden gibt, ausschließlich die eigene ist. Aus dem Umstand, dass der Existierende keine andere Existenz (als Wirklichkeit eines anderen) erkennen kann, folgt aber kein lebensweltlicher Solipsismus. Insofern sich der Einzelne ver-

---

[111] Kierkegaard, Søren [1844/46]. *Abschließende unwissenschaftliche Nachschrift*. 2. Bde. Aus dem Dänischen von H. Gottsched. Jena 1910. Bd. 2: S. 13 ff. (Kap. III, § 1) [im Folgenden: UN II].
[112] UN II, S. 7 (III, § 1).
[113] Kierkegaard, Søren [1844/46]. *Abschließende unwissenschaftliche Nachschrift*. 2. Bde. Aus dem Dänischen von H. Gottsched. Jena 1910. Bd. 1: S. 7 (Kap. II, Abschnitt „Das subjektive Problem") [im Folgenden: UN I].

hältnismäßig ab- und eingrenzt, muss er dies notwendig gerade in Abgrenzung von einem – für ihn nur möglichen – Anderen seiner eigenen Existenz tun. Weil es also seine Existenz gibt, die ins Verhältnis zu anderem gesetzt ist, gibt es auch das Andere als weitere Existenzen.

Existenz ist nichts, was veräußerlicht wäre oder unabhängig von dem, der sie führt, verstanden werden könnte. Zum Anderen seiner eigenen Existenz hat das menschliche Individuum aber eine Beziehung. Ein *inter-esse* zeichnet ihn in dieser Verbindung aus. Der Einzelne interessiert sich für das Andere seiner Existenz je insoweit, wie er sich für dessen Möglichsein offen hält. Er kann jedoch nicht den Hiatus aufheben, der im Interesse zwischen ihm und dem liegt, das nicht die eigene persönliche Wirklichkeit ist. Das Inter-esse, wörtlich das „Dazwischen-sein", von Existierendem und Anderem meint ein Zwischen, in dem ein gemeinschaftsstiftendes, weil Bezug zum Anderen herstellendes Potential für die eigene Wirklichkeit liegt. Mit diesem negativen Verweisungszusammenhang zwischen eigener und anderer Existenz geht kein Inklusivierungsanspruch einher. Jedes Weltverhältnis hebt beim Einzelnen an, und jedes Verstehen von Welt versteht sich auch nur aus der individuierten Konkretheit heraus.

Das bisher Erlangte lässt sich in folgenden fünf Punkten zusammenfassen: (1) Welthaftigkeit ist notwendige Bedingung für den Einzelnen, um sein Leben als individuell geführtes zu verstehen. Existenz zeichnet sich (2) dadurch aus, dass sie in einem Verhältnis zum Anderen ihrer selbst steht. Dieses drückt sich als ein „Interesse für ..." aus. (3) Das Andere, welches das Nicht-Gewählte der eigenen Wirklichkeit ist, bildet für die individuelle Existenz den negativen Bezugspunkt, von dem aus sie sich erst hinreichend als eigene im Sinne der eigens gewählten Lebensweise versteht. So aber macht sich Existenz (4) wesenhaft nicht dem Inhalt nach aus, der von anderem abzugrenzen, kategorial zu fassen und durchzudeklinieren wäre, sondern erschließt sich allein über die wie-hafte Bezugsstruktur, in der sich der Existierende hält. Mit dem Existenzbegriff wird (5) ein

Denken kritisiert, welches über das Leben systematisierende, nur theoretische Aussagen machen will. Nach Kierkegaard verfehlt das die Spezifik des Lebens unter der Perspektive des individuellen Menschen.

„Alles wesentliche Erkennen betrifft die Existenz, oder nur das Erkennen, das sich wesentlich zur Existenz verhält, ist wesentliches Erkennen. Das Erkennen, das nicht nach innen in der Reflexion der Innerlichkeit die Existenz betrifft, ist wesentlich angesehen zufälliges Erkennen, sein Grad und Umfang wesentlich betrachtet gleichgültig. Daß sich das wesentliche Erkennen wesentlich zur Existenz verhält, bedeutet jedoch nicht jene oben angeführte Abstraktionsidentität von Sein und Denken, auch nicht objektiv, daß die Erkenntnis sich zu etwas im Dasein befindlichen als seinem Gegenstande verhalte". (UN I, S. 273)

Erkennendes Denken richtet sich als Systematisierungsversuch von Existenz und als „Systematik des Lebens" nach Ansicht des Dänen fälschlicherweise auf einen – nur scheinbar – summierbaren Inhalt und Eigenschaften aus, die dem Leben unter der notwendigen Bedingung einer höheren positiv bestimmbaren Einheit zugeschrieben werden sollen. Eine existenzphilosophische Sichtweise orientiert sich dagegen auf das einzelne Leben. Die Subjektivität des Einzelnen rückt nicht als reflektierte Einheit von Identität und Nicht-Identität in den Vordergrund, sondern sucht ausschließlich vom Gesichtspunkt des individuellen Menschen aus thematisiert zu werden. Der Erklärungsanspruch wird damit vom reflexiv systematisierten Was auf die nur als individuell reflektierte Modalstruktur des Menschen verlagert.

Nach dem Wie zu fragen bedeutet, sich auf das einzelne Leben eines Menschen zu beziehen und nach dessen individuellem Verhalten zu fragen. Im Gegensatz zu einem Objektivität einfordernden Anspruch steht dieses Weltverständnis unter Bedingungen seiner Unabschließbarkeit, Subjektivierung und gegenstandsmäßigen Unterbestimmtheit.[114] Unabgeschlossen ist das existenzphilosophische Erkennen immer Erkennen *durch* einen Einzelnen – in Kierkegaards sinngleichen Worten: eines subjektiven Denkers – und immer auch bloß konkretes Erkennen *von* etwas *in* einer Situation. Ein Individuum zu sein und zu existieren, bedeutet „ein Annähern [...], das nie endet, denn die Gewißheit [...] liegt ja gerade in der Subjektivität".[115] Für diese bleibt ein größeres Ganzes unerkennbar und irrelevant. Mit der Existenz wird die empirisch-endliche, im Erkenntnisvermögen beschränkte Seinsweise des Individuums ins Zentrum gerückt.

„Hier wird nun keinen Augenblick vergessen, daß das Subjekt existierend ist und Existieren ein Werden, und daß daher jene Identität der Wahrheit von Denken und Sein die Schimäre einer Abstraktion [...] ist, nicht als ob die Wahrheit dies nicht wäre, sondern weil der Erkennende ein Existierender ist, und so die Wahrheit dies für ihn, solange er existiert, nicht sein kann." (UN I, S. 272)

Der Existierende kann nicht ohne Bezug auf sich selbst Aussagen über sich und anderes treffen. Sein, verstanden als empirische Existenz, ist damit nicht in einer Systematik denkbar. Für den Existierenden ist Wahrheit hier wesentlich zu einem hermeneutischen Bezug geworden, das meint das konkrete Verhältnis, aus dem heraus sich der Einzelne auf Welt bezieht und diese durch seine Bezüge als eigene konstituiert. Insofern der Mensch unter individuellem Blickwinkel Urteile fällt, bedeutet Wahrheit den unabschließbaren Verstehensversuch der eigenen Existenz.[116] – Wie aber vermag der erkennende Einzelne sich dann Halt zu geben, wenn er angesichts eines endlich-beschränkten Auffassungsvermögens stets im Bezug auf ein nicht wissbares unendliches Allgemeines verbleibt?

---

[114] Siehe UN I, S. 277.
[115] UN I, S. 276.
[116] UN I, S. 271.

2.3 Zur Wahrheitssuche des Erkennenden – Die Frage nach Gott

Wo er „mit Bewußtsein in seine Existenz"[117] vordringt, erkennt sich der Einzelne als jemand, der sich in seinem Verhältnis zu etwas zugleich negativ auch auf ein Anderes seiner eigenen Existenz bezieht. Sein prinzipiell offener, individuell beschränkter Zugang zur Welt ist *endlich*. Deshalb muss der Existierende ein *unendliches* Allgemeines als Grund der individuellen, unter Endlichkeitsbedingungen stehenden Wahl annehmen. Bei Kierkegaard liest man folgendes: Existieren bedeutet, sich als „Synthese" zu reflektieren, die „aus Unendlichkeit und Endlichkeit, aus dem Zeitlichen und dem Ewigen" zusammengesetzt ist.[118] Diese Synthese kann der Mensch nur annäherungsweise „begreifen". Die grundlegende Schwierigkeit in seiner Existenz besteht darin, das Allgemeine im Einzelnen, „das Ewige im Werden zu denken".[119] Mit anderen Worten, der Mensch kann sich nur dann als jemand identifizieren, der aus „Unendlichkeit und Endlichkeit zusammengesetzt" ist, wenn er sich als kontingent, als so ‚auch anders möglich' weiß. In Anbetracht seiner unabgeschlossenen Daseinsweise vermag er ein Allgemeines zwar für möglich zu halten, nicht aber auch zu wissen. Das konkrete Werden erschließt sich als eine Aufgabe, die der Mensch als Individuum nicht allein zu bewältigen vermag.

Weil seine Erkenntniskapazitäten individuell rückgebunden sind und beschränkt bleiben, ist der Existierende in seinem Weltbezug schlussendlich auf ein Anderes verwiesen, das seinen Bezügen Kontinuität verschafft. Das Andere wird zum kontinuierlichen Movens resp. zum „konkreten Unbeweglichen". Es ist für den Existierenden begründendes Maß der eigenen Entscheidungen. Dieses

---

[117] UN II, S. 7 (III, § 1); vgl. B, II 2.4.
[118] Kierkegaard, Søren [1849]. *Die Krankheit zum Tode*. Aus dem Dänischen von G. Perlet. Stuttgart 1997. S. 13 (Erster Abschnitt, A) [im Folgenden: KT]. Vgl. BA, S. 99 (Caput III).
[119] UN II, S. 7 (Kap. III, § 1).

Maß lässt sich für das Individuum nie ganz bzw. allgemein verstehen, denn hierüber verlöre es sich in der von sich selbst absehenden Abstraktion. Das Individuum befindet sich daher in einem nicht auflösbaren Widerspruch zwischen konkreter Existenz und allgemeinem Maß, den es zu verstehen versucht. Das Paradox besteht darin, dass der Existierende das Allgemeine nicht denken kann, in seinen wirklichkeitskonstitutiven Bezügen gleichwohl darauf verwiesen ist. Der Widerspruch ist kennzeichnend für seine Seinsweise als Existenz.[120] Der Mensch versucht das durch eine „stete Wiederholung als konkrete Ewigkeit" zu lösen, die immerhin die Möglichkeit einer Annäherung an das Ewige bereithält. In der Annäherung an das Ewige bleibt der Einzelne gleichwohl subjektiv im Ungewissen.[121]

Kierkegaards Argumentationsstrategie ist auf einen religiösen Deutungskontext ausgerichtet. Der Autor bindet die individuelle Existenz und den Vollzug des menschlichen Lebens auf den Gegenstand des Glaubens an Gott und das Verhältnis zurück, das der Einzelne zu Gott als dem Anderen der individuellen Existenz einnimmt. Der religiöse Glaube des Existierenden macht sich darin aus, dass der Widerspruch zwischen Gott als dem ‚Unendlichen von Möglichkeiten meiner selbst'[122] und der faktischen Endlichkeit des Einzelnen ausgehalten werden muss. „Aushalten" meint, die Möglichkeit des eigenen Andersseinkönnens als solche reflektieren, aber nicht aufheben zu können.

In der Formel „Gott" stößt die Möglichkeit eines Andersseinkönnens des Einzelnen auf dessen konkrete Wirklichkeit. Weil das Andere zwar objektiv ungewiss ist, aber qua subjektiver Bezüge als möglich angenommen werden muss, wird „das Andere der (eigenen) Wirklichkeit" zum notwendigen Bezugspunkt des Individu-

---

[120] Siehe UN I, S. 258 (Kapitel 1).
[121] UN II, S. 11 (Kap. III, § 1).
[122] Vgl. UN I, S. 240.

ums. „Gott" als das Andere[123] meiner selbst steht (1) für das Gesamt an möglichen Bezügen, die nie alle zur eigenen Wirklichkeit werden, jedoch prinzipiell werden hätten werden können; (2) zweitens meint „Gott" die notwendig nur negativ anzunehmende, subjektive Grundlage, die (2.1) das Gesamt der Bezüge und (2.2) eine individuelle Wahl *als* eine wirkliche von vielen anderen möglichen Wahlen überhaupt erst ermöglicht. Das Andere der Existenz ist die *conditio sine qua non* desjenigen Weltverständnisses, das ein Individuum sein unvertretbar eigenes Leben nennt.

Kierkegaards Erörterung richtet sich gegen idealistische Positionen wie die Hegels. Seine Rede über Gott hat epistemologische Relevanz. Das Motiv, Gott als das Andere mit dem Existenzbegriff individualtheoretisch zu verschränken, bringt eine erkenntnispessimistische Grundhaltung zum Ausdruck. Dem Existenzbegriff liegt die Annahme zugrunde, dass eine objektivierende, spekulative[124] Betrachtung von Welt „interesse-los" ist, weil sie sich in kein (für eigentliche Wahrheit[125] notwendiges) Verhältnis zum Gegenstand setzt. Über eine abstrakte Betrachtung gelangt sie nicht hinaus.[126]

„Die Abstraktion sieht nämlich von diesem bestimmten Etwas [der Existenz, JS] ab, aber die Schwierigkeit liegt gerade darin, dieses bestimmte Etwas und die Idealität des Denkens dadurch zusammenzusetzen, daß man es denken will. [...] Die Mißlich-

---

[123] Gott wird von Kierkegaard als *der* Andere bezeichnet. Die hiesige neutrale Verwendung legitimiert sich durch die Unendlichkeitsmetaphorik des Autors. Vgl. gleiche personenunspezifische Interpretation bei Figal, Günter: „Die Freiheit der Verzweiflung und die Freiheit im Glauben. Zu Kierkegaards Konzeption des Selbstseins und Selbstwerdens in der ‚Krankheit zum Tode'." In: *Kierkegaardiana XIII*. Hg. durch Udgivne af Søren Kierkegaard Selskabet, namentl. Niels J. Cappelørn, Helge Hultberg, Poul Lübcki. Kopenhagen 1994. S. 11–23. S. 13 ff.; S. 20: „Glaubend verhält sich das Selbst, indem es transzendierend das Andere seiner selbst als Gott annimmt."

[124] Gegen Hegels spekulative Systemphilosophie, siehe UN I, S. 144–150, 297.

[125] UN I, S. 269 (2. Teil. Kap. II).

[126] UN I, S. 144 (Abschnitt „Die spekulative Betrachtung").

keit der Abstraktion zeigt sich gerade bei allen Existenzfragen, [...] Sie ist interesselos, aber die Schwierigkeit der Existenz besteht in dem Interesse des Existierenden und daß den Existierenden das Existieren unendlich interessiert." (UN II, S. 2)

Einer objektiven Wahrheit wird von Kierkegaard das subjektive Verhältnis, das der Mensch zur Wahrheit einnimmt, entgegengestellt und favorisiert.[127] Einher geht damit die Unterscheidung von objektiver und subjektiver Rede über Wahrheit. Die objektive Rede bezieht sich in verallgemeinernder Weise auf die Sache bzw. den Gegenstand und sucht diesen als Teil einer größeren Einheit zu reflektieren, unter der der Gegenstand subsumiert werden kann. Dagegen thematisiert die subjektive Rede das Subjekt des Redens selbst. Ihr eigentlicher Gegenstand ist nicht das Was, sondern das Wer des Wissens: Das ist die Subjektivität, das meint die Individualität des Redners.[128] Kierkegaards Erkenntniskritik richtet sich gegen die Ansicht, dass Wahrheit allgemein verbindlich und additiv bestimmbar sei. Das individuelle Interesse würde innerhalb einer objektiven Wahrheitsauffassung gleichgültig, nach Ansicht Kierkegaards wird damit jedoch auch Wahrheit selbst verfehlt und irrelevant.

„Der Weg der objektiven Reflexion macht das Subjekt zu dem Zufälligen und damit die Existenz zu etwas Gleichgültigem, Verschwindendem. Weg vom Subjekt geht der Weg zur objektiven Wahrheit, und während das Subjekt und die Subjektivität gleichgültig wird, wird es die Wahrheit auch, und gerade dies ist ihre objektive Gültigkeit, denn das Interesse ist, wie die Entscheidung, die Subjektivität." (UN I, S. 269)

Kierkegaards Kritik richtet sich gegen den modernen Wahrheitsbegriff, der kausale Gesetzlichkeiten definiert und in der Zugangswei-

---

[127] Vgl. Brandes, Georg. *Sören Kierkegaard. Eine kritische Darstellung.* Leipzig 1992. S. 143.
[128] UN I, S. 209 (2. Teil „Das subjektive Problem").

se formallogisch beschreibend verfährt.[129] Nach Kierkegaard wird Wahrheit damit tautologisch und nichtssagend, denn der Begriff unterstellt eine Sicherheit und lebensentwicklungsgeschichtliche Prognostizierbarkeit, die weder aus der Perspektive des einzelnen Individuums per se gewusst werden kann noch überhaupt eine Rolle spielt, wenn es um ein Verstehen des Verhältnisses geht, in dem sich der Einzelne zur Welt befindet. Wird der Existierende ins Zentrum gestellt, kann „Wahrheit" nicht mehr unter Gewissheit ausgesagt bzw. veranschlagt werden, sondern macht sich in einer grundlegenderen Ungewissheit aus, in der der Einzelne sein individuelles Leben führt.

Der Kierkegaardsche Wahrheitsbegriff zielt auf zwei Perspektiven ab, die diametral entgegenstehen: die abstrakte, „objektive" Perspektive verfährt strukturbestimmend und macht zeitunabhängig[130] Aussagen unter sicheren Bedingungen. Der Mensch macht hier nicht unter dem Gesichtspunkt seiner Individualität Aussagen, sondern unter der Perspektive des Geistes, der auf seine Reflexionsmöglichkeit *ex post* selbst reflektiert und den Reflexionsbegriff als einen notwendig auf vollständige Wissensrekapitulation ausgelegten Terminus begreift. Demgegenüber rückt Kierkegaard eine „subjektive" Erfahrungsperspektive, die in einer Situation gemacht wird, in den Mittelpunkt. Darin wird der konkreten Existenz eines Individuums der Vorrang vor verallgemeinernden Sachbestimmungen eingeräumt. Gründe für Wissen bestehen in persönlichen Erfahrungen, die wiederum Ausgangspunkt des sich über sich selbst bewusst werdenden und verständigenden Individuums sind. Wissen meint dann das auf die innere Reflexion gerichtete Erkennen, das, insofern es ein Einzelner anstrengt, wesentlich zufällig – im Sinne einer fehlenden Gültigkeit für die Allgemeinheit – ist.[131] Mit anderen Worten:

---

[129] UN I, S. 266, 268 (2. Teil, Kap. II).
[130] UN II, S. 1 (III, § 1).
[131] UN I, S. 273, 286 (2. Teil, Abschnitt „Das subjektive Problem", Kap. II). Auch Brandes macht die „objektive Ungewissheit" als Kierkegaards favori-

Der Mensch begreift sich nicht unter dem Gesichtspunkt des Geistes, sondern unter der Perspektive des individuellen Menschen. Reflexion wird von ihm als Fähigkeit zur Identifizierung seines Andersseinkönnens verstanden, mit der gerade keine gänzliche Rekapitulierbarkeit der Bedingungen eigener Reflexionskompetenz einhergeht.

Final bildet das Andere, Gott, den negativen Fluchtpunkt, auf den hin sich der Existierende entwirft. Der sich über sich selbst verständigende Einzelne kann sich nur dann als individuell reflektieren, wenn er die Möglichkeit des Anderen im Sinne des Anderssein*könnens* als notwendige, aber nicht hinreichende Bedingung des Verstehens der eigenen Existenz begreift. Die individuelle Existenz und das Andere als jene Vielzahl von möglichen anderen Existenzen finden sich in einem gegenseitig bedingten, aber nicht umfassend begründenden Verhältnis wieder. Dieses vermag keine präetablierte oder automatisch instanziierbare bzw. bereits instanziierte Beziehungsstabilität zu gewährleisten. Das Verhältnis, in dem sich der Existierende zum Anderen findet, ist nur negativer Bezugspunkt, über den es keinen tiefgründigeren (positiven) Aufschluss gibt. Den Bezug zum Anderen kann die individuelle Existenz erst dann bewusst gewinnen, wenn sie sich in einem sie noch grundlegender auszeichnenden Verhältnis reflektiert: nämlich dasjenige, das der Existierende zu sich selbst hat.

Hier sieht sich der Mensch mit einer Frage konfrontiert, die auf die Dauer seines Seins abstellt: Wie kann der Einzelne über seiner endlichen Verfasstheit ein Verständnis von sich selbst und von Welt gewinnen, das sich zwischen endlicher Individualität und unendlichem Allgemeinen situiert?[132] Wie vermag sich der Einzelne Halt zu

---

siertes Wahrheitsverständnis aus. Siehe Brandes. *Søren Kierkegaard.* A.a.O., S. 152.

[132] Nach Marquard ist Endlichkeit überhaupt die Frage, worauf die Hermeneutik antwortet. Siehe Marquard, Odo. „Frage nach der Frage, auf die die Hermeneutik die Antwort ist." In: Ders. *Abschied vom Prinzipiellen. Philosophische Studien.* Stuttgart 2000. S. 117–147. S. 119.

geben, wenn er angesichts eines individuell-beschränkten Auffassungsvermögens nur im negativen Bezug auf ein unendliches Allgemeines verbleibt? Kierkegaard formuliert diese Frage als das Dilemma, das jeden individuellen Verstehensversuch begleitet:

> „[...] man kann unmöglich geneigt sein, etwas, was wesentlich anders zu verstehen ist, was man selbst anders verstanden hat, was man auf ganz andere Weise geliebt hat, in Form einer Definition aufzufassen, wodurch es einem so leicht fremd und zu etwas anderem wird." (BA, S. 172)

Das Zu-Verstehende soll nicht zu etwas anderem als dem, was es für und durch einen selbst ist, werden, wenn es verstehend in Worte gefasst wird. Im Verstehen kommt es ja gerade darauf an, wie Kierkegaard sagt, das zu thematisieren, „was man *selbst* anders verstanden hat".[133] Auf etwas Bezug zu nehmen und es zu verstehen, hat also viel eigentlicher noch damit zu tun, wie man sich selbst begreifen, sich selbst verstehen will. Dann aber geht Verstehen darauf zurück, *wer* sich auf die andere Existenz bezieht.

2.4 Verzweiflung im Endlichen – Selbst und Verhältnis

Zur Aufgabe des Existierenden wird es, sich im Verstehen selbst zu verstehen. Einer Wirklichkeit, die sich von der endlichen Perspektive des Existierenden her erschließt, fehlt es aber an einem überzeitlichen, allgemeinen Rahmen, der für das menschliche Individuum als normativ verbindlicher Maßstab[134] feststünde. So werden zeitlich bedingte Entscheidungen über Möglichkeiten, die vor ihm liegen, zum Sein des Einzelnen selbst. Existierend wird das Individuum auf sich selbst zurückverwiesen. Sucht es zwischen endlichem Einzelnen und (unendlichem) Anderen unter dem Blickwinkel seiner eigenen Endlichkeit zu vermitteln, muss es sich selbst mitreflektieren.

---

[133] BA, S. 172, Hervorhebung JS.
[134] Vgl. KT, S. 90 (II, Erstes Kap.). Der Maßstab für das Selbst ist ein religiöser: Gott.

Das Verhältnis zum Anderen, in dem der Existierende steht, generiert sich aus einer Relation zu sich selbst.

„Der Mensch ist Geist. Doch was ist Geist? Geist ist das Selbst. Doch was ist das Selbst? Das Selbst ist ein Verhältnis, das sich zu sich selbst verhält, oder es ist in diesem Verhältnis jenes, dass dieses sich zu sich selbst verhält; das Selbst ist nicht das Verhältnis, sondern dass sich das Verhältnis zu sich selbst verhält. [...] Ein solches Verhältnis, das sich zu sich selbst verhält, ein Selbst, muss sich entweder selbst gesetzt haben oder durch ein Anderes gesetzt sein.

Ist das Verhältnis, das sich zu sich selbst verhält, durch ein Anderes gesetzt, dann ist das Verhältnis zwar das Dritte, doch dieses Verhältnis, das Dritte, ist dann wiederum ein Verhältnis und verhält sich zu dem, was das ganze Verhältnis gesetzt hat.

Ein solcherart abgeleitetes, gesetztes Verhältnis ist das Selbst des Menschen, ein Verhältnis, das sich zu sich selbst verhält und im Verhalten zu sich selbst zu einem Anderen verhält." (KT, S. 13 f.)

Der Mensch ist ein „Selbst": ein Verhältnis, worin er sich *zu* sich selbst verhält, das er *auf sich* bezieht. Der Begriff des „Selbst" hebt terminologisch auf die elementarste Grundstruktur ab, in welcher sich das Individuum fassen kann und durch welche sich der Mensch als die in der Welt seiende Existenz vergegenwärtigt bzw. reflektiert. „Selbst" markiert eine biangulär aufgebaute Verhältnisstruktur, in der sich die Existenz des Einzelnen und die Bewusstwerdung seiner weltlichen Verfasstheit ausdrücken. Weltlich verfasst ist das Selbst, weil es sich als Verhältnishaftes immer im Hinblick auf das Andere seiner Existenz ab- und eingrenzt.[135] Der Mensch begreift sich als jemand, dessen relationale Struktur ihn zwischen faktischem

---

[135] Welthaftigkeit impliziert, dass ein Selbst nie solitär, d.i. allein in der Welt ist, sondern sich von anderen [Selbsten]* abgrenzend konstituiert. (*Die gesperrte Klammer steht deshalb, weil das reflektierende Selbst natürlich nur negativ von anderen ausgehen kann.)

Leben und Reflexion auf dieses ihm eigene Leben als eines konkreten (unter möglichen anderen Weisen) pendeln lässt. Das Individuum kann Bewusstsein darüber erlangen, wie es faktisch lebt und wie es gleichzeitig als Selbst unter den Kriterien von Endlichkeit, Zeitlichkeit und Freiheit, bezogen auf und gesetzt durch ein Anderes sein Leben entwirft. „Selbst" als reflexiv angelegtes Verhältnis drückt also mehrere Relationskomponenten aus, in denen sich der Einzelne befindet:

> „Der Mensch ist eine Synthese aus Unendlichkeit und Endlichkeit, aus dem Zeitlichen und dem Ewigen, aus Freiheit und Notwendigkeit, kurz: eine Synthese. Eine Synthese ist ein Verhältnis zwischen zweien. [...] Verhält sich dagegen das Verhältnis zu sich selbst, dann ist dieses Verhältnis das positive Dritte, und dies ist das Selbst." (KT, S. 13)

Die Struktur, welche das Selbst als Verhältnis charakterisiert, entfaltet sich dreifach:[136] (1) Das Verhältnis ist eine Relation zwischen Unendlichem und Endlichem, Ewigem und Zeitlichem sowie Freiheit (im Sinne von: Möglichkeit) und Notwendigkeit. (2) Zweitens charakterisiert sich das Selbst als das Sich-Verhalten zu bzw. *in* diesen Momenten. Das Selbst ist jemand, der sich innerhalb eines Rahmens von Möglichkeiten frei und eigenständig positionieren und Entscheidungen treffen kann, der diesen Rahmen aber auch partiell neu abzustecken vermag. Als konkret so oder so Verfasstes ist das Selbst immer ein faktisch[137] Existierendes. Darüber hinaus muss es

---

[136] Vgl. Figal. „Die Freiheit der Verzweiflung." A.a.O. S. 12 f.
[137] Mit Heidegger spricht Figal von der *Faktizität* des Selbst. Siehe Figal. „Die Freiheit der Verzweiflung." A.a.O. S. 13. Auch Theunissen legt das Selbst unter fundamentalontologischen Aspekt als „vorgegebenes Dasein" aus. Siehe Theunissen, Michael. „Für einen rationaleren Kierkegaard. Zu Einwänden von Arne Grøn und Alastair Hannay." In: Cappelørn, Niels Jørgen/Deuser, Hermann (Hg.). *Kierkegaard Studies. Yearbook 1996*. Berlin, New York 1996. S. 63–90. S. 65. Ich schließe mich dieser Terminologie nicht an: wenngleich sich das Selbst über seine Existenzbedingungen Aufschluss ge-

jedoch etwas geben, das dem Selbst überhaupt die Möglichkeit bereitstellt, sich als Andersseinkönnendes zu identifizieren oder sich zu seinem Andersseinkönnen in einen explizierbaren Bezug zu setzen. Notwendig ist eine bestimmte Instanz, um sich lebensweltlich zu *sich* und zu dem *wem* des Bezugs zu verhalten und sich darüber reflektierend als derjenige zu wissen, der den Bezug aus Freiheit herstellt.

Als „Selbst*sein*" – jemand, der ein Selbst ist – ist der Einzelne fähig, sich als Selbst*werden* im Sinne eines Prozesses des Zu-sich-selbstwerdens zu begreifen.[138] Dieses Selbstwerden liegt der Struktur des Selbst potentiell inne, denn als Selbst lebt der Einzelne ein freies Leben. Das Selbstwerden ist aber nicht in einem apriorischen oder vorgängigen Sinn dem Selbst gegeben. Es kommt keinem prozessual ablaufenden Automatismus der Bewusstwerdung eigener Möglichkeiten gleich. Selbstwerden vollzieht sich nicht per se. Da der Mensch frei wählt, kann er auch seine Existenz im Sinne des „So-und-auch-anders-sein-können" – aus Freiheit – verfehlen.[139] Das menschliche Individuum wird nicht gezwungen, seine Existenz als beweglich zu reflektieren und zu verstehen, dass es die Umstände, in denen es lebt, selbst mitgestaltet und dementsprechend auch verändern kann.

Insofern er sich Aufgaben zu stellen und zu geben vermag, welche nicht notwendig kanonisch sinngebunden sind, ist der Mensch als Selbst fähig, sich in ein reflektiertes, d.h. bewusstes kritisches Verhältnis zu sich selbst zu setzen – das sind seine Fähigkeiten, Wünsche, Herausforderungen, aber auch sein Gegenüber, mit dem er in kommunikativem Austausch stehen kann. Als *was*, das bedeutet als welches konkrete Selbst sich der Mensch versteht und wofür er sich hält, hängt auf diese Weise davon ab, wofür er sich halten *will*,

---

ben will, so sieht sich bei Kierkegaard damit doch kein ontologisches oder ontologiegeschichtliches Interesse verbunden.

[138] Siehe KT, S. 32 (I, C.A).
[139] Siehe Figal. „Die Freiheit der Verzweiflung." A.a.O., S. 12.

nachgerade, zu wem und zu was er sich in eine konkrete Beziehung setzen will und schlussendlich setzt. Das *Worin* und das *Wie* der Relationalität des Selbst sind die Bedingungen der Möglichkeit, um sich lebensweltlich zu *sich* und zu anderem (das *Wer* des Bezugs) zu verhalten und sich als denjenigen zu wissen, der den Bezug aus Freiheit herstellt.

Das Selbstwerden der Existenz ist prozessual verfasst. So ist, so lange der Einzelne lebt, das Selbstwerden als das Zu-sich-selbst-werden ein unabschließbarer Prozess. Das Selbst ist sich uneinholbar hinterher. Hierin entfaltet sich nun seine dritte Relationsbestimmung: (3) Weil es aktual immer hinter seinen Entwicklungsmöglichkeiten liegt, d.i. nicht alle ihm offen stehenden Möglichkeiten zu seiner Wirklichkeit machen kann, vermag das Selbst seinen Grund nicht vollständig zu bestimmen. Aufgrund der eigenen Endlichkeit kann es nicht abschließend das Verhältnis von faktischem Leben als Wirklichkeit[140] und den (noch ausstehenden) Möglichkeiten des Selbstwerdens als Wählen- und Werdenkönnen vermitteln. Das Selbst wird auf einen Anderen als seinem *Woher* verwiesen und ist auf ihn angewiesen, in Kierkegaards Worten: Das Selbst kann sich nicht selbst *setzen*. Es steht in einer es notwendig konstituierenden Relation zum Anderen.[141]

Sich sowohl als Souverän seines Werdens wie auch abhängig vom Grund seines Seins begreifend, versteht sich das Selbst nurmehr aus einer zwiespältigen Perspektive heraus. Hierüber droht es zu *verzweifeln*. „Verzweiflung" ist – nach der „Angst" des Existierenden – die zweite anthropologische[142] Grundbestimmung des Selbst. „Ver-

---

[140] Wirklichkeit ist nicht eine „vernichtete Möglichkeit", sondern die „ausgefüllte, die wirksame Möglichkeit." KT, S. 16 (I, A.B „Möglichkeit und Wirklichkeit der Verzweiflung").

[141] Das Andere muss zwar angenommen werden, bleibt aber außerhalb der Seinsbestimmungen des Selbst. Siehe KT, S. 13 (I, A.A); vgl. Figal. „Die Freiheit der Verzweiflung." A.a.O. S. 13.

[142] Vgl. Eichler, U. „Verzweiflung und Selbst. Nachwort." In: KT. S. 159–173. S. 160.

zweifelt man selbst sein zu wollen" stellt den Ausdruck für die Gesetztheit des Selbst durch das Andere und seine Abhängigkeit von ihm dar. „Verzweiflung" bezeichnet die strukturelle Unvollständigkeit des Selbst in dessen Verhältnishaftigkeit.[143] Weil das menschliche Selbst „es selbst" sein will und sich als ein durch das Andere – in gleichsinnigen Worten: das „Ewige", „Unendliche", „Notwendige", „Allgemeine" – Gesetztes verstehen muss, droht es an seiner eigenen Unvollständigkeit zu verzweifeln. Das Andere hält dem Einzelnen zwar die Möglichkeit bereit, sich selbst als Anderssein-können zu reflektieren. Als Instanz ist es jedoch nicht steuerbar. „Verzweiflung" kennzeichnet diese dem Selbst zuzurechnende Grenze der eigenen Möglichkeitskontrolle.

Er selbst werden kann der Mensch nur, wenn er sich als das vom Anderen gesetzte Einzelne mitreflektiert.[144] Dies ist eine Konstellation, für die keine abschließende Lösung gefunden werden kann. Der Existierende droht im freien Leben an sich selbst zu scheitern. Er verzweifelt existentiell, denn sein Verhältnis zum Anderen als Reflexion über sein relationales Gegebensein und Anderssein-können vergrößert seine Verzweiflung über seine individuelle Begrenztheit von Verstehens- und Beeinflussungsmöglichkeiten nur umso mehr. „Die Verzweiflung potenziert sich im Verhältnis zum Bewusstsein des Selbst" von sich selbst.[145] Der Mensch verzweifelt auf zweierlei Weise: zum einen ob der Unendlichkeit. Hier tendiert er dazu, vor lauter Möglichkeiten sein eigenes Dasein zu vergessen. Das Selbst macht in diesem Kontext die Erfahrung der eigenen lebensweltlichen Unbestimmtheit.[146] Andererseits kann er aber über seiner Endlichkeit verzweifeln, wo er absehend vom alltäglichen Leben keine alternativen Möglichkeiten sieht.[147] Hier tendiert das Selbst also da-

---

[143] KT, S. 14 (I, A.A).
[144] KT, S. 32 (I, C.A.a).
[145] KT, S. 91 (II, A, Erstes Kapitel).
[146] KT, S. 33 (I, C.A.α); vgl. Wesche, Tilo. *Kierkegaard. Eine philosophische Einführung.* Stuttgart 2003. S. 32.
[147] KT, S. 36 f. (I, C.A.β).

zu, nur das faktische Sein seiner Existenz zu sehen, ohne Möglichkeiten der Entwicklung wahrzunehmen.

Je mehr sich der Mensch aus seinen ihm offen stehenden Möglichkeiten, aber abhängig vom Anderen versteht, desto grundlegender verzweifelt er: Er ist konfrontiert mit seiner eigenen strukturellen Unvollständigkeit als Unmöglichkeit, ein Gesamt an Möglichkeiten zu realisieren uns sich ganz zu reflektieren. Das Verhältnis von endlichem Wesen und dem ihn setzenden Unendlichen, dem Anderen ist eine Beziehung von Anspruch und Abbruch. Verzweiflung ist der Schlüsselbegriff, der die errungene Reflexionskompetenz des menschlichen Individuums über dessen lebensweltlich restringierte Verfasstheit zu analysieren erlaubt.

Je mehr sich das Selbst in seiner Existenzstruktur als unvollständig und abhängig reflektiert, desto bewusster nimmt es seine Verzweiflung zum Anlass, das Andere als die ihm voraus seiende Instanz zu begreifen, auf die hin es sich ausrichtet. Das Andere wird, wenn das Selbst die eigene Unvollständigkeit anerkennt, zum qualitativen Richtmaß, welches es – in paradoxer Form, nämlich das Unendliche nur in endlicher Perspektive verstehen zu können – in sich selbst zu verorten sucht. So pointiert Kierkegaard schließlich, dass das Selbst *mithilfe* des Anderen verzweifelt.

> „Mit Hilfe dieser unendlichen Form will das Selbst verzweifelt über sich selbst verfügen oder sich selbst erschaffen, sein Selbst zu einem Selbst machen, dieser Mensch will sein, bestimmen, was er in seinem konkreten Selbst haben will und was nicht."
> (KT, S. 78)

Und weiter:

> „[...] – Er selbst will er sein; angefangen hat er mit der unendlichen Abstraktion vom Selbst, jetzt ist er schließlich so konkret geworden, dass es eine Unmöglichkeit wäre, in diesem Sinn ewig zu werden, und doch will er verzweifelt er selbst sein."
> (KT, S. 83)

Lebenslange Aufgabe für das Selbst ist es, sich unter den durch seine Endlichkeit individuell eingeschränkten Bedingungen zu verstehen. Seine Bezüge zum Anderen der eigenen Existenz, die grundsätzlich selektiven Charakter haben, stellen sich als notwendige wie hinreichende Bedingung seines konkreten Lebens dar. Der Einzelne vermag sich nur unvollkommen in ein reflektiertes Verhältnis zu sich zu setzen. Das menschliche Selbst weist in seiner Struktur je über sich hinaus. Weil es endlich ist, bleibt es an Bedingungen gebunden, die ihn sich nur im Bezug auf das Andere verstehen lassen. Damit ist das Andere nicht nur negative Bedingung der eigenen Möglichkeit, sondern wird auch zum existentiellen Anhaltspunkt: Es weist dem Selbst maßlos, weil unendlich und unbestimmbar, dessen paradoxes Maß eines individuellen verstehenden Lebensvollzugs zu.

Angesichts eines unsicheren, weil zeitlich verfassten Lebens bleibt eine feststehende und ein für allemal gültige Ausdeutung und Bestimmung des Verhältnisses zwischen Allgemeinheit und Selbstbezogenheit, zwischen „Unendlichkeit und Endlichkeit" außerhalb des Horizonts des Selbst. Das Werden des Menschen zu sich selbst, d.h. ein Verstehen(-können) dessen, was ihn ausmacht und konkrete Handlungsanleitung ist, bleibt eine Aufgabe, die durch seine individuellen Anstrengungen allein keine Lösung finden. Sie bedürfen des Rückgriffs auf eben das Andere, das eine Vermittlung zwischen dem einzelnen konkreten Leben und einem nicht allein aus der individuellen Perspektive begreifbaren Allgemeinen ermöglicht.[148] Eine letztgültige Entscheidung, die von exklusorischem Charakter wäre, kann damit nicht beansprucht werden. Das Andere ist allein negativ zu begreifendes, inhaltlich maßloses Richtmaß. – Weil sich nun aber der Einzelne damit immer schon in ein Verhältnis zum Anderen gesetzt sieht, welches sich weder kategorial bzw. positiv-ontologisch definieren noch epistemisch vollständig explizieren ließe, tritt ein Weltbezug des Selbst zum Vorschein, der den Existie-

---

[148] Vgl. Eichler. „Verzweiflung und Selbst. Nachwort." A.a.O., S. 163.

renden und das Andere in eine lebensweltliche Relation zueinander setzt. Diese lässt sich nicht wissen, gibt wohl aber Hinweise auf ein Moment des Aufeinander-bezogen-seins frei, welches das Andere hermeneutisch als zu verstehende rahmenrelevante Instanz ins Zentrum des individuellen Verstehensversuchs rückt.

3 Selbst und Anderes – Wege der Hermeneutisierung des Anderen (Auswertung I)

Die Hermeneutik steht dieser Tage verstärkt im Kreuzfeuer einer Kritik, die ihre Offenheit gegenüber fremden Kulturen grundsätzlich in Zweifel zieht. Vehement werden ein „ganz anderer" Zugang zum kulturellen Fremden und eine „ganz neue" Umgangsweise mit dem Fremden eingefordert. Das Vielfältige, Andere, das sich nicht der eigenen Welt erschließen und moralischen Oktroyierungsansprüchen gegenüber resistent bleiben soll, wird hier ganz oben auf die Agenda des „Fremd sein – fremd bleiben" gesetzt. Die Zweifel mögen einerseits von einer gesunden Skepsis gegenüber Verstehenslehren zeugen, die wie Patentrezepte ein nur zum Bekannten zu machendes Fremdes – im Sinne eines mehr oder weniger erkennbaren Verschiedenen – standardisieren wollen. Kritik richtet sich hier legitimerweise auf das spezifisch *Lehrbare* und eine rein verfahrenstechnisch intendierte *Lehre* vom Verstehen aus. Andererseits muss man zur Kenntnis nehmen, dass ein hermeneutischer Ansatz nicht per se einen Absolutheitsanspruch hat. Hermeneutik lässt sich als Verstehenskonzept deuten, das eine Grundkonstellation beschreibt: Der Verstehenwollende ist auf das zu Verstehende angewiesen. Das zu Verstehende wiederum ist weder ganz seinem Bezug entzogen noch wird das Fremde zum bloßen Teil des Verstehenden degradiert. In diesem Sinne wäre die Alienität des Anderen in eine Alterität, das meint, das Fremde in ein bestimmtes bekanntes Fremdes zu überführen. Fremdes würde weder „einverleibt" noch zum Eigenen selbst gemacht.

Die existenzphilosophischen Überlegungen Søren Kierkegaards können als Versuch einer Hermeneutik gelesen werden, die dezidiert nicht als Lehre auftreten und Fremdes zum bloß verschiedenen anderen machen will. Verstehen sucht vielmehr als Grundstruktur sowie Fremdverstehensaporien als existentieller Bestandteil des menschlichen Daseins angedeutet zu werden. Während Kierkegaard das Andere in religionsphilosophischer Perspektive thematisiert, suche ich hier den Bezug des Selbst auf das Andere als ein Geschehen umzudeuten, das kulturspezifisch verortet werden kann, und zwar genau dort, wo sich das Andere außerhalb der lebensweltlichen Ordnung des Selbst befindet. Mit der Rede Kierkegaards vom existierenden Selbst macht sich Hermeneutik eine Uneinholbarkeit des Anderen zum unerlässlichen Bestandteil im Verstehensversuch.

3.1 Selbst und Anderes in hermeneutischer Relation – Fremdwerden des Anderen

Das Andere der eigenen Wirklichkeit, auf die sich der Einzelne in seiner Existenz bezieht, und die Verhältnishaftigkeit des Selbst als „unendliche Interessiertheit" am Anderen legt sich als hermeneutische Relation aus. Das menschliche Selbst begibt sich in seinen ausschnitthaften Bezügen auf die Welt ineins in den Eingang der Frage nach dem Verstehen des Anderen: Wo es in seiner eigenen Wirklichkeit nicht selbst auch jenes mögliche Andere *ist*, fängt es danach zu fragen an und will es verstehen. Der Bezug des Selbst auf Welt ist seit je verstehenwollender Bezug auf das Andere: Er verweist auf ein Gesamt an anderen Wirklichkeiten, die für das Selbst Möglichkeiten des Andersseins gewesen sein mögen, die aufgrund seiner faktischen Existenz jedoch nur noch negative Bezugsmöglichkeiten sind. Das Andere kann hier nur zum Teil Element des Lebens des Einzelnen werden, nämlich wenn der einzelne Mensch auf das eigene Andersseinkönnen reflektiert. Das Andere ist hier aber nicht mehr ein bloß quantitativ „Verschiedenes",[149] sondern das kategorial unterschiedene, unintegrierbare Vielfältige. Dieses Ganze an potentiellen Wirklichkeiten, die das Selbst nicht für sich verwirklicht, vor dessen negativem Hintergrund es sich jedoch erst als individuelles Selbst verstehen kann, ist Bedingung der Möglichkeit für das eigene Werden, wie es ineins ein vollständiges Verstehen des Anderen verunmöglicht.

Das Andere ist maßloser Maßstab, der den Existierenden in einer Relation zu ihm hält, die dieser hermeneutisch, d.h. als für das eigene Selbstverständnis qualitative, notwendig vorauszusetzende Instanz deutet. Das Andere ist das Zeit des einzelnen Lebens auszudeutende mögliche Anderssseinkönnen der eigenen Wirklichkeit, das deshalb nie ganz verstanden wird, weil es nicht selbst auch gelebt werden kann. In der einzelnen Existenz richtet sich das Selbst deutend auf den Maßstab des Anderen hin aus, weil es die Freiheit, das eigene Leben zu wählen, als bewusst ausrichtbare und nicht arbiträr verfasste verstehbar zu machen sucht. Die Relation zwischen Selbst und Anderem ist insofern widersprüchlich, weil der Einzelne sein Verständnis vom Anderen als dem ihn mitbedingenden größeren Ganzen von Entwurfs- und Entwicklungsmöglichkeiten nicht wissen oder epistemisch verifizieren kann, aber als Bedingung der eigenen Möglichkeit zu leben voraussetzen muss, will er seiner Individualität Grund verschaffen und fundierenden Halt geben. Hier versteht sich das Kierkegaardsche Andere nachgerade als Fremdes. Auch wenn es negativer Voraussetzungsgrund für den Einzelnen ist, liegt es außerhalb der Bestimmungsmöglichkeiten und Reichweite des Selbst. In diesem Sinne ist das Andere das für das Selbst Fremde, weil es sich nur unbestimmt als das Außer-Ordnungshafte des Selbst ausmacht.[150]

---

[149] Vgl. die Unterscheidung von Andersheit und Verschiedenheit in: Gamm. *Flucht aus der Kategorie*. A.a.O. S. 99, 254.
[150] Zum Fremden als Außer-Ordentlichem ausführlich in III 2.1 bis 2.2.

Die Zugangsweise zum Fremden als Zugang zu einer (für das verstehenwollende Selbst) anderen Wirklichkeit lässt sich somit zwar als epistemisch motivierte Frage stellen. Sie vermag aber keine Antwort anhand etwaiger verifizierbarer Fakten zu geben, sondern muss sich als hermeneutische Bestimmung von Lebensvollzug auslegen, die das Selbst als Rezipient des Fremden hier anstrengt. Jedes Fragen nach dem Was eines kulturfremden Textes ist damit zunächst und zuerst immer ein Fragen nach dem konkreten Wer des Fragens und nach den lebensweltlichen[151] Eigenheiten des fragenden Individuums. Unterstellt wird damit nicht, dass der fremde Text nur die Antworten gibt, die das Individuum aufgrund seiner persönlichen Entwicklung in ihn hineintransferiert. Verstehen bedeutet alles andere als ein Applizieren des eigenen Erfahrungshorizontes und der eigenen Entscheidungskategorien auf die fremde Lebenswelt. Verstehen hebt dem entgegengesetzt mit dem Für-möglich-halten eines nie vollkommen verstehbaren, weil qualitativ differenten Fremden als dem Anderen unserer selbst an.

Den Anfang des Verstehens bildet die lebensweltliche Situation des Selbst, nicht jedoch, weil es im Modus des Wissens darüber (schon) sprechen könnte, sondern vielmehr, weil es sich im eigenen Selbstverstehen hinterher ist und daran Anschluss finden will. Erkenntnistheoretisch reformuliert ließe sich auch sagen: Das Selbst kann seinen Bezug auf Welt als Möglichkeit des Andersseins wahrnehmen. Sich unter der Perspektive seiner Individualität reflektierend, vermag der Einzelne das Andere jedoch nicht positiv zu bestimmen. So ist das Andere unassimilierbar Fremdes, das negativer Bezugs- und Fluchtpunkt im Selbstverstehenwollen zugleich ist.

Nach dem Anderen zu fragen, bedeutet im Ausgang der hiesigen Frage: Sich selbst als das sich uneinholbar hinterher Seienden ver-

---

[151] Unter „Lebenswelt" und „lebensweltlichen Eigenheiten" wird dasjenige Verweisungsgefüge verstanden, in dem sich das menschliche Selbst situiert und in dem es sich in einem bekannten Rahmen von Handlungsvollzügen alltäglich behauptet.

stehen wollen. Mit dieser Frage befindet sich der Mensch in einer nur abbruchhaft explizit werdenden Beziehung zum Anderen. Das Andere als das Über-Hinaus, das dem Einzelnen voraus ist, weil es immer anders als er selbst ist, ist das eigenschaftsmäßig unterbestimmte, unverstandene Fremde.

3.2 Zwiefalt im Zwiespalt Oder Zur negativen universalen Perspektivität des Selbst

Ausgangspunkt eines Verstehensversuchs ist der Einzelne. Wo er sich als werdende Existenz begreift, ist das Fremde keinem vorgängigen, kategorial feststehenden Muster mehr zurechenbar oder einordbar. Es fällt überhaupt aus der Möglichkeit einer analytisch, d.h. in feste Teile aufgliedernd verfahrenden Kategorisierbarkeit heraus. Der Verstehenwollende findet sich hier in einem Zwiespalt wieder. Auch wenn er bereit ist, sich selbst als im Werden, d.h. als sich unabschließbar entwickelnd zu verstehen, wird ihm das Fremde zwar zugänglich, ist aber nicht durchdeklinierbar. Verstehen steht unter der negativen Bedingung „unbestimmter Standortbestimmung", die verweisend vorgeht, ohne positiv ausbuchstabieren zu können.

Mit Kierkegaard wird wie folgt ein Fremdheitszugang gewonnen: Das Fremde (in Kierkegaards eigenen Worten: „das Andere") ist ermöglichende Bedingung des Wirklichkeitszugangs und der Wirklichkeitskonkretion des verstehenwollenden Individuums. Vom Standpunkt des Einzelnen kann jedoch nicht mehr die Einheit eines Ganzen behauptet werden. Das einzelne Individuum, das sich auf das Fremde als Anderes seiner selbst verwiesen sieht, hat Voraussetzungen, die sich jenseits seines Wissensbereichs ausfalten. Das Andere als die andere Welt ist nicht nur von der eigenen unterschieden, sondern ist je von ihr *ge*schieden. So wird sie erst zu der zu verstehenden fremden Kultur. Wo das Selbst sich uneinholbar hinterher ist, weil es weder das theoretische Herstellungs- und Kontrollwissen noch das praktische Verfügungswissen über den ihn (als konkrete Existenz) bedingenden Hintergrund besitzt, bleibt es existentiell auf ihn bezogen und ist ebenso existentiell davon getrennt.

In einer Reihe von Argumenten sieht sich Kierkegaard in Leibnizianischer Denklinie. Wo das Verstehensthema unter dem Blickwinkel der Universalisierbarkeit von Aussagen über die eigene und fremde Kulturen steht, provozieren Kierkegaards Überlegungen jedoch vollkommen andere Schlussfolgerungen als bei Leibniz. Die Perspektive, d.i. der durch einen Anderen unvertretbare Blickwinkel, stellt die Basis beider Ansätze, Leibnizens wie Kierkegaards, dar. Denkfiguren wie die der „individuierten Monade" und des „existierenden Selbst", des „Perzeptionsgefüges" und der „welthaften Bezüge" sind nahezu parallel aufgebaut. Der Einzelne als das perspektivisch-auswählende unvertretbare Individuelle ist es, der bei beiden Denkern den Ausgangs- und Angelpunkt weltlicher Verhältnisbestimmung ausmacht. Wo Leibniz aber schlussendlich eine einzige Welt als größeres Ganzes annehmen konnte, indem er sie metaphysisch aufwies, stehen Kierkegaards existenzphilosophische Argumente im diametralen Gegensatz dazu. Das hat Konsequenzen für das Universalisierungsproblem, mit dem der kulturhermeneutische Fragefokus konfrontiert ist. In einer kleinen Gegenüberstellung der einfachen Substanz mit dem existierenden Selbst soll die Universalisierungsfrage deshalb noch einmal aufgenommen werden und hier an Tiefenschärfe gewinnen.

3.2.1 Welt in Beziehungen – Die Negativierung des Einheitsgedankens

Leibnizens Weltbegriff macht sich in dem Gesamtgefüge der Perzeptionen aus, die die Monaden untereinander entfalten. Die existenzphilosophische Auffassung gleicht dem hierin wie folgt: Kierkegaard begreift Welt als Wirklichkeit, das heißt als dasjenige, auf das der Einzelne existentiellen Bezug nimmt und sich so individuiert. Jedes Individuum hat darin jeweils seine „eigene Welt". Sowohl Leibnizens Monade wie Kierkegaards Selbst verstehen ihren Bezug nicht als äußerlich, sondern inhärent, das meint als ein sie *als* Monade/Selbst Konstituierendes und strukturell Auszeichnendes. Welt wird in den Beziehungen, die Monade und Selbst eingehen, „eingeschlossen". Perspektivierte Wirklichkeit ist somit keine äußere Handlung, sondern ein seinsmäßiger, welthafter monadischer bzw. selbst-ischer, metaphorisch gesprochen: innerer[152] Vorgang, in dem die individuierte Monade/der individuell Existierende die eigene Welt perspektivisch gewinnt.[153]

Das Kierkegaardsche Selbst nimmt ebenso wie die Leibnizsche Monade nur auszugsweise auf Welt Bezug. Seine relationale Verfasstheit *ist* die Welt des sich Beziehenden. Als Einzelnes, das ein reflexives Verhältnis zu sich selbst hat, kann Kierkegaards Existierender prinzipiell aber weder die Fülle eines Gesamtgefüges in den Blick nehmen, noch vermag er eine Weltganzheit auch nur theoretisch auf einen vollständigen Begriff zu bringen. Welt als „das eine Ganze" ist für das existierende Selbst letzlich immer das, was sich ihm kategorial entzieht, obgleich es sich darauf auch immer wieder neu bezieht. Das Selbst kann Welt nicht wissen, sucht sie aber als Bedingung der eigenen Existenz zu verstehen. *Hat* die Monade mithin jeweils eine Welt, die in sich vielfältig ist, so *erscheint*[154] sie dem Selbst nur noch. Als Anderes seiner selbst kann Welt nun nicht mehr auf einen gemeinsamen Nenner gebracht werden. Existenzphilosophisch betrachtet, kann das Selbst die Welt als Ganzes seines Andersseinkönnens nicht mehr positiv annehmen.

---

[152] In den Bezügen kommen Monade und Selbst ja nicht zur Welt, wie man bspw. aus dem Auto aussteigt und dann zu seinem Haus gelangt – Monaden sind immer schon „angekommen". Die Monade, betont Leibniz gerade, hat deswegen keine Fenster, weil sie gar nicht durch Türen und Wände von der Welt separiert ist.

[153] Siehe etwa M § 57; UN II, S. 37 (Kap. III, § 2).

[154] Antonym von „erscheinen" ist in diesem Fall nicht „scheinen" im Sinne eines vorgetäuschten, aber nicht echten Seins, oder „sein" im Sinne eines ontologischen Seins, sondern „wissen" im Sinne verifizierbarer Gegenstände der Erkenntnis.

Stellt sich der Leibnizsche Weltbegriff epistemologisch als wissbar und ontologisch als kategorisierbar heraus,[155] so ist „Welt" bei Kierkegaard dezidiert der Auslegung bedürftig und meint einen nur negativ zu eruierenden Begriff von „allgemeinem Weltverständnis". Das Selbst muss (immer noch) eine Einheit eines Weltganzen unterstellen, damit es sich vor diesem ihn ermöglichenden Hintergrund auf ihn hin beziehen kann. Welt als eine Art Grenzbegriff ist für das Selbst aber das Andere, über das es sich nur relational als ein ihm nachstehendes verständigen kann und so nur abbruchhaft verständigt. Weil die Welt Kierkegaards grundsätzlich nicht mehr als verweisungsmäßig in sich bestimmte, positive Einheit gewusst werden kann, wird eigenschaftsmäßige Unbestimmtheit zum strukturellen, negativen Zug von Einheit selbst.

Das einzelne Selbst lebt nun in einem hermeneutischen Zwiespalt zwischen Einzelnem und negativem Allgemeinen. Die Welt, die der Existierende erfassen will, gibt sich ihm als viele, relative Lebenswelten vor dem Hintergrund eines allgemeinen (sprich universalen) Anderen zu verstehen. Das verstehende Selbst changiert zwischen einem „relativierenden", d.i. auf ihn selbst anhebenden Blick, sowie „universalisierendem", d.i. einem auf sein Anderssseinkönnen abhebenden Blick auf die andere Lebenswelt. Einheit reflektiert der Einzelne hier als ein unterschiedliche Seiten zeigendes Konstrukt, das den Verstehenden sich selbst entweder unter dem Blickwinkel des genuin Kulturspezifischen verstehen lässt oder aber in der Metapher des Teils, das zu einer universalen Einheit als dem Gesamt an Möglichkeiten des Selbstseins gehört. Der Versuch, zwischen beiden Seiten zu vermitteln und sie als gegenseitig bedingte Strukturelemente von konkreter Welthaftigkeit und individuiertem Ganzen zu begreifen, wie Leibniz noch konnte, scheitert fortan am negativierten Weltverständnis. Der Einheitsgedanke wird fragmentiert, das Selbst zwiefaltet sich in eine nicht-universalisierbare bzw. unter eine

---

[155] Die Monade drückt positiv alle anderen Monaden bis ins Unendliche aus. Vgl. M § 62.

höhere Einheit nicht mehr (positiv) integrierbare Existenz aus. Sie steht nur noch in einem ausgezeichneten Bezug zum Anderen, ohne es objektiv identifizieren zu können.

3.2.2 Welt als Grundlosigkeit

Weiß die Monade die ihm eingeschriebene relationale Verfasstheit im Rahmen eines größeren Ganzen eingebunden, kann sich das existierende Selbst nur noch vor einem unbestimmten Hintergrund entwerfen und begreift sich abbruchhaft. Der Hintergrund als das Andere ist dasjenige Nicht-Wissbare, was jenseits eines qualitativen Bruchs – in Kierkegaards Worten: Sprung – liegt. Die fensterlosen Monaden sind je in der Welt, auf die sie sich beziehen. Korrespondiert den monadischen Bezügen eine strukturell (in sich) integrierte Welt, führt die Relationalität des existierenden Selbst nun zu einem grundsätzlichen Widerspruch und qualitativen Bruch zwischen Mensch und Welt. Welt ist inzwischen das je andere, welches als ein das Selbst bedingende Andere unterstellt werden muss und verstehensmäßig „außen vor" ist. Da das Selbst das Andere, auf das es sich bezieht, nur negativ bestimmen kann, bleibt es auch in der eigenen Existenzweise un(-ter-)bestimmt. Im Gegensatz zur Leibnizschen Monade, deren Status in einer axiomatisch angelegten Argumentationskette gefestigt wird, welche eine von Gott geschaffene und passend eingerichtete Welt verankert, hat das existierende Selbst Kierkegaards keinen über es selbst hinausgehenden hinreichenden, objektiven Grund. Damit gibt es für den existierenden Einzelnen auch keine (metaphysische) Grundlage mehr, auf der er fest stünde.[156]

Die Perzeption eröffnet der Monade eine Perspektive, durch die sie die Welt aktiv wahrnimmt und wichtige Gegenstände fokussiert. Je nach graduell niedriger oder höher ausgebildetem Perzeptionsvermögen ist sie in der Lage, dieses Verhältnis bewusst wahrzunehmen und sich als eine die Vollkommenheitsperspektive Gottes in indivi-

---

[156] Vgl. BA, S. 93, Anmerkung unten (Caput II).

duellen Auszügen nachahmende kleinere Einheit zu begreifen. Die Monade reflektiert also nicht nur darauf, dass es sie und andere (Monaden) gibt. Sie ist auch prinzipiell in der Lage, einen vollständigen Begriff von Welt *ex post* reflexiv zu bilden. Kierkegaards Selbst nimmt ebenso schärfer oder unschärfer, näher oder weiter entfernt, präzise oder unpräzise anderes wahr. Es setzt Prioritäten in der Art und Weise des Bezugs, wie es das Andere mit „innerer Leidenschaft",[157] persönlicher Anteilnahme und individuellem Beteiligtsein zu verstehen sucht.[158] Kierkegaards Selbst kann im Gegensatz zu Leibnizens monadischer Substanz jedoch nicht mehr in sich selbst und im Bezug zu anderem „die Vollkommenheit Gottes nachahmen". Kierkegaards Gott als das größere Andere des individuellen Selbst ist keine „ursprüngliche Einheit" *(l'Unité primitive)*,[159] durch die sich der Mensch als eine seiner unendlich vielen Perspektiven begreifen dürfte.

Ist bei Leibniz die Einheit als weltliches Gesamtgefüge prinzipiell erkennbar, so steht Kierkegaards Welt nur für eine widersprüchliche Metapher. Welt versinnbildlicht das Paradox, dass sich der endliche Mensch als ein durch ein (unbegrenztes) Unendliches in der Zeit zu denken und zu verstehen versucht. Leitet Leibniz eine „prästabilierte Harmonie" *(l'harmonie preétablie)*[160] noch axiomatisch von Gott her, so vermag Kierkegaards Individuum das Andere nur paradoxal zu setzen, es ist sich seiner unterstellenden Vorgehensweise bewusst. Das Selbst kann den Widerspruch zwischen sich (relativem Endlichem) und dem Anderen (universalen Unendlichem) nicht überbrücken und deshalb nur verzweifelt zu ertragen

---

[157] Siehe UN II, S. 12 (Kap. II, § 1).
[158] UN I, S. 274 (2. Teil, „Die subjektive Wahrheit", Kap. II).
[159] Siehe M § 47.
[160] Siehe M § 78.

versuchen. Es bewältigt diesen Widerspruch durch Weiterleben und wiederholte Verstehensversuche.[161]

Das Denksystem des 17. Jahrhunderts gipfelt in der positiven Erkenntnis von Mensch und Welt, verliert aber ein ganz Anderes aus dem Blick, das sich möglicherweise radikaler einem Erkennen und Verstehen entzieht. Mit dem Kierkegaardschen Gottesverständnis ist zur Mitte des 19. Jahrhunderts ein Denken des Anderen an die Stelle von metaphysischen Weltentwürfen getreten, welches die Auffassung über Möglichkeiten und Reichweite des menschlichen Erkenntnisvermögens fundamental umstellt. Es bringt das Andere als wirklich Fremdes zur Geltung. Weil das Kierkegaardsche Selbst in einem existenziellen Spalt weg von der epistemisch unbegriffenen, unbegreifbaren Welt steht, vermag es nur durch einen qualitativen Sprung momentweise die Kluft zum Anderen als dem ihn bedingenden Größeren zu überbrücken.[162] Verstehbar ist die Welt für das Selbst also nur kurzzeitig und abbruchhaft, aber nicht etwa, weil das Selbst die in sich angelegten Möglichkeiten (etwas zu begreifen) nicht festzuhalten oder zu faktizieren vermag. Das Selbst kann die Welt nicht begeifen, weil sie nicht nach Maßgabe des beide vereinigenden universalen Einen vorausgesetzt werden kann. Die Welt als ein Ganzes ist durch die Verhältnishaftigkeit, in der sich das endliche Selbst auf sie bezieht, von ihm aufgespalten worden. Sie zeigt sich ihm deshalb nur noch in Ausschnitten, die sich aus einem unbestimmten Größeren, nur noch möglicherweise Einen heraus deuten lassen. Das allein negative Andersseinkönnen des Selbst führt nicht mehr zur eineindeutigen Identifizierung.

Die Leibnizsche Ontologie muss sich fragen lassen, wie mit ihr ein fremdes Außerhalb der eigenen Welt gedacht werden kann, wenn Welt holistisch als das ins Unendliche gehende universale Ge-

---

[161] Das (Kierkegaardsche) Selbst weiß, dass der Aufgabenberg eher wächst als schrumpft. Dies im Gegensatz zu Luhmann (ausführlich IV 5 und 5.1); vgl. Gamm. *Flucht aus der Kategorie*. A.a.O., S. 255.
[162] Siehe UN I, S. 272 („Die subjektive Wahrheit").

samtgefüge von Verweisungen verstanden wird, die alle von der Monade *in principio* repräsentiert werden. Die Kierkegaardsche Konstellation von Selbst und Welt stellt die Möglichkeit in Aussicht, auch ein unintegrierbares, nicht je schon eingenommenes – im Sinne von abbildhaft-adäquat in den eigenen Strukturen wiedergebbares – Anderes zu denken. Wo das Andere nicht mehr wissensmäßig erschlossen werden kann, tritt Verstehen als Deutungsnotwendigkeit und als primäre, momenthafte Überbrückungsmöglichkeit für das Selbst in den Vordergrund. Es ist jedoch nicht-ausschöpfendes Verstehen eines unausschöpfbaren, unbestimmbaren Anderen.

Die Universalisierungsfrage, die Leibniz unter die Prämisse einer einheitlichen Rationalität stellte, damit alle (Kulturen) am Universalen teilhaben können, wird bei Kierkegaard negativ-hermeneutisch modifiziert. Als universal stellt sich dem verstehenwollenden Individuum nur noch im Sinne eines Situationen übergreifenden Verhaltensmodus dessen existentieller Bezug auf das Andere dar. Die Leitidee der Universalität und eines Universalismus, unter dem Kulturen sich gemeinsam situieren, löst sich auf in das Paradox eines verstehenden Einzelnen, der sich als perspektivierte, sprich individuierte Ausformung einer größeren Einheit zu verstehen sucht, jedoch durch eben jene persönliche Sichtweise ständig scheitert. Universal ist für den Einzelnen nur noch sein ununterbrochenes Bemühen um Überbrückung der Kluft von Selbst und Anderem. Die Idee eines Universalismus des qualitativ Vielfältigen verschiebt sich in die Zeit des einzelnen Lebens. Damit wird auch das Verstehen des Anderen prozessualisiert und in die Zeit aufgeschoben.

4 Prozessualisierung und Entdinglichung im existentiellen Verstehen

Inwiefern sieht sich der Bezug des Einzelnen auf das Andere noch inhaltlich bestimmt? Wie lässt sich die Relation, in der das Selbst als Selbstverhältnis zu sich und zum Anderen seiner selbst steht, auszeichnen? Bereits an früherer Stelle wurde der Begriff des Verstehens hinzugezogen, um den Status der Kierkegaardschen Aussagen zu erläutern. Der Autor entwickelt in seinen Schriften keinen systematischen Verstehensbegriff, er stellt seine Ausführungen nicht unter die Präambel einer „hermeneutischen Lehre", die aus seinen Überlegungen hervorgehen soll. Gerade dies macht die Verwendung des Wortes „verstehen" im Umfeld der Erörterungen zum Weltbezug des menschlichen Individuums interessant. Sie kommt der Forderung nach Anerkennung der Eigenständigkeit von kulturellem Fremden entgegen, und zwar da, wo „Verstehen" auf das Nicht-Wissbare des Anderen abhebt. Mit dem Verstehensbegriff sieht sich keine streng methodisch vorgehende Verfahrenstechnik gemeint, die das Fremde im Rahmen des nur bekannt zu machenden Unbekannten eruieren und kategorisieren will. Kierkegaard macht darauf aufmerksam, dass das menschliche Selbst Welt nicht qua Begriff als „wahr" oder „falsch" festhalten will, um das Andere eineindeutig zu identifizieren. Verstehen hebt im Gegensatz dazu auf die in Bewegung befindliche, weltliche Situiertheit desjenigen ab, der sich zum Anderen bezieht, und markiert die negativen Bedingungen, unter denen das Individuum steht.

„Verstehen und verstehen sind zweierlei Dinge – nicht als ein Resultat, das den Menschen letztlich im tiefsten Elend hilft, weil es den Unterschied zwischen verstehen und verstehen gerade aufhebt, sondern als eine ethische Auffassung von der Alltäglichkeit des Lebens." (KT, S. 105)

Verstehen ist Charakteristikum des menschlichen Lebens selbst. Es macht sich in der hermeneutischen Haltung des einzelnen Menschen aus, die dieser zu der zu verstehenden Welt einnimmt. Durch Verstehen will sich der Einzelne über sein Leben Aufschluss geben, er will sich darüber verständigen.[163] Verstehen ist das in jeder Situa-

---

[163] Siehe Wesche. *Kierkegaard*. A.a.O., S. 89. Vgl. Rohrmoser, Günter [1966]. „Kierkegaard und das Problem der Subjektivität." In: Schrey, Heinz-Horst (Hg.). *Sören Kierkegaard*. Darmstadt 1971. S. 400–427. S. 426 f.

tion neu aktualisierte, innere Verhältnis, in dem sich das Selbst in eine persönliche Beziehung zu sich setzt. Die Innerlichkeit des Verstehens besteht darin, dass *durch* den Einzelnen verstanden wird, oder anders, dass er allein aus seinem eigenen Blickwinkel heraus zu verstehen ist. Sich in einem Selbstverhältnis zu befinden, ein Selbstverhältnis zu sein bedeutet folglich, je ein konkretes, individuelles *Selbstverständnis* von sich zu haben.

„Selbstverhältnis" umschreibt den Sachverhalt des lebensspezifisch je unterschiedlich verstehend angelegten Bezugs zur Welt. Das Selbst hat im Verhältnis zu sich immer ein konkretes Verständnis von sich. So versteht es Welt individuell.[164] Seine selektiven Bezüge auf die Welt verwehren es ihm, die Fülle einer weltlichen Ganzheit in den Blick zu nehmen. Das auf eine konkrete Umwelt rückbezogene und angewiesene Selbstverhältnis ist ein sich nachstehendes, weil nie zur Gänze entfaltbares Verstehen von sich und Welt. Verstehen zeigt die existentiell unabgeschlossene, offene Bezugsstruktur an, die den Einzelnen als Individuum auszeichnet. Dass menschliches Leben verstehend agiert, macht Kierkegaard in folgendem Kontext geltend:

> „Nur indem ich auf mich selbst achte, vermag ich mich dahinein zu versetzen, wie sich eine historische Individualität zu ihren Lebzeiten benommen hat; und nur so verstehe ich sie, wenn ich sie in meinem Verständnis lebendig bewahre und nicht, wie Kinder, die Uhr in Stücke schlage, um das Leben in ihr zu begreifen, und nicht, wie die Spekulation, den Betreffenden in etwas ganz anderes verwandle, um ihn dann zu verstehen. [...] Das muß ich durch mich selbst erfahren, und darum muß ich mich selbst verstehen, und nicht umgekehrt darf ich, nachdem ich ihn erst weltgeschichtlich mißverstanden habe, nun weiter gehen und dieses Mißverständnis mir behilflich sein lassen, mich selbst mißzuverstehen". (UN I, S. 225)

---

[164] Vgl. Wesche. *Kierkegaard.* A.a.O. S. 87 f. Das Selbstverhältnis wird hier als „Lebensverständigung" auslegt.

Mit der „historischen Individualität" hebt Kierkegaard unter religiösem Leitmotiv auf die Wirklichkeit Gottes ab, der als Jesus Christus in die Welt gekommen ist und in ihr als Mensch gelebt hat.[165] Im Anschluss an Gott als Unendliches wurde für den hiesigen Fragefokus vorgeschlagen, Kierkegaards dezidiert religionsphilosophische Erörterungen zurückzustellen, an den Begriff des Unendlichen jedoch konstruktiv anzuschließen und ihn als (unspezifischen) Anderen auszulegen. Das Andere zu verstehen meint dann, etwas in mir und meinem Verstand lebendig zu halten. Ein Sinn ergibt sich nur aus mir selbst heraus. Verstehen bedeutet immer ein auf das Selbst bezogenes Verstehen und bringt seine unvertretbare Betroffenheitsperspektive[166] zum Ausdruck.[167] Den Bezug auf das Andere unternimmt das Selbst dann, wenn das menschliche Individuum notwendig mittels und hinreichend durch sich selbst verstehen will.

Da das menschliche Selbst aber im Werden ist, ist auch Verstehen ein je werdendes, noch ausstehendes Verstehen. Werdend nimmt der Mensch aus einer mit den Erfahrungen wechselnden Perspektive einen persönlichen Bezug auf das Andere. Das Andere, das verstanden werden will von ihm, bleibt kategorial offen: Bereits der Mensch selbst hat keinen ein für alle Mal feststehenden Seinsort, sondern kann sich nur zwischenzeitlichen und zwischenörtlichen Halt geben. Das Andere ist so dasjenige, auf welches das Selbst stets hinzielt, um sich über sich selbst zu verständigen, indem es als Möglichkeit des Anders-Selbst-Seins über sich hinausweist.[168] In diesem Über-sich-hinaus liegt die eigenschaftsmäßige Unbestimm-

---

[165] Vgl. UN II, S. 24 (III, § 2).
[166] Siehe Wesche. *Kierkegaard*. A.a.O., S. 22. Vgl. Grøn, Arne. *Angst bei Søren Kierkegaard. Eine Einführung in sein Denken.* Stuttgart 1999. S. 76.
[167] Siehe UN I, S. 319 (2. Teil, „Die subjektive Wahrheit", Kap. II).
[168] Ganz im Sinne Gamms: „Jedem Seienden haftet in seiner Realität etwas an, das über es *hinausweist*". Gamm. *Nicht nichts.* A.a.O., S. 125.

barkeit[169] des Anderen. Es ist der in die relationale Struktur des Selbst nicht rückführbare, nicht integrierbare „Rest" seines Andersseinkönnens, der ein zu Verstehendes, weil das Selbst individuell Bedingendes bleibt.

Daraus folgt, dass der Verstehenwollende sich zunächst und zuerst selbst zu verstehen hat, um das Andere der eigenen Existenz verstehen zu können.[170] Dies ist aber eine unabschließbare Aufgabe, da das verstehenwollende Selbst als zeitlich verfasstes Wesen nie über einen vollständigen Begriff von sich verfügt. Alles Verstehen kommt deshalb nur „hintennach".[171] Verstehen ist die durch den Einzelnen in seinem Leben gemachte Erfahrung der Offenheit und Unabschließbarkeit des Selbst in seinem Bezug zum Anderen.[172] Am Beginn der Verhältnisbestimmung von verstehenwollendem Selbst und zu verstehendem Anderen steht nun eine paradoxe Situation.[173] Das Verstehenwollen als Suche, Selbst und Anderes unter eine gemeinsame Einheit von (eigener) Wirklichkeit und Möglichkeiten, anders zu sein, zu bringen, widerspricht der Perspektiviertheit des endlichen Individuums. Im (Selbst)-Verstehen-Wollen muss jedoch ein (Sich)-Verstehen-Können angenommen werden. Hier unterstellt das Selbst, dass es Verstehen prinzipiell zu Ende bringen kann, obgleich das nicht möglich ist. Verstehen generiert sich dann aber als das Verhalten des Einzelnen gegenüber dem Anderen, wo nicht auf seine theoretisch ausformulierbare Grundlage des unauflöslichen Widerspruchs abgestellt wird, sondern vielmehr in jenem Widerspruch gelebt zu werden sucht.

---

[169] Verneinung von Unbestimmtheit als Annahme sicherer Lebensdeutung käme damit einem „Nichtverstehenwollen" gleich. Siehe Wesche. *Kierkegaard*. A.a.O., S. 40.
[170] Siehe UN II, S. 10 (Kapitel III, § 1).
[171] UN I, S. 203 („Das subjektive Problem").
[172] UN I, S. 225 (Kapitel I, „Subjektiv zu werden").
[173] So stellt Kierkegaard parallel heraus, dass man vom Christentum letztlich nur dies verstehen könne, dass es *nicht* verstanden werden kann. Siehe UN I, S. 288 (2. Teil, „Die subjektive Wahrheit, Kap. II).

Das Selbst sucht nicht dann zu verstehen, wo es auf jene für ihn theoretisch nur paradox zu erfassenden Bedingungen seiner eigenen Wirklichkeit abhebt, sondern da, wo es durch eine konkrete Verstehenshandlung sein Verhältnis zum Anderen aktualisiert. Es kann deshalb nicht um den Versuch gehen, über eine (wissenschaftliche) Beschreibung von Verstehenssituationen ein graduelles Verständnis zu bewirken, denn „das Verstehen ist keine Bestimmung des Denkens, sondern eine dem Leben eigene Forderung."[174]

„So wie die Bestimmung der Innerlichkeit immer konkreter wird, durchläuft die Form selbst eine bedeutende Anzahl von Nuancen. Verstehen und verstehen ist zweierlei, heißt es mit einem alten Wort, und so ist es auch. Die Innerlichkeit ist ein Verstehen, doch *in concreto* kommt es darauf an, wie dieses Verstehen zu verstehen ist. Eine Rede zu verstehen ist das eine, das Deiktische darin zu verstehen, ist das andere; was man selbst sagt, zu verstehen, ist das eine, sich in dem Gesagten selber zu verstehen, ist das andere. Je konkreter der Bewußtseinsinhalt ist, um so konkreter wird das Verständnis, [...]." (BA, S. 166 f.)

Verstehend muss von einer Selbstreflexion abgesehen werden, um nicht schon im Beschreibungsversuch des Paradoxes stecken zu bleiben, sondern dasjenige tatsächlich verstehen zu können, was sich ihm im Bezug zeigt. So vermag der individuelle Einzelne allein im konkreten *Vollzug*[175] des Bezugs die Kluft zwischen ihm und Anderem zwischenzeitlich zu überbrücken.

„Der konkreteste Inhalt, den das Bewußtsein haben kann, ist das Bewußtsein von sich selbst, vom Individuum selbst, nicht das reine Selbst-Bewußtsein, sondern jenes Selbst-Bewußtsein [...] ist daher Tat, und diese Tat wiederum ist die Innerlichkeit". (BA, S. 168)

---

[174] Wesche. *Kierkegaard*. A.a.O., S. 97 f.; vgl. UN I, S. 301 (2. Teil, „Die subjektive Wahrheit", Kap. II).

[175] Dazu eingehender noch einmal unter VIII 2.2.

Das bedeutet: Erst wenn das Selbst die paradoxe Struktur des Verstehens, in der es sich hält, vor sich „abdunkelt", also nicht mehr positiv zu identifizieren versucht, sondern stattdessen handelnd durch Tat agiert, wird es ihm möglich, dem Anderen in einem faktischen Verstehensverhältnis zu begegnen. Wie das Selbst immer schon von einer widersprüchlichen Struktur durchzogen ist, findet es sich auch in der Erfahrung des Verstehens seiner selbst in einer Situation vor, die es verstandesmäßig nicht vollständig (er-)klären kann, ohne sich in Widersprüche zu verstricken. Als verstehendes Selbst ist es „konkretes Selbst-Bewußtsein", das handelnd tätig, also sich selbst bewusst ist unter dem Gesichtspunkt seiner Individualität. Dem Menschen verschließt sich hier jedoch die Möglichkeit, sich reflexiv als das in einem Verhältnis zu sich und zu anderem stehende Individuum zu begreifen. Entweder ist das Selbst auf Konkretes bezogen und verstehendes Tätigsein – dann aber reflektiert es sich nicht. Oder es abstrahiert davon und betrachtet sich als dasjenige, welches sich wesensmäßig zum Anderen in ein Verhältnis setzt. Dann aber versteht das Selbst nicht mehr, d.h. es sucht nicht mehr von der eigenen Individualperspektive aus Welt zu erfassen.[176] Kierkegaard verneint, dass das verstehenwollende Selbst um die Struktur seines Handelns wissen und sein Selbstverhältnis (im Vollzug) reflektieren kann. In der individuellen und veränderlichen Perspektive entzieht sich ihm eine theoretische Beobachtung, die meint, „Denken" als Wissen um die Bedingungen der Struktur seiner selbst und „Sein" als wirkliches Leben erkennen zu können.[177]

Wo von einem konkreten Prüfstein des Fremdverstehens die Rede ist, werden methodologische Überlegungen demnach an die Grenze

---

[176] Dazu in IV 2.2. Systemtheoretisch remodelliert ist dieses Problem auf Effekte der Sinnbildung und Sinnsubversion derselben Grundoperation zurückführbar.

[177] Dies gegen die Hegelsche Geistphilosophie. Siehe UN I, S. 265 ff. (Kap. II, „Die subjektive Wahrheit, die Innerlichkeit") sowie UN II, S. 13 (Kap. III, „Die wirkliche Subjektivität"). Eine „Übereinstimmung von Denken und Sein" ist nur für Gott möglich.

dessen geraten, der seinen Verstehensvollzug wiedergibt. Die darstellende Wiedergabe des Bezugs auf das Andere ist hier indessen nicht nur illustrative, sondern notwendige, explanative Darstellungsform. Über dem vorführenden Anspruch trägt sie einen phänomenalen Aufweis. Weil der Verstehenwollende aber nicht mehr wissensmäßig das Ganze der Bedingungen des Verstehens explizieren kann, wird er nun womöglich nur changieren können zwischen einem universalisierenden Impuls, der ihn und das (kulturfremde) Andere unter eine von „beiden Seiten" geteilte Einheit bringt, die als gemeinsam geteiltes bekanntes Ganzes verstanden wird, und einem relativierenden Impetus, der beiden Momenten einen exklusiven (Denk-)bereich einräumt, die nicht weiter deduziert werden können. Hierin richtet sich der verstehenwollende Einzelne bis auf weiteres ein.[178]

Selbst und Anderes werden im Verstehensversuch prozessualisiert und entdinglicht. Das Selbst kann sich im Verstehen nicht mehr als das souveräne, Einheit stiftende Ich sehen, das die Verstehenssituation exklusiv herbei- und ausführt und mit sich selbst identisch bleibt. Das Selbst prozessualisiert Identität im möglicherweise nur mit sich selbst Ähnlichen, das sich mit jedem neuen Verstehensgeschehen verschiebt und in den konkreten Bezug auf das Andere seiner selbst aufschiebt.[179] Eineindeutige Identität wäre nur um den Preis der unbewiesenen Unterstellung einer ursprünglichen Einheit zu haben. Hierüber ginge auch die Möglichkeit des Anderesseinkönnens verloren.

Anderes und Selbst entdinglichen einander. Das Andere lässt den Einzelnen im Verstehensversuch sich verändern. Mit der Veränderung des Verstehenwollenden wird jedoch auch das Andere unfest

---

[178] Kierkegaard stellt denn auch heraus, dass das Paradox zwischen Selbst und Anderem nicht vorübergehend ist oder „abgeschafft" werden kann, sondern „handelnd durchlebt" werden muss. Siehe UN I, S. 258.
[179] Hier möchte ich Gamms Vorschlag aufnehmen, eine „schwache Version des Selbstverständnisses" durch „die Kategorie des Ähnlichen" zu entwickeln. Siehe Gamm. *Flucht aus der Kategorie*. A.a.O., S. 372.

und bleibt unausgemacht. Es entzieht sich einer Verdinglichung, die es als so und so positiv auszeichnen würde. Mit einem individuell auf sich bezogenen Verstehen schiebt der Einzelne sich und Anderes in den Zwischenraum von selbstkonstituierten Grenzen, die zwar Bezug ermöglichen, jedoch nicht elementaren Grenzenabbau – es gibt keine elementarisierbaren Bereiche von Selbst und Anderem mehr, die dies ermöglichten, sondern allein strukturierte und neu strukturierende Weisen relationalen Bezogenseins.

Der Sinn eines Werks, durch den ein Einzelner auf das Andere hermeneutisch trifft und zu verstehen sucht, findet sich deshalb nur beim Leser selbst. Der Sinn liegt im Leser, wie Kierkegaard festhält[180] – jedoch nicht in einem solipsistischen oder radikal konstruktivistisch verstandenen Sinne, sondern insofern, als dass der Leser es persönlich ist, der in seinem Bezug auf den Text verstehenskonstituierend agiert. Verstehen ist ein das Andere entdeckendes und das Verhältnis zu ihm kreierendes Geschehen, das gleichwohl keinen souveränen alleinigen Kreator (als „Ich" des Verstehens) postulieren kann, weil Verstehender und zu Verstehendes in einer sich wechselseitig konstituierenden, beweglichen Relation halten. Das Andere als jenes dem Selbst Fremde ist damit immer nur multisituativ und je neu zu verstehen, weil die Textlektüre je eine zwar wiederholbare, nichtsdestoweniger aber vom Selbst als solches neue und – lebensweltlich – veränderte getätigte ist. Es gibt keine apriorisch sichere Deutung und auch keine direkte Mitteilbarkeit des Verstehens – sowohl seiner selbst wie auch von anderem: „Die Wirklichkeit der Existenz ist nicht mitteilbar."[181]

---

[180] Siehe UN I, S. 319.
[181] UN II, S. 54.

5 Mitteilbarkeit des Anderen und selbstdeutende Aneignung

Wenn der Einzelne aufgrund unsicherer Lebensdeutung keine eineindeutigen und direkten Aussagen mehr machen kann, inwiefern ist es dem Verstehenwollenden dann noch möglich, sich und über das Andere überhaupt etwas mitzuteilen? Auf welche Weise kann das prozessualisierte Selbst ein Verständnis von sich selbst gewinnen, das sich nicht nur ständig zu verfehlen oder als ein zeitlich Gebrochenes zu verlieren droht? Um über diese Fragen Aufschluss zu erlangen, lohnt ein näherer Blick auf Kierkegaards Überlegungen zu seiner gewählten Präsentationsform des Verstehensgeschehens.

Im Anschluss an die Analyse der negativen Anthropologie, die er in der *Krankheit zum Tode* und im *Begriff der Angst* entwickelte, führt Kierkegaard sein hermeneutisches Projekt des Verstehens des Anderen in der *Abschließende[n] unwissenschaftliche[n] Nachschrift* aus, statt in strenger wissenschaftlicher Abhandlungsform jedoch in einem „Programm der indirekten Mitteilung". Die von ihm vertretene Auffassung, dass sich Verstehen nur als offenes Geschehen dem Anderen gegenüber situieren kann, soll nicht durch einen stilistischen Bruch in der Aufbereitung von Gedanken kontrafaktiziert werden. Durch eine rhetorische, in Teilen eher literarische und streckenweise redundant-mäandernde Form sucht Kierkegaard seine These nicht einfach aufzustellen, sondern sie vielmehr *in praxi* vorzuführen. So wird angedeutet, dass das Verhältnis von Text und Leser sich als nur mittelbar aufeinander rückwirkende Relation gestaltet, in der Selbst und Anderes einander eigenständig begegnen. Die Leitidee für das Verstehen des Anderen liegt nach Kierkegaard darin, dass sich der Existierende

> „mitteilen will, also daß ein solcher zu gleicher Zeit sein Denken in der Innerlichkeit seiner subjektiven Existenz haben und sich doch mitteilen will. Dieser Widerspruch kann unmöglich (außer für die Gedankenlosigkeit, für die ja alles möglich ist) ihren [sic] Ausdruck in einer direkten Form finden. [...] Die di-

rekte Mitteilung fordert Gewißheit, aber Gewißheit ist für den Werdenden unmöglich, und ist gerade Betrug." (UN I, S. 161) Anliegen Kierkegaards ist es, das eigene Leben und die Beziehung zum Anderen als offenes Geschehen anzudeuten. Würde das menschliche Individuum mit Gewissheit an den Text herangehen, die sich in direkten, formal objektivier- und verallgemeinerbaren Mitteilungen äußerte, würde die vom Text angedeutete Offenheit verfehlt. Der Text sucht den Existierenden darauf aufmerksam zu machen, dass sich ein Verstehen seiner nur in demjenigen Zugang öffnet, welcher kein Resultat als direkt mitteilbare abgeschlossene These präsupponiert. Mittels des Textes wird auf das Aufeinandertreffen und erst im Moment des Begegnens entstehende Verständnis von Selbst und Anderem, der im und durch den Text repräsentiert wird, hingewiesen. Verstehen ergibt sich weder im Text noch apriorisch selbst, sondern hat vom Selbst eigens innerhalb des eigenen Lebens ausgeführt zu werden und zu gelingen.

Die Offenheit, mit der das eigene Leben geführt wird, weist sich demnach auch in der Resultatlosigkeit aus, mit der ein Text auf seine Aussagen vom Leser hin befragt werden kann. Anstatt den Text als etwas zu verstehen, was sich direkt mitteilt und so feste Handlungsanweisungen bereits vorgibt, denen der Leser nur noch folgen soll, hat der Text eher als dasjenige begriffen zu werden, was ein konkretes (Selbst-)verständnis des Lesers zwar nicht erzwingen, wohl aber darauf aufmerksam machen kann. Der Leser ist es allein selbst, der die indirekten Hinweise als solche auslegt und sie sich aneignet. Der Text gibt dem Selbst bereits eine Antwort, jedoch nicht, indem von vornherein eine verbindliche These ersichtlich wäre. Vielmehr wird der Verstehenwollende über den Text indirekt, also medial, auf seine Relation zum Anderem hingewiesen und darauf verwiesen. Qua Text sehen sich Möglichkeiten individuellen Andersseinkönnens angedeutet. Inwieweit der Leser den Text damit als Antwort auf eine von ihm oder vom Fremden gestellte Frage, die vorgegebene Entscheidungen einfordert, deutet, bleibt ihm selbst überlassen. Die Offenheit des Textes liegt darin, dass der Leser selbst entscheidet, ob er auf den im Text präsentierten Zugang zu Welt eingeht als etwas, das ihn selbst betrifft, und wenn ja, wie er dies tut.

Insofern ist der Text dem Leser gegenüber weder von dogmatisch anweisender noch kanonischer Natur, die den Rezipienten zur eineindeutigen Interpretation anhält. Der Text gilt Kierkegaard als das indirekte, auf den Anderen verweisende Medium. Als darstellerisches Mittel trägt es den Anspruch an die individuelle Existenz heran, den Bezug zum Anderen, welches durch den Text repräsentiert wird, als etwas zu begreifen, was sich nur aus dem praktischen Vollzug des Lesers heraus verstehen lässt. Der Text weist über sich selbst hinaus. Verstehen wird durch den Text zwar auf den Weg gebracht, verlagert sich aber in die konkrete lebensweltliche Situation der Begegnung von Selbst und Anderem. Der Text deutet über sich hinaus auf einen nur außerhalb des Textes befindlichen Ort des wirklichen Verstehensvollzugs. Dessen Auslegung liegt im Einzelnen selbst, der das Andere (des Textes) zu verinnerlichen, d.h. als etwas zu verstehen versucht, von dem er persönlich betroffen wird, und zwar als Möglichkeit, das Andere seiner eigenen Existenz zu reflektieren.

„Nicht direkt mitteilbar zu sein", meint folglich, dass das Verstehen einer fremden Kultur nicht bereits mit der Auslegung der Antwort des Textes beschlossen wäre. Notwendig wird ein performatives Verstehensgeschehen im Zuge der Erschließung eines konkreten phänomenalen Befunds. Es ist die Unvertretbarkeit der einzelnen Perspektive, die zum einzigen Anhaltspunkt in der Auseinandersetzung mit einem Fremden geworden ist.[182] Nur in der wirklichen Begegnung mit dem im Text ausgewiesenen Anderen kann sich also überhaupt ein Verständnis des Fremden einstellen: nämlich dann,

---

[182] Ebenso pendelt die hiesige Beschreibung auch selbst zwischen der sich begrifflich vollziehenden, notwendig verallgemeinernden Rede über das Selbst als eines konkreten Einzelnen und dem Anspruch, diese Rede als eine allein von einem Einzelnen getätigte auszuweisen.

wenn sich ein konkretes Selbst persönlich in die Begegnung eingebunden weiß. Das Selbst versteht die im Text angesprochenen Erfahrungen als solche, welche – im negativen Abgleich – die individuellen als genuin eigene Erfahrungen mitkonstituieren. Die indirekte Form der Mitteilung führt demnach das spiegelverkehrte Verhältnis vor, in dem der Leser im Text auf das Andere trifft, spiegelverkehrt insofern, als dass der Text den Bezugsvollzug zum Anderen in sich widerspiegelt. So aber teilt sich das Andere, das der Text repräsentiert, einmal mehr wiederum nur indirekt dem verstehenwollenden Selbst mit.

Es liegt beim Leser selbst, ob er sich als derjenige verstehen und begreifen will, welcher durch die Textlektüre in einem Bezug zum Anderen steht, auf das der Text hin(-aus-)wies. Den tatsächlichen Vollzug als selbständiges Nachvollziehen und Begreifen jener Mitteilung des Textes fasst Kierkegaard unter dem Begriff der *Aneignung* zusammen. Das Selbst eignet sich die Mitteilung des Textes indirekt an, anstatt direkten, d.i. wissensmäßigen Aufschluss über sie zu gewinnen. Indirekt meint, dass die Aussage des Textes und sein Verweis auf das Andere, das er repräsentiert, nicht als These oder als explizites Gebot formuliert wird, welche(s) der Leser hinzunehmen und zu akzeptieren hat. Der Text stellt keine privilegierte Sichtweise dar.[183] Stil und Anspruch des Textes legen dem Leser vielmehr etwas nahe, ohne ihn ausdrücklich darauf zu verpflichten. Mittels des Textes gelangt das Selbst zu einem Verstehen des Fremden als jenem Anderen seines eigenen Lebens. Das Selbst verhält sich qua Textaneignung verstehend *zum Anderen hin*.

Aneignung kommt hier keiner literarischen Interpretationshandlung mehr gleich, sondern bezieht sich als existentielle Verständigung über sich selbst eigens auf den Leser. Das Selbst, das sich den Text aneignet, eignet sich im Verstehen sein Leben an: Aneignung ist selbstdeutende und selbstverstehende Bewusstmachung dessen, was den Einzelnen eigens auszeichnet, und dies im Verweis auf das

---

[183] Siehe Wesche. *Kierkegaard*. A.a.O., S. 170.

Andere, welches ihn als Selbst bedingt. Der Text aber hält den Leser an, sich selbst als dasjenige zu verstehen, was sich im Ausgang von Unbestimmtheit als unbestimmtem Anderen (seiner selbst) lebensweltlich situiert. Das Selbst begreift das eigene Leben als das, was anzueignen ist. Das Andere ist immer diejenige Wirklichkeit, die nicht die eigene ist, welche also nicht zur eigenen Wirklichkeit werden kann:

> „Für jede Wirklichkeit außer mir gilt, daß ich ihr nur denkend habhaft werden kann. Sollte ich ihrer wirklich habhaft werden, müßte ich mich zu dem anderen, dem Handelnden machen, die mir fremde Wirklichkeit zu meiner eigenen Wirklichkeit machen, was eine Unmöglichkeit ist. Mache ich nämlich die mir fremde Wirklichkeit zu meiner eigenen, so bedeutet das nicht, daß ich dadurch, daß ich von ihr weiß, zu dem anderen werde, sondern es bedeutet eine neue Wirklichkeit, die als von ihm verschieden mir angehört." (UN II, S. 19)

Das Selbst eignet sich also nicht das Andere (als Wirklichkeit eines anderen) an, sondern bezieht sich nur auf ihn hin im Modus des Selbstverstehens. Einen kulturfremden Text zu lesen hält seinen Leser dazu an, sich selbst in ein bewusstes Verhältnis zu den eigenen lebensweltlichen Umständen, die einen auszeichnen und vor denen der Text rezipiert wird, zu bringen. Der fremdkulturelle Text weist den Leser zum einen darauf hin, sich über die eigene Verfasstheit klar zu werden, und legt ihm andererseits nahe, das durch den Text repräsentierte Andere als die vom Selbst je geschiedene andere Lebenswelt zu sehen. Die Aneignung, die der Leser in der Textlektüre vollzieht, bedeutet allein sein individuelles Wissen um das Sich-beteiligt-fühlen und das unvertretbare Selbst-beteiligt-sein an der eigenen Wirklichkeit. Das einzelne Individuum versteht das Andere nicht anders als im Bezug auf sich selbst und in dezidierter Bedeutung *für sich*. Aneignung meint die Erfahrung des inneren Angegangen-Werdens des Selbst durch das zu verstehende Andere als etwas, das sich dem Selbst zu verstehen gibt, weil es sich in negativer Abgrenzung von ihm eigens darin zu deuten vermag. Das Andere wird in der Aneignung für den Leser da relevant, wo es danach fragt, was es persönlich als Möglichkeit eines Andersseins für ihn bedeutet. Mit einem Gegenbeispiel führt Kierkegaard vor, welchen Gehaltes Aneignung nicht ist:

> „Indessen ist es die schwierigste von allen Künsten und eigentlich jene Kunst, die Sokrates anpreist: ein Gespräch führen zu können. [...] Was Sokrates an den Sophisten tadelte, indem er auseinanderhielt, daß sie wohl sprechen, nicht aber ein Gespräch führen konnten, war eigentlich, daß sie über jedes Ding vieles zu sagen wußten und ihnen doch das Moment der Aneignung fehlte. Die Aneignung ist gerade das Geheimnis des Gesprächs." (BA, S. 20 f.)

Kierkegaard spricht den Sophisten das Moment der Aneignung in der Rede ab. Entgegen ihrer Auffassung erweist sich Aneignung nicht in einer quantifizierbaren Menge von Fakten oder erzählten Sätzen, von der jemand argumentativ oder (nur) rhetorisch andere überzeugen will. Entscheidend ist in der Aneignung weder das objektiv verifizierbare Wissen um ein So-oder-so-Sein der Dinge noch der Anspruch, gegenüber Dritten eine These überprüfbar zu begründen. Aneignung meint nicht das Ergebnis von intersubjektiv aufbereiteten und vermittelbaren Aussagen. Der Begriff steht für das Verhältnis, in dem sich das verstehende Selbst zum Gesagten persönlich verortet.[184] Eine als faktizierbare Zielvorgabe verstandene Aneignung würde vom Einzelnen absehen, wie sie auch jenes durch den Text dargestellte Andere nur als verallgemeinertes Ganzes betrachtete. Das Verstehen des Anderen liegt hier aber nicht im Verstandenhaben eines im Text – bei den Sophisten: im Gespräch – dargelegten Arguments. Vielmehr ist es die Resonanz, die sie beim Einzelnen erzeugt. Dass sich das Selbst aneignend verhält, ist demnach kein herkömmlicher Wissensgewinn, sondern ein auf sich rückbezogenes „Eigen-tümliches".

---

[184] Zur Notwendigkeit persönlicher Verhältnisbestimmung vgl. Brandes. *Kierkegaard.* A.a.O. S. 151.

Weil Verstehen für das einzelne Selbst ein prozessmäßig nicht regelhaftes oder regulär ablaufendes Aneignen ist, „weiß" das Selbst vom Anderen nur, was für ihn selbst wichtig ist. Die objektive Ungewissheit über das Andere ist es, zu der sich das Selbst in ein persönliches Verhältnis setzt und fragt, inwiefern es dadurch in den Prozess involviert ist, in dem es als Selbst zu anderem in Beziehung steht. Zu verstehen ist also das, was – unter Bedingungen der Unbestimmtheit des Lebens – für die eigene Wirklichkeit als handlungsrelevant erscheint.[185]

6 Kulturelle Andersheit in existenzphilosophischer Perspektive – Ertrag Søren Kierkegaards (Auswertung II)

Mit Kierkegaards Werk wird heute eine individualistische Verantwortungstheorie[186] sowie philosophische Anthropologie verbunden, die Wegbereiter der Existenzphilosophie des 20. Jahrhunderts[187] war. Seltener wurde der Schriftennachlass des Dänen als der eines Hermeneutikers wahrgenommen. Indessen weisen Kierkegaards Texte den einzelnen Menschen auf seine Existenz hin, die es im Kontext eines größeren Ganzen zu verstehen gilt. Die Aufgabe des Einzelnen

„besteht darin, *sich selbst in der Existenz zu verstehen.* [...] [E]r abstrahiert nicht von der Existenz und vom Widerspruch, sondern

---

[185] Vgl. Wesche. *Kierkegaard.* A.a.O., S. 170: Umgekehrt liegt ein uneigentliches Verstehen dann vor, wenn man meint, immer schon ein sicheres Lebensverständnis zu haben.
[186] Vgl. Heidbrink. *Kritik der Verantwortung.* A.a.O., S. 75–80.
[187] Vgl. Theunissen, Michael. „Die existenzdialektische Grundvoraussetzung der Verzweiflungsanalyse Kierkegaards." In: Babich, Babette E. (Hg.). *From phenomenology to thought, errancy, and desire. Essays in honor of William J. Richardson, S.J.* Dordrecht u.a. 1995. S. 181–204. S. 184 ff.

ist darin, und soll doch denken. In allem seinen Denken hat er also das mitzudenken, daß er selbst ein Existierender sei."[188]

Das existierende Individuum ist perspektivischer Ausgangspunkt und hermeneutische Schnittstelle von Welterfahrung, dem sich die Frage nach einem (Selbst-)Verstehen als Anliegen der eigenen Lebensverständigung stellt. Was lässt sich resümierend festhalten? Mit Kierkegaard sehen sich wie folgt fünf Punkte angesprochen, die die Fremdheitsthematik bereichern. Ist in den ersten drei Thesen der Status von Selbst und Anderem als grundlegende hermeneutische Relation angesprochen, so wird mit den Punkten 4 und 5 auf ein spezifisch *kultur*hermeneutisches Moment abgehoben.

1. *Das Andere ist Bedingung der Möglichkeit für das Selbst, sich als Individuum zu begreifen, das sich verstehend zur Welt verhält.*

Die Möglichkeit des Verstehens eröffnet sich dem einzelnen Selbst da, wo es sich als durch das Andere bedingt begreift und als Andersseinkönnen der eigenen Existenz identifiziert. Unter der Voraussetzung, dass das Andere Bedingung der Möglichkeit für das Selbst und seinen Bezug zur Welt ist, kann der Leser eines (kulturfremden) Textes als verstehenwollendes Selbst gedeutet werden. Die Frage nach der Möglichkeit und den Bedingungen für ein Verstehen ist notwendig mit der Frage verbunden, wie sich das Selbst in seinem Verhältnis zum Anderen sieht. Das Andere ist nicht nur notwendig, um ein Selbstverständnis zu haben, sondern auch, um sich in seinem Selbstverständnis überhaupt als solches (explizit) thematisieren und reflektieren zu können. Der Versuch, das Andere zu verstehen bzw. Verstehensmöglichkeiten zu erweitern, ist so kein überflüssiger Umweg, sondern ein für Selbstverstehen notwendiger Schritt, der die Möglichkeit mit sich bringt, Fremdes zu verstehen.[189]

---

[188] UN II, S. 48 (Kap. III, § 4).
[189] Ähnlich Schmidt, der an den Begriff des Anderen bei Paul Ricœur anschließend betont, dass ein erweitertes Selbstverständnis einen „Umweg" über den Anderen gehen muss. Siehe Schmidt, Stephan. *Die Herausforderung des*

Unter den Bedingungen seiner weltlichen Verfasstheit und Endlichkeit vermag das Selbst schlussendlich nicht positiv das Ganze des Anderen unter einer universalisierenden Perspektive zu verstehen. Das Andere ist das Nicht-Etwas, auf welches das Selbst verwiesen wird, welches für ihn jedoch ein vor-prädikatives Unentscheidbares bleibt. Weil es nie zur eigenen Wirklichkeit werden kann, bleibt es nur möglich. Wo es also überhaupt die Möglichkeit eines Verstehens geben können soll, in dem es „nicht auf die Verwandlung des Anderen in das Selbe hinausläuft",[190] da muss das individuelle Selbst als ein in der Welt stehendes und lebendes Einzelnes begriffen werden. Dessen Lebenswelt kann nie das Andere der eigenen Existenz sein, gleichwohl bleibt das Selbst auf sie bezogen. Wohl mag sich das Andere dem Selbst als dessen Bedingung innerhalb der eigenen Lebenswelt andrängen, dem Selbst entzöge sich jedoch die Möglichkeit des Verstehens, suchte es eine fremde Lebenswelt bloß aus dem eigenen Kontext heraus zu begreifen.[191] Ist das Andere also der für Selbst-Werden und Selbst-bewusst-Werden ermöglichende Grund, so macht es sich doch in dessen absoluter Heterogenität aus.

2. *Verstehen hebt beim einzelnen Selbst an, das sich zu einer anderen Lebenswelt als dem Andersseinkönnen seiner selbst in einen ausgezeichneten Bezug setzt.*

Verstehen hebt mit dem einzelnen Selbst an, welches die Lebenswelt, die nicht seine eigene ist, positiv nachzuvollziehen sucht. Verstehen ist ein an den Einzelnen gebundenes Geschehen, welches eigene und fremde – für ihn nur mögliche – Lebenswelt in einen expliziten Bezug zueinander setzen will. Wo die Sprache auf das konkrete Verhältnis kommt, hebt das Selbst vorderhand nicht mehr auf *das* Andere ab, sondern bezieht sich auf *ein* Anderes als einer von

---

Fremden. Interkulturelle Hermeneutik und konfuzianisches Denken. Darmstadt 2005. S. 75.
[190] Lévinas, Emmanuel. „Die Spur des Anderen." In: Ders. *Die Spur des Anderen.* Freiburg i.Br., München 1983. S. 209–236. S. 214.
[191] Lévinas. „Die Spur." A.a.O., S. 220 f.

vielen möglichen Weisen seines Andersseinkönnens. Das ist eine fremde Lebenswelt, vor der sich das Selbst positiv als konkret so-oder-so Verfasstes begreift. Ob es die Lebenswelt eines anderen Einzelnen, einer Gemeinschaft oder Kultur ist, findet zunächst keine Berücksichtigung. Im Zuge dessen zeichnet sich jedoch jeder Verstehensversuch als doppelt angelegtes Geschehen aus: Indem das Selbst Bezug auf die fremde Lebenswelt nimmt, sucht es sich dadurch besser zu verstehen. Und indem es durch sich versteht, vermag es sich in einer hermeneutischen Relation zum Anderen zu halten. Seine individuelle Perspektive ist verstehensermöglichend wie –begrenzend. Die eigene und die fremde Welt bleiben zwei aufeinander bezogene eigenständige Dimensionen, welche – aus der Perspektive des Selbst – nicht unter einem dritten, höheren Blickwinkel vereinbar sind. Gleichwohl sind sie auch nicht außerhalb ihres relationalen Gefüges denkbar. Diejenige Lebenswelt, die es zu verstehen gilt, wird auf einer Ebene der Attribuierbarkeit teilweise positivierbar. Vom Verstehenwollenden kann sie zwar nicht als ein vollständig Wissbares operationalisiert werden. Die Alienität des unbestimmten Fremden vermag aber in eine Alterität als bestimmtes Fremdes überführt zu werden.

3. *Im Verstehen wird sich der Einzelne nie ganz durchsichtig. Das Unvermittelbare des Anderen ist das Unintegrierbare der fremden Lebenswelt, das das verstehenwollende Selbst indessen an-geht.*

Als Bedingtes, zeitlich verfasstes Endliches kann sich das Selbst nie vollständig seiner Seinsweise klar werden und reflektieren. Weil es sich in veränderlichen Bezügen zum Anderen findet, bleibt sein Seinsort im Vorläufigen. Das Selbst ist sich hinterher, hält sich dadurch jedoch für das Andere als das zu Verstehende offen. Das Andere der fremden Lebenswelt, die nicht die eigene ist, steht für das Nicht-Wissbare, in das Eigene der inhaltlich charakterisierenden Bezüge nicht Integrierbare. Insofern das Selbst sich darauf bezieht, *geht* ihn das Andere der nicht-eigenen Welt aber *an*, es drängt sich zum Verstandenwerdenwollen, drängt sich als zu Verstehendes auf.

Warum interessiert sich das Selbst dann überhaupt für die fremde Welt? Wo sich der Einzelne reflektiert, ist es ihm gar nicht möglich, sich zu entziehen. Das Andere der eigenen Existenz scheint den Einzelnen, auch wenn es ihm nicht einfach bekannt werden kann, doch irgendwie zu betreffen. Es erscheint in einer nicht klaren, diffus aufdrängenden Weise, der gegenüber sich das Selbst zu positionieren angehalten fühlt und die für das Individuum relevant, handlungsbedingend, weil möglichkeitskonstitutiv ist. – Womöglich findet sich das Selbst deshalb immer schon in interkulturellen Beziehungen vor, nämlich da, wo es auf etwas trifft, das es als ein nicht der eigenen Kultur Zugehöriges ausmacht. Das Beschränkende des zu verstehenden Anderen, das Fremde einer anderen Lebenswelt, bringt das Selbst dann nicht vor eine ihn – seinsmäßig – betreffende Einschränkung oder Begrenzung. Im Gegenteil trägt es dazu bei, die wirklichkeitsbedingenden und wirklichkeitsformenden Strukturen, in denen sich das Selbst hält, überhaupt erst anzudeuten und näherhin zu bestimmen.

4. Die Sprache des verstehenwollenden Selbst ist nicht privatistisch, sondern kommunikativ ausgelegt. Verstehen ist ein kommunikatives Geschehen, das über sich auf die relationale Verfasstheit von Selbst und Anderem hinausweist.

Mit der These, dass sich der Einzelne nicht unter einem verallgemeinerten Blickwinkel zum Anderen seiner selbst in Beziehung setzen kann, sein Verstehen damit systematisch unterbestimmt und dem Bereich des finit feststellbaren Wissens entzogen ist,[192] ist gleichwohl keine privatsprachliche Aporie provoziert. Geht es dem Kierkegaardschen Selbst schlussendlich zwar um sich, so geht es ihm doch auch immer um sein Verhalten gegenüber Fremdem. Dieses Individualitätsverständnis ist radikal, denn das Selbst wird in seinem Verstehensversuch auf sich selbst geworfen und bleibt auf

---

[192] Bei Kierkegaard heißt es „entweder denken oder handeln". Siehe Kierkegaard, Søren [1844/46]. *Philosophische Brocken. Auch ein Bißchen Philosophie.* Aus dem Dänischen von Chr. Schrempf. Jena 1910. S. 57.

sich allein angewiesen. Sein Bemühen um ein Verstehen zeichnet sich aber als ein grundlegend kommunikatives Geschehen aus und ist eben kein Manöver in die privatsprachliche Ausweglosigkeit im Sinne der „Selbst-Genügsamkeit".

Das Selbst will in der Begegnung mit dem Anderen eine Sprache gewinnen, in der sein persönliches Bemühen und seine individuelle Involviertheit zur Geltung kommen. Der Versuch, etwas über die fremde Lebenswelt zu sagen, ist ein kommunikatives Anliegen der eigenen Lebensverständigung im Hinblick auf dessen mögliche Andersheit. Das Kriterium, ob verstanden wird oder nicht, kann hingegen nicht mehr eine „Aussage über etwas" sein, sondern erweist sich in der inneren Beteiligtheit des Verstehenwollenden. Inwiefern diese kommunizierbar ist, bleibt Kierkegaard zu beantworten schuldig.[193] Der Status des Individuellen, lässt sich indessen festhalten, ist bei Kierkegaard nicht solipsistisch-subjektivistisch, sondern mit ihm wird gegenüber einer epistemischen Sichtweise von Welt eine „Rehermeneutisierung"[194] des Wissens herausgestellt.[195] Das Kriterium von Verstehen liegt nicht in der Identifizierung eines objektiven Textsinns. Die Unbestimmtheit des Anderen ist nicht Zeichen eines Mangels, sondern Startbedingung für ein mögliches gelingendes Verstehen.[196] Dem Verstehenwollenden geht es deshalb

---

[193] Sein ironisches Spiel und die Gleichsetzung von Wahrheit und Wahnsinn weist hier noch am ehesten darauf hin, dass Kierkegaard zumindest in diesem Punkt eine isolationistische Tendenz hat. UN I, S. 270 f. (Kap. II „Die subjektive Wahrheit, die Innerlichkeit"). Kultur, so die hiesige Hypothese, ist das Element, das die Kommunizierbarkeit des Individuellen sowohl ermöglicht wie auch – in Grenzen – gelingen lässt. Dazu weiter unten III 4.2; IV 4.

[194] Der Begriff ist: Gamm. *Flucht aus der Kategorie.* A.a.O. S. 178, entnommen.

[195] Göllers Anliegen zu klären, was „Kulturverstehen seinem epistemologischen Begriff nach" besagt, ist demnach eine geltungsmäßig falsch gestellte Frage. Siehe Göller. *Kulturverstehen.* A.a.O., S. 17.

[196] Wenn ich das richtig verstanden habe, bezeichnet Gamm das mit der Formel des „epistemischen Diffundismus". Siehe Gamm. *Flucht aus der Kategorie.* A.a.O., S. 178 f., 226. Vgl. ders. *Nicht nichts.* A.a.O., S. 159. Fremdes zu

weniger um eine systematische Ortung des Anderen in dessen Gänze als vielmehr um eine persönliche, immer wieder neu unternommene (Selbst-)Verortung dem zu verstehenden Text gegenüber.[197]

5. *Weltbezug ist kulturhaft verfasster Bezug des Selbst zur Welt.*
Kierkegaard spricht in seinen Texten weder ausdrücklich von „Kultur", noch kann man seine Schriften dezidiert als kulturphilosophische Erörterungen bezeichnen. In der Relation von Selbst und Anderem ist das Attribut „kulturell" gleichwohl angebracht. Die historischen Wurzeln kulturphilosophischer Betrachtungen liegen in den wissenschaftlichen Forschungs- und Entdeckungsreisen, auf denen man im Europa des 18. Jahrhunderts erstmals größeres Interesse für das Fremde aufbrachte.[198] Das Fremde, welches auf zahlreichen Expeditionen bereist, untersucht, vermessen und sprachlich erschlossen wurde, übte ungeheure Faszination auf das europäische Publikum aus. Im Zuge dessen kam ein Denken auf, das sich nicht mehr als vorgängig und absolut-unrelativiert begreifen konnte. Vor dem Hintergrund der eigenen Geschichte und der Möglichkeit eines gesellschaftlichen Fortschritts oder Verfalls, den ein Volk durchlebt, entdeckte man fremde Gegenden und mit ihnen die „Tatsache",

---

verstehen, ist nicht mehr notwendig an einen gelingenden Vollzug des Verstehensaktes geknüpft. Die Möglichkeit des Scheiterns an seiner Angst, das heißt das Nicht-Ergreifen oder Verfehlen einer Möglichkeit zu verstehen bleibt bei Kierkegaard erhalten. Vgl. dazu Kogges Hinweis, dass das Nichtverstehen bisher nicht genügend gewürdigt wurde, in: *Die Grenzen des Verstehens.* A.a.O., S. 9–23.

[197] Ganz richtig bringt Günter Figal das Wesen der Textinterpretation mit der perspektivischen Besonderheit und prinzipiell unbegrenzt vielen Interpretationen zusammen, siehe: „Die Komplexität philosophischer Hermeneutik." In: Ders. *Der Sinn des Verstehens. Beiträge zur hermeneutischen Philosophie.* Stuttgart 1996. S. 11–31. S. 14 f.

[198] Eine wissenschaftliche Kulturphilosophie entsteht zu Beginn des 20. Jahrhunderts. Siehe Konersmann, Ralf. „Aspekte der Kulturphilosophie." In: Ders. (Hg). *Kulturphilosophie.* Leipzig ²1998. S. 9–24. S. 11. Vgl. Perpeet, W. Artikel „Kultur, Kulturphilosophie." In: HistWBPh (Bd. 4). S. 1309–1324. S. 1310.

dass Kultur nicht im Singular steht. Kulturphilosophische Erörterungen sind deshalb weniger auf eine „Präparierung universaler Wahrheiten gerichtet"[199] denn auf eine räumliche Verortung – *den einen* Raum gibt es nicht mehr.[200] Kulturphilosophisches Denken hat immer etwas mit mehreren unterschiedlichen Lebensweisen und Wertvorstellungen und vielen verschiedenen Räumen und Raumvorstellungen zu tun, die in den Blick geraten. Es problematisiert gerade die eigene Welt als Kultur, deren uneingeschränkte und bedingungslose Kontinuität[201] im Angesicht von vielen möglichen und fremden Lebenswelten zum Problem geworden ist. Eine Reflexion darüber, was Kultur ist und welche Funktion ihr zukommt, hat ihren Ausgang demnach im Wissen darum, das sich der eigene Standort, von dem aus man auf andere schaut, durch diesen relativiert sieht.[202] Relativierung meint jedoch nicht nur, in der (eigenen) Gültigkeit durch ein anderes Existierendes beschränkt zu werden. Zugleich sieht sich hier die Beziehung ausgedrückt, in welcher der Entdeckende zum entdeckten Anderen steht.

Vor diesem Hintergrund lassen sich Kierkegaards Aussagen zum Selbst als implizite auf Kultur eingehende Überlegungen auslegen. In ihnen findet das Grundverhältnis Ausdruck, das hier für Lebenswelten als Kulturen geltend gemacht wird. Insofern das Selbst sich nicht als exklusives Eines in *dem* einen Raum annimmt, sondern sich im Hinblick auf ein Anderes versteht, ist sein Bezug zur Welt kulturhaft verfasster Weltbezug. Das meint sowohl die Relativie-

---

[199] Konersmann. „Aspekte der Kulturphilosophie." A.a.O., S. 12.
[200] Die Pluralität von Leben wird in kulturphilosophischen Theorien zur Rahmenbedingung bzw. zum normativen Imperativ eines „Ideals des Lebens im Plural". Siehe Geyer, Carl-Friedrich. *Einführung in die Philosophie der Kultur.* Darmstadt 1994. S. 128.
[201] Vgl. Konersmann. „Aspekte der Kulturphilosophie." A.a.O., S. 13.
[202] Zum Begriff von Kultur gehört, ein spezifisches Selbstkonzept von ihr zu haben. Beim Aufeinandertreffen von Kulturen treffen unterschiedliche Entscheidungen aufeinander, was überhaupt als Kultur verstanden wird. Siehe ausführlicher in IV 2.2 und 4.

rung des eigenen Selbst neben anderem als auch seine Relationierung: Das Selbst ist kulturell verortet, weil seine Welt nur in auszugshaften Bezügen besteht. Darüber hinaus kann sich sein Selbstverständnis nicht mehr intrinsisch und vorgängig aus sich selbst schöpfen, sondern es ist auf eine Reflexion des Anderen seiner Lebenswelt angewiesen. Kulturhaft verfasst ist das Selbst also als erstes und zunächst nicht deshalb, weil es sich als „einer bestimmten Kultur zugehörig" versteht – dies bedeutete bereits eine starke Operationalisierung des Kulturbegriffs. Das Selbst ist kulturelles Selbst, weil es die individuelle, welterschließende Perspektive als eine von anderen und seine grenzenhaft beschränkte Bezugsweise als notwendigen, das Andere erschließenden Blickwinkel begreift.

7 Methode und Methodisierbarkeit im Verstehen

Die Methodenproblematik wird als Frage nach der Möglichkeit von Allgemeinbegriffen, d.i. Kulturen übergreifend universalisierbaren resp. universal applizierbaren Termini gefasst, in denen ein verstandenes Anderes durch den Verstehenwollenden erfasst werden kann. Sie lässt sich in folgende Analysetopik aufgliedern: 1. Was kann verstanden werden? (Gegenstand und Gegenstandsbezug); 2. Wie wird verstanden? (Methodenrekonstruktion); 3. Was sind Beweggründe für Verstehen? (Motiv); 4. Wer ist es, der versteht? (Verstehenssubjekt)[203]

1. Der Gegenstand bzw. das Was des Verstehens ist entsprechend der Analyse der Kierkegaardschen Begriffsmatrix der reflexive Nachvollzug des Gegenstand*bezugs* des Selbst zum Anderen,

---

[203] Fragen 1 und 2 schließen an Hubigs Erkenntnisbedingungsanalyse an. Hubigs Frage nach dem (wissenschaftstheoretisch verstandenen) Warum – also die Adäquatheits- und Begründungsproblematik von Methode und Gegenstand – wird zurückgestellt zugunsten der hiesigen Fragen 3 und 4. Vgl. Hubig, Christoph. *Dialektik und Wissenschaftslogik. Eine sprachphilosophisch-handlungstheoretische Analyse.* Berlin, New York 1978. S. 59.

und dies in einer zweigliedrigen Ebene, als a) Selbstreflexion der eigenen Bedingung der Möglichkeit und b) Reflexion über das konkrete Verhältnis von Selbst und Anderem als Anderssein-können seiner selbst.

2. Das Kierkegaardsche Selbst versteht nicht komparativisch, soll heißen, indem es sich mit einer fremden Lebenswelt vergleicht und Gemeinsamkeiten oder Ähnlichkeiten auffindet. Verstehen ergibt sich nicht durch Analogisierung von Selbst und Anderem, sondern besteht in der an das einzelne Individuum gebundenen Konkretion zum Anderen, das in Teilen positiv beschreibbar werden kann. Hergestellt wird keine beiden gemeinsame (höhere) Einheit, sondern Selbst und Anderes sehen sich entdinglicht und prozessualisiert.

3. Motiv des Verstehens ist nicht, einen verallgemeinerungsfähigen Begriff von Welt oder Verstehen selbst zu erlangen. Die Erörterungen tragen keinen erkenntnis- oder verstehenstheoretischen Anspruch. Der Beweggrund zu verstehen, ist die persönliche Lebensverständigung und der eigenständige Umgang mit der eigenen anthropologischen sowie lebensweltlichen Unbestimmtheit.

4. Das Wer eines Verstehensgeschehens ist das kommunikative, sich in der Welt phänomenal ausweisende individuelle Selbst. Seine Identität erlangt es nicht in der summativen Größe seiner Bezüge, sondern sie wird in die Aufeinanderfolge der Bezüge und damit in ein sich zeitlich veränderndes Gefüge von Verweisen auf das Andere aufgeschoben. Das Selbst als Wer des Verstehens bleibt anthropologisch wie ontologisch unterbestimmt.

Kierkegaard lehnt die Verwendung eines Methodenbegriffs kategorisch ab, weil er mit ihm ein epistemologisch gesichertes Verfahren zur Gewinnung objektiv verifizierbarer Fakten meint, das er unangebracht findet. In der Rekonstruktion der einzelnen Argumentationsschritte sieht sich jedoch das Dilemma bestätigt, mit dem Kierkegaards Texte hier ringen. Denn der eigene Redestandort kann nicht ausschließlich durch radikal individuell verstandene Begrifflichkeiten[204] vermittelt werden, sondern wird notwendig qua verallgemeinerungsfähiger Termini transportiert. Die Methodisierbarkeit, das meint näherungsweise Erklärbarkeit von Verstehen, wird bei Kierkegaard nur angedeutet, ohne vollständig ausgeführt zu werden. Der Anspruch der Kierkegaardschen Texte liegt im sich persönlich verortenden Aufweis von ausgewählten Möglichkeiten, wie man gerade als Einzelner verstehen kann – nicht jedoch immer und ausschließlich so (und nur so) verstehen muss: Die individuelle Perspektive ist wechselbar.[205]

In diesem Sinne erhält Kierkegaards *Methode der Selbst-Relationierung*, wie ich sie nennen möchte, allein exemplarischen, vorführenden Charakter. Sie wird so der kulturhermeneutischen Prämisse gerecht, welche von vielen unterschiedlichen Auffassungsweisen und Verstehensmöglichkeiten von Welt als Welten ausgeht. Ergibt sich aus der individuierten Perspektive, die das Selbst einnimmt, auch kein weltliches (prinzipiell verstehbares) Ganzes mehr, so vermag mit ihr immerhin doch eine mögliche Verstehensweise unter anderen performiert zu werden. Verneint wird ein strenger Methodenbegriff, der die Regel für jeden Verstehensakt zu sein vorgibt. „Sprung" ist hier der Kierkegaardsche Terminus, der in negativer Abhebung zu dem der Methode als Aufweis für ein mögliches Vorgehen bemüht wird. Er steht jedoch nicht für eine Strategie, die verbindlich anleitend sein soll bzw. direkt umsetzbar erscheint. Der Sprung weist auf die Mittelhaftigkeit des Verstehens selbst hin. Insofern das Mittel an die konkrete individuelle, veränderliche Perspektive des Selbst gebunden ist, lässt sich kein hinreichendes oder

---

[204] „Begriff" meint ja auch gerade, das Einzelne nicht als einzelnes zu bezeichnen, sondern es innerhalb eines Schemas einzufassen. Vgl. Kant, Immanuel [1781/1787]. *Kritik der reinen Vernunft*. 2. Bde. Werksausgabe. Hg. von Wilhelm Weischedel (Bde. 3, 4). Frankfurt a.M. [14]2000. B 176 ff. Begriffen liegen keine Bilder der Gegenstände, sondern Schemata zugrunde.

[205] Die Unterscheidung von *dem* und einem konkreten Selbst wird also wiederum vom *konkreten* Einzelnen getroffen und als solche thematisiert.

vollständiges, gleichbleibendes Mittel-Instrumentarium entwickeln. Der Einzelne kann deshalb nur in der Wiederholung seiner Bezüge sein Verstehen des Anderen zu (re-)aktualisieren versuchen. Wiederholung ist damit kein verstehensterminierendes, sondern eher ein Wieder- und Neu-Verstehen in Aussicht stellendes Mittel. Methodologisch betrachtet, wird der Gegenstandsbezug unabschließbar.

III Selbst in Ordnungen – Vom Bezug auf Fremdes zum Entzug des Verstehens (Bernhard Waldenfels)

1 Restschwierigkeiten mit der Analogie und ein Einstieg in den Ausstieg

Wo es dem Selbst die grundsätzliche Möglichkeit zu verstehen eröffnet, aber ein Eigenständiges bleibt, stellt sich die Frage, wie das Fremde auftritt. Als was tritt es dem Verstehenwollenden entgegen? Für das Selbst sind Unvertretbarkeit der Perspektive und Unmöglichkeit eines Ganz-Verstehens im Sinne des Zum-Eigenen-Werden dieses Anderen miteinander verbunden. Das Andere kann nicht zu dem werden, was der Verstehenwollende sein Selbst nennt. Es erscheint wie ein nicht einordbarer Überschuss, gleichsam Fremdkörper, der sich dem Verstehenwollenden versperrt und unberechenbar bleibt. Das Andere der eigenen Existenz rückt hier als ein nie ganz anzueignendes, summativ einzuberechnendes Fremdes in den Mittelpunkt.

Das Andere unter dem Aspekt seiner Unberechenbarkeit herauszustellen, machen sich verstärkt phänomenologische Ansätze zur Aufgabe. Das Andere wird hier nur im Entzug erfahren. Es kann jedoch auch erst erfahrbar werden, weil es sich entzieht.[206] Bereits im phänomenologischen „Urtext" *Cartesianische Meditationen* sucht Edmund Husserl (1859–1938) Fremderfahrung mit der Formel der „bewährbare[n] Zugänglichkeit des original Unzugänglichen" auf

---

[206] Vgl. Därmann, Iris. „Fremdgehen: Phänomenologische ‚Schritte zum Anderen'." In: Münkler, Herfried (Hg.). *Die Herausforderung durch das Fremde*. Berlin 1998. S. 461–544. S. 466 f.

den Punkt zu bringen, in welcher „der Charakter des seienden
‚Fremden'" begründet liegen soll.[207]

„Was dadurch in jener fundierten Weise einer primordial unerfüllbaren Erfahrung, einer nicht original selbstgebenden, aber Indiziertes konsequent bewährenden, erfahren ist, ist ‚Fremdes'. Es ist also nur denkbar als *Analogon* von Eigentlichem."[208]
Der Beschreibung inhäriert im selben Atemzug das Grundproblem jedes Fremderfahrungsversuchs. Der Vorschlag der Analogiebildung von Eigentlichem und Fremdem, auf den sich die Husserlsche Frage zuspitzt, ist nachgerade fraglich: Wie soll Fremdes zwar nicht „Duplikat meiner selbst" sein, aber „ein appräsentiertes Ich, das ich selbst nicht bin, sondern mein Modifikat, [ein] anderes Ich" sein dürfen?[209] Das Problem der über-individuellen Fremderfahrung, die unter (allein) intraindividuellen Konstitutionsbedingungen der Analogiebildung steht, verschärft nur das Problem des Verstehens. In Husserls Denken bleibt es bestehen und bildet bis heute eine Herausforderung,[210] die insbesondere auch phänomenologische Ansätze aufnehmen, welche die interkulturelle Problemlage fokussieren.[211] Bernhard Waldenfels ist hier einer der exponiertesten Vertre-

---

[207] Husserl, Edmund [1929/31]. *Cartesianische Meditationen. Eine Einleitung in die Phänomenologie.* Hg., eingel. von Elisabeth Ströker. Hamburg ³1995 (= Gesammelte Werke: Husserliana, I). § 52 (S. 117).
[208] Husserl. *Meditationen.* Aa.O., § 52 (S. 117 f.) [Hervorhebung JS].
[209] Husserl. *Meditationen.* A.a.O., § 53 (S. 120), § 52 (S. 119).
[210] Nicht zuletzt, weil sich Fremderfahrung bei Husserl in den universalen historischen Raum Europas einbetten lassen soll. Siehe Husserl, Edmund [1935–36]. *Die Krisis der europäischen Wissenschaften und die transzendentale Phänomenologie. Eine Einleitung in die phänomenologische Philosophie* (= Husserliana, VI). Hg. von Walter Biemel. Den Haag/Dordrecht, Boston, Lancaster 1962, darin „Die Krisis des europäischen Menschentums und die Philosophie." S. 314–349. S. 319.
[211] Z.B. Stenger, Georg. „Phänomenologische Methode und Interkulturelle Philosophie." In: Schneider u.a. (Hg.). *Einheit und Vielfalt.* A.a.O., S. 167–182; Jamme/Pöggeler (Hg.). *Phänomenologie im Widerstreit.* A.a.O., darin diverse Aufsätze.

ter, der sich im Anschluss an sowie Absetzung von den Husserlschen Ideen mit der Fremdheitsproblematik auseinander setzt.[212] In einer „Phänomenologie des Fremden" spricht Waldenfels diesem einen irreduziblen Status zu. Fremdes verweigert sich in zwischenmenschlichen Beziehungen und ermöglicht damit erst eine Unterscheidung von Eigenem und Fremdem, die sich nicht zugunsten einer – gemeinsam geteilten – Ordnung auflöst.

In diesem Kapitel möchte ich auf der Grundlage ausgewählter Texte mit Bernhard Waldenfels auf das spezifisch Unassimilierbare des Fremden und die (vor-prädikativen) Grenzen und entstrukturierten konstitutiven Bedingungen von kulturhermeneutischem Verstehen eingehen. Damit soll ein formal geschärfter Verstehensbegriff gewonnen werden, mit dem kulturelle Fremde als dasjenige angedeutet werden kann, was die Frage nach den Bedingung(en) der Möglichkeit dieser anderen Kultur überhaupt betrifft und wesentlich aus der Kategorie der „Kategorie" herausfällt.

Waldenfels' Auseinandersetzung mit dem Fremden ist nach eigener Aussage hermeneutischen Verstehenskonzepten gegenüber abgeneigt.[213] Dies schicke ich im Sinne der interpretatorischen Aufrichtigkeit und Fairness voraus, wo Waldenfels' Überlegungen in den Kontext einer hermeneutischen Fragestellung gestellt werden. Die Waldenfelssche Skepsis basiert jedoch auf einer den hiesigen Ausführungen ähnlichen Grundüberlegung: Von Fremdverstehen (bei Waldenfels: von „Fremdem", „Fremderfahrung") kann erst da die

---

[212] Vgl. Waldenfels, Bernhard. Das Zwischenreich des Dialogs. Sozialphilosophische Untersuchungen im Anschluß an Edmund Husserl. Den Haag 1971, sowie ders. Antwortregister. Frankfurt a.M. 1994. S. 329 f. [fortan: AR].

[213] Siehe Waldenfels, Bernhard. *Ordnung im Zwielicht*. Frankfurt a.M. 1987. S. 124 [fortan: OZ].; Ders. „Verschränkung von Heimwelt und Fremdwelt." In: Kimmerle/Mall (Hg.). *Philosophische Grundlagen der Interkulturalität*. A.a.O., S. 53–66. S. 61; AR, S. 246; Ders. „Das Eigene und das Fremde." In: DZPh 4/1995. S. 611–620. S. 618 f.; Ders. „Paradoxien ethnographischer Fremddarstellung." A.a.O., S. 151–182. S. 166 f.

Rede sein, wo Räume möglich sind, die nicht vollständig erklärt oder begrifflich erschlossen werden können, wo Fremdes demnach nicht bloßer, *noch nicht* analogisierter Teil innerhalb einer einzelnen Gesamtordnung ist.[214] Kulturhermeneutisch relevante Fremdheit bedingt eine Pluralität von Fremdem, damit aber auch eine Pluralität von Ordnungen.[215] Mit dem phänomenologischen Fremdheitskonzept von Waldenfels möchte ich auf das Moment des Unverfügbaren des Fremden hinweisen.

Im weiteren Verlauf soll näher bestimmt werden, in welcher Weise Fremdes mehr als nur ein in die eigene Ordnung unintegrierbares Anderes im Sinne eines vollständig verfügbaren Bekannten ist. Bei Waldenfels findet fast ausschließlich das Differenzmoment von Eigenem und Fremdem Betonung. Dementgegen möchte ich im Anschluss an einen modifizierten Ordnungsbegriff erläutern, inwiefern dieser auf die konkrete Kultur hinweist, in der das individuelle Selbst steht. Hiermit wird eine positive Möglichkeit von Fremdverstehen als Verstehen von Fremdkulturellem gewonnen.

2 Fremdheit im Selbst und Präferenz des Eigenen im Fremden

Mit Kierkegaard wurde gezeigt, dass das Selbst sich in seiner Existenz je uneinholbar hinterher ist. Waldenfels pointiert diese Konstellation wie folgt: „Die Fremdheit inmitten meiner selbst öffnet Wege zur Fremdheit des Anderen."[216] Was meint das? Für den Verstehenwollenden, der sich nicht mehr gänzlich Aufschluss über die Bedingungen seiner eigenen Möglichkeit geben kann und sich auf ein Anderes seiner selbst (negativ) bezogen sieht, ist Fremdes

---

[214] Vgl. Waldenfels, Bernhard. *Topographie des Fremden. Studien zur Phänomenologie des Fremden 1.* Frankfurt a.M. 1997. S. 48–50, 108 [fortan: TF].
[215] Vgl. Waldenfels. „Das Eigene und das Fremde." A.a.O., S. 614.
[216] Waldenfels, Bernhard. *Grundmotive einer Phänomenologie des Fremden.* Frankfurt a.M. 2006. S. 84.

schließlich nicht mehr nur „draußen. Fremdes hat bereits als Fremdheit des eigenen Selbst Eingang in den Einzelnen gefunden. Gerade diese „Fremdheit im Eigenen" resp. jenes „Fremde des Selbst" ermöglicht jedoch erst, eigentlich Fremdartiges zu erfahren.[217]

Da wo sich das Selbst als konkretes, in Beziehungen stehendes Individuum begreift, gewinnt Fremdes an Relevanz: Bei einem Selbst, das sich nicht mehr ganz einholen und auslegen kann und dessen Bezug zum Anderem ihn auf die eigene Unzureichendheit aufmerksam macht, beginnt nach Waldenfels' Ansicht eine Erfahrung des Fremden überhaupt. Als fremd könnte dem Verstehenwollenden nichts erscheinen, wenn er nicht bereits bei sich selbst die Erfahrung des Fremdwerdens machen würde. Mit der Figur des „Fremden meiner selbst" als „Fremdheit in mir selbst" wird die wissensmäßige Unzulänglichkeit des Einzelnen reformuliert. Jemand, der nicht schon über die eigene Auslegungsweise gestolpert wäre oder die Erfahrung zu machen bereit ist, die eigene Bezugsweise auf Welt in Frage zu stellen, wird nicht in die Verlegenheit geraten, sich mit Fremdkulturellem auseinander setzen zu müssen.[218]

Die Erfahrung eines Fremden geht einher mit einer Erfahrung des *Sich*-Fremdwerdens:[219] Das verstehenwollende Selbst ringt darum, sich selbst zu verstehen, ohne dass es zu einem Ende gelangen könnte. So aber ist ihm verwehrt, auf ein umfassend wissbares Fremdes zu schließen und Fremdes zum prinzipiell ins Eigene einholbaren Bekannten zu machen. Wäre dem so, würde das Fremde letztlich immer nur zum Spezialfall eines anderen. Waldenfels

---

[217] Siehe Waldenfels, Bernhard. *Verfremdung der Moderne. Phänomenologische Grenzgänge.* Göttingen 2001. S. 18 [fortan: VM].
[218] Fremderfahrung wird womöglich weniger aktiv oder zielgerichtet herbeigeführt, sondern macht sich darin aus, was einem „zustößt", „passiert", sich irregulär „ereignet". – Wo es sich allzu gern auf Steuerungsmöglichkeiten verlässt, ist es schwierig, das eigene „Denken [zu] entwurzeln". Jullien. „Eine Dekonstruktion von außen." A.a.O., S. 525.
[219] Siehe TF, S. 10, 109.

spricht hier eigentlich von dem „Anderen" (groß geschrieben) und tut dies im Kontext der Doppelunterscheidung von „Anderem und Selben" sowie „Fremdem und Eigenem".[220] Geht mit ersterer eine sich qua Kategorien generierende Bezeichenbarkeit einher, so soll letztere Unterscheidung auf das kategorial trennende Moment des Anderen (als dem Fremden meiner Existenz) hinweisen. Mit Kierkegaard wurde das Andere als ein der Existenz je Fremdes ausgewiesen. Ich verwende im hiesigen Kontext deshalb den Begriff des „anderen" (in Kleinschreibung), um die Waldenfelssche Kritik eineindeutig darstellen zu können, die er mit dem Argument einer verkürzten, gegenstandslogischen Fassung des Fremden anbringt. Bei Waldenfels ist das so formuliert:

> „Selbes und Anderes[221] lassen sich in einem Gemeinsamen verknüpfen. Eigenes kann an Fremdes nur anknüpfen. [...] Insofern handelt es sich beim Fremdbezug um eine Beziehung besonderer Art, um einen Bezug nämlich, der aus einem Entzug erwächst. Fremdes, an das wir anknüpfen, entzieht sich unserem Zugriff." (AR, S. 235)

Das betreffende Was und Wer der Erfahrung des anderen ist prinzipiell bestimmbar und identifizierbar. Die Erfahrung des Fremden hingegen lässt sich nicht in einer Unterscheidung zwischen Gekanntem und Unbekanntem innerhalb der eigenen Binnengrenzen auflösen.[222] Die Unassimilierbarkeit des Anderen als jenem Fremden hat nur dort einen eigenständigen Status, wo derjenige, der es zu verstehen sucht, nicht bereits das Eigene seiner selbst umfassend bestimmen zu können glaubt. Abgründe des Unwissbaren sind schon beim Verstehenwollenden selbst möglich. Auf diese Weise aber lassen sich Selbst und Fremdes nicht mehr scharf voneinander

---

[220] Siehe TF, S. 20 f.
[221] Das meint hier also anderes.
[222] Siehe Waldenfels, Bernhard. *Der Stachel des Fremden*. Frankfurt a.M. 1990. S. 35 [fortan: SF]; vgl. ders. „Verschränkung von Heimwelt und Fremdwelt." A.a.O., S. 57.

trennen: Fremdes beginnt bereits beim Selbst, weil dieses sich selbst nie ganz verstehen und Welt nicht in Gänze erfassen kann.

„Das Fremde, das [...] auch vor dem Selbst nicht haltmacht, wäre nichts ohne das Eigene, dem es sich entzieht. Würden wir das Eigene abschaffen, so hätten wir damit auch das Fremde abgeschafft." (VM, S. 18)

Fremdes gibt es im Kontrast und Hinblick zu einem Eigenen, welchem das Selbst sich zugehörig sieht, worüber es jedoch nur partiell verfügt.[223] Die Rede vom Fremden und von Fremdheit hat somit, folgt man Waldenfels weiter, die Konstellation „eigen – fremd" zur Leitunterscheidung. Jeder Fremdbezug ist ein Bezug des Selbst zu anderem. Nicht alle Bezüge des Selbst auf anderes sind jedoch schon Bezüge auf Fremdes. Die Herausforderung des Fremden liegt gerade in dessen Unbestimmbarkeit und in einer Nicht-Zuordbarkeit. Der Bezug auf Fremdes besteht genuin in dessen *Entzug*.[224] Fremd ist dasjenige, was außerhalb des Selbst in dessen qua Bezügen hergestellten Grenzen liegt und seinem Wissensvermögen außen vor bleibt. Das Selbst kann mit Fremdem nicht mehr umgehen oder darauf reagieren.

Waldenfels führt weiter aus, dass wir in der Begegnung mit Fremdem relationistisch und eigen-präferentiell verfahren. Fremdes ist nicht nur pures Differentes, sondern es verweist auf eine Präferenz

---

[223] Siehe SF, S. 59. In diesem Rahmen lässt sich Diltheys Ausspruch, dass Hermeneutik unnötig wäre, wenn in den zu verstehenden Lebensäußerungen „nichts fremd wäre", verdeutlichen: Es sind die *eigenen* Lebensäußerungen, die dem Verstehenwollenden nicht schon immer bekannt sind. Wo jemand sich selbst immer schon verstanden zu haben glaubt, wird er nie ein Interesse am Anderen entwickeln. Vgl. Dilthey. *Aufbau*. A.a.O. S. 278 [Abschnitt: „Methode des Verstehens"].

[224] Siehe Waldenfels. *Grundmotive einer Phänomenologie des Fremden*. A.a.O. S. 26 f.; VF, S. 18.

in der Differenz vom Eigenen des Selbst und anderem (das fremd wird).[225]

„[D]ie Orientierung an einer *puren* Differenz, wie sie zwischen Elementen eines Systems besteht, reicht nicht aus, den spezifischen Charakter von Eigenheit und Fremdheit zu erfassen. [...] Zur Differenz von Eigenheit und Fremdheit gehört [...] eine unaufhebbare *Präferenz* des Eigenen". (TF, S. 74)

Eigenes und Fremdes werden nicht einfach vorgefunden, sondern kennzeichnen positiv (als Eigenes) oder negativ (als Fremdes) die selektive Bezugsweise des Selbst auf Welt. Das Selbst gibt diesem vor jenem, solchem vor anderem den für ihn wichtigen Vorzug und bezieht sich damit negativ auf das Fremde. In seinen präferentiellen Bezügen verfährt das Selbst ein- und ausgrenzend. „Ein- und Ausgrenzung sind nur möglich als ein Sich-ein-und-ausgrenzen",[226] das asymmetrisch verläuft und irreversibel ist.[227] Die Asymmetrie, die mit der Unterscheidung von Selbst und anderem einhergeht, perpetuiert sich schließlich in der Erfahrung eines Fremden als qualitativer Einschnitt in dessen Beziehung zu diesem anderen. Die Begegnung mit Fremdem bzw. ein Treffen auf Fremdes ist nicht mehr in die Strukturen, Kategorien bzw. die (Sinn gebenden) lebensweltlichen Muster des Selbst einbindbar. Kann „anderes" dem Selbst prinzipiell bekannt sein, so verunsichert es ihn *als* Fremdes. Das Fremde geht „aus einem Prozeß der *Ein- und Ausgrenzung* hervor",[228] der Ordnungsstrukturen konstituiert, in denen das Selbst

---

[225] Siehe Waldenfels. Grundmotive einer Phänomenologie des Fremden. A.a.O. S. 27.
[226] SF, S. 34. Das Kriterium ist „wichtig"/„unwichtig". Die rechtfertigende Beurteilung für das Ausgewählte ist nicht absolut, sondern relativ. Siehe OZ, S. 69 f.
[227] Siehe SF, S. 33; Waldenfels. „Verschränkung von Heimwelt und Fremdwelt." A.a.O. S. 56 f. Dies nicht im Sinne eines normativ Besseren oder erkenntnistheoretisch Wahren, sondern im Sinne einer zu tätigenden operativen Entscheidung für eine von zwei Seiten überhaupt. Vgl. AR, S. 207 ff.
[228] Waldenfels. „Verschränkung von Heimwelt und Fremdwelt." A.a.O., S. 57.

steht – und aus denen Fremdes als Außer-Ordnungshaftes herausfällt.

2.1 Selbstordnung und Ordnungskulturen

Dasjenige, was vom Selbst als das zu seinen Weltbezügen Zugehörige bezeichnet wird und was ihm vertraut ist, ist das spezifisch Eigene seines Selbst. Im Gesamt der eigenen Bezüge, in denen sich das Selbst – sich (dadurch ja) selbst verstehen wollend – hält, konstituiert sich eine spezifische Selbst*ordnung*. In der Wahl des Eigenen aus mehreren anderen möglichen Bezügen bilden sich so viele, verschiedene Ordnungen von Eigenem wie Fremdem.[229] Der Ordnungsbegriff stellt in Waldenfels' Rede von Eigenem und Fremdem (als zunächst operationalisierten, voneinander abgegrenzten Einheiten) eine Grundkategorie dar: Mit dem Begriff wird auf die verschiedenen Erfahrungsmöglichkeiten abgehoben, aus denen ein Selbst wählt und die es mit seiner Wahl zur faktischen, eigenen Wirklichkeit macht. „Ordnungen ermöglichen Erfahrungen, indem sie bestimmte Möglichkeiten selegieren, sie ausschließen."[230] Waldenfels bezeichnet dies als das „Zwielichtige" jeder Ordnung, das darin besteht,

„daß Ordnung Erfahrungen gleichzeitig ermöglicht und verunmöglicht, daß sie aufbaut und abbaut, daß sie ausgrenzt, indem sie eingrenzt, ausschließt, indem sie auswählt [...]. Es bilden sich Übergangszonen, Schwellen, auf denen wir uns aufhalten können, ohne sie hinter uns zu lassen. Keine Gesamtordnung und keine Grundordnung kann diese Lücken füllen, die immer wieder innerhalb einer einzelnen Ordnung und zwischen verschiedenen Ordnungen aufklaffen und somit auch die angemaßte Stellung eines zentrierenden Subjekts untergraben." (OZ, S. 173)

---

[229] Siehe Waldenfels. „Das Eigene und das Fremde." A.a.O., S. 614.
[230] VM, S. 63. Vgl. TF, S. 34, OZ, S. 56. Vgl. auch oben II, 2.1

Eine Selbstordnung ist nicht gegen eine andere (bzw. mit einer anderen) Ordnung (ganz) austauschbar. Genau genommen ist sie auch nie komplett abgeschlossen oder stünde isoliert da, und dies in mehrfacher Hinsicht:

1. Ordnungen können sich überlappen und greifen teilweise ineinander. Sie gleichen sich jedoch nicht (gegenseitig) aus.
2. Das individuelle Selbst beginnt hier zu begreifen, dass die seine Ordnung etablierenden Bezüge selbst wiederum solche sind, die sich realiter immer vor dem Hintergrund mehrerer anderer Ordnungen abspielen. Durch diese kann sich das Selbst überhaupt erst als ein in einer spezifisch eigenen Ordnung stehendes, individuell-einzelnes Selbst verstehen.

Die eigene Ordnung weist das Selbst einerseits

1.' auf prinzipielle Bedingungen der Erfahrbarkeit des Fremden hin: Das sind die – funktional verstandene – Notwendigkeit einer Binärunterscheidung von „eigen – fremd" sowie der Vorzug von einer der beiden Seiten.

Andererseits verweist die Ordnung gleichzeitig

2.' auf das Moment von mehreren konkreten Ordnungen, die als wirkliche nur bedingt variabel sind und durch die sich das Selbst in seiner eigenen Ordnung – im Hinblick auf jene – nicht nur als konkret, sondern auch als lebensweltlich eingebunden und kulturell[231] *ge*bunden versteht.

Ein Selbst konstituiert in seinen individuellen Bezügen nicht nur eine Ordnung. Es findet je Ordnungen vor, die seinen Bezügen faktisch bestimmte Grenzen setzen. Die durch andere Ordnungen bedingte, grenzenhaft verfasste Bezüglichkeit des Selbst möchte ich hier als dessen kulturelle Verortetheit in der eigenen Ordnung *durch* ebendiese fremden Ordnungen bezeichnen. In der Differenz von eigener und fremder Ordnung scheint eine faktische Gebundenheit

---

[231] Das meint hier „nicht vereinzelt-isoliert".

und Eingebundenheit des einzelnen Selbst als das in einer spezifischen Ordnung Stehende auf.

Die Differenz ist Bedingung für die Möglichkeit, um von einer Ordnung des Selbst sprechen zu können. Erst jedoch dessen Verortung vor dem Hintergrund vieler anderer Ordnungen erklärt, warum das Selbst Fremdes überhaupt verstehen will – nämlich im Hinblick auf die ihm fremde Ordnung, die den Radius seiner Bezüge negativ einschränkt. Als das Andere seiner Existenz bildet das Fremde den notwendigen Hintergrund, um sich selbst thematisieren zu können. Als das Andere unter dem Gesichtspunkt der fremden Ordnung bringt es das Selbst vor faktische Grenzen seiner eigenen kulturräumlichen Lebenswelt. – Ein sich auf Kultur beziehender Verstehensanspruch gelangt hier durch die lebensweltliche Eingebundenheit des Selbst und seine Gebundenheit im Kontext anderer Ordnungen zur Geltung. Die negative Verbindlichkeit von fremden Ordnungen, welche die eigene in deren Grenzen mitbestimmen, ruft ein Verlangen hervor, mehr darüber auszusagen, was sich dazwischen abspielt.

Die individuellen Bezüge sind für das Selbst ordnungskonstitutiv. Selbstordnung bedeutet inzwischen aber nicht mehr nur *individuell bindende*, sondern auch *außer-individuelle* Ordnungs*gebunden*heit. „Außer-individuell" hebt auf zwei Aspekte der Ordnung ab. Zum einen findet das Selbst je schon konkrete Ordnungen vor, die über seine eigene Individualität hinausgehen. Zum anderen wählt das Selbst, indem es aus Möglichkeiten wählt, z.T. auch solche, die auch für andere Ordnungen Bezugselemente sind. Unter seiner individuellen Perspektive situiert sich das Selbst in einer Zahl von Möglichkeiten. Unter dem Blickwinkel seiner Ordnungshaftigkeit aktualisiert es damit bereits verwirklichte Möglichkeiten, die als eigene Wirklichkeit ordnungshaft (mit-)integriert werden.

Die Möglichkeiten, die es verwirklicht, sowie die mit-„adaptierten" Möglichkeiten, die es auch zu seiner eigenen (individuellen) Wirklichkeit macht, bringen eine konkrete Ordnungskultur (des Ausgewählten) zum Ausdruck, in der ein einzelnes Selbst steht. Kulturhaft ist das Selbst demnach in zweierlei Hinsicht: zum einen, weil es sich grundsätzlich als Individuelles auf Welt bezieht; zum anderen, weil es seine Weltbezüge immer auch im Hinblick auf bereits vorhandene Ordnungsstrukturen tätigt. Eine Kultur der Ordnung macht sich hinreichend erst im Eigenen der individuellen Bezüge aus, die jedoch notwendig an andere Wirklichkeitsordnungen und deren Grenzen gebunden bleiben.[232] Erst durch jene konkreten Ordnungsbereiche, zu denen (sich) das Selbst ein- und ausgrenzend verhält, kann er sich als konkret so-und-so Individuiertes verstehen. Auf diese Weise steht das Selbst aber nicht radikal vereinzelt da, situiert es sich doch im Hinblick auf und im Anschluss an andere überindividuelle Ordnungen.

Von Ordnungen kann als Kulturen gesprochen werden, weil sie die Eigenart, die Kultur überhaupt auszeichnet, zu ihrer eigenen Grundbedingung machen: Ordnungen existieren nicht vorgängig, sondern wie Kultur jeweils nur als wirklich-faktische Ordnung. Mit ihnen wird aber auch die Tatsache entdeckt, dass es „Ordnung" niemals im Singular gibt, sondern immer als eine Vielzahl von nebeneinander stehenden, sich tangierenden und teilweise überschneidenden Ordnungen gedacht werden muss. Waldenfels begründet diese Pluralität mit einer Pluralisierung von Fremdheit, auf die man (zunächst) in Form spezifischer Sonderwelten trifft.[233] Das hiesige Argument rückt vornehmlich deshalb eine „Ordnung im Plural" in den Vordergrund, weil die konkrete Ordnung je eine von vielen aktualisierten Ordnungsmöglichkeiten ist. Als solche ist sie

---

[232] Kultur ist deshalb mehr als ein „Schleier über dem Abgrund der Kontingenz" (siehe Schmidt. *Die Herausforderung des Fremden.* A.a.O., S. 88.) Wie kontingent eine Kultur auch erscheinen bzw. für andere sein mag, so wenig wegdiskutierbar oder abschaffbar ist diese Ordnung für denjenigen, der ihr angehört. Es verhält sich vielmehr so, dass es eine Kultur gerade „im Bewußtsein der Kontingenz" gibt, obgleich keine Möglichkeit des Ganzanders-seins besteht. Siehe Gamm. *Flucht aus der Kategorie.* A.a.O., S. 155.

[233] Siehe Waldenfels. „Das Eigene und das Fremde." A.a.O., S. 614.

nie nur eine bzw. nie als einzige möglich. Das Selbst drückt in der Ordnung eine konkrete Kultur als jenes lebensweltlich bedingte, zeitlich beschränkte Gesamt von aktualisierten Möglichkeiten aus.

2.2 Vom Ordentlichen zum Außer-Ordnungshaften – Grade des Fremden und Orte der Kultur

Das Selbst, das sich in einer eigenen Ordnung situiert, bestimmt sich im Hinblick, Vergleich und Unterschied zu anderen Ordnungen. Sein Außen verweist zunächst auf anderes, welches anderswo bestehende Ordnungen sind. Eigentlich Fremdes, auf welches das Selbst trifft, charakterisiert sich nach Waldenfels aber noch darüber hinausgehend dadurch, dass es als Außer-Ordentliches keiner bestimmten Ordnung mehr zurechenbar erscheint. Es fällt – aus der Pespektive der (eigenen) Selbstordnung – aus jeglicher Ordnung überhaupt heraus. Fremdheit gibt es also, „sofern uns etwas Außer-Ordentliches begegnet, das sich jeder Ordnung entzieht und uns jeder Ordnung entrückt."[234] Fremdes gehört nicht bloß einer differenten Ordnung zu, die Teil einer größeren Gesamtordnung sein kann.[235] Fremdes ist der genuin außer-ordentliche Überschuss, der sowohl außerhalb der (eigenen) Ordnung steht wie er für das verstehenwollende Selbst aus jeglicher Ordnung herausfällt. Hierin liegt die Herausforderung für denjenigen, der das Fremde einer Kultur verstehen will. Die Ordnungslosigkeit des Fremden taucht wie eine Ortlosigkeit[236] auf, die sich keiner dem Selbst in dessen Ordnung eigenen (Ort-)Logik mehr eingliedern lässt.

Fremdes, führt Waldenfels fort, äußert sich in verschiedenen Abstufungen als *Graden von Fremdheit*. Fremdheit kann dreifach in „alltägliche und normale", „strukturelle" sowie „radikale Fremdheit" aus-

---

[234] Waldenfels. „Das Eigene und das Fremde." A.a.O., S. 616. Vgl. VM, S. 50.
[235] Siehe OZ, S. 179–191.
[236] Fremdes als Atopie, siehe: Waldenfels, Bernhard. „Phänomenologie des Eigenen und des Fremden." In: Münkler, Herfried (Hg.). *Furcht und Faszination. Facetten der Fremdheit*. Berlin 1997. S. 65–84. S. 70.

differenziert werden. Daneben lässt sich eine „soziale" von einer „kulturellen Fremdheit" unterscheiden. Kann einem so genannte alltägliches Fremdes innerhalb der eigenen Ordnung begegnen, so macht sich strukturelle Fremdheit außerhalb der eigenen, jedoch noch in einer bestimmten anderen Ordnung aus.[237] Im Gegensatz zum radikalen Fremden ist beiden gemeinsam, dass sie nicht fremd in Bezug auf eine umfassende Lebensordnung sind, sondern in funktionaler Hinsicht bestimmbare Grenzen der Umgangsmöglichkeit betreffen.[238] Ein „alltägliches Fremdes" kann z.b. der neben einem stehende Teilnehmer bei der Gruppenführung im Museum sein. In der Begegnung mit alltäglichem oder strukturellem Fremden wird nicht grundlegend die Funktionalität der eigenen Ordnungsstruktur in Frage gestellt. „Strukturelle Fremde", etwa fremdreligiöse Hochzeits- und Beerdigungsrituale oder die Essenszubereitung bei Fremdvölkern[239], stellt ein verschiedenes Fremdes der Selbstordnung dar. Es kann zu einer vom Verstehenwollenden geschiedenen anderen Ordnung werden, jedoch wissensmäßig beschrieben oder z.b. wie die fremde Sprache erlernt werden.[240]

Der stärkste Steigerungsgrad von Fremdheit ist der des „radikal Fremden", welches weder in die erste noch in die zweite Kategorie alltäglicher oder struktureller Fremdheit mehr integrierbar erscheint. Erst radikal Fremdes, so Waldenfels, zielt im eigentlichen Sinne auf das ab, was mit dem „Problem des Fremden" und mit kulturell relevanter Fremdheit gemeint ist. Radikal Fremdes lässt sich weder präzise fokussieren noch identifizieren noch ist es einer Ordnung zurechenbar. Das Spezifische der Erfahrung eines radikal

---

[237] Vgl. das eingangs ausgeführte Drei-Ebenen-Modell der Wissensreduktion (II 1.1).
[238] Vgl. auch Waldenfels' Unterscheidung von funktionaler, hierarchischer und umfassender Lebensordnung in: „Das Eigene und das Fremde." A.a.O. S. 614 sowie TF, S. 34.
[239] Vgl. Lévi-Strauss, Claude [1971]. *Mythologica I. Das Rohe und das Gekochte.* ⁶2000.
[240] Siehe Waldenfels. „Das Eigene und das Fremde." A.a.O., S. 615 f.

Fremden besteht darin, dass sie dem Selbst als Außer-Ordentliches begegnet: „Das radikal Fremde läßt sich nur fassen als Überschuß, der einen bestehenden Sinnhorizont überschreitet."[241] Radikale Fremdheit bedeutet kein *absolutes Fremdes*. Noch als Außer-Ordentliches ist sie bezogen auf Ordnungen. Würde uns eine Fremdsprache absolut fremd sein, wäre sie nicht einmal das: ein fremdes System von Verweisstrukturen, dessen Dechiffrier-Code wir nicht habhaft sind. Von einer absolut fremden Sprache könnten wir nicht einmal sagen, dass sie Sprache und dass sie fremd ist. Sie wäre nur noch indifferentes Rauschen für uns.[242] Radikal Fremdes übersteigt die eigene Ordnung uneinholbar.[243] Es betrifft uns jedoch, indem das Fremde die Selbstordnung irritiert, weil sie sich ihr bedeutungsmäßig entzieht. Dem Bezug auf radikal Fremdes oder einer Äußerung im Hinblick auf dieses Fremde liegt immer ein Hiatus inne, ein nicht zu überbrückender Abstand, wo sich Eigenes und Fremdes nicht restlos aneinander angleichen oder miteinander verschmelzen können.

In diesem Sinne ist hier auch die Waldenfelssche Unterscheidung zwischen „kultureller" und „sozialer Fremdheit" aufzufassen. Steht unter sozialem Aspekt die Frage nach der Zugehörigkeit im Vordergrund und wird das soziale Fremde unter normativer Präambel als Nichtzugehöriges (resp. Nichtzugehörigkeit zu einer bestimmten, identifizierbaren Gruppe, Klasse, Volksgemeinschaft etc.) verstanden, so bildet kulturelle Fremdheit demgegenüber einen Sonderfall lebensweltlicher Fremdheit. Sie macht sich nicht nur in einer (behebbaren) Unvertrautheit aus, sondern deutet einen Sinnentzug per se (in) der (eigenen) Ordnung an. In der Rede von Eigenem und

---

[241] Waldenfels. „Das Eigene und das Fremde." A.a.O., S. 616. Vgl. TF, S. 36 f.
[242] Vgl. Waldenfels. „Das Eigene und das Fremde." A.a.O., S. 616. Ein „absolutes Fremdes" ist im Grunde auch die Antwort auf die Frage nach dem im menschenleeren Raum niederstürzenden Baum. Wo es niemanden gibt, der sich auf dieses Phänomen beziehen kann, spielt es keine Rolle mehr. Es ist nicht mal ein Problem, weil es überhaupt nichts für uns bedeutet.
[243] Waldenfels. „Verschränkung von Heim- und Fremdwelt." A.a.O., S. 59.

kulturellem Fremden sind die Grenzen „standortgebunden, nicht normabhängig."[244]

Fremdes hat nach Waldenfels' Ansicht weder – formal – einen rein funktionalistischen noch – normativ – einen integrationistischen Status. Solchen Strategien des Umgangs mit Fremdem liegt Waldenfels zufolge ein „positive[r] Grundwert einer *erschöpfenden Verständlichkeit*" und ein postulierter „Idealfall kommunikativer Symmetrie" zugrunde, die aber kategorial soziale mit kultureller Fremdheit verwechseln und im Fremden unter der Prämisse einer (einzigen) universalistischen Vernunft nur eine Spielart des eigenen Ordnungsmusters sehen.[245] Fremderfahrung hingegen, so Waldenfels weiter, ist die Erfahrung der Unmöglichkeit eigener Möglichkeiten.[246] „Fremdes passiert, wenn es passiert, außerplanmäßig":[247]

„Eine Inklusion dieses Außen scheitert nicht an der Endlichkeit unserer Erfahrung und unserer Lebenshorizonte, sondern an der *inneren Begrenztheit* jeder Wirklichkeits- und Sozialordnung."[248]

In seinem Bezug auf das Andere gelangt das Selbst nicht (mehr) nur an eigene kommunikative Grenzen, sondern trifft auch auf eine grenzenhafte Kommunikativität des Fremden. Weil Fremdes nicht prinzipiell integrierbarer Teil eines Eigenen ist, ist es auch nicht durch die eigene Selbstordnung restlos kommunizierbar bzw. verstehbar. Der Status des Fremden als Fremdes durchbricht die übliche Redeweise von der „Mitteilbarkeit des Selbst" und der „Verstehbarkeit des Fremden durch das Selbst". Wo schon das Selbst in seiner ordnungshaften Gebundenheit individuelle Überschüsse produziert, wo also schon seine individuierte Perspektive nicht gänzlich in einer über-individuellen Ordnung aufgeht, da liegt auch

---

[244] Waldenfels, Bernhard. „Kulturelle und soziale Fremdheit." In: Schneider u.a. (Hg.). *Einheit und Vielfalt*. A.a.O., S. 13–35. S. 14, 15; vgl. VM, S. 41.
[245] Waldenfels. „Kulturelle und soziale Fremdheit." A.a.O., S. 15, 23.
[246] Waldenfels. „Kulturelle und soziale Fremdheit.". A.a.O., S. 28.
[247] VM, S. 67.
[248] Waldenfels. „Kulturelle und soziale Fremdheit." A.a.O., S. 30 f.

im Fremden ein außer-ordnungshafter Überschuss, dem man nicht habhaft wird.

Hierdurch gerät die Welt, auf die das Selbst Bezug nimmt und auf die sich auch Fremdes bezogen sieht, als eine Vielzahl von Kulturen in den Blick: In einer ersten Dimension manifestiert sich Kultur in einem Selbst, das sich individell auf Welt bezieht und dies vor dem Hintergrund konkreter über-individueller Ordnungen tut. Die eigene Kultur kann hier als ineinander verzahntes Ordnungsgewebe beschrieben werden, welches durch das Netz von Selbstbezügen gleichzeitig über sich hinausweist. In einer zweiten Dimension deutet sich Kultur durch das für die Ordnung jeweils Fremde an, welches auf einen spezifischen Sinnüberschuss hinweist, den jede Kultur im Vergleich zu anderen Kulturen produziert (und über den sie nur teilweise verfügt). Hier wird Kultur als fremde Kultur thematisch relevant. Sie kann dem Verstehenwollenden zugänglich werden, wo sie als kulturelles Fremdes thematisiert wird, das sich in einem latent manifesten Entzug kundtut. – Kultur, unter der Perspektive des Eigenen als eigene Kultur verstanden, ist auf diese Weise ein Ordnungsgefüge, das per Vielzahl der Bezüge in diesen ineinander greift und sich dem Selbst bedeutungsmäßig positiv erschließt. Kultur, unter der Perspektive von Fremdem (als fremde Kultur) fokussiert, ist der die eigene Ordnungskultur je übersteigende „Rest", welcher als solcher das Andere der eigenen Kultur bildet.

Insofern sich nun aber Eigenes und Fremdes auch überschneiden und überlappen (können), wird über den Grenzen, die jeder Kultur als endlichem Ordnungsgefüge gegeben ist, auch eine Überschneidung der verschiedenen Ordnungsbereiche möglich:[249] dies jedoch – aufgrund der Überschusshaftigkeit jeder Kultur – nicht als Grenzauflösung und letztliche Herbeiführung einer einzigen Gesamtordnung, sondern als Verflechtung von Beziehungen ineinander, in de-

---

[249] Siehe SF, S. 26.

nen sich Eigenes und Fremdes begegnen.[250] Grenzüberschreitung ist in diesem Sinne Selbstüberschreitung, ohne Selbstauflösung zu sein.[251]

3 Frageregularium vs. Antwortgeschehen – Zum kommunikativen Anspruch des Fremden

Ausgehend von dieser Konstellation stellt sich Waldenfels die Frage, ob daraus eine grundsätzliche Umstellung der Rede über das Fremde folgen müsste: Statt nach Fremdem zu *fragen*, gelangt Waldenfels zu dem Schluss, dass Fremdes als etwas wahrgenommen werden sollte, das *antwortet* und sich *als Anspruch aufdrängt*. Begreifen herkömmliche Verstehenstheorien so jede Äußerung als Äußerung einer implizit aufgeworfenen Frage,[252] so fasst Waldenfels das sprachliche Eingehen auf etwas als Eingehen auf einen Anspruch auf, der vom Fremden zuvor erhoben wurde. Eine Frage nach dem Fremden sucht dieses – so der phänomenologische Vorwurf – hermeneutisch einzuebnen, weil es in der Frage nach ihm bereits einen (festen) Sinn unterstellt. Eine Umstellung vom Primat der Frage auf die Antwort will dagegen dem Problem der Aneignung als „einverleibender Assimilation des Fremden" und einer hermeneutischen Vereinseitigung aus dem Weg gehen.[253] Folglich wird Fremdes als Anspruch gedacht, der seine Antwort immer schon unendlich überstiegen hat

---

[250] Dies im Gegensatz zu Malls Begriff „Überlappung", der mit dem Terminus eine universalistische Hermeneutik sowie einen analogischen Kulturbegriff favorisiert. Siehe Mall. „Begriff, Inhalt, Methode und Hermeneutik der interkulturellen Philosophie." A.a.O.

[251] Siehe OZ, S. 194.

[252] Siehe AR, S. 321. Vgl. etwa WuM, Kapitel II.3.c: „Der hermeneutische Vorrang der Frage." S. 368–384.

[253] Vgl. Waldenfels. „Paradoxien ethnographischer Fremddarstellung." A.a.O., S. 174 sowie ders. „Eigenkultur und Fremdkultur. Das Paradox einer Wissenschaft vom Fremden." In: *Studia Culturologica* 3/1994. S. 7–26. Bes. S. 14–21.

und der „geläufige Sinn- und Regelbildungen unterbricht und neu in Gang setzt."[254]

„Angesichts der Gefahr einer alles ordnenden Technisierung, Stilisierung und Ritualisierung [...], bedeutet der unassimilierbare Anspruch des Fremden ein Gegengewicht. Was sich der allgemeinen Modalisierung entzieht, das ist genau der Anspruch, auf den wir zu antworten haben, wenngleich das Antworten selbst sich auf diese oder jene Weise vollzieht und keine Antwort vom Himmel fällt." (AR, S. 292)

Ein Thematisieren des Fremden als Frage nach dem existentialen Wer, dem gegenständlichen Was und seinem modalen Wie würde nach Waldenfels' Ansicht grundlegend dessen Andersartigkeit verfehlen, das als Außer-Ordnungshaftes kategorialen Bestimmungen außen vor bleibt: „Fremdes läßt sich nicht beantworten wie eine bestimmte Frage oder lösen wie ein bestimmtes Problem."[255] Das Fragen nach Fremdem zielt auf präzise, durchdeklinierbare, eigenschaftsmäßig (ab-)zählbare Einheiten.[256] Problematischer Weise gerät das die (verstehenwollende) Selbstordnung irritierende und verunstetigende Moment so aus dem Blick. „Die Aufforderung des Fremden hat keinen Sinn, und sie folgt keiner Regel, vielmehr provoziert sie Sinn, indem sie vorhandene Sinnbezüge stört und Regelsysteme sprengt."[257]

Aufgrund der Kritik am Vorrang[258] der Frage und an eineindeutigen Identifikationsbestrebungen soll Waldenfels' Ansatz zufolge des-

---

[254] Waldenfels, Bernhard. „Antwort auf das Fremde. Grundzüge einer responsiven Phänomenologie." In: Waldenfels, Bernhard/Därmann, Iris (Hg.). *Der Anspruch des Anderen. Perspektiven phänomenologischer Ethik*. München 1998. S. 35–49. S. 42.
[255] TF, S. 52.
[256] Siehe AR, S. 154–160 und S. 161–169.
[257] TF, S. 52; vgl. Waldenfels. „Das Eigene und das Fremde." A.a.O., S. 620.
[258] Stephan Schmidt bezieht sich nur kurz auf Waldenfels' Ansatz, weist aber darauf hin, dass z.B. die klassische chinesische Philosophie im „Zusammenhang des fehlenden Seinsbegriffs [...] sich nicht an der Frage ‚Was *ist*

halb die Art der Thematisierung dieses Fremden umgestülpt werden: Statt nach dessen was-haftem Sein zu fragen, rückt eine Phänomenologie des *Responsiven* in den Vordergrund des Umgangs mit Fremdem.

„Im Umgang mit dem Fremden meldet sich also eine Form der *Responsivität* zu Wort, die über jede Intentionalität und Regularität des Verhaltens hinausgeht in Form einer eigentümlichen Antwortlogik, die dem Fremden seine Ferne beläßt. [...] Diese Konfrontation mit dem Fremden schließt Konzeptionen und Interpretationen des Fremden nicht aus, doch sie geht ihnen allen voraus und geht über sie alle hinaus." (TF, S. 52 f.)

Fremdes tut sich als ein Anspruch kund, den es an denjenigen vorgängig richtet, der nachträglich darauf zu antworten versucht.[259] Antworten, so Waldenfels, stellt sich als kreative Form des Umgangs mit Fremdem dar, die verbindliche Zielstellungen oder temporale Kausalitätsschleifen durchbricht und verhindert.[260] Im Antworten soll sich eine Fremderfahrung konstituieren, die nicht mehr ein Akt der (verifizierenden Selbst-)Zuschreibung, sondern ein Intentionen zuvorkommendes Ereignis ist.[261] Etwaige der eigenen Ordnung entgegenstehende und diese übersteigende (Sinn-)Überschüsse sollen hier anders in den Blick geraten können, dies im Gegensatz zu einer Sprache, die mit der Frage bereits Grenzen des Antwortgebens festgelegt hat.[262] Weniger als dass sie auf einen neu-

---

    X?' orientiert, die innerhalb des europäischen Kontextes eine Art Grundfrage des Philosophierens darstellt". Siehe Schmidt. *Die Herausforderung des Fremden*. A.a.O., S. 224.

[259] Siehe Waldenfels. „Phänomenologie des Eigenen und des Fremden." A.a.O., S. 81.
[260] Siehe AR, S. 187 f.
[261] Waldenfels. „Paradoxien ethnographischer Fremddarstellung." A.a.O., S. 181.
[262] Siehe AR, S. 192.

en Raum abhebt, vermag die vom Antworten ausgehende Überlegung diesen überhaupt erst für möglich zu halten.[263]

Der Anspruch soll sich intentionalen, kommunikativen und hermeneutischen Zirkeln entziehen. Damit sieht er sich keiner Leitlinie einer vereinigenden höheren Einheit von Eigenem und Fremdem oder einem bereits feststehenden Antwortinventarium als Konsequenz eines Frageregulariums zugeordnet. Die Ausführungen lassen sich hier explizit von der Idee der mündlichen Rede über und Antwort auf Fremdes leiten:[264]

„Das Worauf der Antwort läßt sich nur dann in ein Worin einverleiben, wenn es als ein bestimmtes Was gefaßt wird. An dieser Stelle findet nicht nur jede Form des Holismus ihre Grenze, sondern auch der Situationismus und Kontextualismus. Situationen werden definiert, Felder organisiert, Texte schreiben sich fort in Kontexten. Doch als ein Sprechen, das anderswoher kommt, entzieht sich die Antwort immer wieder den Zusammenhängen, in denen sie sich auswirkt." (AR, S. 279)

Der Ansatz will sich von Intentionalitäts- sowie Kommunikationstheorien abheben. Sinnesintentionen sollen nicht Angelpunkt der Waldenfelsschen Phänomenologie *responsiver Rationalität* sein. Der Anspruch, den Fremdes erhebt, ist jedoch insofern kommunikativ, weil der Angesprochene nicht nicht auf ihn antworten resp. reagieren kann.[265] Demjenigen, dem Fremdes begegnet, ist es unmöglich, nicht irgendwie darauf einzugehen. Auch ein „no comment" ist aussagekräftig. Unter diesem Gesichtspunkt ist der Angesprochene also immer schon „drin" im Antwortgeschehen. Nur lässt er sich dabei möglicherweise weniger von Regeln leiten als jemand, der ausdrücklich mit Fremdem kommunizieren oder dieses verstehen will. Entgegen kommunikationstheoretischen Grundlagen will Walden-

---

[263] Vgl. AR, Abschnitt 18.6. „Grenzen des Potentialis", S. 183 f.
[264] AR, S. 323, 331 f., 541 f.
[265] Siehe AR, S. 357, mit Berufung auf das Watzlawicksche Diktum, wonach man nicht nicht kommunizieren kann.

fels die Fremderfahrung als ein Übersetzen vom Eigenen hin zum Fremden verstanden wissen. Fremdes wird nicht zum gegenständlichen Was des Eigenen,[266] sondern die zu ihm über-setzende Ordnung sieht sich auf eigene Grenzen hingewiesen.

4 Fremde Ordnungen und Überschüsse ohne Ordnungsrahmen (Auswertung)

Die responsive Phänomenologie von Bernhard Waldenfels will den Aspekten des Außer-Ordnungshaften und Sinnüberschüssigen von Fremdheit gerecht werden. Wo sich Fremdes als Ungeregeltes und Unregulierbares zeigt und nur in einer indirekten ‚Rede von ihm' ‚aufscheinen' soll, ergeben sich indessen bestimmte Folgeprobleme für die philosophische Rede über Fremdes. Im folgenden will ich deshalb einige Aspekte des phänomenologischen Entwurfs rekapitulieren, die sich als immanent problematisch herausstellen. Sie werden einer kritischen Revision unterzogen, um Grenzen des Ansatzes zu extrapolieren. Auf den theoriekritischen Abschnitt folgend, bereite ich in einem zweiten Unterpunkt die mit Waldenfels gewonnenen Erkenntnisse thesenartig auf.

4.1 Entzug im Bezug – Probleme mit der Differenz (Kritik)

Jede philosophische Rede muss sich letztlich auch daran messen lassen, welcher Status den eigenen Aussagen im thematisierten Redebereich zukommt. So steht eine Rede über Fremdes, das keinem Gegenstand gleichkommen soll, in einer Begründungs- und Vorführpflicht, *was* und *wie* sie von jenem Fremden etwas aussagt, wenn sie eben nicht gegenständlich bezeichnend verfährt. Waldenfels macht diese Problematik zum Dreh- und Angelpunkt seiner Rede über das Phänomen der „Fremde" und der „Fremderfahrung". Für Walden-

---

[266] Siehe AR, S. 335.

fels sind nicht erst Aussagen über ein zu verstehendes Fremdes problematisch. Seiner Ansicht nach liegt bereits im Bestimmungsversuch der Andersartigkeit des Fremden eine Hypokrisie. Waldenfels kritisiert hermeneutische und an Kommunikation orientierte Ansätze deshalb, weil sie Fremdes verfehlen: Indem sie verstehend Sinn voraussetzen oder Fremdes in kommunikativen Regeln einbinden und strukturieren wollen, verstellen sich diese Ansätze – quasi methodisch falsch – im selben Atemzug ihr Thema.

Waldenfels' Theorie ist genau an der Stelle stark und äußerst hilfreich, wo ihre Überlegungen ein Propädeutikum und eine Art Selbstvergegenwärtigung jener Fallen bedeuten, die mit der philosophischen Rede auftreten können – welche ja von je verallgemeinerungsfähige Aussagen machen will. Die Phänomenologie des Responsiven legt den Finger in jene Wunde, die mit unreflektierten und nur kolportierten, politisch deformierten oder instrumentalisierten Vorurteilen über das Fremde – das nur als das „Barbarische", „Wilde", „Unzivilisierte" etc. wahrgenommen und abqualifiziert wird – aufgerissen wurde.[267] Anders als Kierkegaard kritisiert Waldenfels jedoch nicht mehr nur die „Abstraktheit" dieser Redeform, das meint die Unterstellung, dass der Einzelne (als Individuum) im Angesicht seines Anderssseinkönnens die Einheit von Identität und Differenz zu denken imstande ist. Unter dem Blickwinkel seiner ordnungsmäßigen Verfasstheit sucht Waldenfels darüber hinaus auch die Perspektive des Einzelnen zu brechen, indem er sie genuin im Zeichen der Differenzerfahrung von Eigenem und Fremdem thematisiert.

---

[267] Sie reformuliert damit die Kritik, die auch vorgebracht wird von: Stagl, Justin. „Die Beschreibung des Fremden in der Wissenschaft." In: Duerr, Hans Peter (Hg.). *Der Wissenschaftler und das Irrationale*. Frankfurt a.M. 1981. S. 273–295; Köpping, Klaus-Peter. „Ausgrenzung oder Vereinnahmung? Eigenes und Fremdes aus der Sicht der Ethnologie." In: Müller, Siegfried u.a. (Hg.). *Fremde und Andere in Deutschland. Nachdenken über das Einverleiben, Einebnen, Ausgrenzen*. Opladen 1995. S. 179–201.

Hier isoliert sich der phänomenologische Ansatz jedoch und schießt über das Ziel hinaus: Indem jeglichem Fragen, auch dem des Einzelnen, nach dem „unbekannten Unbekannten" per se unlautere Motive und ein unethisches Verhalten unterstellt werden, vermag sich der Ansatz selbst nur zu radikalisieren als dass er sich vom Moment der Differenz zwischen eigener und anderer Kultur löst und konstruktiv weiterführt. Die responsive Phänomenologie muss „gegnerischen" – etwa hermeneutischen – Ansätzen eine Zugangsweise zum Fremden unterstellen, die sich bei näherer Betrachtung als verkürzt darstellt, weil schon die der Waldenfelsschen Theorie zu Grunde liegende eigene Leitunterscheidung zu kurz greift.

Was mit dieser Kritik im Einzelnen gemeint ist, soll im Folgenden anhand von drei Theorieelementen präzisiert werden. Die Analyse betrifft 1.) die Unterscheidung von Eigenem und Fremdem und die damit einhergehende Kritik an der Hermeneutik als eines das Fremde im Eigenen „einebnenden" Ansatzes; 2.) den Begriff der Aneignung und den darob gemachten Vorwurf der „Einverleibung des Fremden"; 3.) die These von der Fraglichkeit des interkulturellen Dialogs und/oder Verstehens im Angesicht eines radikalen Differenzmoments zwischen Eigenem und Fremdem.

1. Die Leitunterscheidung von Eigenem und Fremdem

Waldenfels behauptet, dass jedem Verstehensversuch des Fremden ein illegitimer Assimilierungsversuch inhäriert. Verstehen, so seine Kritik, macht das Fremde zum Eigenen, damit aber ist gerade dasjenige verschwunden, was es an Eigenständigkeit und Andersartigkeit eigentlich zu respektieren galt. – Im Hinblick auf hermeneutische Überlegungen, die sich ausdrücklich im Feld unterschiedlicher Kulturen bewegen, scheint mir das Problem weniger darin zu liegen, dass sie Fremdes überhaupt irgend*wie* verstehen wollen, als vielmehr darin, dass Waldenfels deren Strategie per se als „Verstehen als Eigenes" auslegt. Etwas zu verstehen geht nicht notwendig damit einher, Fremdes zum Eigenen zu „machen".

Geht man davon aus, dass in der Rede von „dem Fremden" ein unbestimmtes Fremdes und damit das Fremde unter der Perspektive seiner Alienität gemeint ist, so stellt sich der Verstehensversuch als Versuch dar, die Unbestimmtheit in eine Bestimmtheit zu überführen: Die Alienität des Fremden wird in eine Alterität überführt. Das Fremde ist dann aber nicht ein Eigenes, sondern vielmehr ein *bekanntes* Fremdes, also ein *als* „unbekanntes Unbekanntes" bestimmtes Fremdes. Nicht anders ist hier die Kierkegaardsche Formel vom „Anderen der Existenz" auszulegen: Das radikale Fremde als das über die eigenen Bezüge des Selbst Hinausgehende und Übersteigende ist das Andere der eigenen Existenz, auf das diese sich bezogen sieht und das als Hintergrund und Gesamt von Möglichkeiten zu sein von einem unbestimmten Fremden in das bestimmte Fremde überführt wird. Versteht sich Verstehen als Erörterung des Status des Fremden für den ihn verstehenwollenden Einzelnen und legt der Einzelne das Fremde als jenen die konkrete Selbstreflexion ermöglichenden Hintergrund aus, so wird der Vorwurf der „Eingemeindung", des „Zum-Eigenen-Machens" oder der „Assimilation" des Fremden hinfällig. Nicht „Einverleibung" als „Reinholen in den eigenen Ordnungszusammenhang" im Verstehen ist also Sache der (Kultur-)Hermeneutik, sondern die Reflexion darüber, dass es Ordnungen gibt, die dem verstehenwollenden Selbst nicht (mehr) zur eigenen Wirklichkeit werden können. Höchstens können sie als eine ehemals offen gestandene Möglichkeit gewärtigt werden.[268] Dass

---

[268] Das spielt sich dann im hypothetischen Rahmen, als Idee einer möglichen Welt ab: X hätte auch als Kind von Chinesen in China geboren werden können und nicht als Sohn von Deutschen in Russland. – Wer eine Weile im Ausland gelebt und versucht hat, sich in die dortige Gesellschaft zu integrieren, wird merken, wie sehr man sich auch noch nach längerer Zeit versperrt in mancher Hinsicht: Wie schwierig es bspw. ist, mit Chinesen genau das zu führen, was man als Deutsche unter Freundschaft versteht. Wer in seiner Freizeit gerne ins Kino und ins Theater geht, wird sich auch nach Jahren schwer tun, die im Land so favorisierte chinesische Festivalkultur als adäquaten Ersatz zu akzeptieren. Umgekehrt bekommt man auch schnell mit, dass „das Fremde" und „die fremden Chinesen" u.U. über-

etwas fremd ist und man es als je geschiedenes Anderes seiner selbst beschreibbar machen will, meint also, sich selbst überhaupt mit Fremdem als Fremdem bekannt zu machen und nicht, es zu nivellieren. Hermeneutik als philosophische Disziplin hat dann auch nichts damit tun, dem Fremden „Gewalt anzutun". Verstehen als Ringen um den Begriff hebt auf die Möglichkeit der Beschreibung ab und nicht auf die Sache selbst. Der Vorwurf seitens etwa postkolonialer Theorien,[269] westliche Wissenschaft sei per se fremdkulturvernichtend, ist so trivial wie er kategorial falsch ist. Theorien können nichts „kaputtmachen" oder aus dem Leben rücken – ihr Rahmen ist nur mehr oder weniger zureichend, um ein Problem methodisch bzw. methodologisch in den Blick zu bekommen und beschreibbar zu machen.

2. Aneignung des Fremden

Daraus ergibt sich das Problem des pejorativen Aneignungsbegriffs, mit dem die responsive Phänomenologie operiert. Waldenfels unterscheidet zwei Formen von Aneignung: einerseits eine Aneignung, bei der das Fremde als „Doublette" oder „Kopie des Eigenen" begriffen wird, dem man sich in den eigenen sicheren Grenzen zuwenden kann. Aneignung kann andererseits auch als Idee des uni-

---

haupt nicht daran denken, „sich reinholen zu lassen" und etwa die im eigenen Kulturkreis verbindlichen Umgangsweisen mit Mensch und Umwelt zu adaptieren.

[269] Die Hybris, die diverse Diskurstheorien begehen, liegt darin, dass sie den Text nicht eigentlich ernst nehmen, weil nur oktroyierende Subtexte, die das „Subjekt des Schreibens gefangenhalten", fokussiert werden und Emanzipation nicht für möglich gehalten wird. So hält man nicht einmal jemanden, der sich über seine Kolonialisierung hinaus finden will, für möglich und tendiert dazu, ihn zu unterschätzen. Entscheidend ist, eine Alterität innerhalb von Normen sichtbar zu machen. „Dieses Sprechen ist keine einfache Anpassung an die bestehende Norm [...]. Sprechen [...] macht das Scheitern der Norm an der Etablierung einer universalen Reichweite sichtbar". Butler, Judith. *Hass spricht. Zur Politik des Performativen.* Berlin 1998. S. 131.

versalen Denkraums auftreten, in dem Eigenes und Fremdes integriert werden.[270] In beiden Fällen sei Aneignung unlautere Assimilation, bedeute Einverleibung und verfehle letztlich das Fremde in dessen Eigenständigkeit, so die phänomenologische Kritik.

Wichtig und richtig ist in diesem Kontext die Kritik am Terminus der Aneignung da, wo die Rede von einem „Sich-hinein-versetzen" ins Fremde ist. Fremdes zu verstehen, geht nicht darin auf, die eigenen Ordnungszusammenhänge zur Grundlage der Erklärung jenes Anderen meiner Existenz zu machen, d.h. Fremdes durch „Bevorzugung des Ich"[271] zu psychologisieren. Fremdes erschöpft sich nicht darin, dass der Verstehenwollende es als bloß noch nicht bekanntes Element in die eigene Sphäre transportiert oder dem Fremden Intentionen unterschiebt, die er durch die angelegten eigenen Maßstäbe für respektabel oder der Disqualifikation für wert befindet.[272]

Das Problem der Aneignungsbegriffskritik trifft da auf eine Grenze, wo der Terminus den selbstkonstitutiven Modus desjenigen meint, der sich verstehend zur Welt hin verhält. Der Begriff meint dann nicht die Aneignung des Fremden respektive eine Aneignung des fremden Textes. Mit Aneignung sieht sich die individuelle Verhaltensweise des einzelnen Selbst gegenüber dem Gesamt der möglichen Bezüge auf Welt umschrieben. Um in einem explizit werden könnenden Verhältnis zur Welt zu stehen, bedarf das Selbst der Aneignung seiner eigenen Bezüge. Der Einzelne hat diese Bezüge als seine ihn auszeichnenden eigenen zu gewärtigen, er muss sie bei *sich* verorten. Würde das Selbst nicht versuchen, sich seine Bezüge selbst anzueignen, d.i. sie als selbstkonstitutiv reflektieren, würde es nicht einmal den Versuch unternehmen können, überhaupt darüber

---

[270] Siehe OZ, S. 124.
[271] OZ, S. 124.
[272] Vgl. Waldenfels. „Grundmotive einer Phänomenologie des Fremden." A.a.O., S. 85.

nachzudenken, was ihn als Selbst auszeichnet und in welcher Beziehung es zur Welt (und zu Fremdem) steht.

Der negative Bezug auf das Andere seiner Existenz gedeutet als Aneignung ist demnach also ein Zugang zu sich selbst qua Reflexion des Fremdem als dem für die eigene Existenz faktisch unmöglichen, ins Eigene nicht reinholbaren, den Einzelnen jedoch als Selbst bedingenden Anderen. Aneignung ermöglicht nur eine Reflexion auf unser prinzipielles Anderssseinkönnen: Das Fremde wird als Möglichkeit des Anders-sein-könnens identifiziert. Aneignung meint gerade nicht, dass mit ihr Fremdes vereinnahmt wird, sondern umgekehrt weist sie das verstehenwollende Selbst auf die Unmöglichkeit hin, Fremdes als „Eigentum" behandeln zu können.

Aneignung verweist ineins auf das Wissen um die Identifikationsmöglichkeit des Anderssseinkönnens, damit geht zum zweiten aber auch das Wissen um die Unmöglichkeit des Fremdeinholens (= Fremdaneignens) einher. Waldenfels, ließe sich mit ihm über ihn hinausgehend konterkarieren, gibt an einigen Stellen mittelbar auch selbst Hinweise, inwiefern von Selbstaneignung gesprochen werden könnte: nämlich da, wo auf die indirekte Rede verwiesen wird, die fremdheits-adäquat, sprich Fremdheit nicht oktroyierend bzw. „aneignend-assimilierend" sein soll.[273] Schon Kierkegaard zog aus der Tatsache, dass das Selbst nur sich selbst anzueignen versuchen kann, die Konsequenz, dass es in seinem Bezug auf Welt und das Andere nur indirekt mit diesem zu kommunizieren vermag.

Unkommentiert darf in diesem Kontext dann auch nicht mehr der phänomenologische Seitenhieb auf die Kantische Formel „Habe Mut, dich deines eigenen Verstandes zu bedienen"[274] bleiben. Abwertend von der „Grundgebärde der Aneignung" zu sprechen und

---

[273] Siehe TF, S. 51; Waldenfels. „Paradoxien ethnographischer Fremddarstellung." A.a.O., S. 178.
[274] Kant, Immanuel [1784]. „Beantwortung der Frage: Was ist Aufklärung?" In: Ders.: *Werksausgabe* Bd. XI. Hg. von Wilhelm Weischedel. Frankfurt a.M. 1968. S. 53–61. S. 53 [A 481].

diese Kant unterzuschieben,[275] ist im Hinblick auf dessen Aufklärungsaufsatz nicht nur nicht fair nach dem Prinzip der Billigkeit, sondern verfehlt auch den Punkt, auf den der berühmte Eingangssatz abhebt. Es geht gerade darum, sich nicht eines fremden Verstandes zu bedienen, d.i. sich von einer fremden Obrigkeit, die einen als „Eigentum" ansieht, unkritisch Vorschriften machen zu lassen oder eine Problemlösung auf fremde Dritte (innerhalb wie außerhalb der eigenen Ordnung) abzuschieben.[276]

Hat Kant auch visionär das eine große Weltgericht vor Augen, so weiß er doch um die Notwendigkeit einer Vielstimmigkeit der Rede, durch die man zu konstruktiven Lösungsansätzen gelangen soll. Sich „seines eigenen Verstandes" zu bedienen macht den individuellen und qualitativen Unterschied aus, in einem Verhalten oder einer Handlung nicht nur zivilisiert zu sein, sondern auch (moralisch) kultiviert, wie es in den Präambeln der Kantischen politischen Philosophie immer wieder betont wird.[277] Es gilt, sich nicht nur im gemeinschaftlichen Handeln durch das Übernehmen habitualisierter Umgangsformen einzuüben und hierin die eine und einzig gelten könnende Gemeinschaft zu verstehen. Denn dies ist nichts, was unabhängig von der aktiven Partizipation ganz automatisch geschehen würde. Die Umgangsformen müssen vom Einzelnen auch eigens als verwirklichenswert reflektiert werden. Das gesellschaftspolitische Projekt früher Aufklärer wie La Mettrie (1709–1751) oder

---

[275] Siehe OZ, S. 124.

[276] Weniger als die erkenntnistheoretischen Implikationen der Rede über den Verstandesbegriff an sich wird hier also die realpolitische Situation in den Vordergrund gerückt.

[277] Siehe etwa Kant, Immanuel [1784]. „Idee zu einer allgemeinen Geschichte in weltbürgerlicher Absicht." In: Ders. *Werkausgabe* Bd. XI. Hg. von Wilhelm Weischedel. Frankfurt a. M. 1968. S. 33–50. Die Kantische Unterscheidung von „zivilisiert" – „kultiviert" wird an dieser Stelle theorieintern übernommen, auch wenn für eine systematische Argumentation kritisch anzumerken ist, dass sie zu oberflächlich verfährt, was den Begriff der Zivilisation betrifft.

D'Holbach (1723–1789), die einen unverhohlenen Universalismus als Fortschrittsoptimismus an den Tag legten,[278] wird bei Kant auf verhaltenere Grundfeste zurückgebogen. Bei ihm ist der skeptische Zweifel am eindimensionalen Glauben an eine hindernislose, stets nach vorne gerichtete Kultivierung des menschlichen Charakters – unter der Devise eines monokratisch auftretenden Universalismus – zu verspüren. Der Zweifel dient Kant zur Vorstellung von der Weltgesellschaft, auf deren Fundament der Einzelne zu sich und seiner Umwelt in ein reflexives[279] Wechselverhältnis tritt, auf dem er das Ganze der Erfahrung kritisch analysiert. Jemandes Haltung als eigenständig zu beschreiben, bedeutet dann, die qualitative Differenz zwischen „eigen" und „fremd" als konstitutiv für ihn geltend zu machen, und nicht, wie Waldenfels zu meinen scheint, die Grenzen zwischen diesen zu verwischen oder gar zu nivellieren. Kants Devise des „eigenen Verstandes", den man gebrauchen soll, scheint mir gerade diese Differenz als konstitutiv für die Reflexion auf Welt – als politischem Projekt, wohlgemerkt – zu gewärtigen und hervorzuheben.

3. Fraglichkeit des interkulturellen Dialogs

Ausgehend von der Leitunterscheidung von Eigenem und Fremdem und der Kritik am Aneignungsbegriff stellt Waldenfels schließlich grundsätzlich die Möglichkeit eines interkulturellen Dialogs in Frage.[280] Im Dialog würde das Fremde zu einem innerhalb von Ordnungen partikularisierten Dritten gemacht, das dann eine generalisierbare Vermittlungsfunktion zwischen Eigenem und Fremdem

---

[278] Siehe d'Holbach, Paul-Henri Thiry [1770]. *System der Natur oder von den Gesetzen der physischen und moralischen Welt*. Berlin 1960. S. 93–118 (Kapitel 9). Auch La Mettrie ruft aus: „Zerbrecht die Ketten Eurer Vorurteile (Brises la chaîne de vos préjugés)", ohne darum mit seiner Theorie eines holistischen Kausaldeterminismus in Konkflikt zu geraten. Siehe La Mettrie, Julien Offray de. *Der Mensch eine Maschine*. Leipzig 1984. S. 135.
[279] Bei Kant gleichwohl immer auch vernünftiges.
[280] Siehe TF, S. 123; SF, S. 44.

einnimmt. Damit würde jedoch der Status des Fremden in jene Vermittlungsinstanz ein- und in ihr zu Unrecht aufgehen, moniert Waldenfels.

Phänomenologisch wird zurecht auf die Grenzen dialogischer Theorien hingewiesen, wo deren „Formeln und Schemata" letztlich der „Fabrikation von Dialogmodellen" dienen sollen.[281] Die Frage, die sich hier stellt, lautet jedoch, ob Dialogversuche im interkulturellen Problemfeld notwendig auf unflexible Modelle hinauslaufen. Oder können sie sich im Angesicht der Unmöglichkeit eines Wissens um „das Eine Ganze" nicht auch etwas verhaltener dem Paradox des „Unikat-Modells", besser noch: des „Modell-Unikats" eines dialogisch orientierten Gesprächs verpflichtet sehen?[282] Modellhaft mag dann zwar das *Projekt* des Verständigungversuchs an sich sein. Sein eigentlicher Status besteht aber vielmehr darin, wie ein Einzelner aus seiner Perspektive heraus den konkreten Versuch ausführt. Eine „gegenseitige Erschließung" etwa von eigener und fremder Philosophie, wie sie dialogisch orientierte, Fremdheit fokussierende Thematiken z.B. für wichtig halten,[283] implizieren nicht notwendig ein (einziges) „Schema F", anhand dessen in nächster Zukunft alle Fremdartigkeiten abgebaut und eingeholt werden können sollen. Georg Stenger stellt hier zu Recht heraus, dass im Dialog überhaupt erst der Differenzgedanke in den Vordergrund rückt und entscheidender als der Einheitsgedanke wird. Im Dialog will überhaupt erst

---

[281] AR, S. 115 (Hervorhebungen des Autors sind nicht mitübernommen worden).
[282] Darauf scheint mir auch Stephan Schmidt mit seiner Kritik an Gadamers Skepsis gegenüber dem Gespräch, das das gegenseitige Kennenlernen zum Ziel hat, abzuheben. Siehe Schmidt. *Die Herausforderung des Fremden.* A.a.O., S. 277 f.
[283] A. Ronald Sequeira sieht darin eine wichtige Voraussetzung: „Wohin mit dem Absoluten? Ist ein interkultureller Dialog der Philosophien noch möglich?" In: Fornet-Betancourt, Raúl (Hg.). *Unterwegs zur interkulturellen Philosophie. Dokumentation des II. Internationalen Kongresses für Interkulturelle Philosophie.* Frankfurt a.M. 1998. S. 106–129. S. 111.

ein Verstehenshorizont eröffnet werden, in dem Eigenes und Fremdes in einer Begegnungserfahrung beschrieben werden können.

„Was man *versteht*, sind vor allem deren [der Verstehenswelten, JS] Sinnfolien, aber auch das, was man nicht verstehen kann, was einem entzogen bleibt. Es scheint mir nicht von ungefähr, daß sich das interkulturelle Denken einem hermeneutischen Impetus verdankt, der um ein solches Öffnungsgeschehen bemüht ist. Ja, im Grunde scheint das interkulturelle Denken dort erst anzufangen und Sinn zu machen, wo es in ein hermeneutisches Bewußtsein tritt, wo, um es anders zu sagen, der Horizont für Horizonte aufgeht."[284]

Der Dialog könnte hier also die Funktion einer kontrafaktischen Leitidee übernehmen, die sich als ein Interesse am Fremden ausweist, ohne damit eine positivierbare Einheit als größeres Ganzes zu postulieren. Waldenfels unterliegt mit der Betonung des Differenzmoments von Eigenem und Fremdem und im Ausweis des Fremden als A-*Topisch*em m.E. dem Folgeproblem des A-*Poretisch*en, in welche eine Radikalisierung des Eigenständigkeitsmoments des Fremden m.E. hineingerät. Wozu sollte aber überhaupt dem Fremden ein „Ort im Nirgendwo" eingeräumt werden, wenn alles Schreiben über das „ganz Andere" und alles Verstehenwollen des Fremden nur umso eintöniger und monochromer um die Betonung seines Überstiegs kreisen? Die Waldenfelssche Skepsis gegenüber dem Dialog scheint zu supponieren, dass mit dem Dialog notwendig eine erkenntnistheoretisch positivierte „Sachlichkeit" im Sinne einer gegenständlichen Identifikation des Fremden Einzug verknüpft ist.[285] Folgt aus der Abkehr vom einen Extrem, das das Fremde in den eigenen Traditionszusammenhang reinholen will, aber notwendig die Hinwendung in die andere isolierte Richtung, in der der Ausstieg

---

[284] Stenger, Georg. „Interkulturelle Kommunikation. Diskussion – Dialog – Gespräch." In: Schneider u.a. (Hg.). *Philosophie aus interkultureller Sicht.* A.a.O., S. 289–315. S. 300.
[285] Vgl. SF, S. 49.

aus der Idee einer kommunikativen Auseinandersetzung mit dem Fremden geprobt wird? Fremderfahrung „bildet nicht die Grundlage, sondern bezeichnet eher eine Phase interkultureller Begegnung."[286]

Waldenfels' Aussagen betonen das Grundphänomen der Differenzerfahrung und Grenzerfahrung im Prozess der Wissensgenerierung. Der Ansatz stellt sich als Strategie des Umgangs mit Fremdem heraus, welcher allein das relativierende Moment von unterschiedlichen Kulturen als Ordnungen in den Blick nimmt. Damit wird aber auch das Verhalten desjenigen weitestgehend ignoriert, der sich auf eine fremde Kultur bezieht. Die Betonung einer absoluten Differenz von Eigenem und Fremdem, Selbst und „unbekanntem Unbekannten" und von Einzelnem und „negativem Allgemeinen" ist indessen nur so lange relevant, wie sie als Bemühen eines konkreten Individuums ausgewiesen wird, der das Fremde als Möglichkeit einer anderen Lebensführung versteht.

Differenz kann nicht nur einfach vorausgesetzt werden. Oder anders: Auf Differenz kann es argumentativ nicht einfach nur ankommen, sondern, wie Stenger einmal mehr richtig pointiert, „sie muß hinsichtlich ihrer jeweiligen Konstitutionslage *gezeigt* werden."[287] Dies bleibt Waldenfels' Ansatz noch zu oft zu liefern schul-

---

[286] Stenger, Georg. Philosophie der Interkulturalität. Erfahrung und Welten. Eine phänomenologische Studie. Freiburg i.Br., München 2006. S. 397.

[287] Stenger. *Philosophie der Interkulturalität*. A.a.O., S. 395. Hier spielt es keine Rolle mehr, ob Waldenfels' Texte „wirklich" bei der eigentlichen Radikalität des absolut Differenten ankommen. Diese Kritik müssen sich bis heute noch alle französischen sowie französische Philosophie rezipierenden Denker gefallen lassen von denen, die sich „noch radikaler" über deren Erörterungen hinwegsetzen wollen. Der Vorwurf, der Vorgänger denke nicht „grundlegend differenzorientiert" genug, ist eigentlich ermüdend. Er trägt nichts Neues zu konkreten Differenzerfahrungen bei. (Siehe die Kritik an der Waldenfelsschen „Verflechtung von Innen und Außen" bei Nakamura, Yoshiro. *Xenosophie. Bausteine für eine Theorie der Fremdheit*. Darmstadt 2000. S. 116.)

dig.[288] Was in Folge dessen beobachtbar wird, ist ein monodimensional ausgerichteter Umgang mit der Leitidee des Universalismus. Dieser wurde als negativer Hintergrund ausgewiesen, vor dem sich der verstehenwollende Einzelne als das in eine Ordnung eingebundene Individuum im Hinblick auf Fremdes zu situieren sucht. Wird Verstehen nur für eine inadäquate Fremd-Aneignung gehalten, so beschneidet man sich der Möglichkeit, sich selbst als eine von vielen wichtigen und richtigen Perspektiven, durch die Welt konstituiert wird, zu erfahren. Die Isolation durch die Differenz, in der Eigenes und Fremdes hier zu verharren gezwungen werden, beschwört ein Nebeneinander von vielen Fremdheiten herauf, die so vielfältig sind, wie sie darüber schlussendlich beliebig werden. Letztlich würde es damit auch überflüssig, Ordnungen in eine Beziehung zueinander zu stellen und deren kulturelle Verflechtungen aufzeigen zu wollen. Waldenfels' Thematisierung des Fremden läuft auf eine einseitige Betonung des relativen Moments als des Abbruchhaften innerhalb von kulturellen Ordnungsbeziehungen hinaus. Darüber wird aber auch eine kulturelle Fremde verabsolutiert und hypostasiert. Jene die Ordnung entrahmenden Überschüsse, in denen sich Fremdes ‚zeigt', sehen sich kontextlos vom Selbst und dessen Ordnungshaftigkeit abgekoppelt und in deren Tragweite für den Verstehenwollenden, der sich mit Fremdem auseinandersetzt, verkürzt.

4.2 Auf dem Weg zur Kultur (Sieben Thesen)

Sahen sich mit der Leitunterscheidung von Eigenem und Fremdem, wie Waldenfels sie unternimmt, auch größere Probleme verbunden, so konnte im Anschluss an Waldenfels' Ordnungsbegriff jedoch das Verhältnis von Selbst und Fremdem als dem Anderen einer Existenz näher als Relation einer (Selbst-)Ordnung zu einem Außer-Ord-

---

[288] Wenn er sich auch – was nicht unerwähnt bleiben soll – an einigen Stellen bereits konkret auf fremdkulturelle Perspektiven bezieht. Der japanische Psychologe Kimura Bin (z.B. *Zwischen Mensch und Mensch. Strukturen japanischer Subjektivität*. Darmstadt 1995) dient mehrfach als exemplarisch rückgekoppeltes Vergleichselement.

nungshaften bestimmt werden. Dadurch sieht sich auch der Kulturbegriff präzisiert, in dessen Feld die Frage nach dem Verstehen des Fremden operiert. Auf dieser Grundlage werden – im Hinblick auf die Frage nach der Kultur – zunächst folgende vier Thesen als Ertrag der hiesigen Theorie-Diskussion festgehalten:

1. Indem es sich in einer Vielfalt von Bezügen situiert, konstituiert das verstehenwollende Selbst eine Selbstordnung.
2. Neben der eigenen Ordnung findet das Selbst andere Ordnungen vor. Vor deren Hintergrund kommt eine lebensweltliche Gebundenheit und faktische Eingebundenheit des Selbst in konkrete Ordnungszusammenhänge zum Vorschein.
3. Die durch die Vielzahl konkreter Ordnungen mitbedingte eigene lebensweltliche Begrenztheit weist sich als kulturelle Verortetheit des Selbst aus.
4. Kultur macht sich in dem zwischen und in verschiedenen Ordnungen konstituierten Gewebe von Bezugsverschränkungen, Bezugsüberlappungen und gegenseitigen Beschränkungen von Bezügen aus.

Im Hinblick auf die Endlichkeit des verstehenwollenden Selbst in dessen Ordnung ließe sich nun kritisch die Frage anfügen, warum überhaupt umständlich von Ordnung gesprochen wird, wo klassischerweise doch schon Begriffe wie „Geschichtlichkeit", „(historisch bedingte) Faktizität" oder „Lebenswelt(lichkeit)"[289] zur Verfügung stehen, die auf die kulturelle Verfasstheit des Selbst aufmerksam machen und diese präzisieren. Dieser Vorwurf kommt nicht von ungefähr, lag es (implizit oder ausdrücklich) doch auch schon im Zielfokus der klassischen Hermeneutiken wie auch der frühen Phänomenologie, auf die kulturelle Gebundenheit jedes Verstehens abzuheben. Der Ordnungsbegriff scheint mir eher in der Lage zu sein, die Frage nach dem Verstehen von Welt anzusprechen und das Fol-

---

[289] Siehe z.B. Husserl. *Meditationen*. Aa.O., § 58 (s. 135–139); SuZ, § 74–75 (S. 382–392).

geproblem des „Verstehens (in) der *einen* Welt" zu umgehen. Mit der Überlegung, dass es mehrere Ordnungen gibt, in denen sich Eigenes und Fremdes kulturhaft verorten, lässt sich m.E. schärfer herausstellen, dass im kulturhermeneutischen Feld die Rede von Fremdverstehen als Verstehensversuch nicht von Welt, sondern vielmehr von Welt*en*[290] unternommen wird. In dessen Verlauf lässt sich keine bzw. genauer: keine einzige (Struktur)Ontologie von (der einen einzigen) Welt mehr supponieren, sondern es kann – wegen der Vielzahl an Ordnungen – nur noch eine Vielheit von Weltentwürfen angenommen werden, die in keinem Projekt eines einzigen, universal gültigen Weltentwurfs zusammenführbar sind. Im Gegensatz zu *der* Geschichtlichkeit und zu *der* Lebenswelt des Selbst, die gerne fundamentalontologisch interpretiert werden, macht die Rede von Ordnungen immer nur da Sinn, wo diese grundlegend nicht als *die*, sondern als eine unter vielen differenten Ordnungen gemeint ist.

Daraus ergeben sich Schlussfolgerungen für den Umgang mit dem Begriff des Fremden, wo mit ihm auf das kulturhermeneutisch relevante „unbekannte Unbekannte" einer Ordnung abgehoben werden soll. Für diesen kann zusammenfassend gesagt werden:

5. Die eigene Selbstordnung sieht sich dort auf Fremdkulturelles verwiesen, wo sie auf Ordnungsstrukturen trifft, die sie nicht (mehr) ganz durch eigene Bezüge herzustellen oder wiederzugeben vermag.

6. Kulturelle Fremde „beginnt" nicht erst beim Anderen der eigenen Existenz, sieht sich in kulturhermeneutischer Perspektive aber in diesem geortet.

7. Für das verstehenwollende Selbst stellt sich Fremdkulturelles als das dar, was der eigenen Ordnungskultur außen vor ist. Dies betrifft nicht mehr nur den Umgang mit anderen Ordnungsstrukturen, sondern hebt auf die Bedingungen von Ordnungsstrukturen überhaupt ab, die nicht mehr in den eigenen Bezügen

---

[290] Vgl. Stenger. *Philosophie der Interkulturalität*. A.a.O., und Abschnitt IV.

(als eigenes Andersseinkönnen) reflektiert und repräsentiert zu werden vermögen. Gibt das Fremde dem Selbst die Möglichkeit, sich als Andersseinkönnendes zu begreifen und die eigene Wirklichkeit als einzig verbindliche zu verstehen, so bildet eine konkrete Ordnungskultur als dasjenige Gesamt der faktischen Bezüge und Bezugsmöglichkeiten, in denen sich das Selbst als endlich verfasstes Individuum hält, den Hintergrund, durch den sich faktisch Umfang und Reichweite der Bezüge konstituieren. Eigene und fremde Ordnungen unterscheiden sich dadurch und sind so auch kategorial voneinander zu trennen, wie ob deren je anderer Kultur differente Bestände von verwirklichbaren sowie abrufbaren Bezugs- und Verstehensmöglichkeiten zur Verfügung gestellt werden. Als regelnde Instanzen verschließen Ordnungskulturen dem Selbst vorgängig immer Möglichkeiten, wie sie ihm damit faktisch je schon bestimmte Bezugsräume eröffnet haben.[291]

---

[291] Nach Hubig, Christoph. „Medialität und Möglichkeit." In: *Scientia Poetica. Jahrbuch für Geschichte der Literatur und der Wissenschaften* Bd. 7/2003. S. 187–209. S. 200. Hier wird unter kulturtheoretischer Perspektive Kultur als Medium, d.i. als Inbegriff von Handlungsmustern verstanden.

IV Funktionalität im Verstehen – Der Einspruch der Kultur in kommunikativen (Dis-)kontinuitäten (Niklas Luhmann)

1 Einleitung: Bedenken und Systemtheorie

Sieht sich das verstehenwollende Selbst vor dem Hintergrund der eigenen Ordnungskultur beim Fremden mit einem Außer-Ordnungshaften konfrontiert, so weiß es sich als Verstehenwollendes doch existentiell kommunikativ darauf bezogen. Das Fremde erschließt sich dem Selbst nicht nur, indem es sein Leben verstehen und mitteilen will. Das Andere der Existenz des Selbst wird selbst ein zu Kommunizierendes. Es ist ein Fremdes, das sich womöglich erst in der Kommunikation überhaupt positiv ausweisen lässt. Daraus ergibt sich die Aufgabe, den Status und die Reichweite der Kommunikation als jenes die konkrete Ordnungskultur des Selbst bedingende Relationsmoment genauer zu bestimmen.

Mit Waldenfels wurde aufgezeigt, dass ein Verstehen des Fremden unter Bedingungen je konkreter Ordnungskulturen steht. Sie weisen auf Grenzen in der Funktionalisierbarkeit der Rede über das Fremde hin. Weiterführend möchte ich erörtern, wie das Selbst dem Unendlichkeits- bzw. Unbestimmbarkeitsdilemma, in dem es als Verstehenwollender steckt, konkret begegnet. Eine meiner Thesen ist, dass durch Kultur Selbst- und Fremdordnungen vergleichbar werden. Qua Kultur können die hierbei getätigten Unterscheidungen aber ebenso in Frage (und Abrede) gestellt werden. Es verdankt sich der Janusköpfigkeit der Kultur – nämlich: vergleichbar zu machen und auch den Vergleich zu durchkreuzen –, dass der Verstehenwollende und jenes Zu-Verstehende als zwei sich gegenseitig bedingende „Seiten" beschreibbar werden, die sich in einer intransparenten Beobachtungskonstellation befinden. Der andere wird jeweils im Nachvollzug der jeweils fremden Leitunterscheidungen verstanden.

Die Eigenständigkeit der unterschiedlichen Perspektiven wird nicht notwendig untergraben, sondern wird gewahrt.

Kulturell differente Prioritäten in eigenen und fremden (Selbst-)-Ordnungen sind der Motor einer auf Verstehen ausgelegten Kommunikation. Auf diese Weise legitimiert Kultur einerseits einen operativen Funktionalismus im Umgang mit dem Fremden. Andererseits weist Kultur das Verhältnis von Selbst und Fremdem als eine sich gegenseitig irritierende und störende Beziehung aus, nämlich weil die jeweiligen Perspektivunterscheidungen just von Kultur durchkreuzt werden. Diese Funktionalkonstellation „kultureller Einsprüche" führt Niklas Luhmann (1927–1998) mit dem in einer Gesellschaftstheorie ausgearbeiteten Begriff des Systems exemplarisch vor. Luhmanns Theorem der System/Umwelt-Differenz soll hier deshalb dazu dienen, Möglichkeiten einer Rede von Fremdverstehen zu eruieren.

Luhmanns Überlegungen bilden eine zwiespältige, nur schwierig zu handhabende Theorie im Kontext der hiesigen Problematik.[292] An Luhmanns soziologischen Entwurf sozialer Systeme sind grundsätzlich einige Kritikpunkte adressierbar, die sich auch durch den Kommunikationsbegriff, dessen Tragfähigkeit für das hiesige Verstehensproblem geltend gemacht werden soll, nicht ohne weiteres dispensieren lassen. Einige Einwände, mit denen Luhmanns Theorie üblicherweise konfrontiert wird, lauten: 1. Der Autor legt seinen Ausführungen die Annahme eines einzigen Weltgesellschaftssystems zugrunde,[293] Differenz oder Erfahrung eines ganz Anderen (der eigenen Existenz) sind so nicht denkbar. 2. Die Aussagen zur

---

[292] Eine philosophische Deutung hat sich entgegen dem von Luhmann selbst bedienten Gestus dennoch nicht erübrigt. Vgl. Clam, Jean. „Unbegegnete Theorie. Zur Luhmann-Rezeption in der Philosophie." In: de Berg, Henk/ Schmidt, Johannes F.K. (Hg.). *Rezeption und Reflexion. Zur Resonanz der Systemtheorie Niklas Luhmanns außerhalb der Soziologie.* Frankfurt a.M. 2000. S. 296–321.

[293] Siehe Luhmann, Niklas. *Die Gesellschaft der Gesellschaft.* Frankfurt a.M. 1998. S. 78. [im Folgenden: GG]

gesellschaftstheoretisch konstitutiven System/Umwelt-Differenz führen unter der Prämisse eines radikalen Konstruktivismus[294] systemimmanent zu erkenntnistheoretischen Inkonsistenzen.[295] 3. Die Innen-Außen-Differenz, welche mit der kategorialen Trennung von psychischem Bewusstsein und sozialer Kommunikation eingeführt wird,[296] bringt einen umgreifenden Systemholismus und ein Weltganzes hervor, in dem keine Individualität einzelner Perspektiven denkbar ist.[297] 4. Luhmanns Kulturverständnis und seine begriffliche Aversion[298] sind unterkomplex und defizitär.[299]

Diese Einwände zur Kenntnis nehmend, möchte ich erläutern, inwiefern Luhmanns Ideen m.E. einen produktiven Beitrag zur interkulturellen Verstehensfrage leisten: nämlich genau dort, wo auf eine besondere Funktionalisierungsstrategie hingewiesen wird, mittels derer das Selbst Fremdes konkret versteht. Die System/Umwelt-Differenz, welche die operative Grundlage der Systemtheorie bildet, wird hier ihrem Impetus nach als dezidiert polyzentrisch und polykontextural angelegt interpretiert. Dies zeitigt Konsequenzen für den Kommunikationsbegriff. Mit ihm wird Verstehen als kulturab-

---

[294] Siehe Luhmann, Niklas. *Die Wissenschaft der Gesellschaft*. Frankfurt a.M. 1992. S. 521 f., 666.

[295] Siehe z.B. Gamm. *Flucht aus der Kategorie*. A.a.O., S. 236–256, bes. S. 244 f. Dazu später in IV 5 und 5.1.

[296] Vgl. Luhmann, Niklas. *Soziale Systeme. Grundriß einer allgemeinen Theorie*. Frankfurt a.M. ⁷1999. S. 111–114 [im Folgenden: SoS]; ders. Die neuzeitlichen Wissenschaften und die Phänomenologie. Wien 1996. S. 33.

[297] Diese Kritik rekonstruiert Andreas Reckwitz in „Kulturtheorie, Systemtheorie und das sozialtheoretische Muster der Innen-Außen-Differenz." In: *Zeitschrift für Soziologie* 1/1997. S. 317–336.

[298] Siehe Luhmann, Niklas. „Kultur als historischer Begriff." In: Ders. *Gesellschaftsstruktur und Semantik. Studien zur Wissenssoziologie der modernen Gesellschaft 4*. Frankfurt a.M. 1999. S. 31–54.

[299] Er kommt später auf Kultur zurück, obwohl er sie bereits durch systemtheoretische Termini verabschieden zu können gemeint hatte. Siehe Luhmann, Niklas. *Beobachtungen der Moderne*. Opladen 1992. S. 197–202. Vgl. Gamm. *Flucht aus der Kategorie*. A.a.O., S. 161 f., 255–259.

hängiger Versuch des perspektivischen Nachvollzugs von für das Selbst fremden Leitunterscheidungen rekonstruiert. Wo der Kulturbegriff bei Luhmann etwas unterbeleuchtet bleibt, soll im Anschluss an den Systemtheoretiker Dirk Baecker (*1955) die spezifisch kontinuierend-diskontinuierende Mehrdeutigkeit ausgeführt werden, die Kultur verstärkt leistet.

Eine kritische Revision des Luhmannschen Sozialparadigmas bildet den Schluss dieses Kapitels. Der funktionalistische Verstehensbegriff der Systemtheorie wird auf verkürzte verfügungsrationalistische[300] Implikationen hin erläutert. Luhmanns Theorie stellt sich als „Hermeneutik sozialer Systeme"[301] heraus, die, gleichwohl sie Kontingenz als das Grundproblem interpretativer Weltentwürfe ausmacht, diese zugunsten eines monodimensionalen systemischen Selektionsverständnisses zurückstellt. Damit blendet sie die bloß intermediären Handhabungskapazitäten von Verstehen im Umgang mit lebensweltlicher Unbestimmtheit zugunsten der Annahme von gänzlicher Kontrollfähigkeit über das Fremde aus. Die Frage, die Luhmann hier unbeantwortet lässt, ist, ob Selbstordnungen als perspektivierte Weltentwürfe schlussendlich in funktionalsystemisch agierenden emergenten Einheiten aufgehen. Oder ermöglichen sie nicht vielmehr durch die Perspektive erst Individualität und lassen fluide polyzentrische Übergänge und Schnittstellen zwischen (Kultur-)Ordnungen zu? Wenn letzteres zutrifft, dann müssen auch – über einen funktionalsystemischen Holismus hinausgehend und entgegen der Paradoxie der Begründungsfähigkeit systeminterner Zustände – verbindliche Verstehensgrenzen zwischen *Kulturen* (und nicht: Systemen) anerkannt werden.

---

[300] Siehe Gamm. *Flucht aus der Kategorie*. A.a.O., S. 252.
[301] Im Anschluss an Wolfgang L. Schneiders These, siehe: „Hermeneutik sozialer Systeme. Konvergenz zwischen Systemtheorie und philosophischer Hermeneutik." In: *Zeitschrift für Soziologie* 6/1992. S. 420–439.

2 Wie ist Kommunikation an Verstehen beteiligt? – Zum Umgang mit Intransparenz unter systemtheoretischem Blickwinkel

Sich aus seiner Perspektive heraus auf Welt beziehend, sind dem Selbst bestimmte Bezugsmöglichkeiten verschlossen. Das Selbst verfährt in seiner Ordnung selektiv. In der Wahl wird Bestimmtes eingeschlossen und Anderes wiederum unbestimmt gelassen. Durch die Unterscheidungen, die das Selbst tätigt, kristallisiert sich eine verbindliche Ordnung heraus. Wo Unterscheidungen und Entscheidungen konkret wiederholt werden, etablieren sie sich als eigene Kultur der Ordnung. Ordnungskultur stiftet nicht nur Verbindlichkeit. Sie führt in sich das Grundphänomen des selektiven Entwurfs von Welt vor.

Mit Einschluss- als spezifischen Ausschlussverfahren haben wir uns seit Kierkegaards Idee des existentiellen Weltbezugs eines Selbst sowie Waldenfels' Theorem der asymmetrisierenden Präferenz im Bezug vertraut gemacht. In Niklas Luhmanns Werk bildet Selektivität als Vorgang der unterscheidenden Bezeichnung und Priorisierung die maßgebende theoretische Grundlage. Luhmann legt diese Überlegung, nämlich dass sich Identifikation als „ausschließender Einschluss" gestaltet, seinen gesamten Ausführungen zugrunde. Er entwickelt sie als Idee ausdifferenzierter (Teil-)Systeme der modernen Gesellschaft. Jede Aussage, die über den Gegenstand der Theorie, d.i. die Welt als sozial relevante bzw. thematisierte Gesellschaft, gemacht wird, wird auf sinnkonstituierende Systeme zurückgeführt, deren Form des Weltbezugs sich hinreichend erst im Verstehen manifestiert.[302]

Um den Status des systemtheoretischen Verstehensbegriffs und dessen Tragfähigkeit für die hiesige Frage identifizieren zu können, wird zunächst die Grundanlage der Systemtheorie, die System/

---

[302] Siehe SoS, S. 110.

Umwelt-Differenz, rekonstruiert.[303] Luhmanns Prämissen koinzidieren mit der These von der Unvertretbarkeit der Perspektive, die mit Leibniz und Kierkegaard als weltzugangskonstitutiv herausgearbeitet wurde. Darüber hinaus weisen sie auf bestimmte Funktionalisierungsstrategien hin, durch die sich jeder Weltentwurf eigens stabilisiert, dies trotz und im Angesicht seiner eigenen Willkürlichkeit respektive Kontingenz.

Im zweiten Schritt werde ich auf Kommunikation als Medium systemisch-funktionaler Prozesse eingehen. Verstehen weist sich als „unerläßliches Moment des Zustandekommens von Kommunikation"[304] aus. Hier erklärt sich, warum Kommunikation für ein Verstehen des Fremden unabdingbar ist, dieser Prozess aber nur als selbstreferentieller und funktionalisierter Vorgang durchführbar erscheint. Welt als – gemeinsam geteiltes – größeres Ganzes darf höchstens angenommen, kann aber nicht erkannt werden. Gerade deshalb wird aus der Perspektive desjenigen, der verstehen will, darauf gesetzt, dass Kommunikation weiterläuft.

---

[303] Die Ausführungen sollen angesichts von Luhmanns exorbitantem Textkontingent auf die kulturhermeneutische Problematik fokussiert sein. Der Rattenschwanz, den jeder Terminus in dieser Theorie nach sich zieht, wird also „abgeschnitten". Ein Überblick über Luhmanns Schriften findet sich bei Baraldi, Claudio/Corsi, Giancarlo/Esposito, Elena (Hg.). *GLU. Glossar zu Niklas Luhmanns Theorie sozialer Systeme*. Frankfurt a.M. 1997. S. 218–248, sowie Krause, Detlef. *Luhmann-Lexikon. Eine Einführung in das Gesamtwerk von Niklas Luhmann*. Stuttgart ²1999. S. 221–245.

[304] SoS, S. 198.

2.1 Die Geschlossenheit der eigenen Ordnung – System/Umwelt-Differenz und sinnhafter Weltbezug

2.1.1 System, Autopoiesis und Selbstreferentialität

Der Systemtheorie liegt ein differenztheoretischer Ansatz zugrunde. *System*[305] ist der Grundbegriff, der als „eine Form mit zwei Seiten"[306] verstanden wird, welche die eigene Einheit[307] nicht selbst reflektieren kann. System ist ein Funktionsbegriff, mit dem zwei Seiten voneinander unterschieden werden und eine Seite als System positiv bezeichnet und die andere Seite als *Umwelt* des Systems unbestimmt gelassen wird. Als System versteht sich alles, worauf die Unterscheidung von *Innen* (d.i. das System) und *Außen* (d.i. die Umwelt) angewendet werden kann.[308] Die Unterscheidung kennzeichnet also die Schnittstelle zwischen System und Umwelt.

„Die Unterscheidung ist eine Grenze, das Markieren einer Differenz. Man hat dann zwei Seiten, aber mit der Maßgabe, dass man nicht beide zugleich gebrauchen kann, denn dann wäre die Unterscheidung sinnlos." (ES, S. 74)

Unterscheidet man zwei Seiten, so *ent*scheidet man sich für eine von ihnen. Die Unterscheidung dient dann der Bezeichnung der Seite,

---

[305] Es wird das System-Verständnis nach Luhmanns Paradigmenwechsel hin zum Ansatz (geschlossener) selbstreferentieller (autopoietischer) Systeme thematisiert. Siehe SoS, S. 23 ff. Einen Überblick über die Entwicklungsgeschichte der Theorie findet sich bei: Kiss, Gábor. *Grundzüge und Entwicklung der Luhmannschen Systemtheorie*. Stuttgart 1990. Bes. S. 89–102.

[306] Luhmann, Niklas. *Einführung in die Systemtheorie*. Hg. von Dirk Baecker. Heidelberg 2002. S. 77. [Im Folgenden: ES]

[307] GG, S. 61.

[308] Siehe ES, S. 75; GG, S. 1020. „Unterscheidung" lehnt sich an an George Spencer Browns (*1923) Begriff der *distinction* in: *Laws of Form*. New York 1972.

für die man sich entschieden hat.[309] Das System ist damit sowohl die „Differenz zwischen Innen und Außen" als auch die je präferierte Seite. Systeme existieren nicht in einem vorgängig ontischen Sinne oder an sich. Als *terminus technicus* stehen sie für das Resultat einer gemachten Unterscheidung und der Reflexion über jene differenztheoretisch begründete, bevorzugte Seite, anhand welcher Welt als größere Umwelt eines Systems thematisiert wird.[310]

Warum muss überhaupt unterschieden werden? „Die Notwendigkeit d[]er Differenzierung ergibt sich aus der Komplexität kombinatorischer Möglichkeiten",[311] sich auf Welt zu beziehen. Luhmann gibt eine zu Kierkegaard strukturparallele Antwort: Um überhaupt etwas als etwas und sich selbst (als ‚Selbst')[312] identifizieren zu können, wird Selektion als konkrete (Aus-)Wahl einer Anzahl von Elementen[313] aus einer unendlichen Menge von möglichen Bezügen auf Welt notwendig. Welt als Einheit kann nicht beobachtet werden. Deshalb muss auf sie *selegierend*[314] Bezug genommen werden. Es wird eine Umwelt des Systems konstituiert, die als Gesamthorizont der systeminternen fremdreferentiellen Verarbeitungen erscheint.[315]

---

[309] „Bezeichnung" wiederum nach Spencer Brown: *indication*. Dass in der Unterscheidung als dem Markieren einer Differenz immer schon die Unterscheidung im Sinne der Bezeichnung der ausgewählten Seite mitvorkommt, kann erst im Nachhinein expliziert werden. Siehe Hubig, Christoph. *Handlung – Identität – Verstehen. Von der Handlungstheorie zur Geisteswissenschaft*. Weinheim, Basel 1985. S. 277.

[310] Siehe SoS, S. 35.

[311] SoS, S. 73.

[312] Vgl. Reckwitz. „Kulturtheorie, Systemtheorie." A.a.O., S. 324: „[...] Systeme konstituieren sich jeweils dadurch als ein ‚Selbst', daß sie sich von allem Fremdem, Äußeren different setzen."

[313] Genauer: ‚Relationen von Elementen' bzw. ‚Elemente mit relationaler Verknüpfung'. Siehe SoS, S. 41.

[314] Siehe SoS, S. 187 f.

[315] Luhmann, Niklas. Ökologische Kommunikation. Kann die moderne Gesellschaft sich auf ökologische Gefährdungen einstellen? Opladen ³1990. S. 51. [Im Folgenden: ÖK]

Das bedeutet, ein System steht als System zur Welt als größerer Einheit in einem System-/Umwelt-Verhältnis. Es reduziert die eigene, prinzipiell unendliche Vielzahl von Bezugsmöglichkeiten auf Welt und grenzt Kontingenz, d.i. die unbestimmbare Komplexität möglicher Weltentwürfe, auf eine bestimmbare Menge hin ein.[316] Das System beschränkt sich selbst und bezieht sich dabei konkret auf Welt.[317]

Luhmann versteht Systeme als sich selbst reproduzierende Einheiten von Differenzen. Das Systemselbst ermöglicht sich per Selbstreproduktion derjenigen Elemente, die von ihm zuvor eigens zur Verfügung gestellt wurden. Diese Art der Selbstkonstitution wird als *autopoietisch* charakterisiert.[318] Autopoietische, qua wiederholtem Selbstbezug operierende Systeme verfahren ausssschließlich *selbstreferentiell*. Das meint, dass das System

> „die Elemente, aus denen es besteht, als Funktionseinheiten selbst konstituiert und in allen Beziehungen zwischen diesen Elementen eine Verweisung auf diese Selbstkonstitution mitlaufen läßt, [...]. In diesem Sinne operieren selbstreferentielle Systeme notwendigerweise im Selbstkontakt, und sie haben keine andere Form für Umweltkontakt als Selbstkontakt." (SoS, S. 59)

Das veranlasst die Theorie, Systeme als *operativ geschlossen* zu fassen. Darüber hinaus verfügen Systeme über genau eine operative Letzteinheit. Unterschieden können so psychische von sozialen Systemen werden. Erstere prozessieren auf der Grundlage von *Gedanken*, letztere rekurrieren auf *Kommunikation*.[319] Luhmann attestiert einem System eine Resonanzfähigkeit für Ereignisse aus der Umwelt. Sie

---

[316] Siehe SoS, S. 46, 187 f.
[317] Siehe GG, S. 77, 87, 92 f.
[318] Dem Begriffsapparat Humberto Maturanas entlehnt.
[319] Vgl. Luhmann, Niklas. „Was ist Kommunikation?" In: Ders. *Soziologische Aufklärung 6. Die Soziologie und der Mensch.* Opladen 1995. S. 113–124. Das gewährleistet die Eigenständigkeit und Individualität der Psyche (SoS, S. 346–376). Dazu unten IV 3.2.

werden aber als Rauschen oder Irritation wahrgenommen, welches qua systeminterner Unterscheidungen interpretiert werden muss.[320] Jeder Bezug auf ein Außen, d.h. die Umwelt des Systems, stimuliert damit wieder nur den systemischen Selbstbezug, und jeder Distanzgewinn zur Umwelt „[wirft] die Frage des Selbst, der eigenen Identität auf[]".[321]

2.1.2 Selbstbeobachtung, Fremdbeobachtung, Weltbezug

Welche Aussagen macht ein System über sich und andere? Systeme nehmen auf sich oder auf ihr Außen Bezug, indem sie sich oder ihr Außen *beobachten* und so Unterscheidungen handhaben.

„Autopoietische Systeme können durch andere Systeme, aber auch durch sich selbst beobachtet und beschrieben werden; und Beobachten/Beschreiben heißt nichts anderes als Beziehen auf eine Differenz unter Voraussetzung von Limitationalität, das heißt: auf Differenz in einem auch anders möglichen Unterscheidungsbereich." (SoS, S. 359)

Der Terminus der Beobachtung „bezeichnet die Einheit einer Operation, die eine Unterscheidung verwendet, um die eine oder die andere Seite dieser Unterscheidung zu bezeichnen."[322] Beobachten meint demnach nichts anderes als „unterscheidendes Bezeichnen", also Handhaben einer Distinktion durch das System selbst, welches sich auf sich oder auf die Umwelt bezieht. Dies geschieht unter Vollzug systeminterner Unterscheidungskriterien. Man bringt also nur dann etwas über ein anderes System in Erfahrung, wenn man dessen Beobachtungsstrategie thematisiert.

Hieraus ergeben sich zwei Fragen, die für die Frage nach Redemöglichkeiten über Fremdes wichtig sind: 1. Wenn gilt, dass ein System nach Maßgabe seiner internen Unterscheidungshandhabungen für

---

[320] Siehe GG, S. 92 ff.
[321] GG, S. 93.
[322] ÖK, S. 266. Vgl. ES, S. 143.

fremde Systeme intransparent bleibt und wenn Systeme operativ geschlossen agieren, welche Aussagen können dann überhaupt über Welt als Umwelt des Systems gemacht werden? 2. Was kann ein System über die funktionale Analyse seines Weltbezugs hinaus konkret über sich bzw. von seiner ihm fremden Umwelt verstehen? Zunächst ist festzuhalten, dass Beobachtungen grundsätzlich asymmetrisch verlaufen.[323] Wenn sie durch „äußere" Irritationen dazu angehalten werden, verarbeiten Systeme Informationen. Dabei schließt das Umwelt beobachtende, also negativ Bezug nehmende System auf diese nach Maßgabe systeminterner Kriterien zurück. Das System sieht nur das, was es nach dem Richtscheit der eigenen Strukturierungs-, d.h. Distinktionsmöglichkeiten sehen kann. Diese Beobachtungsform bezeichnet Luhmann als *Beobachtung erster Ordnung*.[324] Auf dieser Stufe des Umgangs mit Komplexität ist das System nicht fähig, seine durch Komplexitätsreduktion bedingten eigenen Beschränkungen zu reflektieren.

Reflexion auf funktionale Limitationen wird möglich, wenn ein System sich nicht auf Umwelt als Gesamthorizont der systemexternen Unterscheidungen bezieht, sondern wenn es seine Beziehung auf das Andere seiner selbst als Bezug auf ein anderes System versteht. Hier wird nicht die Umwelt, sondern die Leitunterscheidung eines anderen Systems beobachtet.[325] In der System-System-Beziehung wird nicht-sinnhafte[326] Umwelt als anderes System fokussiert.[327] Ein

---

[323] ES, S. 144.
[324] Siehe ÖK, S. 52. Zur Beobachtung erster und zweiter Ordnung vgl. GG, S. 766 f.
[325] Zur Frage des Wissens um andere „da draußen": Mit Kierkegaard: Wo ein Selbst sich *ab*grenzt, gibt es auch andere (Selbst[e]). Wo ein System sich durch Einschluss-/Ausschlussverfahren generiert, muss es auch andere Systeme geben (können).
[326] „Nicht-sinnhaft" im Gegensatz zu „sinnlos": Für sinnkonstituierende Systeme „gibt es keine sinnfreien Gegenstände." SoS, S. 110.
[327] Siehe SoS, S. 242–285. Verstehen setzt bei der Nicht-Sinnhaftigkeit fremder Leitunterscheidungen an und transformiert diese: ein fremdes System soll

System, das jemand anderen beobachtet, kann Beschränkungen, die ihm auferlegt sind, erfassen und rückschließend über sich erfahren, dass es ebenso unter komplexitätsreduktionsbedingten, die eigene Bezugsweise auf Welt einschränkenden Distinktionen steht. Auf dieser Ebene steht das System auf der Stufe der *Beobachtung zweiter Ordnung*. „Unter den Anforderungen dieses Begriffs bedeutet das nicht, dass man irgendwelchen Leuten zuschaut, sondern dass man sich anschaut, wie sie beobachten."[328] Hier wird Beobachtung relativ bzw. pluralistisch. Das beobachtende System beobachtet sich vergleichend unter Maßgabe eigener Unterscheidungshandhabungen, indem es ein anderes System daraufhin beobachtet, welche Unterscheidungskriterien es präferiert. Das System kann darauf schließen, dass es ebenso wie das beobachtete System reduzierten Möglichkeiten der Informationsverarbeitung unterliegt. Das System selbst erkennt,

> „daß die Umwelt des beobachteten Systems zwar nicht durch *Grenzen*, wohl aber durch *Beschränkungen* konstituiert ist. Es kann die Horizonte des beobachteten Systems so beobachten, daß erkennbar wird, was sie ausschließen. Und es kann daraufhin die Wirkungsweise des beobachteten System/Umwelt-Verhältnisses [...] sich selbst vor Augen führen." (ÖK, S. 53)

Überdies wird gesehen, dass die Beschränkungen des beobachteten Systems für dieses selbst notwendig erscheinen, da sie Bedingung für die Möglichkeit des eigenen Umgangs mit Komplexität sind – im Gegensatz zu den Unterscheidungen des beobachtenden Systems, für welches jene fremden Beschränkungen unter der Devise der eigenen, anders getätigten Distinktionen willkürlich sind. Im beobachtenden System erscheint als kontingent, was im beobachteten System notwendig und unersetzbar ist: Das System hätte *solchen, aber auch anderen* Beschränkungen unterliegen können. Oder: Das,

---

aus dessen Umwelt heraus begriffen werden. Siehe SoS, S. 256; ausführlich in IV 3.1.
[328] ES, S. 155.

was für die internen eigenen Entscheidungen als notwendig gilt, muss es nicht für das beobachtende System sein.[329] – Diese Strategie des „perspektivisch jonglierten Umwegs" über die System/Umwelt-Beziehung eines anderen Systems befähigt das beobachtende System, indirekt auf einen eigenen *blinden Fleck*[330] aufmerksam zu werden. Von den Distinktionsdefiziten eines fremden Systems schließt man darauf, dass man selbst ebenso gewissen Beschränkungen unterliegt.

Für die Welt und das Verhältnis zu ihr gilt auf Grundlage der Art und Weise, wie Systeme ihre eigene Umwelt und andere Systeme in der Umwelt beobachten, nunmehr folgendes: Welt wird negativ unter Maßgabe systemintern geleiteter Unterscheidungsbezeichnungen als je dasjenige thematisch, was stets „mehr" als jenes sich auf sie verwiesen sehende System ist. Welt gibt sich dem System nur mittels funktionalisierter Komplexitätsreduktion unter der Kategorie des „alles anderen" zu beobachten. Welt kann nur in der Welt erfahren werden.[331] So ist Welt eigentlich ein differenzloser Begriff, der über System/Umwelt-Unterscheidungen operationalisiert und als „logisch vorgängige[] Einheit" vorausgesetzt wird.[332] Einen konkreten Weltbegriff gewinnt ein System über seinen Beobachtungsblickwinkel auf andere Systeme, über deren differente Bezugsweisen das beobachtende System Welt als jenes sich verschränkende

---

[329] Parallelen zum Différance-Begriff Derridas zieht Luhmann in: „Dekonstruktion als Beobachtung zweiter Ordnung." In: de Berg, Henk/Prangel, Matthias (Hg.). *Differenzen. Systemtheorie zwischen Dekonstruktion und Konstruktivismus*. Tübingen, Basel 1995. S. 9–35, sowie GG, S. 873.

[330] D.i. die nicht-sinnhafte Umwelt, die mittels Beobachtung aufgeklärt werden soll.

[331] Luhmann favorisiert hier einen phänomenologischen Zugang zur Sinnerfahrung, koppelt ihn jedoch vom (extramundanen) Subjekt ab. Siehe SoS, S. 105.

[332] Esterbauer, Reinhold. „Schweigen zwischen Heidegger und Luhmann. Sprachphilosophische Bemerkungen zu den Weltbegriffen beider." In: Brejdak, Jaromir u.a. (Hg.). *Phänomenologie und Systemtheorie*. Würzburg 2006. S. 96–107. S. 104.

Gesamt vieler verschiedener konkreter Beobachtungsperspektiven und also als größeres Ganzes, „re-konstituiert". Luhmann spricht davon, die Welt zu „gewinnen", nämlich durch das Interesse daran, wie andere Beobachter Welt qua unterscheidender Bezeichnungen einteilen.[333] Über fremde Welten als jene sich dem Beobachtenden zu verstehen gebenden fremden Umweltbezüge wird mithin durch das explizite Interesse dieses beobachtenden Systems etwas in Erfahrung gebracht, dies nun jedoch nicht mehr nur als „Bezug auf", sondern präziser: durch eine systeminterne funktionale Analyse qua Beobachtung zweiter Ordnung als Reflexionsmethode.

2.2 Weltverhältnisse als eigener „Distinktionsgewinn" – Systemischer Fremdbezug und funktionale Methode (Auswertung I)

Die nach wie vor leitende Frage ist ja, in welchem Verhältnis sich ein an eine konkrete Ordnung gebundenes und so ordnungskulturell situiertes Selbst zum Fremden befindet. Zum einen um lebensweltlich-kulturelle Beschränkungen in der Selbst-Fremd-Relation wissend, stellt sich im Anschluss daran das Problem des konkret-faktischen Umgangs mit diesen Beschränkungen. Die zur allgemeinen Systemtheorie geronnenen Erörterungen Niklas Luhmanns schlagen hier eine spezifisch funktionalistische Richtung ein. Um Aussagen über Selbst und Fremdes als ein wechselseitig reflexives Verhältnis machen zu können, wird mit dem systemtheoretischen Ansatz die Selbst-Fremd-Relation als eine funktional verstandene System-System-Beziehung gedeutet. Das System gewinnt in einer funktionalen Selbstanalyse über die Bedingungen der Konstitution des eigenen Weltverhältnisses indirekt Aufschluss über andere Weltbezüge, das meint fremde Systeme mit differenten Unterscheidungsprioritäten.

---

[333] Siehe ES, S. 156.

Der Systembegriff Luhmanns führt die Basiskonstellation fort, welche das Kierkegaardsche Selbst als Individuiertes sowie die Waldenfelssche Selbstordnung als über-individuell (ein-)gebunden auswies. Luhmann stellt sie aber unter sozialtheoretischer Fragestellung der Beschreibung moderner Funktionssysteme in einen auf die Gesellschaft bezogenen Fokus. Der Begriff der Gesellschaft umfasst nun mehrere Ordnungen. Folgende Theoreme und argumentativen Gedankenfiguren korrespondieren in allen drei Ansätzen, dem existenzphilosophischen, phänomenologischen sowie dem systemtheoretischen miteinander:

1. Ein Weltbezug wird als Voraussetzung und als konstitutiv für jede Aussage über das Verhältnis desjenigen, der danach fragt, angenommen. Welt ist die unhintergehbare *conditio sine qua non* jeder Annahme für den, der sich über Fremdes verständigen will. Als größeres Allgemeines kann sie nicht von einem absoluten Standpunkt aus verstanden, sondern muss durch ein konkretes Weltverhältnis verhältnisrelativ eingeteilt und operationalisiert werden.[334]

2. Jedes konkrete Weltverhältnis im Besonderen stellt einen bestimmten, reduktiv orientierten bzw. auf Eingrenzung abstellenden Umgang mit einer prinzipiell unendlichen Menge von Bezugsmöglichkeiten auf Welt als Allgemeines dar. Kierkegaards Existierender ist ein individuelles Selbst, weil er sich von einem größeren Allgemeinen abgrenzt. Waldenfels' Fremdes wird fremd durch einen Ausschlussvorgang desjenigen, der sich darauf negativ bezieht; Luhmanns System konstituiert sich strukturparallel über ein Distinktionsverfahren, durch welches Innen und Außen voneinander unterschieden werden.

---

[334] Hier ist Gamms Kritik beizupflichten, dass Luhmann im Widerspruch zu seinen systemtheoretischen Rahmenbedingungen steht, indem er auf einen Weltbegriff als Letzthorizont nicht verzichten kann: *Flucht aus der Kategorie.* A.a.O., S. 245 (Fn 22).

3. Alle Aussagen der drei verschiedenen Ansätze über eine andere Welt als das – zu verstehende/zu erfahrende/zu beobachtende – Fremde stellen sich je und ausschließlich aus der Perspektive desjenigen dar, der sich zuvor von der Welt selbstkonstitutiv abgegrenzt hat. Ihre entscheidende Relevanz gewinnt die Frage nach dem Fremden aus jener mit der Selbstkonstitution einhergehenden Unbestimmtheit der ausgeschlossenen Seite. Während Kierkegaards Denken hier noch dezidiert (nur) die Perspektive der individuell eigenen Existenz thematisiert (sog. Individualebene) und Waldenfels die Fremdheitsfrage über-individuell, aber rückbezogen auf eine Selbstordnung erläutert (sog. Ordnungsebene), sucht Luhmann strukturtheoretisch Bedingungen für die Beschreibbarkeit einer Mehrzahl von verschiedenen Blickwinkeln als gesellschaftlich relevanten Weltentwürfen[335] zu klären (Systemebene).

4. Alle drei Theoretiker wollen die Selbstanalyse als methodologische[336] Basis für eine Reflexion über die Bedingungen der Möglichkeit geltend machen, um Unbestimmtheit des je ausgeschlossenen Anderen seiner selbst philosophisch zu beschreiben. Im Gegensatz zu Kierkegaard und Waldenfels münden bei Luhmann die Erörterungen in eine funktionale Methode, mittels derer das Systemselbst jenes von ihm differentiell Ausgeschlossene nach Maßgabe seiner Bedürfnisse operationalisiert und damit strategische Ziele der Komplexitätsreduktion aufstellt, um eigene, interne Beschränkungen sozial stabilisieren zu können. Die Selbst-Fremd-Beziehung als System-System-Relation nimmt Fremdes nurmehr unter dem Kriterium des ans Eigene (kommunikativ) Anschließbaren wahr. Das Selbst, verstanden als individuelle Persönlichkeit, wird von Luhmann marginalisiert und

---

[335] Luhmann unterscheidet dann inner-gesellschaftlich zwischen Wissenschaft, Wirtschaft, Politik, Kunst, Recht und Erziehung als größeren funktionalen Teilsystemen.

[336] Bei Luhmann siehe SoS, S. 87.

ist bloß noch periphere mediale Schnittstelle von sozial relevanten Funktionalsystemen.[337]

Wo Kierkegaards Existierender im Zwiespalt von Selbst und Anderem der Existenz stecken bleibt und diese Konstellation auf das privat(-iv-)e Ertragen jenes Abbruchverhältnisses abstellt, hebt das Waldenfelssche Ordnungsverständnis die besondere kulturelle Gebundenheit und damit lebensweltliche Eingebettetheit des Verstehenwollenden hervor. Vor deren Hintergrund wird eine überindividuelle Dimension sowie ein spezifizierter Begriff vom Fremdem als Außer-Ordentlichem gewonnen. Kultur als Ordnung stellt hier eine bestimmte, jedoch nur negativ ausweisbare Interpretationssicherheit zur Verfügung, anders gesagt, sie begrenzt den Interpretationsspielraum durch jene verbindliche Bezugsstruktur, die Hintergrund für das Selbst ist.

Luhmanns Strategie des Umgangs mit Unbestimmtheit erschließt sich als Phänomen der in jeder Selbstordnung notwendigen Komplexitätsreduktion mit dem Ziel einer effektiven, an fremde Ordnungen[338] anschlussfähigen Informationsverarbeitung. Angenommen wird, dass sich Sozialsysteme, was die je eigenen Unterscheidungsstrukturen anbelangt, gegenseitig quasi nur als intransparentes Fremdes wahrnehmen bzw. unterstellen können. Betreffs der Handhabung dieser Intransparenz gelangt Luhmann zu dem Schluss, dass die Ordnungsgrenzen als systeminterne Beschränkungen zurückgebogen werden müssen, um einen problemspezifisch instrumentalisierten Umgang zu ermöglichen. So verfügt man schlussendlich nicht nur über partiell verbindliche Strukturierungsmöglichkeiten und systemische Interpretationsspielräume gegenüber der fremden Ordnung, sondern es komen auch feste, positive Interpretationsraster zum Tragen.

Das Systemverständnis von Luhmann, welches Welt als soziales Umweltkonstitut favorisiert, interpretiert die Differenz von Selbst

---

[337] Zur Kritik an späterer Stelle (IV 5).
[338] Verstanden als andere soziale Teilsysteme.

(System) und Fremdem (ein anderes System) nicht (wie Waldenfels) als Abbruch von Möglichkeiten der Kommunikation über dieses Fremde oder (wie Kierkegaard) als abbruchhaften Verstehensversuch von Fremdem. Luhmann versteht systeminterne Unterscheidungen sowie wechselseitige Intransparenz nachgerade als Generator und Motor von Verstehen sowie als systemstabilisierendes Moment.[339] Die Differenz bleibt systemspezifisch auf die perspektivische Beobachterposition desjenigen, der sich auf Fremdes bezieht, zugeschnitten und verfährt system-asymmetrisierend zugunsten des eigenen Beobachterstandorts. Fremde Leitunterscheidungen werden hier nur noch unter Maßgabe jener dem verstehenwollenden System eigenen Leitunterscheidungen interpretiert. Das *Andere* (Welt im Ganzen) ist an dieser Stelle eineindeutig zu einem *anderen* System geworden. Es kann zwar nicht zu einem gänzlich Bekannten gemacht, wohl aber mittels eigener Unterscheidungsreferenzen „dechiffriert" und als so-und-so positiv unterschiedenes *Verschiedenes* interpretiert werden.

Die Konstellation von Selbst und Fremdem ließe sich wie folgt pointieren: Wo das Selbst sich aufgrund seines differentiellen Bezugs auf das Andere selber schon nicht ganz durchsichtig wird, sich nicht zur Gänze versteht und ihm dies als eine Art hermeneutische *Selbstversperrung* in den Blick gerät, da wird ein positives Fremd-Verstehen nicht nur möglich, sondern ist geradezu gefordert. – Wenn dem so ist, dann ergeben sich aber auch mit jeder Bezeichnung und in jedem Verstehen Sinnbildung und Sinnsubversion als Effekte ein- und derselben Grundoperation des Verstehenwollenden:[340] Versteht das Selbst Fremdes als Verschiedenes, kann es in

---

[339] Siehe Kneer, Georg/Nassehi, Armin. „Verstehen des Verstehens. Eine systemtheoretische Revision der Hermeneutik." In: Zeitschrift für Soziologie 5/1991. S. 341–356. S. 352.

[340] Ich schließe mich hier Ellrich an. Siehe Ellrich, Lutz. „Hat das Verstehen einen Haken? Zur Frage der ‚Beobachtbarkeit' von Sinnkonstitution und Sinnentzug." In: de Berg, Henk/Prangel, Matthias (Hg.). *Systemtheorie und Hermeneutik*. Tübingen, Basel 1997. S. 89–116. S. 96, 107.

diesem Moment nicht die eigene Grundoperation des selektiven Ausschließens beobachten, also positiv bezeichnen. Beobachtet das verstehende Selbst dagegen sein unterscheidendes Bezeichnen als Ausschließen eines Unbezeichneten und expliziert dies als Selbstvergegenwärtigung der eigenen Konstitution, so muss das Fremde unbestimmt gelassen werden.

3 Kommunikation über das Fremde, Kommunikation mit dem Fremden? – Zur Hermeneutik in sozialen Systemen

Der systemtheoretische Erklärungsansatz favorisiert eine Polyperspektivik und will Welt von einer Polyzentrik her zugänglich zu machen.[341] Viele verschiedene Beobachterperspektiven werden nebeneinander gestellt. Das durch eine unendliche Vielzahl von Bezügen und Bezugsweisen Mögliche wird theorieintern mit dem Wirklichen als jenen faktischen System/Umwelt-Beziehungen gleichgestellt.[342] Nach Luhmann soll damit die Unwahrscheinlichkeit des So-und-nicht-anders-Seins der Welt als sozial kommuniziertem Gesellschaftsphänomen sowie die Unwahrscheinlichkeit eines Verstehens

---

[341] Siehe Kneer/Nassehi. „Verstehen des Verstehens." A.a.O., S. 347 mit Verweis auf SoS, S. 14.

[342] Gleichwertigkeit von Wirklichkeit und Möglichkeit trägt in der Systemtheorie jedoch nicht die relativistisch-desinteressierten Auswüchse, wie sie etwa der „Mann ohne Eigenschaften" Ulrich an den Tag legt. Was dabei „herauskommt", wenn Möglichkeitssinn dem Wirklichkeitssinn ohne Vertrauen auf hermeneutisch-interpretative Beschränkungen gleichgestellt wird, lässt sich sehr plastisch auf 1040 Seiten und Nachlassanhang verfolgen: so gut wie nichts. Es passiert zwar viel („passieren" im Sinne von *passer*, „vorbeigehen/vorbeiziehen"). Auf den letzten Seiten steht man jedoch fast wie am Anfang da. Ulrich weiß immerhin um die Sinnlosigkeit der ‚Parallelaktion'. Siehe Musil, Robert [1930–1952]. *Der Mann ohne Eigenschaften* (2 Bde., Roman und Nachlass). Hg. von Adolf Frisé (1978). Reinbek bei Hamburg 1987. Nicht umsonst positioniert sich der Protagonist in Opposition zum Satz des zureichenden Grundes. (Musil. *Mann*. A.a.O., S. 19)

von Beziehungen auf (inter-)systemischer Ebene in den Blick geraten können.

Der Fokus, unter dem die Erörterungen zu den systemtheoretischen Grundlagen bisher angesiedelt sind, gilt hier nicht einem etwaigen erkenntnistheoretischen Paradigmawechsel.[343] Was der Theorie realiter zugrunde liegt, bleibt (auch!) bei Luhmann unangetastet.[344] Es bildet auch nicht den für meine Fragestellung des Fremdverstehens produktiven Aspekt. Zwar hat die Luhmannsche Systemtheorie ihrem Impetus nach einen epistemologischen Geltungsanspruch.[345] Die Frage der Möglichkeit von „Kontakten" zwischen den verschiedenen Beobachtern von Welt wird dagegen in einer Kommunikationstheorie beantwortet. Damit Autopoiesis und einteilender Bezug auf Welt stattfinden können, muss es *Kommunikation* und mit ihr einen dreistelligen Selektionsprozess von *Information, Mitteilung* und *Verstehen* geben. Sie sind die entscheidenden medialen Weichen im Umgang mit Fremdem.

Im Folgenden soll zunächst die Anlage des Luhmannschen Kommunikationsbegriffs präsentiert werden, um daran bestimmte funktionale Aspekte des Weltbezugs und Umgangs mit Fremdem darstellen zu können. Gewonnen wird hier ein systemtheoretisch interpretierter Begriff von Hermeneutik, mit dem eine Operationalisierung von Aussagen über Fremdes, die das Verstehen auf interkultu-

---

[343] Inklusive Solipsismus-Problem, erkenntnistheoretischen Auswegslosigkeiten und einem „Graben" zwischen Erkennendem und Erkanntem. Dazu mehr unten, IV 5.

[344] Der systemtheoretische Ansatz hegt keinen erkenntnistheoretisch-solipsistischen Zweifel an einer sog. Realität „da draußen", die der Differenz von System und Umwelt zugrunde liegt. Siehe SoS, S. 245. Der Diskurs des radikalen Konstruktivismus wird hier ausgeklammert. Nur soviel: Luhmann warnt davor, einen radikalen mit dem von ihm vertretenen operativen Konstruktivismus zu verwechseln. (Siehe etwa GG, S. 98 Anm. 128; ders. *Die Wissenschaft der Gesellschaft.* A.a.O., S. 521 f., 666; ders. *Die neuzeitlichen Wissenschaften und die Phänomenologie.* A.a.O., S. 41 f.)

[345] Siehe SoS, S. 244 f.

rellem Feld stets mitbegleitet,[346] angedeutet werden kann. Ich möchte vorführen, wie das auf ein Fremdes bezogene Systemselbst im Verstehen zwischen einem absoluten Nicht-Verstehen und einer funktionalistischen Betrachtungsweise hin und her „pendelt". Aus hermeneutischer Perspektive ergibt sich ja die Frage, ob Luhmann das Phänomen der Andersheit bzw. des Anderen verabsolutiert, d.h. rein unbestimmt lässt, oder ob er es durch allein systemintern relevante Bezeichnungen zum Verschwinden bringt.[347] In den hiesigen Ausführungen will ich zeigen, dass sowohl positive Bezeichnung als auch Unbestimmtheit des Fremden derselben Grundoperation des Verstehenwollenden in seinem Bezug auf Welt geschuldet sind. Insofern machen sie die beiden, gegenseitig bedingten Seiten der Medaille aus, welche die interkulturelle Hermeneutik bisher immer nur einseitig verliehen bekommen wollte.[348]

Spezifische Defizite, welche sich die systemtheoretische Betrachtung theorieimmanent einkauft, sollen darauf folgend thematisiert werden. Kultur als jene Instanz, die das Verhältnis von fremdem Anderen und Selbst steuert, wird sich als Medium herausstellen, in dem sowohl die verschiedenen Verstehensperspektiven als auch die damit relational einhergehenden Bezeichnungsverluste miteinander verglichen und gegeneinander gekreuzt werden können. Das Medium der Kultur ist es, das „relativistische" mit „holistischen" Verstehensansprüchen in ein wechselseitiges Bedingungsgefüge bringt und in welchem sich schlussendlich eine besondere, auf Kurzfristigkeit abstellende Fluidität des Fremdverstehens herauskristallisiert.

---

[346] Und die dem Verstehenden als „Universalisieren" vorgeworfen wird.
[347] Siehe Ellrich. „Hat das Verstehen einen Haken?" A.a.O., S. 92 f.
[348] Das hielt die Frage nach Universalismus/Relativismus kontinuierlich im Hamsterrad auf Trab. S.o. I 3.2.

3.1 Differenz in Relation – Information, Mitteilung, Verstehen

Kommunikation gibt Antwort auf die Frage, wie „eine Ordnung sich aufbauen" kann, die angesichts eines nicht erkennbaren größeren Ganzen (Welt) doch „Unmögliches in Mögliches, Unwahrscheinlichkeit in Wahrscheinlichkeit", die Irritation in Verstehen überführt.[349] Luhmann will mit den Überlegungen zur Kommunikation einem Problem begegnen, das schon Schleiermacher als Ausgangspunkt der Hermeneutik sah: Das ist die Frage der „Konstruktion eines endlichen Bestimmten aus dem unendlichen Unbestimmten."[350] Kommunikation soll Kontexte der Selektion sichern und wechselseitige Anschlussmöglichkeiten füreinander bereitstellen. Denn eigentlich übersteigt die Vielzahl der prinzipiellen Auswahlmöglichkeiten den Rahmen dessen, was die eigene Handhabungskapazität von Komplexität ausmacht. Möglich wird der Anschluss an Fremdes für das Systemselbst, „weil über den Informationsgehalt von Kommunikation im Verstehen entschieden wird."[351] Verstehen ist das finale Moment des Kommunikationsprozesses, das Anschlussmöglichkeiten herstellt, ein Gelingen der Kommunikation über ein fremdes System ermöglicht und damit auch einen Anschluss an das (bisher) Kommunizierte sichert.

„Mit Verstehen bzw. Mißverstehen wird eine Kommunikationseinheit abgeschlossen ohne Rücksicht auf die prinzipiell endlo-

---

[349] Siehe Luhmann, Niklas. „Die Unwahrscheinlichkeit der Kommunikation." In: Ders. *Soziologische Aufklärung 3. Soziales System, Gesellschaft, Organisation.* Opladen 1981. S. 25–34. S. 25. Vgl. GG, S. 190.

[350] Schleiermacher. *Hermeneutik und Kritik.* A.a.O., S. 80. Vgl. Luhmann, Niklas. „Systeme verstehen Systeme." In: Ders./Schorr, Karl Eberhard (Hg.). *Zwischen Intransparenz und Verstehen. Fragen an die Pädagogik.* Frankfurt am Main, 1986. S. 72–117. S. 72. (Luhmanns Nähe zu Schleiermacher bemerken Kneer und Nassehi, ebenso Schneider. Siehe Kneer/Nassehi. „Verstehen des Verstehens." A.a.O., S. 344; Schneider. „Hermeneutik sozialer Systeme." A.a.O., S. 425.)

[351] Schneider. „Hermeneutik sozialer Systeme." A.a.O., S. 423.

se Möglichkeit, weiter zu klären, *was* verstanden worden ist. Aber dieser Abschluß hat die Form des Übergangs zu weiterer Kommunikation, die solche Klärungen nachvollziehen oder sich anderen Themen zuwenden kann." (GG, S. 83)

Was ist bzw. wie funktioniert Kommunikation? Kommunikation ist ein dreistelliger Selektionsprozess. Sie besteht aus der Einheit von Information, Mitteilung und Verstehen und stellt eine Handhabungskompetenz von differenten, beobachterabhängigen Unterscheidungsgebräuchen dar.[352] Zunächst lässt sich Kommunikation so beschreiben, dass das verstehenwollende System Mitteilung und Information differenziert. Die Mitteilung des (fremden) Systems weist auf dessen eigene Selbstreferenz hin und auf es selbst zurück. Das fremde System will etwas Bestimmtes (nach Maßgabe seiner eigenen systeminternen Unterscheidungen) mitteilen/zur Kenntnis geben. Versteht das System, welches beobachtet, nun die Mitteilung, vermag es den Informationsgehalt als seine eigene, systeminterne Fremdreferenz zu handhaben. In der Mitteilung steht die Frage im Vordergrund, warum das fremde System etwas so und nicht anders sagt: ‚Wieso hat sich das fremde System entschieden, mir etwas als Information mitteilen zu wollen?' Mit der Information wird dagegen der spezifische Verwendungs- bzw. Gebrauchsgehalt jenes sich auf die Mitteilung beziehenden, verstehenden Systems thematisiert. Informativ ist

> „eine Information, wenn sie nicht nur ein vorhandener Unterschied ist, sondern wenn ein System daraufhin den eigenen Zustand ändert, wenn also die Wahrnehmung [...] eines Unterschieds einen Unterschied im System erzeugt." (ES, S. 69)

Im Verstehen werden seitens des verstehenden Systems also gleich zwei Leitdifferenzen als Unterscheidungen von zwei Systemen in Relation zueinander gesetzt: jener in der Mitteilung vorhandene Unterscheidungsbereich des fremden (zu verstehenden) Systems und jene in der Information zum Vorschein kommenden Unter-

---

[352] Siehe Schneider. „Hermeneutik sozialer Systeme." A.a.O., S. 421, 423.

scheidungsbezeichnungen des (verstehenwollenden) Systems.[353] Ein fremdes System auf dessen Leitunterscheidungen hin zu beobachten, bildet dann den konkretest möglichen Grad, das Fremde bekannt zu machen bzw. als Fremdes zu bestimmen.

Der Clou des Verstehens besteht also darin, dass die Mitteilung des fremden Systems im verstehenden System eine *neue* Unterscheidung bedingt: Das ist der Fall, wenn es mittels jener bis dato eigenen Leitunterscheidungen den Informations-/Neuigkeitsgehalt prüft und wenn der Sinn (das Warum) der Mitteilung unter Maßgabe genau jener Unterscheidungen nachvollzogen wird, welche das fremde System seine eigenen nennt. Luhmann pointiert den Status, den ein System mit dem Verstehen erringt, wie folgt:

> „Verfügt das System, von dem wir ausgehen, über die Fähigkeit zu verstehen,[354] kann es die Systeme in *seiner* Umwelt aus *deren* Umwelt begreifen. Es löst damit die primär gegebenen *Einheiten* seiner Umwelt in *Relationen* auf." (SoS, S. 256)

Kommuniziert und versteht ein System, dann unterscheidet und bezeichnet das verstehenwollende System intermediär also nicht mehr nach Maßgabe der *ihm* eigenen Leitunterscheidungen seine Umwelt, sondern es versucht anhand der beobachteten, ihm fremden Unterscheidungen die Umwelt des anderen Systems nachzuvollziehen, d.i. zu sehen. Verstehend handhabt es kurzfristig zwei differente Beobachtungsperspektiven von Umwelt.[355]

---

[353] Siehe Luhmann. „Systeme verstehen Systeme." A.a.O., S. 79 f.

[354] Damit sind soziale, nicht psychische Systeme gemeint. Dieser operativen Trennung gehe ich hier nicht gesondert nach. (Siehe aber Luhmann, Niklas. „Wie ist Bewußtsein an Kommunikation beteiligt?" In: Ders. *Soziologische Aufklärung 6*. A.a.O., S. 37–54.)

[355] Es wird also nicht nur eine Möglichkeit, sondern auch Faktizität der Perspektivübernahme unterstellt. Siehe Kneer/Nassehi. „Verstehen des Verstehens." A.a.O., S. 348.

Kommunikation stellt sich weder als Botschafts- oder Übertragungsprozess (Sender-Empfänger-Modell)[356] noch als intentionales Mitteilungshandeln[357] dar. Kommunikation soll vielmehr ein Neues kreierendes, System stabilisierendes Medium für die Handhabung von differenten Beobachtungsmustern sein. Hier muss so etwas wie eine den kommunizierenden Systemen „gemeinsame Welt" oder „Teilhabe eines Sinns" vorausgesetzt, kann aber nur negativ unterstellt werden, und zwar indem ein System unter Maßgabe der eigenen System-Umwelt-Unterscheidung „ein anderes System *aus dessen Umweltbezügen heraus*"[358] versteht, also kurzfristig gerade die Leitdifferenz des anderen, bis dato unverstandenen fremden Systems handhabt. Das bedeutet,

> „daß das verstehende System *sich selbst als Moment in der Umwelt des verstandenen Systems erfahren kann*. Das verstehende System identifiziert sich selbst dann gleichsam in doppelter Verkleinerung: als eines unter vielen anderen in der Umwelt eines Systems unter vielen anderen in seiner Umwelt."[359]

Noch einmal mit anderen Worten: das verstehenwollende System weiß um die Differenz der Beobachterstandorte und richtet sich auf multiperspektivische Beobachtungsverhältnisse ein.[360] Es relativiert die eigenen Leitunterscheidungen im Angesicht des So-auch-anders-möglich-Seins.

Dabei bleibt Verstehen im Binnenhorizont des Systems, das sich auf ein fremdes System beobachtend bezieht. Anders formuliert, gleichwohl es zwischenzeitlich die eigenen Prioritäten zurückstellt, gibt das Systemselbst seine ihn auszeichnende eigene Perspektive

---

[356] Den systemtheoretischen Verstehensbegriff erarbeitet Volker Kraft per „Ausschlussverfahren" u.a. dieses Modells in: *Systemtheorie des Verstehens*. Frankfurt a.M. 1989. Bes. S. 67–77. Vgl. auch Kneer/Nassehi. „Verstehens des Verstehens." A.a.O., S. 350.
[357] Siehe Schneider. „Hermeneutik sozialer Systeme." A.a.O., S. 423.
[358] Luhmann. „Systeme verstehen Systeme." A.a.O., S. 80.
[359] Luhmann. „Systeme verstehen Systeme." A.a.O., S. 81.
[360] Siehe Schneider. „Hermeneutik sozialer Systeme." A.a.O., S. 435.

nicht auf. Weil Systeme operativ geschlossen sind, verfährt alles Verstehen selbstreferentiell, d.h. mit Bezug auf sich selbst.[361] Man kann auch sagen: Ob verstanden wird, hängt nicht von den Kapazitäten des Fremden ab, sondern vom Vermögen, die eigene Resonanzfähigkeit zu erhöhen. Ein etwaiger „Schwarzer Peter" des Un-, Nicht- oder Missverstehens müsste deshalb, wenn darauf unbedingt bestanden werden will, nur dem Verstehenwollenden, nicht aber dem zu Verstehenden „in die Schuhe geschoben" werden.

Diese Konstellation entlastet das Fremde vom Anspruch an es, „sich doch bitteschön verständlich zu machen und sich klarer auszudrücken." Und sie lässt den Verstehenwollenden folgendes erkennen: Die Beschränkungen seines eigenen Bezugsbereichs sind zum einen konstitutiv, zum zweiten nicht tauschbar, zum dritten aber nachgerade dafür da, im Medium der Kommunikation kontinuierlich ein Stück weiter gedehnt zu werden. Systemeigene Beschränkungen als jene verbindlichen Beobachtungsstandards werden im Verstehensversuch herausgefordert, sich für den Umgang mit Irritation zu sensibilisieren. Die eigenen Beschränkungen können nicht abgelegt, wohl aber durch *Wiederholung* des verstehenden Bezugs auf jene dem Fremden eigenen Prioritäten als (weltlich) kontingent und für den Verstehenwollenden gleichzeitig notwendig reflektiert werden.[362] Dies ermöglicht dem Selbst die Erkenntnis, dass es immer nur *in* den eigenen Weltbezugsmustern Fremdes verstehen kann, dass es *mit* jenem ihm eigenen Unterscheidungsbereich aber auch zwischenzeitlich einen fremden Bereich als fremd reflektieren kann und Gründe darüber anzugeben vermag, warum er fremd ist: nämlich durch differente Ordnungsmuster von Umweltbezügen. Diese werden für den Verstehenwollenden dann thematisierbar. Das, was

---

[361] Siehe Luhmann. „Systeme verstehen Systeme." A.a.O., S. 79. Vgl. Schneider. „Hermeneutik sozialer Systeme." A.a.O., S. 424.

[362] Schneider stellt zu Recht heraus, dass in der Sache kein koinzidierendes Verstehen möglich ist, sondern höchstens eine Kompossibilität von Verstehensperspektiven. Siehe Schneider. „Hermeneutik sozialer Systeme." A.a.O., S. 434.

am Fremden fremd ist, wird als differente Prioritätssetzung des Umweltbezugs bekannt, aber nicht zueigen gemacht.

3.2 Individualität oder Holismus? – Zum gesellschaftlichen Funktionalismus der systemtheoretischen Kommunikationspräambeln

Hermeneutisch gesehen, sind Individuen schon immer in bestimmte kommunikative Zusammenhänge eingebunden, ohne dass zwischen den verstehenwollenden Einzelnen ein strenges Determinationsverhältnis bestünde[363] oder es zwangsläufig einen hohen Grad an wechselseitiger Bestimmtheit geben würde. Im systemtheoretischen Kommunikationsbegriff kommt m.E. sehr plastisch zum Tragen, dass die Differenz – verstanden als jene durch verschiedene Beobachtungsunterscheidungen zum Ausdruck kommende Unterschiedenheit von vielen Ordnungsperspektiven auf Welt – zwischen Verstehenwollendem und zu verstehendem Fremden als Generator und Motor von Kommunikation dient und so Bedingung von Verstehen überhaupt ist. Verstehen wird in Luhmanns Ansatz überhaupt deshalb unabdingbar, weil die Systeme, die er gesellschaftstheoretisch als Kategorie zur Beschreibung sozialer Phänomene des Aufeinandertreffens von Kommunikationen wählt, füreinander intransparent sind und es auch grundsätzlich bleiben.[364] Im Selektionsprozess der Kommunikation hebt Verstehen auf die Bedeutungsdifferenz[365] ab, die jeden Bezug auf Welt aufgrund prinzipiell unendlich vieler eigenständiger, perspektivierter Zugangsweisen strukturell durchzieht. Verstehen versucht diese Differenz per intermediärem Nachvollzug von Anschlussvorgaben seitens des zu Verstehenden wenn nicht zu minimieren, so doch relational berechenbar zu machen.[366]

---

[363] Siehe Kneer/Nassehi. „Verstehen des Verstehens." A.a.O., S. 352.
[364] Siehe GG, S. 106, 139.
[365] Siehe Kneer/Nassehi. „Verstehen des Verstehens." A.a.O., S. 353.
[366] Baecker hat hier die Formel des „Rechnen[s] mit Nichtmarkierungen" geprägt, womit er auf die konstruktiven wie auflösenden Effekte von Verste-

Ein eigenartiger Holismus des Konkreten gelangt hier zum Vorschein. Systeme können einander zwar miss-, aber nie überhaupt nicht verstehen. *Irgendwie* wird immer verstehend an Fremdes angeschlossen, das meint, es wird dem Kommunizierten ein Sinn unterstellt, in dem implizite auf ein größeres Ganzes (Welt) verwiesen wird, das als Einheit selbst aber unbestimmt bleiben muss. Grenzen, oder in Luhmanns Worten: Beschränkungen, unter denen jedes System steht, produzieren auf diese Weise gerade nicht Irritation im Sinne eines Abbruchs von sinnhafter Kommunikation. Sondern die jedem System auferlegten Grenzen im Verstehen sind zugleich notwendige Bedingung jeden Verstehensanfangs wie Fortlaufs der Kommunikation. So lange sie im verstehenwollenden System also Veränderungen, das meint neue, bisher noch nicht getätigte Unterscheidungsbezeichnungen als Einteilungen von Welt, initiiert, ist *Irritation* hermeneutisch produktiv, nicht destruktiv. Kommunikation fungiert in der Systemtheorie als Element, das einen holistischen, d.h. einen auf alle Phänomene des Aufeinandertreffens von differenten Beobachterperspektiven ausgreifenden Erkenntnisanspruch durch einen von bestimmten Beobachtern angestrengten Selektionsprozess konkret einlösen zu können meint. Sinn soll per Kommunikation stabilisiert werden.

Nach Luhmann hat sich in der modernen Gesellschaft eine spezifische, endliche Zahl von hochausdifferenzierten Funktionssystemen herausgebildet, welche die Anschlüsse an Irritationen regeln. Die zeitgenössischen Demarkationslinien verlaufen so nicht zwischen verschiedenen geistesgeschichtlich gewachsenen (Groß-)-Gesellschaften oder Kulturräumen wie China, Russland, Amerika und Europa etc., sondern zwischen gesellschaftlichen Teilsystemen der einen Weltgesellschaft, die auf bestimmte Kommunikationstypen abgestellt sind. Ist koinzierendes, d.i. Konsens herbeiführendes Verste-

---

hensoperationen aufmerksam macht. Siehe Baecker, Dirk. „Über Verteilung und Funktion von Intelligenz im System." In: Rammert, Werner (Hg.). *Soziologie und künstliche Intelligenz*. Frankfurt a.M. 1995. S. 161–186. S. 171.

hen hier auch lange nicht mehr möglich, so stecken Systeme nach Luhmanns Ansicht doch den sozial verbindlichen Rahmen der Beziehungsstrukturen und Kommunikationsverhältnisse, somit auch den hermeneutischen Selektionshorizont von Welt ab. Dem radikalen Multiperspektivismus, der die Individualität von (Beobachter-) Innenansichten auf Welt postuliert, wird demnach ein Holismus des Konkreten beigestellt, auf dessen Basis sich in allen faktischen (konkreten) Bezügen ausschließlich generalisierte Ordnungsmuster aktualisieren können sollen.[367] Der Polyperspektivismus vieler individueller Beobachter verschränkt sich mit einer radikalen Sozialität von Funktionssystemen und geht schließlich darin auf.[368]

Individuell ist so zwar jede Perspektive, aber paradoxerweise kann von ihrer Relevanz unter kommunikationstheoretischen Bedingungen in der Konsequenz nur noch da gesprochen werden, wo ihre Eigenständigkeit in einem sozialen Holismus von gesellschaftlichen Kommunikationstypen aufgeht. Die kommunikationstheoretischen Präambeln der allgemeinen Systemtheorie nehmen die Individualität der Beobachterperspektive nur unter gesellschaftlich standardisierten Aspekten wahr und schränken im Theoriedesign ihren Status auf Beschreibungsstrukturen von Welt als dem Gesamt der sozial kommunizierten Umwelten ein. Verstehen des Fremden wird hier

---

[367] Hier wird qua binärer Codierungen unterschieden, z.B. im Rechtssystem zwischen „Recht" und „Unrecht", in der Kunst zwischen „Schön" und „Hässlich", in der Wissenschaft nach „Wahr" und „Falsch".

[368] Daraus kann man nur aussteigen, wenn man sich von Kommunikation „trennt" und als eines von sechs Milliarden (individuellen) Bewusstseinen an Gedanken anschließend Gedanken prozessiert. Dem dritten Einwand (s.o. IV 1) wird, was den Vorwurf des (kommunikativen) Systemholismus betrifft, stattgegeben, die Kritik am Verlust von Individualität jedoch partiell zurückgewiesen. Luhmanns Pointe der Trennung zwischen Kommunikation und Psyche zielt gerade auf den Erhalt des Individuellen ab. Wie Luhmann sagt: es wäre gruselig, wenn man annehmen müsste, das jemand in mich hineinschauen und meine Gedanken lesen kann. Siehe SoS, S. 346–376; ES, S. 247–267. Vgl. zum Argument des Individualitätsgewinns auch Reckwitz. „Kulturtheorie, Systemtheorie." A.a.O., S. 325, 330.

eineindeutig als Verstehen eines „sozialsystemisch Verschiedenen" ausgelegt.

Wiederum bleibt dem Fremdem im einen und einzigen Gesellschaftssystem,[369] keine individuelle Exit-Option, kein außer-systemischer Rückzugsort, der auch kommuniziert werden könnte. Über dem Willen, die Differenz zwischen Selbst und Fremdem zu betonen *und* theoretisch beschreibbar zu machen, nötigt der Verstehenwollende dem Unverstandenen funktionalstrategisch dessen Präfix ab und ersetzt das Innen-Außen-Verhältnis nicht einmal nur stillschweigend durch eine Innen-Außen-*Binnen*differenzierung. – Die Frage ist hier nun die, wer oder was noch bleibt, das die Unabschließbarkeit jeden Verstehens und die Eigenständigkeit des Anderen immer wieder herauskehren könnte und so auch einem Sozialsystemholismus, der das Andere als Verschiedenes operationalisiert, seine Schranken weist.

4 „Genau so oder auch ganz anders" – Beobachtete Welt im Visier der Kultur

Verstehen nimmt seinen Ausgang beim Selbst in der Frage nach sich selbst. Es entfaltet sich als Selbstvergegenwärtigung von eigenen Möglichkeiten, sich verstehend auf Welt zu beziehen und darüber ein Fremdes als das eigene Anders-Sein-Können kommunizierbar zu machen. Im Angesicht von Kontingenz als prinzipiell unendlich vielen Bezugsmöglichkeiten auf Welt verfolgt das Selbst durch seine Perspektive je eine Reduktion von Mehrdeutigkeit. Über ein selektives, sich wiederholendes Unterscheidungsverfahren von sich (als System) und Anderem (als Umwelt) wird Mehrdeutigkeit in binnenreferentielle Eindeutigkeit überführt. Eindeutigkeit stellt auf die Identität und Stabilität der sozialen Ordnung jenes systemisch etablierten Selbst ab. Der Begriff des Systems zeigt dabei die funktio-

---

[369] Siehe SoS, S. 557, 585 f.

nale Innen/Außen-Binnendifferenzierung als positiven Verstehensmodus eines der Selbstordnung intransparenten Fremden an. Dieses Intransparente – unterstellt das Systemselbst hier – hat selbst spezifische Unterscheidungsverfahren für seinen Bezug auf Welt ausgebildet. Unter systemtheoretischem Blickwinkel legt das Selbst für seine selektiven Bezüge also als notwendige Bestandssicherung ein *Entweder/Oder-Prinzip* zugrunde, welches funktionalschematisch verfährt, um nach internen Unterscheidungsdichotomien Fremdes operativ „abarbeiten" zu können.

Stellt ein System fest, dass es in seiner Umwelt auch andere, ihm fremde Systeme gibt, die soziale Ordnungen über Innen/Außen-Differenzierungen etablieren, so reflektiert es, dass die eigene Ordnung und deren Operationsmodus ebenso kontingent[370] sind, wie ihm die fremden Ordnungen erscheinen. Die eigene Identität ist nichts, was *einzig*artig wäre oder „an sich" genau so sein müsste, wie sie ist.[371] Durch eine zweifache – auf sich und auf ein anderes System bezogene – Innen/Außen-Unterscheidung sieht sich das Selbst gleichsam verdoppelt: Identität, die durch den abgrenzenden (Um-)Weltbezug zustande gekommen war, „ist so, könnte aber auch ganz anders sein" und existiert mindestens zweimal, nämlich bei mir selbst wie bei einem anderen. – Hierin hat Kultur ihre Geburtsstunde:

> „Der Begriff ‚Kultur' [...] beobachtet sich selbst und alles, was unter ihn fällt, als kontingent. Je mehr die Reflexion Notwendiges sucht, (zum Beispiel unbedingt geltende Werte), desto mehr erzeugt sie im Effekt Kontingenz (zum Beispiel ‚Wertabwägungen')."

---

[370] Das meint nicht hinreichende Begründbarkeit der Unterscheidungspräferenzen, die das System konstituieren.
[371] Ellrich spricht davon, dass ein System zunächst einen „charakteristischen naiven Standpunkt" vertritt. Siehe Ellrich. „Hat das Verstehen einen Haken?" A.a.O., S. 90.

„Kultur entsteht [...] immer dann, wenn der Blick zu anderen Formen und Möglichkeiten abschweift, und eben das belastet die Kultur mit dem Geburtsfehler der Kontingenz."[372] Bildet die Ordnung von je einen Halt stiftenden Rahmen der individuellen Bezüge und macht diese über-individuell verbindlich, so ersetzt Kultur vormals „weltinvariante Wesensformen" und stellt auf Basis vergleichender Beobachtungen auf eine Reflexion von Kontingenz um.[373] Wurde mit dem Begriff der Ordnungskultur noch der Aspekt des konkret verbindlichen Bezugskontingents herausgestellt, so zielt die Verwendung des zweiten Wortteils im Binom nun auf den Aspekt der expliziten Negierung von Singularität, verstanden als Einzigartigkeit, sowie auf die daraus hervorgehende Notwendigkeit des Vergleichs von verschiedenen, faktisch existierenden Ordnungen ab. Kultur weist sich nicht mehr per se als Verbindlichkeit stiftender Ordnungsbegriff aus, sondern ist vielmehr Terminus der Reflexion auf die unendlichen Möglichkeiten des Selbst, sich und Fremdes auf der Ebene der Ordnung konkret zu verstehen und zueinander in Beziehung zu setzen. Zum Begriff der Kultur gehören notwendig mehrere Vorstellungen, was unter Kultur selbst verstanden wird bzw. werden soll. Der Kulturbegriff impliziert eine Mehrzahl von *Kulturkonzepten*. Konzept verweist darauf, was *in* einer konkreten Kultur jeweils *als* „Kultur" geschätzt wird.[374]

Kultur als Medium bringt das Selbst also vor die Situation, die eigenen als Wirklichkeit wahrgenommenen Möglichkeiten gegen ausgeschlossene Möglichkeiten zu stellen: Indem es die eigene Kultur

---

[372] Luhmann, Niklas. „Kultur als historischer Begriff." In: Ders. *Gesellschaftsstruktur und Semantik. Studien zur Wissenssoziologie der modernen Gesellschaft 4.* Frankfurt a.M. 1999. S. 31–54. S. 48.

[373] Siehe Luhmann. „Kultur als historischer Begriff." A.a.O., S. 49. Vgl. GG, S. 409 f.

[374] Im Übrigen ist Kultur dann nur über Teilaspekte, also konkrete einzelne Kulturen, aufzeigbar. Kultur als Medium vermag begrifflich nur partiell rekonstruiert zu werden. Dieser Gedanke schließt an Hubigs Medium-Begriff an: „Medialität und Möglichkeit." A.a.O., S. 190.

bzw. das eigene Kulturkonzept und die darin präferierten Strukturierungsmuster von Welt selbst als kontingent, d.i. nicht notwendig so-und-so-seiend reflektiert, begibt sich das Selbst aus seiner Kultur(-ordnung) heraus und kann, vergleichend, auch andere Kulturen als nicht über-zeitlich gültig beobachten. Kultur verfährt „als je aktuelle Operation des Einwands ausgeschlossener Möglichkeiten gegen wahrgenommene Möglichkeiten",[375] und dies in Form der Beobachtung von entwicklungsgeschichtlichen Diskontinuierungen. Medial ermöglicht Kultur so ein dynamisches Alternieren zwischen verschiedenen Strukturen als unterschiedlichen Kulturkonzepten, welche jeweils Aufweis von sich verändernden Lebensumständen und daraus hervorgehenden Selbstordnungen sind.

Der Kulturbegriff würde in seinen Beschreibungskapazitäten unausgeschöpft bleiben, könnte mit ihm nicht auf zweierlei abgehoben werden: nämlich sowohl auf das in der eigenen sozialen Ordnung faktisch Ausgeschlossene als auch auf die theoretische Figur des per Reflexion der grundlegenden Binärdifferenzierung möglichen Ausgeschlossenen, das erst per Vergleich thematisierbar wird. Kultur ist Beobachtungsformel „aller möglichen Unterschiede"[376]: derjenigen, die das Selbst tätigt – das ist die Wirklichkeit der eigenen Kultur; und derjenigen, die das Selbst beobachtet – das ist die Wirklichkeit einer fremden Kultur, die dem Selbst aber nur Möglichkeit *war*. Kultur stellt nun – und das ist der springende Punkt, Fremdem seinen ganz eigenen Ort zu lassen – eine einzelne soziale Ordnung als erhaltenswert dar, und zwar genau dadurch, dass das Selbst durch sie und in ihr von vornherein zur Ungleichwertung und Ungleichheitsbeobachtung tendiert.[377] Man könnte auch sagen: Die Beobachtung seiner selbst lässt andere, wesentlich verbindlicher wirkende *Erwartungen* aufkommen, als sie eine fremde Ordnung je an

---

[375] Baecker, Dirk. „Auf dem Rücken des Wals. Das Spiel mit der Kultur – die Kultur als Spiel." In: *Lettre International* 24/1995. S. 24–28. S. 24 f.
[376] Baecker, Dirk. *Wozu Kultur?* Berlin ²2001. S. 22.
[377] Baecker. *Wozu Kultur?* A.a.O., S. 30.

das Selbst stellen könnte.³⁷⁸ „Kultur ist all das, was wir nicht zur Disposition zu stellen bereit sind."³⁷⁹ Weil das Kulturfremde im Gegensatz zur eigenen Kultur stets weniger handhabbar, weniger effektiv und für den verstehenden Bezug auf Welt nur sekundär relevant erscheint, wird Fremdes nie „hereingeholt". Das ist weder moralisch noch ästhetisch, sondern funktional nach Maßgabe der systemkonstitutiven, eigenen Unterscheidungsoperationen zu verstehen. Insofern bleibt Verstehen „eine eigenmächtige Operation des Verstehenden".³⁸⁰

Das Medium der Kultur vermag in der Betonung der Vergleichbarkeit mehrerer Beobachtungsstandorte wertedistanziert in dem Sinne zu agieren,³⁸¹ als dass sie eine Vielzahl von differenten Weltbezugsstrukturen und Sinngeltungen fremder Ordnungen impliziert und als konstitutiv für die moderne Gesellschaft annimmt. Darauf gründet sich letztlich der der Kultur eigene Reflexionsanspruch. Hier wird mit dem Kulturbegriff über die von Luhmann thematisierten sozialen Teilsysteme ein Ordnungsbegriff gewonnen, mit dem von Topographien (im Plural) gesprochen werden darf.³⁸² Sich verstehend auf ein Kulturfremdes zu beziehen, hat nachgerade mit der Eröffnung von mehr Vergleichsmöglichkeiten,³⁸³ mit einer Vervielfältigung von Verstehensweisen und mit der Dynamisierung³⁸⁴ von Alternativstrukturierungen von Welt zu tun, weniger mit der Auf-

---

378 Die Verwendung des Erwartungsbegriffs verdankt sich Anmerkungen Christoph Hubigs zu Schleiermachers Beobachtungsverständnis: „Hermeneutik bei Schleiermacher und Dilthey." A.a.O., S. 76. Wo der Vorwurf der Kulturassimilation laut wird, gilt es also auf den Unterschied von „Verstehen" und „Intervenieren" aufmerksam zu machen.
379 Baecker. *Wozu Kultur?* A.a.O., S. 59 f.
380 Luhmann. „Systeme verstehen Systeme." A.a.O., S. 88.
381 Siehe Burkart, Günter. „Niklas Luhmann: Ein Theoretiker der Kultur?" In: Ders./Runkel, Gunter (Hg.). *Luhmann und die Kulturtheorie.* Frankfurt a.M., 2004. S. 11–39. S. 15.
382 Vgl. aber schon GG, S. 586 ff.
383 Vgl. Burkart. „Luhmann. Theoretiker der Kultur?" A.a.O., S. 27.
384 Vgl. Baecker. „Auf dem Rücken des Wals." A.a.O., S. 24.

findung der einen einzigen Welt[385] oder eines gemeinsamen Erfahrungshorizontes, der handlungsmäßig für jeden gleich verbindlich wäre bzw. sein soll.

So aber hat Kultur sowohl eine orientierende Funktion. Die Beteiligten unterscheiden nach Maßgabe ihrer Kultur nicht nur zwischen „wichtig" und „unwichtig", sondern sie gehen auch dazu über, „diese Unterscheidung für richtig zu halten"[386] und sie anstatt der favorisierten Leitunterscheidungen anderer Ordnungen zu festigen. Baecker merkt hier konsequenterweise an, dass der „blinde Fleck" der Kultur genau darin besteht, nämlich die Kontingenz aller Lebensformen zwar zu statuieren, dies aber nicht nur im Vergleich, sondern indem Kultur sich – im Medium von Werten – als „unvergleichlich" betont. „Schlimm ist der Kulturbegriff, weil er [...] an die Stelle eines Wissens um die Kontingenz die Emphase für sich selbst setzt."[387]

Theoretisch setzt der Kulturbegriff andererseits aber genau dort an, wo Kultur sich als Einwand gegen zweiwertige Unterscheidungen formuliert:

„Kultur ist sozusagen der universell gewordene dritte Wert, das tertium datur als Einspruch gegen alles, was diese Gesellschaft in die Form des Entweder-Oder zu bringen können glaubt."[388]

Wenn bereits im Anschluss an die Erörterungen zu Kierkegaards Verstehensbegriff festgestellt werden konnte, dass Kultur als regelnde Instanz auftritt, so lässt sich nun genauer sagen: Kultur führt

---

[385] Welt ist dann das Gesamt aller miteinander verglichenen und verschränkten Ordnungskulturen. Gleichwohl muss die eine Welt supponiert werden.
[386] Vgl. Baecker, Dirk. „Kulturelle Orientierung." In: Burkart/Runkel (Hg.). *Luhmann und die Kulturtheorie.* A.a.O., S. 58–90. S. 78.
[387] Baecker, D. „Gesellschaft als Kultur." In: *Lettre International* 45/1999. S. 56–58.
[388] Baecker, Dirk. „Der Einwand der Kultur." In: *Berliner Journal für Soziologie* 1/1996. S. 5–14. S. 9.

als Instanz die Limitationalität aller Unterscheidungen vor und regelt deren Wie, d.i. die Beobachtung zweiter Ordnung unter Systemen.[389]

Kultur ist Medium einer Weltgesellschaft,[390] die in sich spezifische Ordnungskulturen ausgebildet hat und dadurch immer wieder medial diskontinuiert wird, indem der Geltungsanspruch konkreter Ordnungen und Ordnung als solche in Frage gestellt werden.[391] Kultur (als Medium) ist der Einwand gegen andere und gegen sich selbst, der darüber dennoch nicht – aus der Perspektive der eigens vertretenen Ordnungskultur – seiner Orientierungsfunktion verlustig geht! Kontingenzbeobachtung, welcher eine Diskontinuierung des Kontinuierten (= Systems) inhäriert, geht so mit Wertebildung und Werteformierung parallel einher, verschränkt, d.h. stabilisiert *und* durchkreuzt sich gegenseitig.

Was dem Systemholismus als Holismus der in- und exkludierenden Bestimmung hier in die Quere kommt, ließe sich dann auf folgende Weise beschreiben: Dieser wird stets durch das Medium Kultur unterlaufen, weil fortlaufend neuen ordnungskonzeptionellen Relativierungsmöglichkeiten und Tertiärangeboten der Beschreibung und Interpretation von Welt anheim gegeben. Diese unterlaufen die bereits getätigten Bestimmungen. Freilich geschieht dies mittels Kommunikation, die als solche nur sozial vonstatten geht und gerade dadurch auf kontingente Sinnzuschreibungen und (systeminterne) Sinnüberschüsse aufmerksam machen kann. Kultur macht also vergleichbar,[392] stellt gleichzeitig auf die Unterschiedenheit des Ver-

---

[389] Siehe Baecker. *Wozu Kultur?* A.a.O., S. 122.
[390] Medium ist Kultur auch deshalb, „insofern sie intersystemische Synchronisierungsmöglichkeiten bereithält, und zwar als Materie für Aktualisierungen", welche auf beiden Seiten verschiedene Anschlüsse eröffnen. Hahn, Alois. „Ist Kultur ein Medium?" In: Burkart/Runkel (Hg.). *Luhmann und die Kulturtheorie.* A.a.O., S. 40–57. S. Zur Kultur als Medium vgl. auch Baecker. *Wozu Kultur?* A.a.O., S. 188–191.
[391] Siehe Baecker. „Der Einwand der Kultur." A.a.O., S. 5, 8.
[392] Siehe Baecker. „Auf dem Rücken des Wals." A.a.O., S. 24.

glichenen ab und behauptet eine jeweilige Andersheit des Kulturfremden, dies nun jedoch inhaltlich im Zeichen des Ähnlichen und nicht mehr nur funktional im Zeichen des Differenten[393]. Eine bestimmte Kultur „gibt" es nur aufgrund von systemintern ausgeschlossenen Sinnüberschüssen, die anderswo selbst zur konkreten Kultur geworden sein mögen. Kultur weist damit immer auf das – vom Verstehenwollenden aus gesehen – Faktum der Begrenztheit jedes Weltbezugs hin: auf der Ebene des Individuums, seiner Ordnung bzw. funktional betreffs der systemischen Eigenstabilisierungsstrategie per exkludierender „Abwertung" des Fremden als jenes differenzlogisch Ausgeschlossenen.

Angesichts dieser Konstellation, wo Kulturen aufeinander treffen, indem sie gegeneinander abgrenzend verfahren, ist es schwierig, mit dem Verstehen um die konstitutiven Grenzen von Selbst und Fremdem zu einer absoluten Symmetrie zwischen den beteiligten Kulturen zu gelangen.[394] Das Ausgeschlossene als ein die eigene Perspektive konstitutiv bedingendes Relationselement begreifend, geht der Verstehenwollende im Verstehen immer auch asymmetrisierend auf Kulturfremdes zu und mit kulturellem Fremden um. Womöglich stellt es sich im Kontext der Frage nach Kulturverstehen deshalb nicht unbedingt als aussichtsreichstes Lösungsangebot dar, Asymmetrien stabilisieren zu wollen, wie Baecker hier vorschlägt.[395] Sondern Aufgabe könnte es für das Selbst sein, dessen Funktionalisierungstendenz im Bezug auf Fremdes aufs Neue zu reflektieren und die eigenen Grenzen des Verstehens – als beschränkte Handhabungskapazität fremder Leitunterscheidungen – zu vergegenwärti-

---

[393] Siehe Luhmann. „Kultur als historischer Begriff." A.a.O., S. 38.
[394] Vgl. Baecker. *Wozu Kultur?* A.a.O., S. 29. Unter dem Schlagwort „interkulturelle Kompetenz" wird dies ja vehement eingefordert. Siehe den ethisch-normativ motivierten Appell von Roetz, in der Hermeneutik immer von einem „gleichrangigen Gegenüber" sprechen zu sollen: Vgl. Roetz, Heiner. „Philologie und Öffentlichkeit. Überlegungen zur sinologischen Hermeneutik." In: *Bochumer Jahrbuch*. A.a.O., S. 89–111. S. 92.
[395] Siehe Baecker. *Wozu Kultur?* A.a.O., S. 29.

gen.[396] In nichts anderem als seinen ein- und ausschließenden Grenzen existiert das Selbst. Und nichts anderes kann es letztlich unternehmen, als eigene, operativ bedingte Verstarrungstendenzen im Bezug auf das Fremde *mit* und *in* der eigenen Kultur zu unterlaufen qua wiederholter Vergegenwärtigung jener das Selbst bedingenden operativen Beschränkungen im Umgang mit Kontingenz.

Die „Lösung" des fremdheitsbedingten Irritationsproblems bestünde kulturhermeneutisch betrachtet deshalb nicht – wie Luhmann in gesellschaftstheoretischem Kontext anbringt – in der Erhöhung von Abwehrmodi als binnensystemisch aufgebauten höheren Ausdifferenzierungsmechanismen unter der Präambel von *Kontrollmöglichkeiten* des Fremden. Vielmehr haben die systemisch bedingten Verfahrensstrukturen im Umgang mit Irritation als dasjenige ernstgenommen zu werden, was sie ihrem Gehalt zwar nicht vorgängig sein mögen, kulturtheoretisch jedoch nachgerade auf die Hand legen: nämlich Kommunikation genau als Verweismöglichkeit auf so auch ganz anders mögliche Strukturierungen von Welt zu betrachten und damit unterschiedliche Interpretationsmuster von Welt zuzulassen. Selbstbeschreibung wäre unter dieser Devise dazu da, auch Fremdunterscheidungen zu erhalten und nicht, deren Andersheit systemintern per weiterer Binnenausdifferenzierung überflüssig zu machen.

Die Systemtheorie legte an dieser Stelle nun ihre Inkonsequenz der Sekundärbehandlung von Kultur[397] beiseite. Als Kulturtheorie würde sie sich in dreierlei Hinsicht auszeichnen: 1. Kultur ermöglicht individuumsorientierte Selbstbeschreibungen; 2. Kultur unterläuft Funktionalisierungstendenzen im Bezug auf Fremdes; 3. damit limitiert Kultur Ansprüche, die allein über Funktionalbeschreibungen Möglichkeiten institutioneller Kontrolle von Gesellschaft bereitstel-

---

[396] Dazu würde dann auch das Einüben fremder Ordnungsmuster gehören können. Siehe dazu im abschließenden Abschnitt VIII 3 (8. These).
[397] Siehe Kogge. *Die Grenzen des Verstehens*. A.a.O., S. 192.

len wollen.³⁹⁸ Das System/Umwelt-Schema, das hier als theoretisch reformulierbare Beobachtungsmöglichkeit der Zugangsweise zu Kulturfremdem hinzugezogen wurde, findet darin seine Verwendungsgrenze: Ihre Voraussetzung ist immer schon ein Schisma von Selbst und Fremdem, über das theorieintern nicht verfügt werden kann. Die Unbestimmtheit des Fremden lässt sich nicht vollkommen in der soziologischen Deskription funktionalistischer Ausschließungskriterien auflösen.³⁹⁹

5 Zur Frage der hermeneutischen Verfügung über das Fremde (Auswertung II)

Eine interkulturelle Hermeneutik des Fremden muss die doppelte „Natur" reflektieren können, die die Verstehensfrage ist: In jedem Verstehensversuch wird über einem positiv Markierten und also verstandenen Sinn immer auch etwas nichtmarkiert gelassen und nicht bezeichnet. Je nachdem, auf welchen der beiden Aspekte man innerhalb der Erläuterung der Verstehensfrage aufmerksam machen will, ergibt sich so entweder eine Überbetonung des – vom Selbst im konkreten Verstehen – nachvollzogenen Sinns, m.a.W. der mit der systemischen Grundoperation einhergehenden Sequenzialisierungsmöglichkeiten des Fremden als eines verschiedenen anderen.

---

[398] Zum Anspruch Luhmanns, die moderne Gesellschaft gerade nicht auf der Ebene kultureller Codes, sondern auf dem soziologischen Strukturprinzip funktionaler Differenzierung verhandeln zu wollen, siehe Reckwitz, Andreas. „Die Logik der Grenzerhaltung und die Logik der Grenzüberschreitungen: Luhmann und die Kulturtheorien." In: Burkart/Runkel (Hg.). *Luhmann und die Kulturtheorie*. A.a.O., S. 213–240. S. 231, 233.

[399] Vgl. den von Albrecht Koschorke und Cornelia Vismann herausgegebenen Sammelband *Widerstände der Systemtheorie. Kulturtheoretische Analysen zum Werk von Niklas Luhmann* (Berlin 1999), darin z.B. David E. Wellbery („Die Ausblendung der Genese. Grenzen der systemtheoretischen Reform der Kulturwissenschaften." S. 19–27), der auf die Partialität des Beschreibungsanspruchs der Systemtheorie hinweist.

Oder aber es wird nur methodologisch eruiert, wie selektive Beobachtung Ausschließungsmechanismen bedingt, die – als Selbstreflexion – Sinnentzug evoziert und Fremdes unbestimmt lassen (muss).

Aus der Perspektive der Erläuterungen zur Hermeneutik betrachtet, kann der Verstehenwollende also entweder seine eigenen, selbstkonstitutiven Operationen reflektieren. Hier lässt er das konkret Zu-Verstehende unmarkiert, d.h. als Fremdes unbestimmt. Der Status der Aussagen ist dann Methodologie des Verstehens qua Selbstvergegenwärtigung. Oder er bezieht sich auf das Fremde. Dann versteht der zuvor noch methodologisch die Bedingungen für Fremdverstehen Eruierende faktisch – verdeckt sich aber die Beschreibungsmöglichkeit der ihn dabei selbst auszeichnenden Binnendifferenzierungen. Methodisch wird die Frage nach einer Kulturhermeneutik des Fremden zur exklusiven Entscheidungsfrage: wollen – im Angesicht des *Anders*-Sein-Könnens – die eigenen Beschränkungen negativ bezeichnet oder will das Fremde als *anderes* positiv identifiziert werden?

Bevor ich ein Resümee zu Luhmann und den theoretischen Erörterungen insgesamt versuche, möchte ich das hiesig erzielte Ergebnis kurz als Anhaltspunkt nutzen, um Konsequenzen für die eigene Arbeit anzusprechen. Meine These lautet: Entweder wird nur die Möglichkeit des Verstehens verstanden, oder es wird konkret das Fremde verstanden. „Oder" versteht sich als ausschließende Konjunktion. Die hiesige Zweiteilung in einen theoretischen Textteil und eine Fallstudie, also der methodologischen Selbstvergegenwärtigung und dem konkreten Fremdverstehensversuch, weist sich insofern als theorieintern bedingte Konsequenz aus. Aus dem ersten Teil kann der „praktische" Abschnitt methodisch nicht einfach direkt *abgeleitet* werden. Stattdessen *prädisponiert* die Methodologie nur das Nachfolgende.

Wenn die Frage aufkommt, wie man denn explizieren könne, dass verstanden wird, ohne den Vollzug selbst im bzw. mit dem Vollzug hinreichend zu erklären, so sieht sich mit dem bisher Ausgeführten folgende Antwortmöglichkeit bereitgestellt: Die Erörterung der Bedingungen des Fremdverstehens stellt als Selbstvergegenwärtigung einen die Weise des konkreten Verstehensvollzugs reflektierenden *Rahmen* bereit. Die aufgestellten Thesen bestimmen den konkreten Fremdverstehensversuch demnach als etwas, das allein für die Perspektive desjenigen ein Fremdverstehen geltend machen will, der dies faktisch gerade versucht.

5.1 Abbau von Unwahrscheinlichkeit oder funktionalistische Starren? (Thesen/Kritik)

Das Unbestimmtheitsphänomen des Fremden begegnete uns bei Kierkegaard als Reflexion auf das eigene Anders-Sein-Können; Waldenfels stellte es mit der Beobachtung heraus, dass Eigenes und Fremdes in einer Schismogenese verschränkt sind, die keinen festen Anhaltspunkt bietet, wie Fremdes zu verstehen ist. Der systemtheoretische Ansatz von Luhmann will das Problem der lebensweltlichen Kontingenz beschreibbar machen und differentielle Unterscheidungen als konstitutiv für positive Verstehensmöglichkeiten von Welt ausweisen. Als Soziologie autopoietischer Systeme will die Theorie eine bestimmte Strategie darstellen, wie sich konkrete Weltbezüge als objektiv willkürliches, subjektiv jedoch verbindliches Einschluss-/Ausschlussverfahren eines über seine systemische Umwelt kommunizierenden Funktionalsystems generieren. Die Unwahrscheinlichkeit des So-und-nicht-anders-Seins der Gesellschaft soll mit der Vorgabe eines Verfahrensfunktionalismus von selbstreferentiell geschlossenen Entscheidungsoperationen erklärt werden können, in denen sich Welt als Vielzahl von systemisch verstandenen Umwelten selegiert sieht.

Zeichnete sich das Kierkegaardsche Selbst als verstehend auf Welt bezogenes Einzelnes aus und wurde mit Waldenfels festgehalten, dass das Fremde einen sich als kommunikativ auszeichnenden Anspruch gegenüber ihm erhebt, so kann auf Grundlage der systemtheoretischen Erörterungen nun folgendes festgehalten werden:

Verstehen ist das Differenzierenkönnen von mehreren kommunikativen Unterscheidungsgebräuchen, denen seiner selbst und denen einer fremden Ordnung. Kierkegaard stellt dem verstehenden Selbst die individuell rückgebundene Reflexionsmöglichkeit über sein eigenes Anders-Sein-Können zur Verfügung. Mit Waldenfels gibt es die Möglichkeit, den Verstehenwollenden als dasjenige zu charakterisieren, welches sich in einer ihn lebensweltlich rahmenden Ordnungskultur situiert, aus dem ein Fremdes als Außer-Ordentliches herausfällt. Wegen der inhaltlichen Intransparenz des Fremden sucht Luhmann einen funktionalschematischen Umgang des Selbst als „Invisibilisierungsstrategie" für diese als systemisches *black-box*-Verhältnis charakterisierbare Situation von Verstehenwollendem und Zu-Verstehendem in theoretischen Anschlag zu bringen. Den von Leibniz, Kierkegaard und Waldenfels vertretenen Polyperspektivismus verkoppelt er mit einer streng operationalistischen Vorgehensweise der Eigenstabilisierung. Interpretative Verbindlichkeit wird über ein willkürliches, das meint objektiv nicht hinreichend begründbares Selektionsverfahren eines einzelnen Systemselbst hergestellt. Der Systembegriff soll in funktionalstrategischer Ausrichtung den der Perspektive detaillieren. – Leibniz, der das Multiperspektivische monadisch feierte, und Kierkegaard, dessen Selbst individuell an ihm litt, sehen sich bei Luhmann in einem selbstreferentiellen Ausschlussvorgehen, welches den Weltbezug des Selbst als innen/außen-unterscheidendes System auszeichnet, binnenperspektivisch gewendet.

Anhand der System/Umwelt-Differenz wurde die Frage nach dem Fremdverstehen wie folgt weiterentwickelt und lässt sich in fünf Thesen aufbereiten:

1. Das Fremde sieht sich als anderes System operationalisiert, welches im Hinblick auf den Verstehenwollenden mit differenten Bezugsprioritäten Welt als Umwelt selegiert.

2. Im Verstehen reflektiert das Selbst die vom anderen System favorisierten Unterscheidungsbezeichnungen als different.

3. Das Selbst ist die kommunikative Schnittstelle, in der Unterscheidungsgebräuche als unterschiedliche Weltverständnisse positiv identifiziert werden.
4. Kultur ermöglicht den Vergleich von Ausschlussmechanismen. Kultur reflektiert Ausschlussstrategien als eigensystemisch notwendig und objektiv beobachterabhängig.
5. Kultur ist der wiederholbare und sich wiederholende Einspruch gegen Weltverständnisse als zweiwertig getätigte, ordnungsmäßig verbindliche Unterscheidungsbezeichnungen.

Luhmanns Theorie zeichnen holistische und relativistische Elemente aus:[400] Relativistisch ist die Theorie, insofern keine der vielen System/Umwelt-Unterscheidungen privilegiert werden soll. Jedes System wirft einen ebenso wichtigen oder unwichtigen Blick auf Welt. Den eigenen Blick hält es selbstredend für wichtiger als andere Beobachterstandpunkte.[401] Im Kontext der Statusbestimmung der Theorie, die Luhmann als Erkenntnistheorie einordnet,[402] ergeben sich nun diverse theorieinterne Schwierigkeiten. Um es vorweg zu nehmen, würden sich diese für Luhmann bereits partiell lösen lassen, wenn er die eigenen Aussagen statt als Epistemologie vielmehr konsequenter als Kultursoziologie, wenn nicht gleich als Hermeneutik[403] verortet hätte. Aus der Perspektive Luhmanns bedeutet das eine erhebliche Zurückstufung des Erklärungsanspruchs. In den Augen Anderer mag darin eine ungeheuerliche Überbewertung liegen. Ich selbst verstehe dies – wie die Möglichkeit der Erläuterung des Fremdverstehens anhand ausgewählter systemtheoretischer

---

[400] Vgl. Reckwitz. „Kulturtheorie, Systemtheorie." A.a.O., S. 324.
[401] Das korrespondiert mit dem Leibnizschen Monaden-Begriff. Auch wenn alle Monaden gleich wichtige und richtige Perspektiven auf die Welt haben, so kann trotzdem jede Monade sagen, dass der eigene Blickwinkel (*für sie*) der wichtigste ist.
[402] Siehe SoS, S. 30, 647–661 (Kapitel 12).
[403] Vgl. Schneider. „Hermeneutik sozialer Systeme." A.a.O., S. 435. Systemtheorie reflektiert Bedingungen der Möglichkeit von Verstehen im Hinblick auf die historisch kontingente Realisierung sozialer Differenzierungstypen.

Mittel – als eine Art *Selbstbescheidung* der Hermeneutik im interkulturellen Feld, was deren eigens veranschlagte positive Verstehensreichweite angeht.

Ich beschränke mich im Folgenden auf drei Kritikpunkte, denen sich Luhmanns Theoriekonstruktion in methodologischer Hinsicht m.E. dennoch dringend stellen muss. Ohne systemtheoretische Aporien zu verschweigen, sollen die Ergebnisse, die mit Luhmanns Kommunikationsbegriff erzielt wurden, damit von soziologischen „Intentionen" bzw. Zielvorgaben des Autors abgekoppelt und „rückwirkend" als eigenständig für die hiesige Fragestellung ausgewiesen werden.[404] Die Kritik betrifft: 1. erkenntnistheoretische Widersprüchlichkeiten der Systemtheorie; 2. die Überbetonung eines sozialen Zugehörigkeitsschemas und der Verfügung über das Fremde als anderes System; 3. die Marginalisierung des individuierten Selbst.

1. Epistemologischer Zwiespalt: Verstehen ist nur möglich, wenn Fremdes eine bestimmte Resonanz erzeugt. Die Irritation, die ein System seiner Umwelt zurechnet, muss also groß sein, dass der Verstehenwollende sie als ihn betreffende informationsrelevante Mitteilung kommuniziert sieht. Dabei supponiert Luhmann einen operativen Konstruktivismus der Systeme untereinander, wonach kein System Teil der Umwelt bzw. anderer Systeme sein kann. Basierend auf dieser Grundannahme der operativ geschlossenen Selbstreferentialität drängt sich folgende Frage auf: Wie kann ein System andere Systeme oder Gesellschaft im Ganzen begreifen, wenn das System nicht Teil von ihnen ist? Entweder stimmt es, dass Systeme keinen Umweltkontakt haben. Dann kann kein Universalisierungsanspruch allein systemrelativer Aussagen behauptet werden. Oder die Prämisse der Geschlossenheit ist falsch, wodurch immerhin Universalisierung von systemrelativen Aussagen über Welt möglich

---

[404] Die Vorgehensweise korrespondiert mit der Lesart von Kierkegaard und Waldenfels. Der Theoretiker wird nicht exegetisch ausgelegt, sondern auf systematisch tragfähige Impulse für die Fremdverstehensfrage befragt.

wäre. Einher geht damit das Paradox der Handhabung fremder Leitunterscheidungen innerhalb der eigenen Systemunterscheidungen. Wie geht erkenntnistheoretisch die Behauptung von unabdingbarer Selbstreferentialität mit „Oszillation von fremden Unterscheidungen" im Verstehen einher? Bedeutet das nicht Systemauflösung? Der radikale Perspektivismus, mit dem Luhmann ernst macht, lässt sich mit seinen epistemologischen Erklärungsansprüchen m.E. nicht durchhalten.[405] Ich sehe aber eine Möglichkeit, um den Widerspruch von binnenreferentiell wiedergegebenen fremden Beobachterstandpunkten zu neutralisieren. Die Aussage ist als auf Bedingungen hinweisend zu lesen, wie im Verstehen *sprachlich* auf differente Prioritäten eingegangen wird. So kann gesagt werden, dass der Verstehenwollende versucht, jene das Zu-Verstehende auszeichnenden Bezüge unter deren Perspektive nachzuvollziehen. Dies kann er jedoch nur in der ihm geläufigen, eigenen Sprache tun. Ein kulturhermeneutisch relevantes Beispiel: Altchinesische Ethikvorstellungen sind hiesig schwer nach Unterscheidungsbezeichnungen wie „ren"/„si" [integrativ-mitmenschlich/individual-egoistisch] kommunizierbar. Sie werden deshalb eher – in der Sprache des Verstehenwollenden – als „individualistisch"/„holistisch" oder nach „utilitaristisch"/„deontologisch" vermittelt. Über jene dem Verstehenden geläufigen, eigenen Unterscheidungen kann versucht werden, die beim anderen System abweichenden Konnotationen, welche mit der eigenen sprachlichen Fixierung verloren gegangen sind, nach *deren* fremden Maßgaben zu rekonstruieren.[406]

---

[405] Genauso Gamm. *Flucht aus der Kategorie*. A.a.O., S. 245.
[406] So kann man m.E. konstruktiv der Formulierung „unter Maßgabe der Unterscheidungsmuster des fremden Systems" begegnen. Die sprachlich als Dichotomie von „individualistisch"/„holistisch" formulierte Beobachtung lässt sich „aufweichen", wenn man nachvollzieht, dass in China klassischerweise nicht von Individuen, sondern von in einer Gemeinschaft eingebundenen Rollenträgern die Rede ist. Die Verwendung des Terminus „Individuum" [*geren, siren*] weist dagegen pejorativ auf ein isolationistisches Moment hin. Im Umfeld des konkreten Verstehensversuchs chinesi-

Die Luhmannsche Rede würde hier demnach nicht mehr als epistemologische verortet, denn da bleibt sie widersprüchlich, was den Punkt der selbstreferentiellen Selbstbezüglichkeit angeht. Dennoch meine ich von einem Multiperspektivismus einer Vielzahl von Verstehenden reden zu dürfen. Die Frage des „Umweltkontakts" wird hier aber irrelevant, und zwar über die Aussage, dass im Verstehen die Perspektive nicht verlassen wird, sondern – sprachlich – erhalten bleibt. Der Fokus verlagert sich darauf, das eigene Sprachvermögen qua komparativen Unterscheidungsnachvollzugs der im fremden System vorhandenen Beschreibungsweisen zu erweitern.

2. Zugehörigkeit als Verfügungsrationalismus: Angesichts seiner Zurückhaltung in Fragen ökologischer Interventions- oder gesellschaftskritischer Protestmöglichkeiten[407] erscheint es kontraintuitiv, Luhmann Verfügungsintentionen über andere Systeme zu unterstellen. Die Kritik zielt denn auch, wie Gerhard Gamm ausführt, auf den Impetus der Thesen als Annahme von theorieinternen *Kontroll*möglichkeiten des Fremden und nicht direkt auf mit der Theorie begründbare faktische *Interventions*-möglichkeiten in fremden Ordnungszusammenhängen. Gamm bringt das Problem wie folgt auf den Punkt:

„Das verfügungsrationalistische Paradigma nimmt an, die absolute Unruhe des Andersseins über Techniken zeitlicher *Sequenzierung* und *Serialisierung* in handhabbare Problemlasten umwandeln zu können. [...] Die systemtheoretische Interpretation des Unbestimmten unterstellt, in der Weise der unterscheidungstheoretischen Semantik über es *verfügen* zu können; sie zieht das in der Unterscheidungslogik eingefaltete Andere gleichsam in der Zeit auseinander. Sie serialisiert es in der An-

---

scher Technikphilosophie werden Übersetzungsprobleme näher ausgeführt, siehe Abschnitt VII 3.

[407] Siehe ÖK, S. 259–265, sowie Luhmann, Niklas. *Protest. Systemtheorie und soziale Bewegungen*. Hg. von Kai-Uwe Hellmann. Frankfurt a.M. ²1997. Darin diverse Aufsätze, insb. S. 46–63, 201–215.

nahme, es sei das Noch-nicht-Bestimmte, das sich in Form nacheinandergeschalteter Operationen (Beobachtungen bzw. Unterscheidungen) disziplinieren und kontrollieren lasse. Dies [sic] Vorgehen könnte man die *differenztheoretische Normalisierung des (radikal) Unbestimmten* nennen."[408]

Normalisierung des Unbestimmten bedeutet soziologisch Eingrenzung des Fragefeldes auf die Unterscheidung von Inklusion/Exklusion, das zugehörig ist oder als nicht-zugehöriges anderes restlos bestimmt werden kann.[409]

Unter Rückgriff auf die These von Lutz Ellrich wurde an früherer Stelle herausgestellt, dass sich Unterscheidungsbeobachtungen theoriebedingt in zwei Extremen äußern: Je nachdem, welcher Aspekt der auf Verstehen ausgerichteten Kommunikation in den Blick genommen wird, wird entweder die Handhabbarkeit des Fremden als eines bloß *noch* nicht bestimmten Anderen überbetont, oder aber es werden jegliche Dechiffriermöglichkeiten des Fremden als Unbestimmtem in Abrede gestellt. Gamm ist darin recht zu geben, dass die Systemtheorie unter soziologischer Devise ihren Fokus dezidiert auf Operationalisierungsmöglichkeiten des Fremden und dessen kontrollierenden Umgang ausrichtet. Zwar wird die Konstellation von Selbst und Fremdem als intransparentes Verhältnis ausgewiesen. Final zielen die Erörterungen aber darauf ab, eineindeutige Bereiche von Anschlussmöglichkeiten bereitzustellen und Selektionsrisiken von Kommunikation eigensystemisch zu unter-

---

[408] Gamm. *Flucht aus der Kategorie*. A.a.O., S. 255.
[409] Rudolf Stichweh entfaltet die Fremdheitsproblematik als systemtheoretische Frage von In- und Exklusion: „Der Fremde – Zur Evolution der Weltgesellschaft." In: Simon, Dieter (Hg.). *Rechtshistorisches Journal* 11/1992. S. 295–316; ders. *Inklusion und Exklusion. Studien zur Gesellschaftstheorie*. Bielefeld 2005. Bes. S. 133–144. Vgl. Hellmann, Kai-Uwe. „Fremdheit als soziale Konstruktion. Eine Studie zur Systemtheorie des Fremden." In: Münkler (Hg.). *Herausforderung*. A.a.O., S. 401–460. Fremdheitserfahrung wird hier als nachhaltige Störung von Routineabläufen operationalisiert.

binden.[410] Dies geschieht mittels Bestimmung des Fremden als funktionalsystemischem Nicht-Zugehörigen, welches einer positiv identifizierbaren anderen Ordnung zugerechnet und über welches von seiten des eigenen Systems kalkulatorisch verfügt werden kann. Luhmann ignoriert, dass Irritationen – kulturbedingt – nie hinreichend durch zweiwertige Differenzierungen behoben werden können. Fremdes zeichnet sich gerade dadurch aus, dass es nur teilweise unter ein verfügungsrationalistisches Paradigma zu bringen ist. Als kulturhaftes Außer-Ordentliches erlangt es seinen Status als Einspruch gegen binnensystemische Binärcodierungen von Umwelt. Die differenztheoretische Normalisierung des Fremden, d.i. die Invisibilisierung des Fremden als „unmarked state"[411], ist theorietechnisch präzisiert also nur eine von zwei Seiten. Gamm pointiert, dass Luhmann sie zum exklusiven gesellschaftsaffirmativen Zentrum erhebt, zur dichotomisch an erster Stelle gesetzten Leitformel verfahrensstabilisierender Bezüge von Systemen untereinander. Luhmann vernachlässigt damit deren durch Kultur hervorgekehrte und sich in Kultur manifestierende, radikal offene Polykontexturalität.[412]

3. Das menschliche Selbst als Leerstelle?: Luhmanns Aussage, dass nicht der Mensch, sondern nur die Kommunikation kommuniziert,[413] hat vielfach Widerspruch hervorgerufen und Skepsis gegenüber der Systemtheorie ausgelöst.[414] In der Tat betrachtet Luhmann Menschen nicht als Teil der Gesellschaft. Stattdessen geht er von einer Ebenendifferenzierung von *Interaktion*, *Organisation* und *Gesellschaft* aus, in der sich Verstehen als Kommunikationsmedium entfaltet. Luhmanns reservierte Haltung gegenüber dem Begriff des

---

[410] Siehe Luhmann. *Die Wissenschaft der Gesellschaft*. A.a.O., S. 25, 45.
[411] Siehe GG, S. 1109–1127.
[412] Das habe ich an früherer Stelle mit Dirk Baecker zu zeigen versucht.
[413] Vgl. Luhmann. „Was ist Kommunikation?" A.a.O.
[414] Dies provoziert wiederum Auseinandersetzungen mit Luhmanns abschlägiger Haltung gegenüber dem Begriff des Menschen. Siehe Fuchs, Peter/ Göbel, Andreas (Hg.). *Der Mensch – das Medium der Gesellschaft?* Frankfurt a.M. 1994. Darin diverse Aufsätze.

Menschen speist sich aus der Analyse, dass damit traditionellerweise Konzepte verbunden sind, welche Gesellschaft als Ganzes beschreiben und in feste Einheiten aufteilen zu können meinen.[415] „Mensch" steht Luhmanns Ansicht nach für einen nach subjektphilosophischen Maßstäben gerichteten Anspruch, der identitätstheoretisch eineindeutige und vollständige Aussagen über Welt machen will, jedoch als „ontologische Metaphysik" und „humanistische Anthropologie" nurmehr ein Atavismus (in) der hochausdifferenzierten Gesellschaft ist.[416] In identitätslogischen Aussagen wird der Mensch als Grundlage der Gesellschaft begriffen und als unveränderliche (erkenntnistheoretische) Basis ausgewiesen, die einen wesensmäßigen Kern hat. Angesichts der Inkommensurabilität moderner Wissenssysteme bedeutet das jedoch eine Überforderung und gleichzeitige Verflachung der Beschreibungsproblematik von Gesellschaft. Folgt man Luhmann, muss diese nach differenztheoretischen Kriterien untersucht werden. Der Begriff des Menschen – verstanden als Souverän und Gegenstand von gesellschaftsrelevanter Erkenntnis – erübrigt sich darüber.

Luhmann kritisiert zunächst nicht zu Unrecht die Präsupposition subjektphilosophischer Ansätze, d.i. die Unterstellung einer ursprungslogischen Einheit. Er selbst handelt sich aber dasselbe Problem innerhalb der differenztheoretischen Unterscheidungsoperationen ein.[417] Womöglich macht Luhmann es sich zu leicht, wo er den „Menschen" als kategorial überholte Semantik über Bord wirft. Wird dem Begriff des Menschen nämlich keine identitätslogische Basis unterstellt, so kann man fragen, ob der Mensch – als menschliches, individuiertes Selbst – zwar nicht der Kern von Welt (und Be-

---

[415] Luhmann bedient sich des Labels der „alteuropäische Semantik", siehe GG, Kapitel 5 IV–VIII.
[416] Siehe Luhmann, Niklas. „Die Tücke des Subjekts und die Frage nach dem Menschen." In: Fuchs/Göbel (Hg.). *Der Mensch*. A.a.O., S. 40–56. S. 40.
[417] Siehe Gamm. *Flucht aus der Kategorie*. A.a.O., S. 252 f. Vgl. die obigen Aussagen zum Weltbegriff.

schreibungsmöglichkeiten) ist, wohl aber als mediale Schnittstelle gelten darf, die jede Kommunikation durchzieht.

Die „Tücke des menschlichen Subjekts" besteht nicht in deren ursprungslogischer Präsupposition, wie Luhmann meint, sondern in ihrem Status als verstehensermöglichender wie gleichzeitig -verstellender individuierter Perspektive. Kommunikation läuft so größtenteils im latent festen Rahmen ab, d.i. in einem sozialen Funktionssystem unter vielen anderen. Der Fokus hat sich hierüber verschoben. Weil Kommunikation nicht vorgängig bestandserhaltend fungiert, muss sie immer wieder durch nicht einholbare Sinnüberschüsse und Sinn kreierende *Impulsgeber*[418] gestört, verändert, durchbrochen, neu in Gang gesetzt werden. Diese Aufgabe könnte dem so genannten ‚Menschen' zukommen. Als „Schnittstellenselbst" einer sich ständig verändernden individuierten Perspektive bildet er den medialen Resonanzboden für Kommunikation. Als Perspektive nimmt der Einzelne zwar ordnungsmäßig gebunden auf Welt Bezug, aufgrund seines differenziellen Ursprungs geht er jedoch nie darin auf. Nur so können in der Kommunikation aber auch so etwas wie Neuheit oder Verstehensanfänge gedacht werden, genau deshalb nämlich, weil sie in keinem Systemholismus aufgehen, sondern weil in ihr menschliche *Selbste* als Schnittstellen der Kommunikation bemüht werden.[419]

Was hier „gerettet" werden soll, ist kein streng identitätstheoretisch formulierter Begriff des Menschen, sondern die Idee von einer prinzipiell unendlichen Anzahl von Individuen, die, gleichwohl sie psy-

---

[418] In Anlehnung an Leibniz, wird mit dem Wort betont, dass Veränderungen nicht als kausale, sich direkt beeinflussende Vorgänge zu verstehen sind, sondern eher in der Metapher der „Folge" oder des „gegenseitigen Bedingens" von ihnen gesprochen werden sollte. Entscheidend ist, was aus etwas *folgt*. Prädisponierung meint im Gegensatz zu Intervention eine systemintern motivierte Empfänglichkeit für Umweltereignisse.

[419] Die „strukturellen Kopplungen", die Luhmann für das Verhältnis von psychischen und sozialen Systemen durchaus zugibt, könnten darauf nicht deutlicher hinweisen.

chisch eigenständig bleiben, strukturell nicht nur an die Gesellschaft „gekoppelt" sind, sondern diese medial durchziehen. Dies garantiert nicht bloß die Selbständigkeit des Individuums im Verstehen, sondern ermöglicht ihm überhaupt erst Bezugsmöglichkeiten auf fremde Ordnungszusammenhänge – nicht mehr nach Maßgabe einer funktionalsystemischen Verfügbarkeit, sondern unter dem Blickwinkel von Irritation als Möglichkeit für hermeneutische Vergleiche. Kein Verstehen geht im Selbst auf, wohl aber ist menschliche Individuiertheit ein notwendiger kulturhermeneutischer Impuls.

5.2 Bruchstellen der Theorie/Im Übergang

Folgt man den normativen Vorgaben kulturhermeneutischer Ansätze, so soll Fremdes weder als (normativ) Universalisiertes gänzlich in den eigenen kulturellen Zusammenhängen aufgehen. Noch mögen wohl die Allermeisten die Frage nach dem Ort und Status des Fremden, das verstanden werden soll, mit der Relativität aller Ordnungen – der eigenen wie der fremden – beantworten und ein Verstehen des Anderen unserer selbst ganz von der Hand weisen. Einzig systemtheoretische Vertreter wie Luhmann würden das mit dieser Position verbundene Etikett des Relativismus vermutlich nicht unumwunden ablehnen, hebt Luhmann doch hervor, dass sein Begriff von Verstehen „strikt systemrelativ gemeint"[420] ist. Von Verstehen kann in der auf Kommunikation abstellenden Theorie sozialer Systeme folgerichtig auch nur dann überhaupt die Rede sein,

> „wenn man akzeptiert, daß als Verstehen alles in Betracht kommt, was das verstehende System für Verstehen hält. Der Begriff schließt daher Mißverstehen ein, solange man nur glaubt zu verstehen. Jedes Verstehen ist dann auch mehr oder weniger mit Mißverständnissen durchsetzt, [...] Das Verstehen und Mißverstehen einschließende Verstehen versteht sich aber immer als Verstehen (und nicht als Mißverstehen), denn als

---

[420] Luhmann. „Systeme verstehen Systeme." A.a.O., S. 85.

Mißverstehen würde es sein Beobachten nicht fortsetzen, sondern einstellen."[421]

In dieser Textpassage liegen kommunikationstheoretische Vorteile und Unzulänglichkeiten des systemtheoretischen Verstehensbegriffs quintessenziell vor uns. Was sind die Vorteile? Luhmann betont, dass sich das System – differentiell auf ein Fremdes verwiesen – kommunikativ immer im Rahmen eines irgendwie gearteten und situierten Verstehens bewegt. Auch wenn es missversteht, sucht es das ihm Fremde als verstandenes Fremdes zu kommunizieren. In gewisser Weise ist das Selbst dadurch, dass es sich von allem Fremden als different setzt, sich per Innen-Außen-Differenz als System operativ stabilisiert und über Kommunikation seinen Weltbezug selektiv zu steuern sucht,[422] je „drin" im Verstehen seines Anderen. Es kann gar nicht anders als sich auf das Andere seiner selbst verstehenwollend und verstehend zu beziehen.[423]

Andererseits jedoch – und hier kommen die Schwierigkeiten zum Vorschein – liegt es quasi kommunikationsbedingt am System, jeden Bezug als Verstehen auszuweisen, wenn es nur für einen selbst schon Anschlussmöglichkeiten eröffnet. Verstehen von Fremdem bemisst sich zwar systemrelativ nach Maßgabe je unterschiedlicher, eigens präferierter Kommunikationsfelder, macht sich für den Verstehenwollenden letztlich aber daran fest, was allein er *über* das Fremde versteht – nicht jedoch, wie er *mit* dem Fremdem über differente Unterscheidungsprioritäten zu kommunizieren versucht. Missverstehen wird daher als ein den Kommunikationsprozess nicht nur in Gang bringendes, sondern auch zwischenkulturell produktiv in Gang haltendes Moment abgewertet zugunsten einer Pri-

---

[421] Luhmann. „Systeme verstehen Systeme." A.a.O., S. 85.
[422] Vgl. Reckwitz. „Kulturtheorie, Systemtheorie." A.a.O., S. 324.
[423] Insofern lässt sich nicht streng behaupten, dass die Systemtheorie als „code-knackende Verstehenstheorie", wie sie Marquard bezeichnet, nur von einer „grundsätzlich fremden, unverstandenen Welt" ausgeht. Siehe Marquard. „Frage nach der Frage." A.a.o., S. 136 f.

vilegierung von Beobachtungen, die sich schlussendlich alle als selbst-isolierte Perspektiven genügen (wollen). Der Polyperspektivismus, den Luhmann ganz sinnigerweise so stark macht, driftet in einen Polykontextualismus ab, wo viele differente Kommunikationsfelder nebeneinander aufgemacht werden, jedoch nur, um nebeneinander herzulaufen statt miteinander „ins Gespräch zu kommen". Verstehen verliert hier sein Welten verbindendes und sich gegenseitig eröffnendes Moment. Es dient stattdessen der Welten trennenden Verfolgung eigener Präferenzen von isolierten Systemperspektiven. Final geht diesem Verstehen der interkulturell gesinnte Impuls ab.

Darüber hinaus lässt sich an Luhmanns Verstehensbegriff und an seinem Kommunikationsverständnis aber auch noch einmal ein eminentes Problem vorführen, in dem sich die Frage nach dem Verstehen von Fremdem antwortstrategisch quasi immanent befindet. Die Hermeneutik, die Möglichkeiten und eine Methode von Verstehen methodologisch eruieren will, hat, weil sie ihre Frage verstehensaffirmativ stellt, sich immer schon im Feld des Befragten situiert. Es kann keine Frage nach der Hermeneutik gestellt werden, die sich nicht auch hermeneutisch, d.i. als methodisch bestimmtes Verstehen, beantwortet. Lautet die Antwort auf die Frage nach dem Fremden nun, dass dieses zwar als „Anderes meiner selbst" und als „Anders-Sein-Können" ausgewiesen werden kann, dass es als (differentiell) außen vor bleibendes Anderes aber eben gerade deshalb ausgeschlossen wird und überhaupt nur schwierig mitdarzustellen ist,[424] so beginnt sich die Frage nach der Möglichkeit von Kulturhermeneutik zwischen zwei Angelpunkten aufzubauen, die nur als unauflösbarer Widerspruch formuliert werden können: Je mehr die Bedingungen des Verstehens verstanden werden wollen, desto weniger kann Verstehen selbst noch für möglich gehalten werden. In Luhmanns Worten: „Man wird [...] von einem *Paradox des Verstehens* ausgehen müssen: Je mehr die Bedingungen des Verstehens ver-

---

[424] Vgl. Luhmann. „Systeme verstehen Systeme." A.a.O., S. 100.

standen werden, desto weniger ist es möglich."[425] – Je ausführlicher die Frage nach Hermeneutik als philosophische Frage Antworten geben kann, desto eher steht der konkrete Verstehensversuch in der Gefahr, sich selbst als (theoretisch) unmöglich in die Schranken weisen zu müssen.[426]

Was folgt hieraus für das hiesige Projekt, das zum einen methodologisch die kulturhermeneutische Frage eruiert und zum anderen einen konkreten Fremdverstehensversuch anstrengen will? Die folgenden Erörterungen über eine fremde chinesische Ordnungskultur werden nicht davon ausgehen dürfen, opake Sachverhalte theoretisch ausräumen oder immer gleich hinreichende Erklärungen für inhaltliche Leerstellen anbieten zu können. Stattdessen wird der Verstehende die Erkenntnis neben seinen Erläuterungen herlaufen lassen müssen, dass er ausschließlich davon redet, wie er nach dem Richtscheit der durch seine eigene Kultur etablierten Unterscheidungsmuster versucht, diese sprachlich ein Stück in Richtung zu den fremden Unterscheidungshierarchien zu erweitern. Jeder Verstehensversuch trägt demnach einen Fallstudiencharakter. Im Verstehen wird ein Bezug auf einen konkreten Gegenstandsbereich (z.B. Technik) und den darin favorisierten Leitunterscheidungen unternommen. Es liegt im Interesse der eigenen Kultur, die fremde Ordnung nicht auszuschöpfen, weil sie nicht ausgedeutet werden kann.

---

[425] Luhmann. „Systeme verstehen Systeme." A.a.O., S. 82.
[426] Vgl. Ellrich. „Hat das Verstehen einen Haken?" A.a.O.

Fremde Welten –
Verstehensanfänge

V Vorlauf – Kulturgeschichtliche Überschneidungen

1 Warum Technikphilosophie?

Um zu sehen, wie sich das Fremde einer anderen Kultur im Verhältnis zum Verstehenden situieren kann, wird es also nötig, Grenzen innerhalb der eigenen Ordnung in einem konkreten Verstehensversuch ein Stück in Richtung dieses Fremden aufzuschieben. Von der einen hin zur anderen Ordnung gelange ich, indem ich mich einem konkreten Gegenstandsbereich zuwende und schaue, welche Fragen darin je anders gestellt und welche Antworten gegeben werden. Hiermit sind u.U. differente Zielstellungen und Mittelgebräuche impliziert, die genau ob ihrer Unterschiedenheit zu den Zielstellungen innerhalb der eigenen Ordnungskultur das Fremde der anderen Ordnung ausmachen. Im Folgenden möchte ich mich dem konkreten Gegenstandsbereich der chinesischen Kultur zuwenden und darin im einzelnen dem Wissenschaftsfeld der zeitgenössischen chinesischen Technikphilosophie.

Warum Technik und Technikphilosophie? Zum einen sind hier pragmatisch zu nennende und den Umständen dieser Zeit geschuldete Gründe anführbar, warum die Wahl auf die jüngste Publikationslandschaft chinesischer Technikphilosophie und deren Überlegungen zum Begriff der, Aufgabenumfang von und Problemen mit Technik fällt. Technik und mit ihr Technikentwicklung sowie Technikimplementierung in die Umwelt durchdringt heute wie kaum ein anderes Phänomen unseren Alltag. Deshalb kommt hier auch die Frage nach dem Verstehen einer ordnungsabhängigen, kulturdifferenten Technikeinschätzung und Technikanwendung auf, nämlich weil sich der Aktionsradius des Problemfeldes, das Technik eröffnet, längst auf mehrere Gesellschaften (im Sinne von politisch-geographischen Gemeinschaften) zu erstrecken begonnen hat. Wir können uns Welt nicht mehr vorstellen, die als solche nicht konstituiert, tagtäglich beeinflusst und durchdrungen sein würde durch technische Mittel – deshalb die Rede vom technologischen Zeitalter, in dem wir leben.[427]

Aus der Eingriffstiefe und den gesamtgesellschaftlichen Folgen, welche die moderne technische Weiterentwicklung heute auszeichnet, erwachsen die Herausforderung und eine spezifische Notwendigkeit des Verstehens von so etwas wie fremden Technikkulturen, die sich – so die hiesige These – ordnungsspezifisch herausgebildet haben.[428] Neben der angeführten zeitgenössischen faktischen Ausgangslage ist es demnach auch ein kulturtheoretisch relevanter Anhaltspunkt, inwiefern das Feld der chinesischen Technikphilosophie für eine Fremdverstehensstudie interessant ist. Kulturdifferente Technikeinschätzung und -verwendung impliziert deren ordnungsabhängige Verhaftetheit. Anders formuliert: Die Internationalität

---

[427] Siehe Kornwachs, Klaus (Hg.). Technik – System – Verantwortung. Münster 2004. S. 17, 29 (Einleitung). Vgl. Langenegger, Detlev. Gesamtdeutungen der Technik. Moscovici, Ropohl, Ellul, Heidegger. Eine interdiskursive Problemsicht. Würzburg 1990. Hier S. 1.

[428] Einen ähnlichen Ansatz der Technikhermeneutik verfolgt Bernhard Irrgang, siehe *Technologietransfer transkulturell. Komparative Hermeneutik von Technik in Europa, Indien und China.* Frankfurt a.M. 2006. Irrgang will Argumente finden, warum es im asiatischen Raum traditionellerweise kein Wissenschaftsverständnis und keine theoretisch reflektierte Betrachtung von Technik gab. Leider verfährt die Studie mitunter recht spekulativ. Aussagen wie die, dass für technische Innovationen die kulturelle Umgebung „nicht anregend genug" war oder dass „einer der wichtigsten Mängel" im Zusammenhang mit Modernisierungsfaktoren in China „das Fehlen eines geschichtsphilosophischen Konzeptes" gewesen sei, sind problematisch. Sie stellen sich in die Reihe üblicher stereotyper Unterscheidungstabellarisierungen vom „fortschrittlichen Europa" und „konfuzianischen China". Dies als Grundlage zu nehmen, um auch für heute ein chinesisches Desinteresse an oder sogar Unfähigkeit zur ökologischen Langzeitverantwortung zu konstatieren, nährt aber nur einmal mehr die zweifelhafte These, dass es so etwas wie (z.B. religiöse) Denkmuster gäbe, durch die ein Volk *unveränderlich* geprägt würde. (Siehe Irrgang. *Technologietransfer transkulturell.* A.a.O., S. 167 ff.)

der Technik ist nicht gleichbedeutend mit ihrer Globalität in Ausrichtung und Gebrauch.[429] Deshalb möchte ich hier bestimmte Bedingungen und Zielsetzungen rekonstruieren, unter denen Technik in der chinesischen Kultur thematisiert wird, und dies mit der Absicht, die in der fremden Kultur akzeptierten und anerkannten Umgangsweisen zu eruieren. Auf diese Weise sollen Möglichkeiten von so etwas wie einzelnen Verstehensorten eröffnet werden, wo man hermeneutischen Spiegelfassaden aus dem Weg gehen kann und sich bewusst in ein Verhältnis zur anderen Kultur setzt.

War das Philosophieren über Technik in Europa entstanden und erlebte am Anfang des 20. Jhs. dort seine (kultur-)theoretische Blütezeit, so sind heute in China einerseits eine neue und sehr intensive Rezeption technikphilosophischer Ansätze und andererseits auch damit einhergehende ordnungsbedingte Einflüsse auf und Einschnitte in die Institution der chinesischen Wissenschaft zu beobachten. Überdem ist in der chinesischen Forschungslandschaft im Moment erlebbar, was man die Überlappung von gänzlich verschiedenen Wissensordnungen als kanonisch wirkenden Ordnungskulturen nennen könnte.[430] Angesichts dieses Tatbestands lässt sich m.E. besonders gut zeigen, wie unterschiedlich Kulturen sind – und zwar trotz einer Globalisierung von sich weltweit vernetzenden Handelswegen und einem Länder übergreifenden Import und Ex-

---

[429] „Eine technische Lösung tritt in aller Regel [zwar, JS] als neutrales Mittel zur Optimierung eines Prozesses auf", sie dient hier aber „zur Realisierung eines kulturell definierten [d.i. nicht-neutralen, JS] Zweckes." Keine Technologie kann „kulturelle Neutralität für sich beanspruchen". Hubig, Christoph/Rottenburg, Richard. „Trading zones. Eine zielführende Strategie des Konfliktmanagements im interkulturellen Transfer." In: Hubig, Christoph/Poser, Hans (Hg.) *Technik und Interkulturalität. Probleme, Grundbegriffe, Lösungskriterien*. Düsseldorf 2007. S. 221–226. S. 221.

[430] Dazu siehe Li Wenchao. „Dekanonisierung der traditionellen Wissensordnung in China oder wie es zur Erfindung einer chinesischen Philosophie kam". In: Ehrlich, Lothar u.a. (Hg.). *Die Bildung des Kanons. Textuelle Faktoren – kulturelle Funktionen – ethische Praxis*. Weimar 2007. S. 173–185. Im Folgenden eingehender in den Abschnitten VI 6.1 und 6.3.

port technischer Produkte. Statt eines kulturindifferenten Verständnisses und Gebrauchs schälen sich aus einer Vielzahl von Technikrezeptionen und favorisierten Technikbegriffen so evident verschiedene Technikverständnisse heraus, denen als solchen nachgerade ein kulturkonstitutiver und Kulturen kennzeichnender Charakter zukommt.

2 (Europäische) Wurzeln der Technik und Anfänge der Technikphilosophie

Die folgende Einführung in die westeuropäischen Wurzeln und Linien der Technikphilosophie versteht sich als basisartiger Aufriss unter eigenem Blickwinkel, von dem aus das chinesische technikphilosophische Feld erschlossen werden soll. Ergo suche ich von Fragen, welche in der europäischen Wissenschaft im diskursiven Zentrum stehen, zu Fragen und Fragekomplexen der fremden chinesischen Technikphilosophie überzusetzen.

Der dem Begriff der Technik[431] in dessen etymologischer Wurzel inne liegende Verweis auf theoretische und praktische Fertigkeiten legt auch dem späteren philosophischen Gebrauch und der wissenschaftlich orientierten Verwendung des Terminus Überlegungen zur theoretisch gesicherten Anwendung sowie kunstvollen Zweckmäßigkeit der Technik zugrunde.[432] Ideengeschichtlich lassen sich Wurzeln der modernen Technikphilosophie bereits bei Platon und

---

[431] Griech.: τέχνη, „Kunst", „Geschick", insbesondere auch „Kunstfertigkeit", teils mechanisches Handwerk, teils Wissenschaft, auch „Dichtkunst". Siehe *Benseler Griechisch-Deutsches Schulwörterbuch*. A.a.O., S. 782.

[432] Siehe Artikel „Technik" In: HistWBPh Bd. 10. S. 940–952. S. 940; vgl. Fischer, Peter. „Zur Genealogie der Technikphilosophie." In: Ders. (Hg.). *Technikphilosophie. Von der Antike bis zur Gegenwart*. Leipzig 1996. S. 255–335. S. 257 ff.; Rohbeck, Johannes. *Technologische Urteilskraft. Zu einer Ethik technischen Handelns*. Frankfurt a.M. 1993. S. 26 ff.; Hubig, Christoph. „Historische Wurzeln der Technikphilosophie." In: Ders. u.a. (Hg.). *Nachdenken über Technik. Die Klassiker der Technikphilosophie*. Berlin 2000. S. 19–40. S. 19 ff.

Aristoteles finden und ein Bogen zu mittelalterlichen Denkern wie Nikolaus von Kues und neuzeitlichen Gelehrten wie Leibniz und Francis Bacon spannen.[433] Dabei ist das Denken und eine Reflexion der Technik kulturhistorisch betrachtet ein westeuropäisch verorteter Gegenstandsbereich, der jedoch nicht von je als „Philosophie der Technik" und damit auch nicht einfach *en passant* auftrat.[434] Bei Kant findet sich die Verwendung des Technikbegriffs im Kontext der Benennung von Kunstmäßigem, das methodisch gerechtfertigt wird. Kant spricht von einer „Technik der Natur"[435] und meint damit, dass das erkennende Subjekt sich die Natur nicht anders als über ein teleologisches Prinzip vorstellen kann, zu dem es sich in ein Verhältnis zweckhafter Nutzung setzt. Der Mensch tritt hier bereits als handelnder Akteur auf, der über die Geschicklichkeit verfügt, seine bestimmten Absichten mittels Regelanwendung und in diesem Sinne technisch umsetzen zu können.[436]

Als erste frühe und eigentliche Vertreter einer Technikphilosophie können Georg Wilhelm Friedrich Hegel und Karl Marx (1818–1883) benannt werden. Hegel entwickelt in seinen Überlegungen zu Arbeit, Zweck und Bedürfnissen einen Technikbegriff, der als System der Mittel für die grundsätzliche Vermitteltheit von Welt überhaupt steht.[437] Davon ausgehend, lassen sich drei verschiedene Ebenen

---

[433] Die einführenden Erläuterungen folgen dem detailreichen Überblick von Hubig. „Historische Wurzeln." A.a.O., sowie Fischer. „Zur Genealogie." A.a.O.

[434] Siehe Langenegger. *Gesamtdeutungen der Technik*. A.a.O., S. 8.

[435] Kant, Immanuel [1790]. *Kritik der Urteilskraft*. In: *Werksausgabe* (Bd. X). Hg. von Wilhelm Weischedel. Frankfurt a.M. 1968. S. XLIX.

[436] Kant. *Kritik der Urteilskraft*. A.a.O., B174–176 (§ 43).

[437] Hegel, Georg Wilhelm Friedrich. *Wissenschaft der Logik II*. In: *Werke in 20 Bänden*. Hg. von Eva Moldenhauer und Karl Markus Michel. Frankfurt a.M. 1986. S. 436–461. Ich schließe mich Christoph Hubigs Interpretation an in: *Mittel*. Bielefeld 2002. S. 29 ff., sowie in: „Macht und Dynamik der Technik – Hegels verborgene Technikphilosophie." In: Bubner, Rüdiger (Hg.). *Die Weltgeschichte – das Weltgericht?* Stuttgart 2001. S. 335–343. Vgl. Rohbeck. *Technologische Urteilskraft*. A.a.O. S. 97–121.

kategorial unterscheiden, auf denen der Begriff der Technik Anwendung findet: Technik ist zum einen Ermöglichungsgrundlage von menschlichen Ideen und Zwecken überhaupt; daran schließt ein engerer Technikbegriff an, der die Erzeugungs- und Verwendungszusammenhänge zwischen dem Menschen und den Artefakten bezeichnet; der dritte Aspekt des Technikbegriffs steht für die Rekonstruktion eines unter bestimmten Handlungsschemata stehenden Maschinen- und Werkzeuggebrauchs.[438]

Aus der Perspektive der Befriedigung und Neuschöpfung von Bedürfnissen thematisiert wie schon Hegel auch Marx die wirklichkeitsverändernde Kraft der Technik. Er rekonstruiert Technik sozialökonomisch als eine den Prozess menschlicher Entwicklung verändernde Produktivkraft und versteht sie als die in den Produktionsprozess eingebundene Realtechnik zur Herstellung von Artefakten. Insbesondere kritisiert Marx die Rolle der Technik bei der Automation und beim Bedeutungsverfall der menschlichen Arbeitskraft im kapitalistischen Wirtschaftssystem.[439]

Brachte das „Nachdenken über Technik"[440] bis dato auch keine genuin eigene Teildisziplin hervor oder war philosophiegeschichtlich von vornherein unter bestimmten, als technikphilosophisch ausgezeichneten Schwerpunkten verankert, so markiert das Phänomen Technik vor dem Hintergrund der industriellen Umwälzungen am

---

[438] Nach HistWBPh Bd. 10. S. 944. Zur Unterscheidung der Technik nach Handlungsschema und aktualisierter Einzelhandlung (*act-type/act-token*) siehe Hubig, Christoph. *Technik- und Wissenschaftsethik. Ein Leitfaden.* Heidelberg u.a. 1993. S. 53–59.

[439] Siehe Marx, Karl. *Das Kapital. Kritik der politischen Ökonomie. Der Produktionsprozess des Kapitals* (= Bd. 23). In: Ders./Engels, Friedrich. *Werke* (MEW). In 39 Bänden und Werkverzeichnis. Berlin ²²1977 [Werke 1956–]. S. 396, 442, 446, 456, 486 (Kapitel 13 des IV. Abschnitts).

[440] So der Titel eines Bandes, der technikphilosophische Klassiker vorstellt. Hubig u.a. (Hg.). *Nachdenken über Technik* A.a.O.

Ende des 19. Jhs. jedoch eine Problemstellung,[441] der dann Ernst Kapp erstmals explizit unter der Bezeichnung „Technikphilosophie" Raum gab.[442] Eine Philosophie der und über die Technik steht fortan unter verschiedenen thematischen Schwerpunkten und differenten weltanschaulichen Wertungen. So lassen sich in der Beschäftigung mit dem Technikbegriff selbst, dem Verhältnis von Mensch und Technik, Technik und Natur, Technik und Wirtschaft sowie Technik und Kultur z.B. anthropologische und naturalistische Konzepte von Technik (Kapp, Gehlen)[443], lebensphilosophische Auseinandersetzungen mit dem Technikbegriff (Jaspers, Cassirer),[444] metaphysische Interpretationen (Heidegger, Huning),[445] neomarxistische sozialkritische Ansätze (Marcuse, Habermas)[446] als auch funktional-analytisch verfahrende Konzepte (Ropohl, Luhmann)[447] sowie ethikorientierte Technikauffassungen (Meyer-Abich)[448] identifizieren.

---

[441] Vgl. Rapp, Friedrich. „The Historical Development of the Philosophy of Technology in Germany." In: König, Wolfgang u.a. (Hg.). *Technological development, Society and State. Western and Chinese civilizations in comparison.* Singapur 1991. S. 92–98. S. 92.

[442] Kapp, Ernst. *Grundlinien einer Philosophie der Technik. Zur Entstehungsgeschichte der Cultur aus neuen Gesichtspunkten.* Braunschweig 1877. (Reprint Düsseldorf 1978). Vgl. HistWBPh Bd. 10. S. 946, sowie Hubig. „Historische Wurzeln der Technikphilosophie." A.a.O. S. 19.

[443] Gehlen, Arnold. Die Seele im technischen Zeitalter. Sozialpsychologische Probleme der industriellen Gesellschaft. Hamburg 1957.

[444] Jaspers, Karl. *Die geistige Situation der Zeit.* Berlin und Leipzig 1931. Cassirer, Ernst. „Form und Technik." [1930] In: *Symbol, Technik, Sprache.* Hamburg 1985. S. 39–91.

[445] Heidegger, Martin. Die Technik und die Kehre. Pfullingen 1962. Huning, Alois. Das Schaffen des Ingenieurs. Beiträge zu einer Philosophie der Technik. Düsseldorf 1974.

[446] Marcuse, Herbert. *One-dimensional Man.* Boston (Mass.) 1964. Habermas, Jürgen. *Technik und Wissenschaft als Ideologie.* Frankfurt a.M. 1968.

[447] Ropohl, Günter. Eine Systemtheorie der Technik. Zur Grundlegung der allgemeinen Technologie. München, Wien 1979; ÖK.

[448] Meyer-Abich, Klaus Michael. Wege zum Frieden mit der Natur. Praktische Naturphilosophie für die Umweltpolitik. München 1984.

Gemeinsam ist den Überlegungen der Fokus auf die Technik als umweltgestaltende Kraft. Mit der Technik sehen sich jedoch nicht mehr nur hergestellte Werkzeuge und Maschinen identifiziert. Hier sind auch die durch sie prädisponierten Handlungen und geformten Handlungsspielräume angesprochen. So werden die normativen Grundlagen des menschlichen Handelns und des Umgangs mit technischen Artefakten als weltkonstitutiven und systemverändernden Mitteln fokussiert. Der thematische Schwerpunkt hat sich hin zu einem kulturphilosophischen Fokus verlagert. Kreation und Verwendung von Technik wird nicht mehr nur von der Warte aus wahrgenommen, dass mit ihr sachgemäßes Können demonstrierbar ist. Technik sieht sich vielmehr als kulturbildende Kraft überhaupt erkannt und somit kulturphilosophisch thematisiert.[449] Die Möglichkeiten, die Technik bereitstellt, und die Ambivalenz ihrer Folgen werden als unter Kriterien stehend begriffen, die selbst wiederum durch spezifisch humane Wertvorstellungen generiert und beeinflusst sind. Als solche geben sie Aufschluss über die favorisierten Unterscheidungen und Prioritätssetzungen derjenigen, die eine eigene Kultur bilden und stabilisieren qua Einsatz und Gebrauch von Technik als Mittel.

Letztlich geben der Umgang mit Technik und das Auswählen technischer Mittel für bestimmte Zwecke also einen konkreten Ausdruck von demjenigen Selbstverständnis, das eine Kultur von sich hat, sowie von den ethischen Direktiven, welche den normativen Hintergrund technologischer Entwicklungen und Zielvorstellungen bilden. Über die normativen Forderungen und Implikationen, die in den hiesigen technikphilosophischen und wissenschaftstheoretischen Beschreibungen rekapituliert werden, sieht sich Technik letztlich doppelt bestimmt: einerseits als noch unbestimmtes Potential, andererseits in der Dimension ihres konkreten Mittelgebrauchs. Philosophieren über Technik bedeutet ein Nachdenken, wie wir uns

---

[449] Siehe Hubig. „Nachdenken über Technik." A.a.O., S. 19.

– im Hinblick auf unseren Umgang mit Technik – *als* Kultur definieren wollen.⁴⁵⁰

Damit will ich zum Bereich der chinesischen Technikphilosophie überleiten. Zunächst schicke ich einige Bemerkungen voraus, die die konkrete Analyse der chinesische Fachtexte einrahmen. Sie betreffen zum einen den gesellschaftlichen Status der Technikentwicklung im zeitgenössischen China (Abschnitt VI 3) sowie zum anderen – dies im Hinblick auf die Analyse selbst – die Frage des Umgangs mit dem untersuchten Material und der sich in den chinesischen Aufsätzen manifestierenden Problematik einer partiell ideologisch aufgeladenen Terminologie (VI 4). Bezweckt wird so eine Art „Vorab-Kommentar" zu der darauf folgenden Auseinandersetzung und insbesondere meiner Auslegungs- und Deutungsstrategie der Texte.

3 Zukunft im Aufbruch – Technologieboom und Technikreflexion

Gleich große, symmetrisch ausgerichtete Schriftzeichen prangen an chinesischen Häuserwänden und Bauzäunen, rahmen die Kundeneingänge von Einkaufszentren, wehen weiß auf roten Spruchbannern in den Wirtschafts- und Technikentwicklungszonen der Ostküstenstädte. „Software connects the world, innovation leads to future" (*ruanjian lianjie shijie, chuangxin chengjiu weilai*); „Expressing love through science and technology" (*keji chuandi qinggan*) – so und ähnlich wird der sich weltweit ausfächernde Einflussbereich der modernen Technik, Technikentwicklung und technischer Herstellungsverfahren seit geraumer Zeit auch auf dem volksrepublikanischen chinesischen Festland wohlwollend begrüßt und sucht in eiligen, um nicht zu sagen: (trans-)rapid(al)en Schritten in die eigene Landschaft eingefügt zu werden. Seit der Öffnungspolitik Deng

---

⁴⁵⁰ Siehe Hubig, Christoph. *Technologische Kultur.* Leipzig 1997. Bes. S. 8–26. Vgl. das groß angelegte Lexikon von Rapp, Friedrich (Hg.). *Technik und Kultur* (Bd. 1). Düsseldorf 1990.

Xiaopings (1904–1997)[451] am Ende der 70er Jahre des 20. Jhs. steht Technik als einer der wichtigsten Modernisierungsschwerpunkte ganz oben auf der politischen Agenda.[452] Der Technologieboom, der das Land erfasst hat und die Gesellschaft von ihrer wirtschaftlichen und kulturellen Weltklasse überzeugt sein lässt, veranlasst mittlerweile auch das Ausland, die jüngsten Erneuerungen und Wachstumszuwächse Chinas aufmerksam zu verfolgen.[453]

Technik soll sich nicht nur für den einzelnen Privatnutzer auszahlen. Ein großer Technikoptimismus[454] drückt sich in China darüber hinaus in der Hoffnung aus, dass sie die gesamte gesellschaftliche Entwicklung vorantreibt, verbessert, konkurrenzfähig macht. Technik wird das Vermögen zugesprochen, Gesellschaften übergreifend zu vermitteln und jeweils anderen Gesellschaften die eigene Kultur verständlich zu machen. Kultur wird hier als Kontrollmöglichkeit des Prozesses der technischen Vergesellschaftung verstanden.[455] Technik sieht sich demnach nicht nur als *die* ökonomische fort-

---

[451] Deng steht ab 1975, als er vor dem 4. Volkskongress zum Vizepremier der Kommunistischen Partei Chinas (KPCh, *gongchandang*) gewählt wurde und Mitglied im Ständigen Ausschuss des Politbüros sowie Chef der Armee wird, bis zu seinem Tod im chinesischen Zentrum der Macht.

[452] Die anderen drei Programmpunkte, die 1978 auf der Reformkonferenz des Zentralkomitees der KP als „Vier Modernisierungen" (*si ge xiandaihua*) verabschiedet wurden, sind: Industrie, Landwirtschaft, Wissenschaft.

[453] Siehe etwa Blume, Georg. „Wird die Welt chinesisch?" In: *Die Zeit* 25/2005. S. 21–23.

[454] Vgl. Spiewak, Martin. „Alle Macht geht vom Forscher aus." In: *Die Zeit* 25/2005. S. 33; Blume, Georg. „An die Spitze." In: *Die Zeit* 25/2005. S. 34.

[455] Siehe etwa Chang Linong. „Shilun jishu fazhan de zonghe mudixing dongli. The views on the comprehensive objective force of the Technology Development." In: Liu Zeyuan/Wang Xukun (Hg.). *Gongcheng-Jishu-Zhexue. 2002 nianjian Zhongguo jishu zhexue yanjiu nianjian. Engineering-Technology-Philosophy. 2002's Research Yearbook on Philosophy of Technology in China*. Dalian 2002. S. 326–332. Hier S. 331 f. [Der Sammelband wird im Folgenden als GJZNJ02 zitiert.]

schrittstreibende Kraft gehandelt,[456] sondern gilt einigen technikphilosophischen Vertretern auch aufgrund ihrer internationalen Ausdehnung und Anwenderbereiche als Kultur vermittelndes Element überhaupt:[457] Die chinesische Gesellschaft gibt sich durch die Technik ein Bild von ihrer Kultur, aus der heraus sie Produkte entwickelt und Umgang mit Naturressourcen pflegt. Man hofft, durch Technik die Gesellschaft steuern zu können.

Dabei ist die Technikphilosophie als eine wissenschaftliche Disziplin, welche Technikentwicklung analysiert und beurteilt, in China sowohl aus Gründen der späten Übernahme eines westlichen Wissenschaftsmodells als auch mit Blick auf die jüngere politische Geschichte eine junge Disziplin.[458] Übliche wissenschaftliche Unterscheidungen wie „natur- und geisteswissenschaftlich", „induktivdeduktiv", „beschreibend-wertend" etc. waren bis zu Europas Vordringen ins Kaiserreich um die Mitte des 19. Jahrhunderts so nie auf chinesischem Terrain etabliert. Der moderne chinesische Wissenschaftsdiskurs ist stark beeinflusst vom Westen. Die Wissenschaft, wie sie heute verstanden wird, ist ein Importprodukt.[459]

---

[456] Siehe Chen Xibo. „Qiantan jishu yu shehui sixiang biange. Impact of Technology on Social Thought." In: Liu Zeyuan/Wang Xukun (Hg.). *Gongcheng-Jishu-Zhexue. 2001 nian jishu zhexue yanjiu nianjian. Engineering – Technology – Philosophy. 2001's Research Yearbook on Philosophy of Technology*. Dalian 2002. S. 158–162. Hier S. 162. [Der Sammelband wird im Folgenden als GJZNJ01 zitiert.]

[457] Vgl. Wang Qian. *Zhong Xi wenhua bijiao gailun* [Einführung in den Kulturvergleich: China und der Westen.] Beijing 2005. S. 239–247.

[458] U.a. durch langjährige politische Verwerfungen der Mao-Ära, wo in der Zeit der Großen Kulturrevolution (*wenhua da geming*) zwischen 1966–1978 z.B. gar kein bis so gut wie kein universitärer Betrieb stattfand.

[459] Für einen Überblick zur westlichen Technikphilosophie in der VR siehe Wang Nan. „Guonei Ou Mei jishu zhexue yanjiu zongshu. A Summary of Research on Western Philosophy of Technology in China." In: Liu Zeyuan u.a. (Hg.). *Gongcheng-Jishu-Zhexue. 2003 nianjuan Zhongguo jishu zhexue yanjiu nianjian. Engineering-Technology-Philosophy. 2003's research Yearbook on Philosophy of Technology in China*. Dalian 2004. S. 368–376 [Der Sammelband

In der VR ist erst seit gut vierzig Jahren eine wissenschaftliche Entwicklung beobachtbar, die das wissenschaftlich-technische Erfinden in den Mittelpunkt rückt. Der Beginn einer explizit als „Techniktheorie" (*jishu lilun*) bzw. als „Technikphilosophie" (*jishu zhexue*) firmierenden wissenschaftlichen Reflexion ist für das Ende der 70er Jahre des 20. Jahrhunderts ausweisbar.[460] Seitdem sind die Anschlüsse an technikphilosophische Überlegungen vielfältig. Es gibt eine weit gefächerte Rezeption von europäischen und angelsächsischen Ansätzen. Die wissenschaftlich institutionalisierte Technikphilosophie tritt heute als kleines und übersichtliches, sich aber nachhaltig bemerkbar machendes Feld im universitären Betrieb des Landes auf.[461]

4 Terminologie und Ideologie – Fremde Ansichten und das Fremde an Ansichten

Trotz des überschaubaren Rahmens sieht sich die Analyse des technikphilosophischen Diskussionsfeldes mit grundlegenden Problemen konfrontiert. Zwei Schwierigkeiten im Umgang mit den Quellen sind zu nennen, von der die Untersuchung – quasi chinesisch-

---

wird im Folgenden als Kürzel GJZNJ03 geführt]. Wissenschaftshistorische Hinweise über China finden sich in Needham, Joseph. *Wissenschaftlicher Universalismus. Über die Bedeutung und Besonderheit der chinesischen Wissenschaft*. Frankfurt a.M. 1977.

[460] Siehe Liu Zeyuan/Wang Fei. „Zhongguo jishulun yanjiu ershi nian (1982–2002). Chinese Research on Technology Theory for 20 years." In: GJZNJ02. S. 299–314. S. 302. Für eine Übersicht vgl. auch Yang Derong. „Studies in Chinese Technology Philosophy." In: König u.a. (Hg.). *Technological Development, Society and State*. A.a.O. S. 99–109. Für einen Überblick über die Entwicklung der Wissenschaftsdisziplin siehe auch Schnell, Welf. *Technik und Technikbegriff in der Volksrepublik China*. Berlin (ohne Jahresangabe). Insb. S. 171–178.

[461] Davon zeugt der stetig wiederkehrende Themenschwerpunkt in einem der wichtigsten chinesischen Publikationsorgane, *Ziran bianzhengfa/Studies in Dialectic of Nature* [im Folgenden als Kürzel ZBY angegeben].

disziplinintern – nicht unberührt bleibt. Zum einen stellt sich das Problem politisch verbindlicher Anforderungen und einer in Teilen stark ideologisch aufgeladenen Wissenschaftssprache. Wie hinlänglich bekannt ist, haben Publikationen in China die staatliche Zensurbehörde zu passieren und werden dementsprechend auf parteirelevante Konformität geprüft. Nun wird Technikphilosophie, gerade auch dort, wo sie verstärkt als Techniktheorie und weniger als moral- oder sozialphilosophische Disziplin auftritt, nicht a priori von staatlichen Argusaugen ins Visier genommen. Die normativen Leitlinien der marxistischen Gesellschaftstheorie als verbindlicher Erklärungsbasis von Staat und Individuum stecken der Technikphilosophie dennoch in nicht unwesentlichen Aspekten in Fleisch und Blut.[462] Sie prägen das wissenschaftliche Paradigma sprachlich und sind terminologisch nicht nur eine diplomatische Konvention. Doch wenngleich sich der Stil mancher Texte als floskelhaft bezeichnen lässt, so dürfen m.E. – trotz „political correctness" und Zensur – etwaige für einen chinesischen Technikdiskurs ordnungsrelevante Aspekte angenommen werden. Auszeichnend ist hier der Umgang mit und die partielle Favorisierung von bestimmten Ansätzen. In vielen Texten stehen politische Vorentscheidungen auf derselben systematischen Höhe wie z.B. wissenschaftstheoretische Erläuterungen,[463] werden bereits Praxis gewordene ökonomische Devisen quasi *ex post* theoretisch verifiziert.[464] Das marxistische

---

[462] Siehe z.B. Mu Gongqian. „The status and role of government in technological progress." (S. 64–72); Deng Shuzeng. „China's Technology Policy and Technology Legislation." (S. 216–225). Beide in: König u.a. (Hg.). *Technological Development, Society and State.* A.a.O. – Liegen mag dies auch am beruflichen Hintergrund vieler Autoren: Die Klientel hat eher selten einen praktischen Background wie das Ingenieurwesen. Die Mehrheit verzeichnet eine theoretische, marxistisch-dialektische Herkunft.

[463] So auch Schnell. *Technik und Technikbegriff.* A.a.O., S. 181–187, 191–200.

[464] Zur stark ökonomistisch gefärbten Debatte siehe Li Wan. „China's strategy of Technology Development and the reform of Technology policies." S. 33–45; Li Guoguang. „High-Tech Industry and social culture." S. 127–134; Chen Jingxie. „Changes in the relations between technological progress,

Nomen im Titel der *Studies in Dialectics of Nature* ist bei der Publikation Omen. Dies ist schließlich auch ein kulturspezifisch relevantes Indiz: Eine politische Steuerbarkeit technologischer Entwicklung wird groß geschrieben. Es besteht ein großes Vertrauen in die Politik als *top-down* planender Steuerungseinheit.

Weil sie nicht exegetisch bzw. philosophiegeschichtlich-rekonstruktiv angelegt ist, muss die hiesige Untersuchung also in Rechnung stellen, dass etwaige politische Devisen den Umgang mit und die Bewertung von Technik sowohl sprachlich wie auch normativ prädisponieren. Die über weite Strecken rezeptiv-adaptiven chinesischen Texte verlangen eine differenzierte Betrachtung, was die Auslegung der darin verwendeten Begriffe und Beschreibungen angeht. Ich möchte vorausschicken, dass die Rezeption, sprich das Aufarbeiten der bisher im Westen erschienenen Texte und deren Zugänglichmachen qua Übersetzung und zusammenfassender Re-Visiten einen großen Anteil in der chinesischen Wissenschaftslandschaft ausmacht. Über weite Strecken haben wir es mit nach vorne hin deskriptiven Wiedergaben europäischer und angelsächsischer Thesen zu tun, die – so möchte man meinen – qua Beschreibung auch gleich affirmativ beurteilt werden. Dies sollte nicht dahingehend täuschen, die Thesen der chinesischen Vertreter für bloße Imitate oder gänzlich parallel angelegte Ansichten zu halten. Richard Rorty (1931–2007) bringt hier in selten auf solche Weise unterstützenswerten ‚ethnozentrischen'[465] Anschlag, dass wir uns „nicht zu der Annahme verleiten lassen" dürfen, „wenn es um fremde Kulturen gehe, seien nur unsere Pendants – also diejenigen mit ähnlichen Vorlieben wie

---

enterprises, science and technology." S. 155–164; Liang Shihe. „Technological progress and structural changes in industry." S. 180–189; Gu Baogui/ Xue Zhiwu. „The mechanism of international technology transfer and the related policies of China." S. 252–260. Alle Aufsätze in: König u.a. (Hg.). *Technological Development, Society and State*. A.a.O.

[465] So nennt er selbst seine Auffassung in: „Ist Naturwissenschaft eine natürliche Art?" In: Rorty,Richard. *Eine Kultur ohne Zentrum*. A.a.O. S. 13–47. S. 46.

wir selbst – zuverlässige Gewährsleute."[466] Ausschlaggebend für meine Untersuchung ist so nicht die epistemologische Frage, ob chinesische Technikphilosophen Heidegger und Co. „richtig verstanden" haben, und auch nicht, ob sie ein Problem X „richtiger" oder genauer beschreiben als Europäer. Vielmehr geht es darum, die in meinem Verstehensbemühen fremden argumentativen Pfeiler und terminologischen Eigenarten der befragten Texte herauszudestillieren. Die chinesischen Texte werden von ihrem Aufbau her als qualitativ different zur eigenen lebensweltlichen Ordnung (aus der heraus verstanden wird) wahrgenommen. Dies erfordert eine an bestimmten Stellen intensive Beobachtung und einige Raum greifende Kommentare, wenn Textausschnitte und wichtige Thesen übersetzt werden. Die Schwierigkeit, zum einen die „bloße" Wiedergabe der fremden Texte und Thesen durch die Chinesen und zum anderen das (für uns) Fremde in den sich so formierenden Thesen und Ansichten der chinesischen Technikphilosophen zu unterscheiden, wird die Analyse strukturell durchziehen. Womöglich begleitet es als stetig wiederkehrender kultureller Einspruch übliche, bis dato manifeste Unterscheidungsmuster. Eines sollte indes bereits zur Kenntnis genommen werden: Dass sich die chinesische Wissenschaftslandschaft derzeit durch eine hohe Rezeptivität von kulturfremden Ansätzen auszeichnet, lässt den Schluss auf ihre besondere Offenheit dem Fremden gegenüber zu. Denn im Gegensatz zum 19. Jahrhundert und dem für das chinesische Kaiserreich traumatischen Eindringen des Westens auf das eigene wirtschaftliche, politische, militärische und auch Wissensterrain wendet sich China heute als souveräner Akteur anderen Kulturräumen und fremden Theorie- und Praxisangeboten zu.

---

[466] Rorty. „Heidegger, Kundera und Dickens." A.a.O., S. 82.

VI Fremdrezeption verstehen: Chinesische Leitbilder der Technik – Leitbilder chinesischer Technikphilosophie

1 Grundlagen der alten Weltordnung (Vorbemerkungen)

Die mit dem Begriff der Technik verbundene Konnotation einer „Kunstfertigkeit" bzw. eines besonderen Geschicks lässt sich auch für klassisch chinesische Zeichenverwendungen ausweisen: *Ji*[467] steht für „Talent" und „Fähigkeit", in Kombination mit *shu* (Kunst, Kunstfertigkeit) oder *yi* (Begabung, Können) wird mit ihm binomisch der Begriff Technik gebildet, verstanden als eine durch Erfahrung bedingte Geschicklichkeit im Umgang mit humanen Talenten, gleichzeitig meint das die handwerkliche Produktion und Gestaltung von Dingen. Das Bewusstsein für die Verbindung von Fragen nach der Herstellung von Artefakten in Relation zu dem sie herstellenden Menschen klingt dabei durchaus in (den wenigen) altchinesischen Textquellen an, welche die handwerklich verstandene Technik als Produktherstellung thematisieren.[468] Jedoch evoziert das im

---

[467] Auch als *qi* lesbar. Siehe *Chinesisch-Deutsches Wörterbuch*. Von Werner Rüdenberg. Hamburg ²1936. S. 63, sowie *Mathew's Chinese-English Dictionary (American Edition)*. Kompil. R.H. Mathews. Shanghai 1931. Nachdruck Taibei ¹³1975. S. 58.

[468] Siehe Schnell. *Technik und Technikbegriff*. A.a.O., S. 111–126 u.a. mit Verweis auf den Konfuzianer Xunzi (ca. 313–238 v. Chr.). (Vgl. die unter dem Eintrag „ji" angeführten Quellzitate im *Gu Hanyu changyongzi zidian* [Wörterbuch der oft gebrauchten Zeichen der alten chinesischen Sprache]. Beijing ¹⁰1998 (1. Auflage 1979). S. 136. Vgl. Wang Qian. *Zhongguo jishu sixiang shi lun* [Abhandlung über die Geschichte des chinesischen Technikdenkens]. Beijing 2004. S. 6–12.

Alten China[469] keine methodische Reflexion über Technik im Sinne der kausalursächlichen Forschung über Herstellungs- und Verfahrensabläufe oder einer Einbindung von technischen Problemen in naturwissenschaftliche Fragestellungen.

Obgleich China bis ins 16. Jahrhundert technologisch eines der innovativsten Länder ist,[470] rückt die konfuzianische Denk- und Beamtenelite Natur – und Technik im Verhältnis zu ihr – nicht als empirisch zu eruierendes und auf Gesetzmäßigkeiten hin zu untersuchendes Objekt in den Mittelpunkt. Statt eines naturwissenschaftlichen Blicks, der über verfahrenstechnische Erörterungen hinaus auch formale Kriterien für die Beschreibung und Steuerung technischer Prozesse entwickelt, ist für die altchinesische Sichtweise auf Welt ein moralphilosophisch durchdrungener Blick auf Mensch und Natur charakteristisch. Das führt dazu, dass nicht zwischen deskriptiv verfahrender Beschreibungsweise und präskriptiven Normvorgaben unterschieden wird. Die Natur sieht sich in einen vorgängigen Zusammenhang mit dem sozial eingebundenen Menschen gestellt. Dem Menschen wird von der Gemeinschaft eine konkrete Rolle[471] zugewiesen, welche er auszufüllen hat. Natur erschließt sich analog weniger über ihren von der sozialen Welt unabhängigen Zustand, sondern bildet eine kosmologisch begründete Sollnorm, an

---

[469] Damit wird ein Zeitraum von knapp 3.500 Jahren bezeichnet, der das frühe Nebeneinander patriarchalischer Clanverbünde (ab 1600 v. Chr.) meint wie auch die Zeit der Staatsgründung durch den ersten Kaiser, Qin Shihuang (ab 221. v. Chr.) bis hin zur wirtschaftspolitischen Kolonialisierung des Landes zur Mitte des 19. Jahrhunderts.

[470] Zu den frühen Erfindungen zählen Papier, Seide, Kompass, Porzellan. Vgl. Needham. *Wissenschaftlicher Universalismus*. A.a.O., S. 112–114. Tang- (618–906) und Song-Dynastie (960–1126) waren imperiale Blütezeiten, was sich auf technischem und künstlerischem Gebiet niederschlug.

[471] Das manifestiert sich in den fünf konfuzianischen, für die sittliche Ordnung im Land grundlegenden und hierarchisch strukturierten Beziehungen zwischen Kaiser/Herrscher und Beamtem/Untertan, Mann und Frau (als Eheleuten), Eltern und Kindern, älterem und jüngerem Bruder sowie der Beziehung zwischen Freunden.

der sich der Stand der Sittlichkeit innerhalb der Gesellschaft zu messen und regulieren zu lassen hat.[472]

Die Frage nach regelgeleiteten Verfahren zur Herstellung von Artefakten und nach der Erklärung dieser Herstellungsmechanismen wird zurückgestellt zugunsten der Frage nach dem regelgeleiteten sittlichen Verhalten in der sozialen Umwelt – *als* Prinzip der Natur. Der Mensch des vormodernen – von westeuropäischen Vorstellungen unberührten – China sucht nicht zu begreifen, wie die Dinge *sind* und warum die Abläufe in der Natur so und nicht anders funktionieren. Sondern er stellt sich die Frage und Aufgabe, „wie die Dinge sein müssen, wie sich in ihrer empirisch wahrnehmbaren Existenz ihr Sollen manifestiert".[473] Dies wird von alles anderem als einem dezidiert techniktheoretischen oder technikphilosophischen Anliegen getragen. – Rund 200 Jahre nach der europäischen Euphorie hält der Technikoptimismus indessen nun auch im zeitgenössischen China fulminant Einzug.

2 Die Zweischneidigkeit des technischen Schwertes – Über Neutralität, Normen und Werte[474]

Der Rückbezug auf eine ältere chinesische technikphilosophische Tradition ist theoretisch zwar relativ schwach. Dafür ist heute ein desto intensiverer Versuch der Chinesen wahrnehmbar, Anschluss an den internationalen Diskurs zu finden. Technik steht im Blickpunkt der Grundlagenwissenschaften und klassischen Wissenschaftsfelder wie Soziologie, Wirtschaftswissenschaften, Psychologie

---

[472] Siehe z.B. Wang Qian. *Zhong Xi wenhua* [Kulturvergleich]. A.a.O., S. 14–38. Vgl. ausführlicher VI 4.

[473] Moritz, Ralf. „Begriff und Geschichte – Ein Beitrag zu Zhu Xi." In: Hammer, Christiane/Führer, Bernhard (Hg.). *Tradition und Moderne. Religion, Philosophie und Literatur in China*. Dortmund 1997. S. 83–98. S. 97.

[474] Mit der Untersuchung beabsichtige ich keine quantitative, repräsentative Analyse.

und Philosophie. Zunehmend findet das Thema auch in kulturwissenschaftliche Fragestellungen Eingang.[475] Der rezeptive Charakter,[476] der viele Publikationen kennzeichnet, schlägt sich in einem schier unendlichen Nebeneinander von Fachbegriffen, Thesen und Schemata nieder, mit denen Technik erfasst zu werden sucht.[477] Differieren die Anschlüsse auch aufgrund einer Anzahl von favorisierten Autoren wie Marx,[478] Friedrich Dessauer (1881–1963), Heidegger oder Lewis Mumford (1895–1990), so macht eine Grundauffassung doch den überwältigenden Anteil aus: Technik gilt der Mehrzahl der Technikphilosophen als wertneutraler Gegenstand respektive als werteunabhängiges Mittel, dessen Instrumentalcharakter einen gesellschaftsunabhängigen Automatismus (*zidong fazhan*, wörtlich:

---

[475] Siehe Liu Z/Wang F. „Zhongguo jishulun. Chinese Research." A.a.O. S. 305.

[476] Z.B. Liu Zeyuan. „Makesi he Kapu: Gongcheng xue chuantong jishu zhexue bijiao. Marx and Kapp: Comparison of their Engineering Philosophy of Technology." In: GJZNJ01. S. 71–80; ders. „Gongcheng kexue he jishu zhexue lianhe de fanlie. – Deguo Jishu zhexue de gongchengxue chuantong ji qi qishi. Example of the Combination of Engineering Science and Philosophy of Technology. – The Engineering Tradition and illumination of Germany Philosophy of Technology." In: GJZNJ01. S. 102–105; Wang Haiqin. „Shixi Haidege'er guanyu xiandai jishu benzhi he Ereignis de sixiang. On Heidegger's Thinking of Essence of Modern Technology and Ereignis." In: GJZNJ01. S. 106–114; Qiao Ruijin/Zhou Xing. „Keheng jishi zhengtilun sixiang tanwei. Exploration of Cohen's Technological Wholism [sic]." In: GJZNJ02. S. 63–70; Yu Sheng/Hong Xiaonan. „Lun Bolanni de kexue jishu huajieguan. Study on Polanyi's View on the Division of Science and Technology." In: GJZNJ02. S. 71–77; Wang Dewei. „Chanpin shi jiejue Modun wenti de zhongyao gainian. The Product is the important Concept of solving the Problem of Merton." In: GJZNJ02. 78–89, u.v.m.

[477] Siehe z.B. Chen Changshu/Chen Hongbing. „Jishu zhexue jichu yanjiu de 35 zu wenti. 35 Groups of Issues in the Basic Research of Philosophy of Technology." In: GJZNJ01. S. 93–101; Kong Xianyi. „Guangyi jishu yu guangyi jishu zhexue. Technology in a broad sense and Philosophy of Technology in a broad sense." In: GJZNJ02. S. 21–28.

[478] Liu Zeyuan siedelt den Beginn technikphilosophischer Forschung in China im Rahmen der Naturdialektik (*ziran bianzhengfa*) an. Siehe Liu Z/Wang F. „Zhongguo jishulun. Chinese research." A.a.O., S. 302.

„selbstbewegende Entwicklung") der „natürlichen Technik" (*ziran jishu*) bedingt und Technik als ein „neutrales Medium" (*zhongjie*) und als „zweischneidiges Schwert" auszeichnen soll (*jishu de shuangdaoxing*).

2.1 Natürliche Technik, technische Objektivität, objektive Neutralität

Die Ansicht, dass Technik ein objektives Mittel (*keguan de shouduan*) ist, geht meistenteils auf einen der ersten technikphilosophischen Vertreter und Gründer der Disziplin in der VR, Chen Changshu (*1932), zurück. Chen soll eingangs etwas ausführlicher vorgestellt werden.[479] Technik kommt eine mediatisierende Funktion (*zhongjie zuoyong*) zu, mit der sich (zunächst) ein werteneutrales System von Handlungsweisen und Handlungsmethoden der Menschheit („*renlei huodong*" huo „*xingwei*" *de fangshi fangfa tixi*) fundiert sieht.[480] In Adaption Marxscher und Engelscher Thesen legt Chen seiner Theorie die kategoriale Trennung von einer „Technik an sich" und einer „angewandten Technik" (*yingyong jishu, renwen*[481] *jishu*) zugrunde.

---

[479] Vgl. Zhang Huaxia/Zhang Zhilin. „Guanyu jishu he jishu zhexue de duihua – ye yu Chen Changshu, Yuan Deyu jiaoshou shangtan. A Dialogue about Technology & Philosophy of Technology – Negotiation with Chen Changshu & Yuan De-yu." In: ZBY 1/2002. S. 49–52. Schon in den 1950ern, als die Lage für Wissenschaftler durch die mehrjährige politische Kampagne des „Großen Sprungs nach vorn" (*Dayuejin*) sehr schwierig war, veröffentlichte Chen Schriften zu Methodenproblemen in den technischen Wissenschaften (*jishu kexue zhong de fangfa wenti*). Siehe Liu/Wang. „Zhongguo jishulun. Chinese Research." A.a.O. S. 301.

[480] Siehe Chen Wenhua/Shen Jian/Hu Guixiang. „Guanyu jishu zhexue yanjiu de zaisikao. Reflecting again on the studies of the Philosophy of Technology." In: *Zhexue yanjiu (yuekan)/Philosophical research (monthly)* 8/2001. S. 60–66. S. 61f. [Kürzel für die Zeitschrift im Folgenden: ZYY] Vgl. Chen X. „Jishu yu shehui. Impact of Technology." A.a.O.

[481] *Renwen* in der Kombination mit *zhuyi*, „-ismus", ergibt den Begriff für Humanismus. Mehr als die Übersetzung von *renwen jishu* als „humanistische Technik" bietet sich hier jedoch an, die mit dem Begriff angezeigte Intenti-

Chen unterscheidet zwischen Technik (*jishu*) und technischer Anwendung (*jishu yingyong*). Technik an sich sei neutral, sie unterliegt keinen Wertbestimmungen und ist nicht wertbehaftet. Erst mit einer praktischen Anwendung der Technik lässt sich von Werten, denen die Technik unterliegt, sprechen.[482]

Der vielschichtige Inhalt von Technik wird nach zwei Arten von Zielen eingeordnet. Aus dem Verhältnis von Mensch und Natur ergibt sich die Zugehörigkeit der Technik zur Natur (*jishu de ziran shuxing*). Demgegenüber ergeben sich aus dem Verhältnis der Menschen untereinander die der Gesellschaft zugehörigen Ziele von Technik (*shehui shuxing lai kan de jishu de mudi*). Dieser Unterscheidung korrespondiert eine implizit vorausgesetzte Differenzierung von technikinternen und technikexternen Eigenschaften. Die internen, natürlichen Eigenschaften der „Technik selbst" (*jishu benshen*)[483] bestehen nach Chens Ansicht in der Erhöhung von Wirkung und Effektivitätsrate. Die sozialen Attribute ergeben sich aus konkreten wirtschaftlichen, militärischen, kulturellen oder alltäglichen Bedürfnissen. Hier ist nicht mehr von technikinternen (*fei jishuxing*)[484], son-

---

on anzudeuten: *renwen jishu* meint die „kulturell gemachte" bzw. eine vom Menschen kulturell eingebettete Technik. Dem zugrunde liegt die Unterscheidung von Technik (an sich) und Kultur (*wenhua*) als sozialem Aspekt, der zur Technik erst nachträglich hinzutritt nach Ansicht von Chen Changshu. Vgl. auch den Anschluss an Chen von Xia Baohua: „Jishu de xingzhi yu jishu de san xiang goucheng. The Nature of Technology and its constitutions." In: ZBY 3/2003. S. 49–53, hier S. 50.

[482] Chen Changshu/Chen Hongbing. „Ba ‚jishu' yu ‚jishu yingyong' qubie kailai – Guanyu jishu zhongxing de lunbian. The Delimitation between Technology and Technological Application." In: GJZNJ02. S. 14–20. S. 15, 16 f. Siehe auch diess. „Lun xianshi zhuyi de jishu taidu. On Realism of Attitude to Technology." In: GJZNJ02. S. 154–166. S. 164, Punkt 5 der Charakterisierung von Technik: „Technik an sich [ist] werteneutral" (*jishu benshen jiazhi zhongli*).

[483] *Jishu benshen* kann als „Technik selbst" oder als „Technik an sich" übersetzt werden.

[484] Um auf den von Chen intendierten Aspekt des intrinsischen Charakters einer „Technik an sich" hinzuweisen, übersetze ich *xing* nicht mit „Wesen"

dern von externen Zielen der Technik (*shehuixing de mudi*) die Rede.⁴⁸⁵

Chen begründet die Trennung der „Technik an sich" von praktischen Verwendungszusammenhängen mit dem Argument der Unabsehbarkeit gesellschaftlicher Folgen von Technik. Seines Erachtens spricht das für die interne Neutralität der Technik, d.i. einen sog. technologischen Charakter der Technik selbst (*jishu de gongyixing*) und für die kategoriale Trennung von Technikgestaltung und sozialer Zielgerichtetheit. Erst mit der konkreten Anwendung lässt sich Chen zufolge etwas über ethische Aspekte aussagen. Technik selbst aber kann keine Verantwortung übernehmen. Deshalb soll es auch der Mensch selbst sein, der für die Entwicklung von Waffen und die Zerstörung der Umwelt verantwortlich zeichnet. Insofern ist es auch nicht möglich, Technik als nicht-neutral auszuzeichnen.⁴⁸⁶

„[...], in Wirklichkeit ist es so, dass das, was technische Anbetung oder Angst genannt wird, vor allem nicht Anbetung der sich selbst kontrollierenden Technik oder der Computertechnik an sich ist, sondern Anbetung oder Angst vor den Folgen technischer Anwendung ist."⁴⁸⁷

Dem folgend, gelten Technik und Technikanwendung auch bei vielen späteren Vertretern als zwei verschiedene Paar Schuhe, die man nicht miteinander verwechseln darf.⁴⁸⁸ Technik wird, wenn es einer-

---

oder „wesentlich", sondern übertrage die ganze Zeichenkombination mit dem Begriff „technikintern".

485 Siehe Chen C/Chen H. „Ba ‚jishu'. Delimitation." A.a.O., S. 16.
486 Chen C/Chen H. „Ba ‚jishu'. Delimitation." A.a.O., S. 17, 19.
487 Chen C/Chen H. „Ba ‚jishu'. Delimitation." A.a.O., S. 20.
488 Die Beobachtung der Unvorhersehbarkeit technischer Ergebnisse und der Unbestimmtheit* gesellschaftlicher Ziele (*jishu houguo de feike yucexing, shehui mubiao de mohuxing**) verleitet etwa Du Baogui und Hu Zhenya dazu, die „Abwesenheit des Subjekts technologischer Verantwortung" (*jishu zeren de zhuti queshi*) zu behaupten, in: „Lun jishu zeren zhuti de queshi. On Subject's Absence on Responsibility for Technology." In: ZBY 5/2003. S. 29–33, hier S. 31. *Mohu bedeutet eigentlich „unklar, undeutlich, verschwom-

seits um ihr Wesen (*xingzhi*) und andererseits um verwirklichte Folgen des technischen Potentials geht,[489] als etwas aufgefasst, das einen zweischneidigen Charakter hat. Ist die Rede von der Regelungsdimension der Technik, so wird diese als werteneutral (*jiazhi zhongli*) verstanden. Erst bei technischen Aktivitäten und Ergebnissen, die durch Technik hervorgebracht werden, kann von Werten gesprochen werden. Dies sei jedoch nicht mehr eine Frage an die Technik selbst, sondern liege im Feld der Ethik.[490] Etwaige negative Effekte sind also nicht Charakteristikum der Technik, sondern fallen in die Verantwortlichkeit der Menschen für unerwünschte Folgen technischer *Anwendung*.[491]

In den Ansätzen, welche die Wertneutralität der Technik verfechten, ist die Trennung von technischen und gesellschaftlichen Zielen sehr auffällig. Man will die Selbständigkeit der Technik als eine Art sich automatisch entwickelndes, relativ unabhängiges (*duli*) Produktionsmittel begründen. Im Anschluss u.a. an Marx und Chen Changshu spricht z.B. Bao Guoguang davon, dass die Ursachen (*dongyin*) für die technische Entwicklung auf das widersprüchliche,

---

men". Ich übersetze „Unbestimmtheit", um auf das Fehlen eines den gesellschaftlichen Zielen unterstellten „Masterplans" der Natur hinzuweisen.

[489] Vgl. z.B. Liu Yongzhen. „Ren yu ziran: jishu zhexue de yongheng zhuti. Human and Nature: an eternal theme of Philosophy of Technology." In: GJZNJ02. S. 29–45. S. 38.

[490] Siehe Zhang Dezhao/Yang Qinfeng/Shi Dunguo. „Lun lunli pingjia dui kexue jishu de zhangli. The Impact of ethical Evaluation on Science and Technology." In: ZBY 1/2002. S. 31–33. S. 31 f.; Gao Lianghua. „Dakai jishu heixiang: Dangdai jishu zhexue yanjiu de jingyan zhuanxiang. Open the Black Box of Technology: The Empirical Turn in the current Philosophy of Technology Research." In: GJZNJ02. S. 55–62. S. 57, 59.

[491] Siehe Lin Dehong. „‚Shuangdaojian' jiedu. Interpretation of ‚Two-sided Sword'." In: ZBY 10/2002. S. 34–36. S. 36. Technik ist Wissen und Produktionsmittel, um das materielle Entwicklungsniveau der Menschheit zu erhöhen und Nutzen hervorzubringen (*qiu li shi jishu de benzhi*). Technik selbst hat – im Gegensatz zur Gesellschaft – keine Ziele, siehe Xiao Feng. „Jishu yu shehui guanxi de huanwei sikao. A conversing thinking about the relation between Technology and Society." In: GJZNJ02. S. 315–325. S. 324.

nicht ausgeglichene Verhältnis von Bedürfnissen (*xuqiu*) einerseits und einer spezifischen (technischen) Mängelsituation [(*jishu*) *queshi*] andererseits zurückgehen. Das sei sozial beeinflusst.[492] Im selben Kontext werden auch Aussagen über eine je historische Verfasstheit des Wissens gemacht, die ein objektives Hindernis (*keguan de zhang'ai*) sei, um die Gesetzlichkeiten der „Technik an sich" erforschen zu können. So aber wird Technik als „externe Natur" stilisiert, die sich weder erkenntnistheoretisch vollständig wissen noch ontologisch beschreiben lässt.[493]

Die Natur der Technik besteht in ihrer „absoluten Natürlichkeit". Was soll „absolut natürlich" sein? Mit Rekurs auf Marx wird „natürliche Technik" (*tianran ziran jishu*) von Xia Baohua in einer evolutionistischen Argumentationsstrategie mit „natürlichen Werkzeugen" (*ziran gongyi*) assoziiert, die im Gegensatz zu Tieren nur der Mensch technisch gebrauchen kann: seine Hände und die Organe (sic). Die „absolut natürliche Technik" soll nach Xia Baohua deshalb in keiner Verbindung zu „menschengemachter natürlicher Technik" (*rengong ziran jishu*; englisch: „artificially natural technology") und zu „sozialer Technik" (*shehui jishu*; „social technology") stehen, weil sie ein Teil und Ergebnis der Evolution als einem sich selbst organisierenden Prozess ist. Unter sozialer Technik werden z.B. elektronische Rechner verstanden, die auf der Grundlage der Erfindung und Innovation „natürlicher Technik" (*ziran jishu*) entwickelt wurden. Soziale Technik ist als Produkt des Mischungsverhältnisses von industriellen Errungenschaften und einer als unabhängig gedachten Natur zu verstehen.[494]

Die Methoden (*shouduan*) der Technik sind deren „Hardware"-Faktoren (*yingjian yaosu*), die Wang Xukun bspw. als natürliche Eigen-

---

[492] Siehe Bao Guoguang. „Jishu faming he jishu gaijin de yibanxing jizhi. The general Mechanism of Technological Invention & Innovation." In: GJZNJ02. S. 135–142. S. 138.
[493] Siehe Xia. „Jishu de xingzhi. The Nature of Technology." A.a.O., S. 51. Vgl. Kong X. „Guangyi jishu. Technology in a broad sense." A.a.O., S. 24.
[494] Siehe Xia. „Jishu de xingzhi. The Nature of Technology." A.a.O., S. 51, 52.

schaften (*ziran shuxing*) gegenüber den „Software"-Faktoren (*ruanjian yaosu*) abgrenzt, welche die sozialen Eigenschaften (*shehui shuxing*) meint. Natürliche Faktoren wie Werkzeuge (*gongju*), Maschinen (*jiqi*) und Apparate (*yiqi*) sollen demzufolge immer von sozialen Faktoren wie dem technologischen Wissen (*jishu zhishi*), Erfahrung (*jingyan*), technischem Können (*jineng*) und praktischem Know-How (*jueqiao*) zu unterscheiden sein.[495] Das vornehmlich dualistisch verstandene Verhältnis von Mensch und Natur manifestiert sich schlussendlich in der These, dass Technik als Mittel dem Menschen ihre natürlichen Eigenschaften zur Verfügung stellt, damit dieser sich gegenüber der natürlichen Welt gestaltend verhalten kann.

2.2 Humane Technik als „schöpferische Kraft"

Stellen Auffassungen von Technik als wertneutralem Mittel auch den Hauptstrom aktueller technikphilosophischer Strömungen dar, so gibt es ebenso Ansätze, die sich ausdrücklich gegen einen instrumentalistischen Technik-Begriff wenden.[496] Unter diesen normativ orientierten Ansätzen stechen besonders Thesen hervor, die sich rezeptiv mit der Technikphilosophie Heideggers auseinander setzen.[497] Technik sucht hier nicht auf eine als werteneutral gefasste

---

[495] Siehe Wang Xukun. „Jishu zhexue de kuaxueke yanjiu. Cross-disciplinary Research on Philosophy of Technology." In: GJZNJ02. S. 46–57.

[496] „Zwischenpositionen" mit eingeschlossen, z.B. Ma Jiyong. „The development of mankind and the new technology policy." In: König u.a. (Hg.). *Technological Development, Society and State*. A.a.O., S. 196–204. S. 196; Kong Xianyi/Kong Qingxin. „Jiaqiang dui ren yu jishu guanxi de yanjiu. Lay more stress in the study of the relationship between Human und Technology." In: GJZNJ03. S. 119–126.

[497] Siehe Wang H. „Shixi Haidege'er. On Heidegger's Thinking." A.a.O.; ders. „Haidege'er fenxi jishu dui xing'ershangxue de yingxiang. On the influence of Technology on Metaphysics of Heidegger's Analysis." In: GJZNJ02. S. 260–269; Guo Lili. „Jishu shidai de weixian. Qiantan Haidege'er de jishuguan. The danger of Technique era. On Heidegger's Technique View." In: GJZNJ02. S. 270–276; Wu Guosheng. „Zhexue de ‚jishu zhuanxiang'.

Mittel-Zweck-Struktur reduziert zu werden und soll nicht auf Methoden (*fangfa*) der Herstellung von Artefakten beschränkt bleiben. Technik, so die Kritik, steht hier in der Gefahr, unkritisch angewendet zu werden. Gerade weil Mittel und Ziel bzw. Zweck quasi symbiotisch zusammengehören, stellt es nach Ansicht von Wu Guosheng eine ungerechtfertigte Reduktion dar, Technik allein als Werkzeug oder bloßes Gerät zu begreifen.[498] Stattdessen soll – in Adaption Heideggerscher Thesen – Technik über seine Möglichkeiten eröffnende Struktur erschlossen werden.[499] Technik liegt dann nicht die Form eines „mathematikartigen Werkzeugsystems" (*jisuanxing de gongju xitong*) zugrunde,[500] sondern die Grundlage von Technik ist die menschliche Freiheit selbst.

Die Möglichkeiten, die sich durch die moderne Technik ergeben, können die Freiheit der menschlichen Existenzweise gefährden. Wu argumentiert zunächst anthropologisch, um damit eine kulturkritische Haltung zu begründen: Insofern die zeitlich verfasste Existenz des Menschen sich inhaltlich immer wieder neu bestimmen muss, indem sich der Mensch qua Technik selbst kreiert (*ren de cunzai, shi you ren ziji tongguo jishu zao jiu de*), ist Technik ein grundlegender Faktor seiner Wesensstruktur. Technik eröffnet (*zhankai*) Möglichkeitsräume (*kenengxing kongdian*). Mit der Verwirklichung von bestimmten Möglichkeiten verschließt Technik damit aber auch umso mehr andere Möglichkeiten und lässt diese in Vergessenheit geraten.[501] Deshalb sei es notwendig, nicht nur faktische Gebrauchsweisen in den Vordergrund zu rücken und technische Errungenschaf-

---

‚Technology Turn' in Philosophy." In: ZYY 1/2001. S. 26–27; ders. *Rang kexue huigui renwen. Science vs. Humanism – Interlocution.* Nanjing 2003.
[498] Wu Guosheng. „Jishu yu renwen. [Technik und Humanität]." In: GJZNJ01. S. 232. Damit verknüpft ist eine Kulturkritik an der zeitgenössischen, vereinseitigenden Auffassung von und dem Umgang mit Technik.
[499] Wu. „Jishu yu renwen. [Technik und Humanität]." A.a.O.
[500] Wu. Rang kexue huigui. Interlocution. A.a.O., S. 45.
[501] Wu. Rang kexue huigui. Interlocution. A.a.O., S. 36 [jishu suo zhankai de (…), dou biran hui zhebi he yiwang le geng duo de kenengxing], 37–40, 47.

ten auf das Kriterium der „Erfolgsquote" (*xiaolü*) zu reduzieren. Wenn man Technik nur in der Anwendung von Werkzeugen (*qi*) ausmacht, geht deren schöpferische Kraft (*dao*) verloren.[502] Technik ist so nicht nur Werkzeug zur Erfüllung eines (bereits feststehenden) Ziels, sondern ein Prozess, der das Ganze von Möglichkeitsräumen wiederherstellt (*yizhong quanshenxin de xiulian guocheng*).[503]

In diesem Sinne wird Technik auch von anderen Vertretern wie Qian Junsheng und Zeng Lin in einen anthropologisch-ethischen Begründungszusammenhang gestellt. In der „tiefen Verbindung von wissenschaftlicher Technik und Humanität" (*kexue jishu yu renwen shenqie de guanxi*) werden der kulturell-sittliche Hintergrund, in dem Technik eingebettet ist, hervorgehoben und technizistisch-instrumentalistische Vereinseitigungstendenzen heutiger Technikimplementierungen kritisiert. Technik ist nicht werteneutral, und

---

[502] Nicht eineindeutig rekonstruierbar ist, ob Wu in direkter Anlehnung an Heideggers Seyn-Begriff diesen mit „dao" übersetzt. Der Chinese reiht sich zumindest in eine lange Tradition ein, in der *dao* auf Soll-Ansprüche hinweist, die vom Menschen im Umgang mit der Natur angenommen werden. Eine gute Übersicht über die Begriffs- und Problemgeschichte von *dao* bietet Zhang Liwen (Hg.). *Dao* [Dao]. Beijing 1996.

[503] Wu. *Rang kexue huigui. Interlocution.* A.a.O., S. 42. Der Terminus *xiulian* wird in einem chinesisch-englischen Wörterbuch als theologisch relevanter Begriff aufgeführt. Er meint dort: „to give oneself up to austere religious discipline (in order to achieve *nirvana* or immortality); go into religious self-discipline, especially Buddhist or Taoist control of mind and body". Siehe *Xin shidai Han Ying da cidian. New Age Chinese-English Dictionary.* Beijing 2001. S. 1743. *Xiu* scheint im hiesigen Text in der Bedeutung von „xiuli", „reparieren", „restaurieren", „wieder aufbauen" zu stehen. *Lian* kann einerseits „raffinieren", „schmelzen", „kondensieren", „läutern" bedeuten, andererseits „härten", „stählen". Gemeint ist mit dem Binom wohl, dass bereits Feststehendes neu in Frage gestellt (kategorial „verflüssigt") wird, um die in Einzelteile zerfallen[d]en Elemente wieder neu zusammensetzen sowie Prioritäten und Zielvorstellungen anders festlegen bzw. „aufbauen" zu können. Die zu einem früheren Zeitpunkt gerechtfertigte Ausschließung von Teilaspekten zugunsten anderer ist nichts, was apriorisch oder überzeitlich gültig wäre.

eine spezifisch technische Vernunft, die der Mensch sich zuschreibt, übersteigt gerade nicht die Gesellschaft, indem sie womöglich eine wertneutrale eigenorganisierende Kraft entwickelt, so Qian und Zeng. Das Verständnis von Technik ist hier an einen normativ aufgeladenen Natur-Begriff gebunden. Natur sieht sich als eine genuin feststehende Einheit interpretiert, an deren Grundlagen sich der Mensch orientieren und passend verhalten soll. So können sich Natur und Gesellschaft „harmonisch entwickeln" (*shi ziran yu shehui neng hexie de fazhan*).[504]

Neben dieser naturphilosophisch ausgerichteten Strategie finden sich auch Ansätze, die die These von der Werteneutralität der Technik als ein ethisches Paradox (*lunli beilun*) kritisieren. So gehen nach Ansicht von Yang Qingfeng und Zhao Weiguo mit einer instrumentalistischen Sichtweise auf Technik unlösbare Verantwortungsprobleme und widersprüchliche Verteilungsprobleme für Verantwortlichkeiten einher. Wird Technik nur als passives, neutrales Werkzeug („*beidong" de gongju*) aufgefasst, so verlagert sich das Kontrollproblem unrichtigerweise allein auf die Seite des Anwenders. Dass Technik nur ein passiver, neutraler Status zukommen würde und ihr Anwender volle Verfügungsgewalt über sie hätte, sei jedoch eine verkürzte Auffassung, welche einen „den Dingen inne liegenden Wert" (*shiwu neizai de jiazhi*) nicht respektiert. Auf der von Yang und Zhao kritisierten Grundlage eines Instrumentalismus ergibt sich so ein nicht auflösbarer Widerspruch zwischen der Pflicht zur eigenen Existenz (*ziwo baocun de zhize*) und den Ansprüchen der Dinge. Schließlich verquickt sich der normative Appell bei Yang und Zhang mit einer Strategie, die die Natur überhöht.[505]

---

[504] Siehe Qian Junsheng/Zeng Lin. „Jishu lixing de renwen fansi. Humanistic Think (sic) on Technological Reason." In: ZBY 8/2003. S. 49–52. S. 51 f. Ausführlicher zum Natur-Begriff und dem Harmonie-Gedanken s.u. VI 5.
[505] Yang Qingfeng/Zhao Weiguo. „Jishu gongjulun de biaoxian xingshi ji beilun fenxi. Analysis on Representation and Paradox of Instrumentalism of Technology." In: ZBY 4/2002. S. 55–57.

Li Bocong schließlich macht die Wertethese im Kontext der Ingenieurswissenschaften fruchtbar:

„Ingenieurswissenschaftliches Handeln steht unter Werten (selbstverständlich sind dies Werte von allgemeinerer Bedeutung und nicht einfach von der Wirtschaft abhängige Werte), die im Ingenieurswesen bestehende Beziehung von Mensch und Gegenstand ist vor allem eine Wertebeziehung."[506]

Technikphilosophische Überlegungen haben sich an den Grundlagen der gesellschaftlichen Frage nach Werten und Wertebeziehungen zwischen dem Menschen und seiner selbstgeschaffenen Technik zu orientieren. Der Begriff des Wertes wird hier nicht intrinsisch verstanden, sondern ist an die Vorstellung von einer konkreten Lebenswelt gekoppelt. – Die soziale Verfasstheit der Technik steht also durchaus im Vordergrund, nämlich insbesondere dann, wenn nach Ansicht seiner Vertreter ein „Hiatus zwischen Szientismus und Humanismus" überwunden werden soll. Technik bestimmt sich hier nicht nach einer „intrinsischen Entwicklung technischer Logik", sondern ist „ein soziales Produkt, das durch die Kreation und Anwendung ihrer sozialen Faktoren bestimmt wird". Der Mensch ist es, der die Technik mit Zielen und Werten ausstattet.[507]

---

[506] Li Bocong. „,Wo si gu wo zai' yu ,Wo zao wu gu wo zai'. – Renshilun yu gongcheng zhexue chuyi. ,I Think therefore I Am' and ,I Create therefore I Am'. – A Comparison between Epistemology and Philosophy of Engineering. In: ZYY 1/2001. S. 21–24. S. 23. Der Aufsatz ist Teil eines technikphilosophischen Schwerpunktes, der sich die *Zhexue yanjiu/Philosophical Research* in zwei Ausgaben (1 und 8/2001) widmet.

[507] Vgl. Xiao F. „Jishu yu shehui guanxi. A conversing thinking." A.a.O.; dies. „Lun jishu de shehui shixian. On the social realization of Technology." In: ZBY 2/2002. S. 31–33; An Weifu. „Shehui jiangou zhuyi: yizhong xin de jishu zhexue. Social constructivism: a new Philosophy of Technology." In: GJZNJ02. S. 333–344.

3 Technisch Mögliches und wirklich Gutes – Technik im Kontext des Wissensbegriffs

Wir haben es also mit zwei Grundeinstellungen zu tun, wie Technik verstanden wird. Die kategorialen Unterschiede, denen die Ansätze unterliegen, schlagen sich im Wissensverständnis nieder, das die einzelnen Vertreter jeweils favorisieren – und rufen ganz eigenartige Effekte hervor. Denn basiert die These von der Werteneutralität der Technik zumeist zwar auf der rezipierten, in der westlichen Philosophiegeschichte tief verankerten Grundunterscheidung von Subjekt/Objekt, so wird Wissen doch nicht allein als Kenntnis um die materiellen Ressourcen der „objektiven Welt" begriffen.[508] Wissen wird final unter die Leitlinie der „Harmonisierung des Zusammenlebens von Mensch und Natur" gestellt. Mit der Subjekt-Objekt-Dichotomie, die von europäischen und angelsächsischen Vorreitern übernommen und dann als Problem von „subjektiver Welt" (Mensch) und „objektivem Außen" (Natur) diskutiert wird, geht in den chinesischen Texten keine erkenntnistheoretische Leib-Seele-Problematik einher. Stattdessen sieht sich ein bestimmter normativ-integrationistischer Anspruch hervorgehoben.[509]

So wird bspw. Gao Lianghuas Auseinandersetzung mit Technik durch die Auffassung von zwei voneinander zu trennenden Aspekten des „Wissens" (zhishi) und der „Anwendung" (shiyong) legitimiert, in welcher der epistemologischen Frage nach der Beziehung von Mensch und Natur ein logischer Vorrang zugewiesen wird. Die Rechtfertigung für die erkenntnistheoretische Problematik bildet aber erst die Frage nach konkreten Entscheidungen (juti juece) und

---

[508] Z.B. Du B/Hu Z. „Lun jishu zeren zhuti de queshi. On Subject's Absence." A.a.O. S. 29. Chen W/Shen J/Hu G.„Jishu zhexue zaisikao. Reflecting again." A.a.O., S. 61. Wang Qian. „Jishu chansheng he fazhan guocheng de renzhi tedian. The cognitive characters of Technological Bringing and Developing Processes." In: GJZNJ02. S. 130–134. S. 131, 133.
[509] Siehe z.B. Xia B. „Jishu de xingzhi. The Nature of Technology." A.a.O. S. 51; Liu Y. „Ren yu ziran. Human and Nature." A.a.O. S. 30.

der sozialen Kontrolle der gesamten Technikentwicklung (*zhengti de jishu fazhan de shehui kongzhi*). Hat Technikphilosophie als Wissenschaft bei Gao Lianghua demzufolge auch einen deskriptiven Regelcharakter (*miaoshuxing, guifanxing*), so folgt daraus doch notwendig eine sozialethische Kritik von technischen Ergebnissen und Folgen. Vordergründig hält sich die Argumentation an die Unterscheidung von deskriptiver Rekonstruktion und präskriptiven Forderungen, die nicht miteinander „vermischt" werden sollen. Hintergründig kennzeichnet sich die Argumentation jedoch durch einen Parallelismus von Datenwissen und ethischen Vorgaben. Sie werden in einen gegenseitig bedingten Zusammenhang miteinander gesetzt.[510]

Im Feld der Werteneutralitätsthese der Technik bildet diese ein „Wissenssystem der Praxis" (*shixianxing de zhishi tixi*).[511] Der Wissensbegriff siedelt sich als Terminus an, mit dem Regelgesetze formuliert werden. Wissen bemisst sich zureichend erst nach lebensweltlich-praktischen Konsequenzen, welche aber nicht explizit auch in einen Strukturzusammenhang mit ethischen Überlegungen technischer Anwendungen gebracht werden.[512] – Von einer platt positivistischen Wissenschaftssicht zu sprechen, verbietet sich hier dennoch. Leitend scheint in den chinesischen Texten nicht die Frage zu sein, inwiefern Techniktheorie und Technikanwendung wissenschaftlich genannt werden können, und auch nicht, ob Welt an sich vom Menschen als so und so faktizierend beschrieben zu werden

---

[510] Siehe Gao Lianghua. „Dakai jishu heixiang: Dangdai jishu zhexue yanjiu de jingyan zhuanxiang. Open the Black Box of Technology: The Empirical Turn in the current Philosophy of Technology Research." In: GJZNJ02. S. 55–62.

[511] Chen W/Shen J/Hu G. „Jishu zhexue zaisikao. Reflecting again." A.a.O., S. 60 f.

[512] Siehe Xiao F. „Lun jishu de shehui shixian. Social realization." A.a.O. S. 32; Chang Linong. „Shilun jishu fazhan de zonghe mudixing dongli. The views on the comprehensive objective force of the Technology Development." In: GJZNJ02. S. 326–332. S. 327, 331. Zhang Wanyong. „Cong shehui huanjing jiaodu kan jishu zhuanyi de leixing he jieduan. Type and Stage of Technological Transformation." In: GJZNJ02. S. 345–350. S. 346.

vermag. Dies wird nicht in Frage gestellt, sondern vorgängig vorausgesetzt. Wir sehen uns hier mit dem Problem konfrontiert, dass die chinesischen Autoren zwar mittels Kategorien europäischer Wissenschafts- und Philosophiegeschichte, die sie referieren, eigene Thesen entwickeln. Sie scheinen damit aber eher terminologische Konfusion als Klarheit zu stiften. Mit welchem Problem ringen die Texte?

Erste Anhaltspunkte auf der Spurensuche bieten Ansätze wie die von Wang Qian. Der Wissensbegriff wird hier ausdrücklich unter der Perspektive der Frage nach dem sittlich Guten thematisiert. Wissen wird zunächst als „Output" der Wissenschaft, d.i. eines Systems von Gesetzen (*guilü de xitong*), verstanden. Demgegenüber ist der Gegenstand der Technik als ein System von Regeln (*guize de xitong*) zu verstehen, das sich jedoch nicht unter strengen Wissenschaftskriterien eingliedern lasse: Statt der Wahrheitsfrage („*zhen*" *de wenti*) sollte hier die Frage nach dem wirklichen Guten („*shan*" *de wenti*) und der praktischen Verfahrensweise (*ruhe „zuo" de zhexue sikao*) gestellt werden.[513] Es wird demnach zwischen wissenschaftlicher Kenntnis von Gesetzen und technischem Wissen (*jishu de yihuixing zhishi*) differenziert. Letzteres meint einen theoretisch nicht explizierbaren, praktischen Zugang zur Welt, der einen eher nur zu erspürenden denn zu begreifenden Umgang mit der objektiven Welt indiziert. Final wird diese Differenz aber als ein Charakteristikum des Wissenschaftsverständnisses veranschlagt, wie es den „Westen" kulturell von China unterscheidet.

Während für den Westen (*Xifang* [*siwei*]) ein mathematisch-rationaler Wissenschaftsbegriff kennzeichnend sein soll, der den Technikbegriff (*lixing jishu*) prägt, wird für China ein traditioneller, nicht ausdrücklicher Zugang zu Welt und Technik geltend gemacht (*wu-*

---

[513] Siehe Wang Q. „Renzhi tedian. Cognitive characters." A.a.O., S. 134.

xing jishu).⁵¹⁴ Nach Wang Qians Ansicht stellt sich das chinesische Wissensverständnis im technikphilosophischen Kontext so als ein praktisches Umgangswissen heraus, in dem Einzigartigkeit und Kreativität zur Geltung kommen, die auf erfahrbarer, jedoch nicht gänzlich explizierbarer Kenntnis beruhen.⁵¹⁵ Der Beobachtung Wangs, dass sich heute zunehmend das westliche, rationale Wissensverständnis und ein mathematisch-rationaler Technikumgang verbreiten, praktisches Wissen über Technik jedoch verdrängt wird, schließt sich seine Forderung an, einen (genuin) chinesischen, praxisorientierten Technikansatz als notwendige Ergänzung zum reduktiven Konzept des Westens anzuerkennen und zu revitalisieren.⁵¹⁶

Festzuhalten ist zunächst, dass sowohl Vertreter der Wertneutralitätsthese der Technik als auch Anhänger eines normativen Technikverständnisses ihre Thesen auf der Basis einer Terminologie anbringen, die zu großen Teilen der Lektüre der rezipierten, fremden Texte entnommen wird. Um wissenschaftlich über das Verhältnis von Technik und Wissen reden zu können, werden die in den fremden Texten verwendeten *termini technici* als verbindlich vorausgesetzt und zunächst diskussionslos an Binärdifferenzierungen wie „Subjekt/Objekt", „Handlungsmuster/Handlung" oder „erkenntnistheoretisch/ethisch" angeschlossen. Dies induziert ein eineindeutiges Einverständnis mit den Thesen in den nicht-chinesischen fremden Texten. Kommt es schließlich zur Explikation eigener Thesen bei den chinesischen Autoren, sehen sich die zuvor scheinbar gänzlich affirmativ adaptierten Unterscheidungen jedoch durchkreuzt und

---

[514] Siehe Wang Qian. „Zhongguo jin xiandai jishu fazhan de wenhua duoyangxing. Diversification of Literature of Technology Development in China." In: GJZNJ01. S. 163–171. S. 165.

[515] Siehe Wang Q. „Renzhi tedian. Cognitive characters." A.a.O., S. 131. *Wuxing jishu* („praktische-angewandte Technik", „Know-How") wird mit dem Konzept des *tacit knowledge* assoziiert.

[516] Wang Qian. „Wenhua duoyangxing. Cultural diversification." A.a.O., S. 169.

als nicht zureichend kritisiert. Die dem Wissensparadigma des Westens entnommenen Begriffe werden „entkernt" und umgedeutet.

Ob Gao Lianghua oder Wang Qian das Rezipierte richtig oder falsch verstanden haben, ist dabei eigentlich nicht von Belang, deuten die Argumentationsverläufe doch etwas weit Interessanteres, Bemerkenswerteres an als die Frage nach dem adäquaten Nachvollzug des Rezipierten. Die fremde Wissenschaftssprache wird bemüht, um die eigene Kultur und deren Unterschiede gegenüber der fremden Ordnung, aus der die Beschreibungsmuster entnommen sind, beschreibbar zu machen und darüber eine eigene kulturelle Identität neu zu stiften. Das ist ein unglaublicher Vorgang, sucht doch das die chinesische Kultur Auszeichnende anhand von Unterscheidungen spezifiziert zu werden, die nicht oder bloß rudimentär an die eigene geistesgeschichtliche Tradition und stattdessen an eine gänzlich fremde Ordnung anschließen. Die fremde Sprache und deren Ordnungszusammenhänge werden dabei nicht als kulturfremd expliziert.

Auf die Frage, mit welchem Problemfeld man sich hier auseinander setzt, versuche ich deshalb als eine erste Antwort: Es ist nicht so, dass in den chinesischen Texten mittels des Fremdrezipierten explizit so etwas wie ein „Umweg über die fremde Kultur" unternommen werden will, um über die eigenen kulturellen Selbstverständlichkeiten[517] und die im Vergleich zum Fremden andere Ordnung Aufschluss zu erlangen. Sehr wohl gibt es jedoch einen Versuch, die eigene Tradition zu beleben, ohne dabei die internationale Diskussion zu ignorieren. Von der Warte der chinesischen Autoren aus scheint das Ziel nicht unbedingt darin zu bestehen, *ausdrücklich* mit kulturhermeneutischem Interesse an der fremden Kultur und auf einem „Umweg" über das Fremde die eigene Tradition (wieder) zu erschließen. Wohl aber lässt man sich in den chinesischen Texten vom Fremden und Neuen anregen und sieht darüber zwei unterschiedliche Wissensordnungen aufeinander treffen. Die chinesische

---

[517] Siehe Schmidt. *Herausforderung des Fremden*. A.a.O., S. 61.

Ordnung will die Wissensstrukturen der anderen kennenlernen und eigenständig daran anschließen.

Was in der Rezeption der fremden Theorien *ex negativo* bemerkbar wird, scheint mir weder als „falsches Fremdverstehen" noch als „Missverstehen" gut beschrieben zu werden. Die derzeitige wissenschaftliche Sprach- und Sachlage ist eher als phänomenaler Befund des Aufeinanderpralls gänzlich verschiedener Ordnungen wahrnehmbar, in der die eine Ordnung (China) im Angesicht des weltweiten politischen und wirtschaftlichen Etabliertseins der anderen Ordnung (Europa, angelsächsische Länder) auf Orientierungssuche gegangen ist. Was kann China selbst (noch?) sein und wie wieder es selbst werden, nachdem das Land seines lange Zeit unangetasteten Bildes als holistisches Zentrum[518] der Welt verlustig gegangen ist – dies scheint letztlich die Frage zu sein, der viele chinesische Texte nachgehen. Dai Yanjun bringt es auf den Punkt: „Die Entwicklung der modernen Wissenschaft und Technik fordert die traditionellen Moralvorstellungen und ethischen Regeln heraus, [...] die Menschheit ist [...] ihrer geistigen Heimat verlustig gegangen." Besser ließe sich der Riss, der zwischen die klassischen chinesischen Fächer der sittlichen Kultivierung und die neuen internationalen Wissensdisziplinen getreten ist, nicht benennen.[519]

---

[518] So auch die Selbstbezeichnung: Zhongguo, „das Land (in) der Mitte", d.i. im Zentrum des weltlich Relevanten. Dies wird vom kaiserlichen Hof über Jahrtausende so gepflegt und zeigt sich u.a. in der altchinesischen Kartographiekultur. Siehe in diesem Zusammenhang die Erläuterungen von Achim Mittag in: „‚Offensive Expansion' und ‚innere Kolonisation' – das Fallbeispiel China. Zu den Voraussetzungen der Expansion des chinesischen Großreichs (17.–19. Jh.) im historischen Denken und geographisch-ethnographischen Wissen der mittleren und späten Ming-Zeit (16.–17. Jahrhundert). In: Dürr, Renate u.a. (Hg.). *Expansionen in der Frühen Neuzeit*. Berlin 2004 (Zeitschrift für historische Forschung. Beiheft Nr. 34). S. 69–95.

[519] Dai Yanjun. „Lun kexue jishu yu lunli daode de guanxi. On the Relationship between Science & Technology and Ethic & Morals." In: GJZNJ03. S. 58–68. S. 63. Fairerweise soll erwähnt werden, dass die Autorin wohl von

4 Fortschrittsträume von der guten Gesellschaft

Die chinesische Suche nach dem eigenen Selbst, das vergegenwärtigt werden kann, und einer eigenen, nicht zum Anachronismus erstarrten Ordnungskultur führt in ein Dilemma. Mittels Außenbeobachtungen und adaptierten Unterscheidungsmustern einer bis dato externen Wissenschaftskultur sucht man die innere Lage zu erfassen, ohne darüber die eigene Sprache und die durch spezifische Unterscheidungsmuster instanziierte Kultur zu verlieren. In einem chinesischen Aufsatz, der sich u.a. mit der Absenz technologischer Kreativität im Alten China auseinander setzt, findet sich z.B. folgende Aussage:

> „Ohne Unterstützung und Führung einer hocheffizienten und unbestechlichen Regierung, selbst wenn sie über die notwendigen Bedingungen verfügen würde, kann keine revolutionäre industrielle Innovation entstehen."[520]

Und an späterer Stelle geht es so weiter: unter den Bedingungen des korrupten Beamtensystems und obwohl China bereits im 14. Jahrhundert über die Faktoren verfügte, die England erst im 18. Jahrhundert zur industriellen Revolution verhalfen, sei es nicht zur Entfaltung von Kreativität (*chuangzaoxing de fahui*) gekommen. – So wie Jiang Zhaohua an dieser Stelle seine Ansicht gänzlich vom englischen Sinologen Joseph Needham übernimmt,[521] tut es eine Vielzahl chinesischer Wissenschaftler: Um Aufschluss über die eigene Tradition zu erlangen, stellen Thesen verstärkt auf Fremdrezeption ab.

---

der Menschheit im Ganzen spricht. Das Nebeneinander von marxistischer Dialektik und daoistischen Laozi-Aperçus ist indessen symptomatisch für die Suche nach Eigenständigkeit.

[520] Jiang Zhaohua. „Jishu chuangxin yu zhidu chuangxin guanxi yanjiu shuping. Discussion about Studies on the Relation of Technological Innovation and Institutional Innovation." In: GJZNJ01. S. 225–230. S. 227.

[521] Das (von Jiang zitierte) zwölfbändige Mammutwerk *Science and Civilization in China* (Cambridge 1954–) sind im Westen Kanon der chinesischen Wissenschaftsgeschichtsschreibung.

Das bedeutet sehr oft eine direkte Adaption der fremden Überlegungen, die mit einer Hoffnung auf Ebenbürtigkeit verbunden werden.

Die Spur, die die Autoren auslegen, wird zunächst noch ein Stück weiter verfolgt. Der Blick richtet sich im folgenden auf die Strukturierung des Fragefeldes von Mensch, Umwelt und Natur. Einer der wichtigen Aspekte auf diesem Feld ist der Diskurs über technologische Kreativität und Innovation und seine sozialphilosophischen Implikationen.

4.1 Kreativität und Innovation im technikphilosophischen Diskurs

Die Begriffe *Kreativität* (*chuangzaoxing*) und *Innovation* (*chuangxin*) verweisen im technikphilosophischen Kontext direkt auf den Schaffensprozess und Vorgang der produktiven (Neu-)erfindung. Während *chuangxin* erst in jüngerer Zeit als Binom aufgekommen zu sein scheint, verzeichnen begriffsgeschichtliche Lexika *chuangzao* dagegen schon sehr früh.[522] Im zeitgenössischen Diskurs wird eine als technologische Innovation verstandene Kreativität oftmals in einen (polit-)ökonomischen Kontext eingerückt und von der Warte der Effizienzsteigerung und einer Erhöhung des Marktwertes (der Erfindung, des [verkauften] Produktes sowie des Unternehmens) aus

---

[522] Hier wird der Begriff mit „erfinden oder herstellen/erzeugen von bisher noch nicht da gewesenen Dingen" (*faming huo zhicheng suo wei you de shiwu*) übertragen. Das Zeichen *zao* ist gut mit „schöpfen" wiederzugeben. Als Referenzstellen, an denen *chuangzao** in diesem Sinne verwendet wird, werden die im dritten nachchristlichen Jahrhundert verfassten historischen Werke „Geschichte der Späteren Han-Dynastie" (*Hou Hanshu*) sowie „Geschichte der Drei Reiche" (*Sanguozhi*) genannt. Siehe *Ciyuan* [Wörterbuch zu den Quellen sprachlicher Ausdrücke]. Beijing 1988. S. 197.2. (* In der klassischen chinesischen Schriftsprache ist ein prädikativ gebrauchtes Wort oft auch als Substantiv verwendbar. *Chuanggzao* kann je nach Kontext verbial oder substantivisch übersetzt werden, wobei es gebräuchlicher als Verb erscheint.)

betrachtet. Dieser Abschnitt strengt einen Überblick hierüber an. Überlegungen, welche technologische Innovationen in ein (explizites) Verhältnis zur Kultur und zu einem Gesellschaftsideal setzen, werden danach vorgestellt. Meine Hypothese ist, dass die Diskussion des Kreativitätsbegriffs und die Forderung nach einer Forcierung von technologischen Innovationsprozessen als unabdingbare Indikatoren der „guten Gesellschaft" veranschlagt werden. Sie sind Beweggrund und eigentliches Ziel der chinesischen Auseinandersetzung mit Technik und technologischen Neuerungen.

Kommen wir zunächst zu den unter einem wirtschaftlichen Blickwinkel angesiedelten Ansätzen: Folgt man den (polit-)ökonomischen Entwürfen von Zhao Shiying und Liu Yongzhen sowie Xia Baohua, so zielt technologische Innovation im Zeitalter von Wissen und Wirtschaft (*zhishi jingji shidai*) darauf ab, Wissen und Technik in reale Produktivkräfte (*shengchanli*) umzuwandeln.[523] Der Prozess technologischer Innovation wird hier als eine Art unabhängiges System verstanden, das durch verschiedene Produktionsfaktoren, u.a. den politischen Hintergrund, geformt wird. Technologische Innovation soll sich in zwei Aspekten auszeichnen: zum einen durch das Subjekt, welches in der Lage ist, innovatives Können zu zeigen; zum anderen durch das Objekt[524] der Innovation. Das „Subjekt technologischer Innovation" manifestiert sich im korporativen Unternehmen, das Marktwerte verwirklicht und für den betriebswirtschaftlichen Umsatz sorgt. Indessen kann durch qualifiziertes Personal (*rencai*) die Unbestimmtheit, welche den technologischen Prozess

---

[523] Die folgenden Aussagen werten Thesen von Zhao Shiying/Liu Yongzhen in: „Jishu chuangxin xitong de zhexue fenxi. The philosophical Analysis of Technology Innovation System." In: GJZNJ01. S. 199–204, sowie Xia Baohua in: „Xin shiji jishu chuangxin de zhanlüe fangxiang. Strategic Orientations of Technological Innovation in New Century." In: GJZNJ02. S. 359–368, aus.

[524] Objektive Gegenstände (*keguan duixiang*) können natürliche Dinge (*tianranwu*) und vom Menschen hergestellte Dinge (*renzaowu*) sein. Siehe Zhao S/Liu Y. „Jishu chuangxin. Technology Innovation." A.a.O., S. 201.

durchzieht (*jishu chuangxin guocheng de buqueding*),[525] in einen erfolgsorientierten Industrialisierungsprozess umgeleitet und wissenschaftliche Planbarkeit von Innovationen herbeigeführt werden. Zhao und Liu unterstellen einen erkenntnistheoretischen Mechanismus, welcher Wissensakkumulation gepaart mit Prognosemöglichkeiten über technologische Entwicklungen gewährleisten soll, und zwar qua additiv berechenbarer Faktoren. Die vom Menschen hergestellten Dinge sind kreativ hergestellte Produkte, wenn sich deren Erfolg am Markt einstellt. Kreativität meint hier die praktische Umsetzung einer vom Menschen original, d.i. eigens gewussten Idee in ein Produkt. Dessen Originalität hat sich im betriebswirtschaftlichen Erfolg zu zeigen.

Worauf es bei kreierten neuen Produkten (*chuangzao xin de jishu zhipin*) eigentlich ankommen soll, ist die Frage nach der Kreation einer neuen, (dem Menschen) angemessenen Gesellschaftstheorie, schlussendlich einer neuen Gesellschaft (*chuangzao xiangyin de xin de shehui lilun he shehui*). Die Angemessenheit der Gesellschaftstheorie und der Gesellschaft soll darin bestehen, die den Menschen betreffenden Aspekte der Technik zu berücksichtigen. Kreativität wäre deshalb nicht gänzlich mechanistisch als der technologische Prozess selbst aufzufassen, sondern von der Kreation eines technischen Produktes wäre nur dann zu sprechen, wenn der Mensch auch als notwendige Basis technologischer Innovation reflektiert würde, so Zhao Shiyings und Liu Yongzhens These.[526]

Technik und Technikentwicklung rühren an das menschliche Wesen. Xia Baohua hebt noch weit entschiedener auf den Humanaspekt der Kreativität im Kontext des wissenschaftlich-technischen Erfindens ab, wenngleich auch er eine finale Mechanisierbarkeit der technisch-erfinderischen (menschlichen) Kreativität postuliert: Wenn man weiß, im Rahmen welcher Gesellschaftsvorstellung der tech-

---

[525] Zhao S/Liu Y. „Jishu chuangxin. Technology Innovation." A.a.O., S. 201 f.
[526] Siehe Zhao S/Liu Y. „Jishu chuangxin. Technology Innovation." A.a.O., S. 202 ff.

nologisch Innovative kreativ tätig ist, so kann man darüber hinaus auch die konkrete Entwicklung neuer Technik feststellen, so Xia Baohua. Der Kreativität des sozialen Umfeldes korrespondiert eine Kreativität des technologischen Fortschritts, wobei erstere der letzteren im Sinne einer sozialdeterminierenden Komponente vorausgehen soll. Ebenso wie Zhao Shiying und Liu Yongzhen hebt auch Xia Baohua auf eine prinzipiell gänzlich wissbare Welt ab, in welcher der Fortschritt und Erfindungen berechenbar sind.[527]

Kreativität wäre so zwar zunächst ein an den Menschen und dessen individuelle Erfindungskraft rückgebundenes Phänomen. Folgt man der Argumentationslinie der Texte bis zum Schluss, verwischt die begriffliche Trennung von genuin eigenem Tun und gesamtgesellschaftlichem Erfolg der Erfindung jedoch. Kreativität wird zu einer adäquat und eineindeutig berechenbaren Komponente innerhalb des Feldes technischer Neuerungen, die in einem konkreten politischen und sozialen Rahmen angesiedelt sind. Die Rede von Kreativität wird auf das Produktoutput eingegrenzt, das sich am Markt pekuniär erweisen muss.

Yuan Deyu stellt demgegenüber ein Kreativitätsverständnis in den Vordergrund, das zwischen humanem, schöpferischem Wissen und technologischer Produktinnovation deutlicher unterscheidet.[528] Seines Erachtens ist es wichtig, eine bloß wirtschaftlich verstandene technologische Innovation (*jingji yongyu de chuangxin, jishu chuangxin*) als konkrete Produktwerdung von einer kulturell relevanten Innovation (*wenhua yiyi de chuangxin*) zu differenzieren, der auch der Aspekt eigenschöpferischer Ideen inhäriert. Will man zwischen kultureller Innovation im Allgemeinen und technologischer Innovation im Besonderen unterscheiden können, sind Unterschiede zwischen „kreativen Aktivitäten" [*chuangzaoxing huodong* („Aktivi-

---

[527] Siehe Xia B. „Xin shiji jishu chuangxin. Innovation in New Century." A.a.O., S. 365, 367, 368.
[528] Yuan Deyu. „Jishu chuangxin de tezhi yu gongneng. The Character and Function of Technological Innovation."In: GJZNJ01. S. 193–198.

täten von schöpferischer Art")] und konkreten Veränderungen auf dem Gebiet der Technik (*jishu shang de yiqie xinbianhua*) zu berücksichtigen. Eine rein wirtschaftswissenschaftliche Betrachtung sei nicht zureichend, so Yuan Deyu.[529]

Kreativität ist hier an ein Wissensverständnis gekoppelt, welches zu schöpfen (*zhishi de chuangzao*) selbst wiederum nicht in einer abnehmerorientierten Materialisierung bzw. allein faktischer Produktrealisation aufgeht. Vielmehr drückt Wissenskreation aus, auf dem Gebiet der Wissenschaften (*kexue*) „Altes durch Neues zu ersetzen" (*po jiu li xin*). In diesem Sinne stellt sich technologische Innovation eher als abgeleitetes Moment heraus, denn, wie Yuan Deyu sagt: Nur innovative Arbeit im Sinne kreativen Neuschöpfens auf der Grundlage selbst angeeigneten Wissens kann überhaupt erst technisch innovative Produkte hervorbringen. Neues ist also kein Produkt einer mechanischen Angelegenheit der Konkurrenz am Wirtschaftsmarkt, sondern vielmehr anthropologisch fundiertes Moment talentierter – und eigenwilliger – Menschen (*rencai*).[530] Kreativität erweist sich nicht in der Beherrschung von Verfahrens- und Produktionsweisen, was ökonomisch ja durchaus erfolgversprechend sein kann. Das würde letztlich einen bloßen „Wissensimport" (*yinjin*) bedeuten und wäre verkürzt gedacht. Es ist stets eine in kultureller Hinsicht (*wenhua yiyi de chuangxin*) bedeutsame Kreativität, in der sich „das schöpferische Erfinden von Ideen" (*chuangyi, chuangjian*) ausdrückt, von einer Innovation in ökonomischer (*jingjixue de*) Perspektive zu unterscheiden, welche wirtschaftsrelevante System-

---

[529] Damit meinen Zhao und Liu und auch Yuan die Theorie von Joseph A. Schumpeter. Yuan kritisiert Schumpeters ökonometrischen Ansatz als reduktionistisch. Siehe Yuan. „Jishu chuangxin. Technological Innovation." A.a.O.

[530] Yuan. „Jishu chuangxin. Technological Innovation." A.a.O., S. 197. Im Original: „Rencai jingzheng de shizhi ze shi wei you rencai cai neng chuangzao chu ziji de zhishi chanquan." – „Der Kern des Konkurrenzkampfes talentierter Menschen besteht darin, dass nur [und] erst talentierte Menschen eigenes Wissen schöpferisch hervorbringen/kreieren können."

komponenten wie die Organisation, das Management und den Markt selbst fokussiert.[531]

4.2 Road to Mandalay?

Je nachdem, von welchem Blickwinkel aus ein Produkt als technologische Innovation unter die Lupe genommen wird, ob von seiner Entstehung her oder von seinen Folgen und der Implementierung in den gesamtgesellschaftlichen Prozess, schwankt so auch die Einschätzung in der chinesischen Forschung: Soll sich Kreativität als individualtheoretisch rekonstruierbares Phänomen oder durch die sozialen Folgeaspekte zureichend erklären lassen können? Fest steht immerhin, dass trotz oder gerade wegen einer Technik, die gesellschaftliche Produktivkraft sein soll, weder staatliche Forderungen noch politisch-institutionalisierte Richtlinien allein oder gar ursächlich darüber entscheiden könnten, wie im Voraus „kreative technologische Schübe" herbeigeführt werden. Demzufolge bleiben die prognostischen Wünsche, wann man sich denn nun definitiv auf dem Weg ins paradiesische Mandalay befinde, bis auf weiteres unerfüllt.

Diese Erkenntnis steht im Gegensatz zu Forderungen der 90er Jahre des letzten Jahrhunderts, wo zukünftige Entwicklungsstufen der chinesischen Republik (wie die des *xiaokang*, der „Kleinen Gesundheit" des Gesamtsystems) parteipolitisch ausgerufen wurden – Taten hatten dem erst noch zu folgen. Die wissenschaftliche Auseinandersetzung konnte zum damaligen Zeitpunkt tatsächlich stets nur hinterherhinkende Theorie als Antwort auf eine bereits Wirklichkeit gewordene Praxis sein.[532] Ist die Auseinandersetzung mit Marx auch bis heute lebhaft und verdichtet sich in den chinesischen Texten oft in der These vom Entwicklungsstufencharakter der Gesellschaft, so ist eine streng deterministische Interpretation in der wissenschafts-

---

[531] Siehe Yuan. „Jishu chuangxin. Technological Innovation." A.a.O., S. 194, 196.
[532] Siehe Schnell. *Technik und Technikbegriff*. A.a.O., S. 191 ff.

internen Diskussion inzwischen eher in den Hintergrund getreten. Vordergründig lautet die aktuelle technikphilosophische Devise: Der Markt (*shichang, jingji shichang*) ist der Richtscheit. Mittelfristig stellt sich durch die Macht des Faktischen heraus, wer *ex post* Anspruch darauf erheben darf, innovativ zu sein. Im Einzelfall kann ein einzelner Mensch als Erfinder und sozusagen „wissensmäßiger Verursacher" eines sich als technisch nützlich erweisenden Gegenstandes, damit als kreativ gelten, womit auf den subjektiven Aspekt von Kreativität und die Notwendigkeit des „Erdachtwerdens" von Erfindungen abgehoben wird.

Im anderen Fall scheint es angebrachter, von der Kreativität des technologischen Prozesses selbst sprechen zu müssen, soll sich diese doch stets objektiv überprüfen lassen können und sich auf der Basis eines verhalten fortschrittsorientierten Entwicklungsmechanismus entfalten. An dieser Stelle erübrigt sich die Frage nach dem erfinderischen Geist des Einzelnen, denn Kreativität kommt auf dem Weg in die (appellativ herbei argumentierte) „gute Gesellschaft" quasi nur noch als Trägermedium einem größeren Ganzen zugute. Im besten Falle gilt Kreativität nicht nur als anthropologische Eigenschaft des Menschen, sondern erstreckt sich auf beide Aspekte. Sowohl Erfinderkraft und Wissen des Menschen als auch das technische Produkt und der Innovationsprozess selbst sind hier zwei sich gegenseitig bedingende und ergänzende Perspektiven der Beschreibung der einen sozialen Realität.

Für das Verständnis und den Umgang mit Kreativität als technikphilosophisch diskutierter Problematik muss deshalb festgehalten werden: Technische Erfindungen und technologische Innovationen werden mit Blick auf spezifische Werte unternommen, die sie bedienen. Kreativität gibt es demnach, wenn diese unter den richtigen Werten angewandt wird und wenn sich die Erfindungen auf die richtigen Werte hin orientieren, wenn also ein Schritt in Richtung der „guten Gesellschaft" unternommen wird. Wie aber sieht dann der Weg nach Mandalay konkret aus, den Kreativität hier zu beschreiben verhelfen soll? Nach welchen Kriterien wird die Rede von den „richtigen Werten", die eine bessere Gesellschaft ausmacht, operationalisiert? Um eine technologische Erfindung legitimer Weise anzubringen, darf sie sich nicht allein als subjektiv nützlich erweisen, sondern soll auch einen gesamtgesellschaftlich anerkannten Nutzen abwerfen. Was als gesellschaftlich nützlich angesehen wird, ist dabei oftmals der additive „Überschuss" oder das gesellschaftliche „Darüber hinaus" über die bestehenden Verhältnisse. Es gilt, für eine summarisch ausbuchstabierbare Einheit Handlungsgrenzen zu verschieben und damit Räume zur Verwirklichung neuer Ziele zu eröffnen. Eine unter den richtigen Werten stehende technisch-wissenschaftliche Kreativität, die sich in den Dienst „der Politik und des geistigen Lebens der Gesellschaft" stellt, gibt hierfür den Rahmen vor, innerhalb dessen die neuen Koordinaten abgesteckt werden können und abgesteckt werden sollen.[533]

In diesem Sinne erhält Kreieren nicht nur einen anthropologischen oder funktionalistischen Status, wie und mit welchen Mitteln der Mensch seine natürliche Umwelt verändern kann (*ren neng fou gaibian ziranjie*). Kreativität enthält im chinesischen Diskurs einen sozialontologischen Kern. Bei Li Bocong heißt es dann: „Wir haben Grund, die ingenieurswissenschaftliche Technikphilosophie als eine ontologische Theorie zu bezeichnen [...]."[534]

Ein sittlich Gutes, das in der guten Gesellschaft zur Entfaltung gelangen soll, wird hier als prinzipiell erreichbar unterstellt und sieht sich durch den Kreativitätsgedanken final prädisponiert. Diese Idee ist jedoch sehr „elastisch" gestrickt, was ihre Falsifizierbarkeit betrifft, und erscheint sehr dehnbar: Kreativität ist stets nur so kreativ, wie sie die gesamtsystemisch *gewünschte* Wirklichkeit hervorzurufen vermag. Die Einschätzung, ob jemand oder etwas kreativ, ob es

---

[533] Siehe auch Li Xiaowei/Wang Zhaohe. „Jishu chuangxin de shixian moshi. Realization Modes of Technical Innovation." In: GJZNJ02. S. 369–376. S. 370, 371.

[534] „Wenn der Mensch sich nicht darum kümmert, Dinge hervorzubringen (*zao wu*), dann kann sich die ursprüngliche Kraft des Menschen nicht entwickeln, [...]." Li B. „,Wo si gu wo zai'. ,I Think therefore I Am'." A.a.O., S. 23.

schöpferisch und original ist, unterliegt damit vorrangig politischen Interessen. Nicht einmal sekundär ist es das Schlachtfeld harter theoretischer Auseinandersetzungen, sondern vielmehr eine Frage der in eine konkrete Situation passenden moralischen Auslegung. Politik und Wissenschaft sind sich jedoch in folgendem Punkt einig: Die Lösung für die derzeitigen gesamtgesellschaftlichen Probleme liegt essentiell nicht im Ideenimport. Sondern sie soll in der eigenen Geschichte wiederentdeckt werden.

5 Auf dem Weg zur diesseitigen Harmonie – Versöhnung in der „Einheit von Himmel und Mensch"

Wie oben ausgeführt, liegt den technikphilosophischen Thesen vorderhand ein marxistisch-dialektisches Vokabular und eine entsprechende erkenntnistheoretische Grundauffassung zugrunde. Sie kommt in einer spezifisch dualistischen Auslegung zum Tragen. Der Mensch als historisch verfasstes Wesen erkennt nie das Ganze im Ganzen und kann die Natur unmöglich vollkommen erfassen. Zwar findet er sich in einer unauflösbaren Beziehung zur Natur, die sich in seinen technischen Fähigkeiten und Fertigkeiten, in der technologischen Ur- und Nutzbarmachung sowie in der Beherrschung der Natur ausdrückt. Das Verhältnis von Mensch und Natur wird jedoch als separierende Beziehung von Subjekt und Objekt begriffen, die letztlich unüberbrückbar ist. Dem fremden importierten Denken, das eine in der europäischen Geistesgeschichte im 16. Jahrhundert aufgekommene Idee der Subjekt-Objekt-Relation, also der kategorialen Trennung von Mensch und Welt aufnimmt, begegnen die chinesische Texte nun jedoch auf ganz eigene Weise, um nicht zu sagen, dass sie ihr elegant Referenz erweisen. Im Kontext der referierten erkenntnistheoretischen Prämissen ausgesuchter westeuropäischer Vorlagen ist vermehrt die Rede von einer „Einheit von Himmel und Mensch", die Mensch und Natur in ein ausbalanciertes

Kräfteverhältnis bringen und miteinander versöhnen soll.[535] Sie bedarf näherer Erläuterung, der ich mich im weiteren Verlauf widmen möchte.

Im Folgenden werden drei verschiedene technikphilosophische Aufsätze, in denen die Metapher auftaucht, analysiert. Anhand der darin formulierten Thesen soll ein interpretativer Zugang gefunden werden. Meine Hypothese lautet, dass die Formel der „Einheit von Himmel und Mensch", auf Chinesisch *tian ren heyi*, Phänomen und Symptom der aktuellen chinesischen Forschungslage ist, welche „vom Westen zu lernen", aber auch „ihr eigenes Gesicht" zu „bewahren" sucht und darüber gerade die eigene Vergangenheit reaktualisieren will.

5.1 *Tian ren heyi* im Kontext der Rezeption europäischer Technikphilosophie

Die Ausführungen des ersten unter die Lupe genommenen Protagonisten Liu Yongzhen zum Thema „Mensch und Natur" stehen vorderhand unter der Präambel eines marxistisch-mechanistischen Verständnisses des technologischen Prozesses. Der technologische Prozess wird nach Lius Auffassung auf einer „natürlichen Ebene" vom Widerspruch zwischen Mensch und Natur getragen (*ren yu ziran*[536] *de maodun*), auf einer „gesellschaftlichen Ebene" ist er vom

---

[535] Neuerdings wird auch wieder gesamtgesellschaftlich (sprich: von der Kommunistischen Partei verordnet) die „harmonische Gesellschaft" propagiert. Vgl. Siemons, Mark. „Nehmt euch ein Beispiel an der Schraube. Man muß in Peking nur auf die Straße gehen, und überall sieht man das revolutionäre Drehmoment: Was werden wir von den Chinesen lernen?" In: *Frankfurter Allgemeine Zeitung* 24.11.2005. S. 33. Die vom chinesischen Staatspräsidenten Hu Jintao ausgegebene Devise der „harmonischen Gesellschaft" (*hexie shehui*), die China sei(n soll), klingt hier bereits wesentlich unverbindlicher, da das in so ziemlich allen gesellschaftlich relevanten Teilsystemen verwendete Adjektiv mittlerweile so gut wie gänzlich sinnentleert wurde.

[536] Das meint: „das von sich selbst her so [seiende]".

Widerspruch zwischen Mensch und Mensch bestimmt (*ren yu ren de maodun*).[537]

Liu parallelisiert das Thema der Philosophie im Allgemeinen, das in der Subjekt-Objekt-Relation bestehe, mit dem Gegenstand der Technikphilosophie, welcher in der Beziehung von Mensch und Natur liege. Die Natur bringt den Menschen hervor. Mit dem Menschen beginnt die Umwandlung der Natur. „Mensch und Natur formen bald ein von der ursprünglichen, natürlichen Welt verschiedenes neues System."[538] Die Geschichte des Systems von Mensch und Natur („*ren – ziran*" [de] *xitong*) stellt sich Liu Yongzhen als eine selbstorganisierende Evolution (*zi zuzhi yanhua*) dar, der ein sich über mehrere Stufen entwickelnder dialektischer Prozess (*bianzheng guocheng*) ist. Liu legt das wie folgt dar:

> „Zuerst, wenn das System im Anfangsstadium der Evolution ist, ist [es] aus dem durch Mensch und Natur zusammengesetzten entstanden, das System wird damit zum existierenden historischen Zeitalter; anschließend, im zweiten Stadium der Evolution des Systems, negiert [es] das natürliche Wesen des Menschen, trennt Mensch und Natur voneinander, und sieht die Natur als Objekt des Menschen an; darauffolgend, im dritten Stadium der Evolution, negiert das System dann das [bisher] ‚dem Menschen angehörende' Wesen der natürlichen Welt, [es] versucht auf einer höheren Stufe die Beziehung von Mensch und Natur neu zu bilden, [das System] verwirklicht die *Einheit von Himmel und Mensch*."[539]

Tian ren heyi steht für die dritte und letzte chronologisch-systematisch angeordnete Stufe einer Welt-Evolution und meint das Endstadium, in dem die zuvor feststehende kategoriale Trennung

---

[537] Liu Y. „Ren yu ziran. Human and Nature." A.a.O., S. 37.
[538] Liu Y. „Ren yu ziran. Human and Nature." A.a.O., S. 31: „[...], ren yu ziran bian gouchengke yige yu yuanxian de, tianran ziranjie suo butong de xin xitong."
[539] Liu Y. „Ren yu ziran. Human and Nature." A.a.O., S. 33 (Hervorhebung JS).

von Mensch und Natur aufgehoben und synthetisiert wird. Die Formel der „Einheit von Himmel und Mensch" ist nach Liu Yongzhens Ansicht Name und Inhalt des Systems, wenn und indem es die Beziehung von Mensch und Natur zueinander führt, die es zuvor getrennt hatte. Der technologische Prozess kulminiert Liu zufolge in dieser Einheit.

Mit Huang Shirui wird zunächst zum zweiten der hier vorgestellten drei chinesischen Autoren übergeleitet. In einem Vergleich zwischen der wissenschaftlich-technischen Denkkultur Chinas und des Westens gelangt Huang im Großen und Ganzen zu der Ansicht, dass es mehr Ähnlichkeiten als Unterschiede zwischen den Ländern gibt.[540] Kultur wird als eine Art geschichtliches Entwicklungsstadium verstanden,[541] das bestimmte Gedanken über den Menschen, den Staat und Auffassungen über die Natur und Umwelt hervorbringt. Dabei sei es eine Tatsache, dass die moderne zeitgenössische Wissenschaft im Westen entstanden ist und dass die chinesische traditionelle Wissenschaft und Technik (*keji*) deutlich der zeitgenössischen westlichen hinterherhinke, so Huang. Die Technik- und Wissenschafts- „Wirklichkeit" (*keji shishi*), wie sie derzeit unterschiedlich zum Ausdruck kommt im Westen und in China, ist nach Huangs Auffassung auf das unterschiedliche (traditionelle) wissenschaftlich-technische Denken (*keji sixiang*) sowie den differenten Kulturhintergrund (*wenhua beijing*) zurückzuführen. Huang zählt eine Reihe von Unterschieden und jeweils verschieden gesetzten Prioritäten auf, wie er sie für China bzw. den Westen veranschlagt: a) es gibt einen Unterschied zwischen Ruhe/Unbeweglichkeit und Beweglichkeit (*zhu jing yu zhu dong zhi yi*); b) zudem gibt es einen Unterschied in der Priorisierung von Geist und Materie (*jingshen yu wuzhi zhi yi*); c) betont

---

[540] Huang Shirui. „Zhong Xi keji sixiang wenhua bijiao. On comparison of scientific and technological thought between China and Western countries". In: ZBY 7/2002. S. 68–71. S. 68.
[541] Das sich hier zumindest nicht explizit in eine marxistische Terminologie eingegliedert sieht, siehe Huang S. „Wenhua bijiao. On comparison." A.a.O., S. 68.

wird in China die praktische Anwendung für den Menschen, im Westen dagegen die logische Deduktion (*zhong renlun shiyong yu zhong luoji tuili zhi yi*); d) China synthetisiert, der Westen analysiert (*zonghe yu fenxi zhi yi*).[542]

Huang reformuliert die jeweils favorisierten Gegenstandsbereiche, Verfahren und Methoden in einer Grundunterscheidung von chinesischer „Einheit von Himmel und Mensch" (*tian ren heyi*) im Gegensatz zur westlichen „Trennung von Himmel und Mensch" (*tian ren xiang fen*). Tian ren heyi gilt Huang als Leitlinie und Wesensmerkmal des chinesischen Denkens, wohingegen analytisch getrennte Gegenstandsbereiche das Charakteristikum der westlichen Wissenschaft sein sollen. Unter der eingangs aufgestellten Prämisse, dass die chinesische Wissenschaft und Technik der europäischen hinterherhinke, folgt jedoch nicht explizit auch das Ergebnis, dass die traditionelle chinesische „Einheit von Himmel und Mensch" qualitativ gegenüber ihrem entgegengesetzten europäischen „Trennungs"-Pendant zurück stünde. Huang Shirui bleibt bis auf die Einbettung der Unterscheidungen in jeweils so und so ausgebildete Kulturräume bewertungsmäßig neutral.

In dem dritten hier vorgestellten Aufsatz geht es um den Technikphilosophen Li Bocong und seine Auffassung zur Entwicklung sozialer Formationen (*shehui xingtai de fazhan*) aus der Perspektive der Werkzeug- und Geräte-Entwicklung (*gongju de fazhan*).[543] Im Anschluss an Marx will sich der Autor auf drei große Gesellschaftsformationen konzentrieren, um die innere Beziehung zwischen Natur und Mensch zu klären. Li Bocong beschreibt sie als eine Geschichte der Unabhängigwerdung des Menschen von der Natur. Im „Zeitalter des Handwerks" (*shougong gongju shidai*) befindet sich der Mensch auf einer ersten Stufe der absoluten Abhängigkeit von der

---

[542] Siehe Huang S. „Wenhua bijiao. On comparison." A.a.O., S. 68.
[543] Li Bocong. „Cong gongju de fazhan kan shehui xingtai de fazhan. The view to the development of social formation from the development of implements." In: GJZNJ03. S. 184–196.

Natur und von den natürlichen Gegebenheiten. Diese Stufe wird kategorial als „Stufe der Abhängigkeit des Menschen" („*ren de yilaixing*" *de jieduan*) bezeichnet. Die zweite Stufe, die als „Stufe der menschlichen Unabhängigkeit auf der Grundlage seiner Abhängigkeit vom Objekt" bezeichnet wird (*„yi wu de yilaixing wei jichu de ren de dulixing*" *de jieduan*), sei das technologisch aufrüstende „Maschinen-Zeitalter" (*jiqi shidai*).[544]

Die auf den chronologisch vorhergehenden zwei Stufen entstandenen Widersprüche werden nach Li Bocongs Herleitung auf einer dritten Stufe aufgelöst. Diese soll das Verhältnis von Mensch und Natur harmonisieren. Es wird als Zeitalter der „universal humanen Gesellschafts-Infrastruktur" bezeichnet (*quan renlei shehui jichu sheshi shidai*). Weil der auf der zweiten Stufe erlangte Fortschritt mit negativen Einschnitten einhergeht, muss er auf der Stufe der „Einheit von Himmel, Erde und Mensch" („*tian di ren heyi*" *de jieduan*) ausbalanciert werden. Das sei dann im übrigen der Kommunismus. „Himmel", „Erde", „Mensch" werden als „Faktoren" (*yinsu*) verstanden, wobei *di*, die „Erde", eine Ergänzung der traditionellen chinesischen Formel *tian ren heyi* und Verbesserung des Gesamtausdrucks sein soll. Begründet wird das von Li Bocong mit der Anmerkung, dass man nach wie vor anerkennen müsse, dass die traditionelle chinesische Kultur durchgehend immer schon über den Gedanken von *tian ren heyi* verfügt habe.[545]

Wie bei dem ersten der drei vorgestellten Ansätze verbindet auch Li Bocong zwei unterschiedliche Argumentationsstrategien. Zuerst wird eine aus dem Westen importierte Theorie streng dualistisch ausgelegt und als notwendige geschichtliche Entwicklung präsentiert. Das implizite schon in dem aus Europa stammenden Ansatz

---

[544] Siehe Li B. „Shehui xingtai de fazhan. Development of social formation." A.a.O., S. 185–187, 187–192.
[545] Siehe Li B. „Shehui xingtai de fazhan. Development of social formation." A.a.O., S. 192, 193. Der kontinuierliche Wortgebrauch in der Begriffsgeschichte dient ist hinreichendes Argument.

angelegte entwicklungsgeschichtliche Endstadium – Marx' Kommunismus – wird jedoch mit einem klassischen chinesischen Terminus versehen. Motiviert sich diese „Einheit von Himmel und Mensch" allein rhetorisch? Oder wird hier die eigene Geistesgeschichte und mit ihr genuine Vorstellungen von Mensch und Welt argumentativ systematischer bemüht und so auch der Versuch unternommen, qualitativ differente Vorstellungen miteinander zu verbinden?

5.2 Klassisches Vorbild, moderner Abbruch

Die Formulierung von einer „Einheit von Himmel und Mensch", leicht abgewandelt und ergänzt um die Komponente „Erde" als Trias von „Himmel, Erde und Mensch" verweist auf den Gedanken einer Harmonisierung und Ausbalancierung verschiedener Bereiche. Sie waren entweder zuvor getrennt, oder aber sie sind im Verlauf eines bestimmten Prozesses getrennt worden und sollen wieder zusammengeführt werden. Die letzten zwei Zeichen des Quadrinoms, *heyi*, lassen sich ins aktive Präsens übersetzen als „sich vereinigen" oder futurisch „zu einer Einheit werden" (neutral als Partizip I: „sich vereinigend"); sie können aber auch als Perfekt-Partizip-Konstruktion übertragen werden, was dann „vereinigt (worden)" bzw. als aktivisches Perfekt „haben sich vereinigt" hieße.[546]

Tian ren heyi steht in den zeitgenössischen Texten m.E. dennoch nicht für den temporalen Prozess der Vereinigung, sondern der

---

[546] Das klassische Chinesisch ist eine uneingeschränkt *isolierende* Sprache und besitzt keine grammatische Flexion, es sind also weder Genus, Numerus noch Kasus ersehbar an den Zeichen noch deren Status als Substantiv, Verb etc. eineindeutig bestimmbar. Je nach Zusammenhang ändert ein chinesisches Zeichen seine Bedeutung und drückt unterschiedliche Zeiten aus. Zur linguistischen Ebene des klassischen Chinesisch siehe Elberfeld, Rolf. „Übersetzung der Kultur – am Beispiel der Übertragung buddhistischer Texte vom Sanskrit ins Chinesische." In: Ders. u.a. (Hg.). *Translation und Interpretation*. A.a.O., S. 75–89. S. 77. Zur Übersetzungsproblematik komme ich ausführlich in VII 3.

Terminus bezeichnet das Ergebnis der Synthetisierung, ist also Ausdruck der Synthese selbst. Erst am Ende der Geschichte eines evolutiven Entwicklungsprozesses soll „die Einheit von Himmel und Mensch" stehen, wie es beim ersten und dritten der drei Autoren, Liu Yongzhen und Li Bocong, gesagt wird. In den zeitgenössischen Aufsätzen wird *tian ren heyi* als teleologisches Ziel einer prozessontologisch[547] konstruierten Welt entfaltet. Diese Vorstellung steht damit gerade im Gegensatz zum altchinesischen Verständnis von *tian ren heyi*. Wirklichkeit ist nun ein Prozess, der nicht mehr ohne „ontologischen Fixpunkt des Seins"[548] auskommt.

Beschrieben wird eine geschichtliche Entwicklung, die offenbar sich dialektisch durch das Entstehen und Vermitteln von Widersprüchen zwischen den einzelnen (noch unvermittelten) Bereichen von Mensch und Natur entfaltet und deren Widersprüche auf einer höheren Stufe aufgehoben werden sollen. Der dialektische Prozess der Entfaltung und Überwindung von Widersprüchen zwischen Mensch und Natur, durch den die Technikentwicklung nach Ansicht der drei chinesischen Protagonisten gekennzeichnet ist, sieht sich dabei in keine systematische oder handlungstheoretische Argumentationsstruktur eingebettet, sondern er wird chronologisch-genetisch hergeleitet.

Die Widersprüche sind nach Ansicht von Liu Yongzhen, Huang Shirui und Li Bocong stets vor einem konkreten kulturellen Hintergrund und im Kontext bestimmter Wertevorstellungen zu sehen. Sie beinhalten innere Faktoren von Wissenschaft und Technik, die verwirklicht werden. Technik ist demnach notwendige Voraussetzung einer gesellschaftlichen Weiterentwicklung wie auch innerhalb des Prozesses ontologischer Grund und Voraussetzung für Widersprü-

---

[547] Darin sind Ralph Weber und ich uns einig, siehe dessen Aufsatz „Oneness and Particularity in Chinese Natural Cosmology: The Notion *tianrenheyi*". In: *Asian Philosophy* Vol. 15 2/2005. S. 191–205. S. 201.
[548] Schmidt veranschlagt das Fehlen eines ontologischen Fixpunkts als Charakteristikum der altchinesischen konfuzianischen Rede. Siehe Schmidt. *Die Herausforderung des Fremden*. A.a.O. S. 152.

che selbst, insofern der Mensch zwar technische Artefakte souverän herstellen kann, jedoch nie vollkommen unabhängig von ihnen ist. Das bedeutet, dass der Mensch nicht gesamtumfänglich mögliche und wirkliche Folgen von Technik zu kontrollieren vermag.

Weg von der totalen Abhängigkeit in einer nicht steuer- und kontrollierbaren Umwelt hin zu einer gestalteten Welt, in der der Mensch „mit dem Himmel", das ist der Natur, nicht in einem Antagonismus von Freiheit und Abhängigkeit lebt, sondern „sich vereinigend harmonisch ausbildet" – diese Idee durchzieht auch viele andere chinesische technikphilosophische Schriften. Es lassen sich zum Beispiel folgende Formulierungen finden: Angesichts einer nicht umfassenden Verfügbarkeit über gesellschaftliche Faktoren der technischen Entwicklung sei es auch noch nicht zum Aufbau einer guten und harmonischen Entwicklung (*xietiao fazhan de geju*) gekommen; die Zukunft bestehe in der technischen und geistigen harmonischen Entwicklung eines künstlerischen Seins (*jishu yu sixiang hexie fazhan de yishu shengcun*); Gegenstand der Technikphilosophie sei die Erforschung und Harmonisierung des Wissens über die wechselseitigen Beziehungen zwischen Mensch und Technik [*jishu zhexue shi (...) yanjiu he xietiao ren yu jishu huxiang guanxi de xuewen*]. In kritischer Absicht wird dieser Gedanke aufgenommen, wenn beklagt wird, dass der Mensch das harmonische Verhältnis zwischen ihm und der Natur vernachlässige, weil er über dem sozialen sein natürliches Wesen vergessen habe.[549]

Tian ren heyi soll in den Ansätzen der modernen Technikphilosophie eine gesellschaftsstabilisierende und -revitalisierende Funktion zukommen, deren Notwendigkeit sich im Verlauf der Entwicklungsgeschichte des Menschen aus seinem entzweiten Verhältnis zur Natur ergibt. Die Deutungsschablone sieht sich damit in ein Span-

---

[549] Siehe Xiao F. „Jishu yu shehui guanxi. A conversing thinking." A.a.O., S. 324; Chen X. „Jishu yu shehui. Impact of Technology." A.a.O., S. 161 f.; Chen W/Shen J/Hu G. „Jishu zhexue zaisikao. Reflecting again." A.a.O., S. 65; Qian J/Zeng L. „Renwen fansi. Humanistic Think." A.a.O., S. 51.

nungsverhältnis von temporal-geschichtlich verfasster und subjektiv verstandener Abbruchgeschichte gestellt, in dem sie sich klassischerweise nicht primär befand. Das Philosophem *tian ren heyi* ist in der chinesischen Geistesgeschichte tief eingewurzelt. Der Himmel steht schon seit frühester Zeit stellvertretend für die Ordnung der Natur.[550] Die Formel selbst drückt das Verhältnis von Mensch und Natur als organisch gedachte Einheit aus. Mensch und Natur ergänzen einander auf komplementäre Weise. Der Himmel wird als etwas gedacht, das die menschlichen Angelegenheiten kontrollieren und bestimmen kann.[551] Die menschlichen Angelegenheiten wiederum verkörpern den spezifischen Willen des Himmels, der Mensch kann auf diese Weise den Himmelswillen bewegen.[552] Mensch und Himmel, das sind Mensch und Natur, stehen in einem symbiotischen, sich gegenseitig bedingenden und ergänzenden organischen – jedoch nicht mechanistisch gedachten – Verhältnis.[553]

Es ist hier ein Denken, das sich in Entsprechungen, in analogischen Argumentationsgängen aufbaut und das durch die Vorstellung der (All-)Einheit sowie vollkommenen Erfassbarkeit dieser Einheit getragen wird. Himmel und Mensch, Mensch und Natur, stehen in einer quasi substanziellen Verbindung zueinander, wobei der Mensch sich nur auf der (materiellen) Grundlage der Natur verwirklichen und seine Angelegenheiten praktizieren kann. Die Natur

---

[550] Vgl. *Ciyuan*. A.a.O. S. 369.4; *Hanyu Da Cidian* [Großes Wörterbuch der chinesischen Sprache. 12 Bde., mit Index]. Shanghai 1995. Bd. 2, S. 1404, Sp. 2.
[551] *Hanyu Da Cidian*. A.a.O., Bd. 2, S. 1404, Sp. 2.: „der Himmel ist es, der einen Willen hat" (*tian shi you yizhi de shen*).
[552] Vgl. Li. *Die christliche China-Mission*. A.a.O., S. 398: „Daß der Himmel und der Mensch *eins* ist und sein sollte, gilt als einer der wesentlichen Eigenschaften des chinesischen Philosophierens. [...] Erstens ist die Natur des Menschen identisch mit der Bestimmung des Himmels; zweitens wird der Kosmos erst dann eine Einheit, wenn der Mensch seinen Anteil an dieser Einheit leistet."
[553] Die Formel ist vielfach Synonym für eine funktionierende Regierung. Als politische Doktrin legitimiert sie die Herrschaft des Kaisers. Vgl. *Hanyu da cidian*. A.a.O., Bd. 2, S. 1404, Sp. 2.

hat daher nur im Kontext ihrer für den Menschen vorbildhaften Funktionsweise eine Bedeutung.[554] Natur ist das kosmologisch gedachte Vorbild, das sich in kreisförmigen Zyklen von Jahreszeiten oder Wasserkreisläufen stets neu aktualisiert. Sie bildet den Hintergrund der Auffassung von Technik als etwas, das in bestimmten Abschnitten seine ideale Form zur Wirklichkeit bringt, ohne dabei eine aktiv auf einzelne Subjekte zurückführbare Handlung zu sein.

Tian ren heyi steht in altchinesischen Texten also weniger für eine Synthese am Ende eines Prozesses, sondern bringt eine Art von geschehensvorgängigem und indirekt handlungsanweisendem Prinzip zum Ausdruck, an das sich der Mensch halten soll und welches er mit zu verwirklichen hat, wenn er der Natur, (und dies ist der „Willen des Himmels"), entsprechen will. Dieses Prinzip ist nicht genetisch vorgängig, sondern es stellt in einem Bedingungsgefüge diejenige Seite, die zu bestimmten – nur indirekt folgenden – Wirkungen beiträgt, man kann auch sagen, dass sie diese prädisponiert.[555] Die Natur fungiert als Ideal, insofern sie durch Regelmäßigkeit bestimmt ist. Sie hat den Vorbildcharakter der Regelhaftigkeit (*li*) inne, und insofern durch Technik Natur umgewandelt wird, richtet sich die Technik nach der Regelhaftigkeit des Zyklus der Natur aus. Eine technische Umwandlung und Veränderung der Natur stellt demnach klassischerweise keinen Abbruch vom Ideal dar, da Natur nicht als an sich vollkommen begriffen wird, sondern im Besonderen nur ihr zyklischer Kreislauf als Vorbild dient, der adaptiert werden soll.[556] Technik kann Natur also auch nicht zerstören, stellt sie selbst doch deren notwendiges wie hinreichendes Vervollkommnungs-, sprich deren Aktualisierungsmoment dar.

---

[554] Vgl. Li Wenchao. „Jishu lunli yu xing'ershangxue. Lun Younasi de zeren lunli. Technological Ethic and Metaphysics. On the ‚Imperative of Responsibility' written by Hans Jonas." In: GJZNJ02. S. 143–153. S. 152.

[555] Vgl. weiterführend zum traditionell nicht vorhandenen strengen Kausalitätsbegriff Jullien. *Über die Wirksamkeit*. A.a.O., S. 78, 84, 93.

[556] Vgl. auch Schnell. *Technik und Technikbegriff*. A.a.O., S. 203, 204.

6 Rezeption und Reflexion – Zum Umgang mit Fremdem und dem Wunsch nach Ebenbürtigkeit (Auswertung)

Welches Bild ergibt sich in der zeitgenössischen chinesischen Technikphilosophie und insbesondere im Kontext der Rezeption von europäischen Texten? Vor dem Hintergrund ihrer eigenen Geistesgeschichte lässt sich beobachten, dass in den chinesischen Ansätzen zwei Auffassungen von Technik parallel nebeneinander herlaufen. In den Aufsätzen eröffnet sich ein doppelter Bezug auf das Naturverständnis und ein zweifacher, legitimatorisch differenter Versuch von Weltbeschreibung, die sich wissenschaftlich verstehen will. Einerseits bedienen sich die Autoren mit einem Dualismus von Mensch und Natur ausdrücklich neuzeitlicher, westeuropäischer Unterscheidungsmuster und argumentieren in subjekttheoretischen Bahnen. Hier hat man sich dann dem Problem der epistemologischen Unerreichbarkeit einer Welt außerhalb des erkennenden Menschen zu stellen, die einem durch die Technik und die Herstellung neuer Technik auch eher entfernt und ent-„fremdet"[557] wird, als dass sie erreicht würde. Natur unterliegt hier immer der Gefahr, zu einem Ding zu werden, das epistemisch nicht wissbar ist, so dass in den einzelnen Texten ein Bezug auf sie von je gesondert gerechtfertigt werden muss.

Andererseits wird in den chinesischen Texten mit *tian ren heyi* ein klassischer, chinesischer Kanon zur Beschreibung von Welt argumentativ ins Feld geführt und revitalisiert. Er dient als Richtschnur für einen holistischen Rahmen statt für ein schismatisch aufgebautes Schema, das in Subjekt-Objekt-Unterscheidungskategorien eingebettet wäre. Die Werthaftigkeit der Technik bzw. der technischen

---

[557] „Entfremdung" ist auch das Schlagwort, welches das Verhältnis von Technik und Werten als Mechanismus erklären können soll. Siehe etwa die Monographie von Guo Chongchen: *Jishu yihua lun. On Alienation of Technology*. Shenyang 2004.

Vernunft sieht sich hier mit einer kosmologisch-organischen, sprich naturphilosophischen Herleitung verbunden. Der Natur wird eine eigene Sphäre zugesprochen, die in ihrer Beziehung zum Menschen kein Verhältnis von kategorial unterschiedenem Subjekt und Objekt indiziert. Der aus dem Westen zunächst übernommene Mensch-Natur-Dualismus wird aufgehoben, da etwa der mit dem Terminus *tian ren heyi* postulierte Regel-Charakter der Natur für eine übergreifende Kontinuität sorgt. Diesem Kontinuitätsmoment gegenüber kann sich der Mensch niemals in ein ontologisches oder erkenntnismäßiges Trennungsverhältnis setzen. Vielmehr dient es aus einer kosmologisch-organischen Perspektive heraus für eine prinzipiell stabile Symbiose von Natur und Mensch, die von diesem jedoch auch faktisch umgesetzt, das meint in einem Sinne: sozialisiert werden muss. Der Mensch überträgt den Einheitsgedanken in die Gesellschaft, er nimmt mit der Technikentwicklung und -nutzung also das Prinzips auf und führt seinen Anteil an der Mensch-Natur-Einheit qua Praxis aus.

6.1 Rekanonisierung und Revitalisierung des verlorenen Selbst – Versuch einer Interpretation

Die chinesische Weise von Weltbeschreibung erreicht in der geistesgeschichtlich verorteten Rede von der „Einheit von Himmel und Mensch" ihren Kristallisationspunkt. Durch sie nimmt man in der chinesischen Technikphilosophie westliche Dichotomien und Nachteile wahr und sucht diese auszugleichen und zu vermeiden. Damit gibt sich die zeitgenössische Wissenschaft, die sich zur Zeit durch eine starke Rezeption von bis dato externen wissenschaftlichen Paradigmen bestimmt sieht, auch einen das Eigene kennzeichnenden, unterwegs in die Moderne aber fast gänzlich verloren gegangenen Ausdruck ihrer selbst. *Tian ren heyi* drückt aus, wie man sich lange Zeit selbst verstand, begreifen durfte und darstellen konnte.

Die Rezeption des für ältere chinesische Vorstellungen von Mensch und Umwelt westlichen Fremden führt zu erkenntnistheoretischen

Untiefen, die sich vor den chinesischen Diskutanten auftun. Auch wird damit auf eine zunehmend technologisierte Lebenswelt reagiert, die systemrelevante Folgeprobleme für Mensch und Umwelt kaum mehr positiv abschätzen oder bestimmen lässt. Darüber sind sich die chinesischen Probanden – trotz eines grundsätzlichen und grundlegend vertrauensvollen Technologieoptimismus – weitgehend klar und einig. Die mit den fremden Ansätzen rezeptiv übernommenen gesellschafts- und erkenntnistheoretischen Thesen werden jedoch normorientiert auf einen kosmologischen Blickwinkel hin zurückgebogen. Trotz der quantitativ weitaus stärker repräsentierten fremdkulturellen Textbausteine ergibt sich am Ende ein neues naturphilosophisches Bild. In den chinesischen Texten wird die Lösung favorisiert, technische Entwicklung eineindeutig als technologisch fundierten, sittlichen Fortschritt zu legitimieren. Hier wird auf eine klassische, „versöhnungsvolle" Erklärung der Natur als der je sozialontologisch verstandenen und deshalb in die Gesellschaft immer schon integrierten Umwelt zurückgegriffen.

Darüber hinaus zeugt die Rezeption der fremden Texte aber auch von einem rekanonisierenden Impuls, der die klassische Terminologie und mit ihr die kulturhistorische chinesische Weltvorstellung wieder ins Zentrum der Überlegungen rückt. Nachdem sich die Wissenschaften in der VR China längere Zeit nahezu „bedingungslos" von ihrer alten Wissensordnung abkoppeln wollten, um den internationalen, als Paradigma anerkannten (Universal-)standard von Wissenschaft zu übernehmen, entdeckt man in neueren und neuesten Ansätzen wieder alte chinesische Auffassungen von Mensch und Welt als Anzeiger der eigenen Selbstverfasstheit, die einen „kultürlichen Eigensinn" propagiert. Dieser Eigensinn soll sich in der Art und Weise ausdrücken, wie Wissenschaft betrieben und Thesen über moderne Technikentwicklung aufgestellt werden. Die vorderhand verbindliche Wissensordnung, das ist die importierte, westliche Forschung, wird zugunsten klassisch etablierter Ordnungskategorien zurückgestellt. Zwar soll sie nicht gänzlich durch diese ersetzt werden, sie wird von der älteren Ordnung aber wiederholt durchkreuzt. Die alten Ordnungsmuster sind als ein Einspruch zu verstehen, die den adaptierten Unterscheidungsmustern dritte Möglichkeiten beistellen, ohne dabei eine endgültige Entscheidung herbeizuführen, welche der (verbindlichen) Binärdifferenzierungen exklusiv weitertradiert werden sollen. – So aber stehen sie verhältnismäßig unverbunden nebeneinander.[558]

Die Rezeption der sogenannten westlichen Ideen besteht zunächst in der ohne Abstriche getätigten Übernahme sowohl des Vokabulars wie auch der fremden Theorie-Elemente. Das Bemühen um ein Verstehen des europäischen Fremden ist von einem erfahrungsoffenen, sich hierbei ans Andere angleichenden Impetus getragen. Der eigene kulturelle Hintergrund wird für irrelevant gehalten und nivelliert, um fremdkulturelle Ideen aufnehmen und als „die überkulturell verbindliche Wissenschaft" deklarieren zu können. Final wird im Argumentationsaufbau des chinesischen Textes diesem jedoch der geistesgeschichtlich interne, sprich traditionellerweise gepflegte Sprachkontext übergestülpt. In der Konsequenz ersetzt er *de facto* die internationalen, wissenschaftlich anerkannten Argumentationsmuster. Das bisher Adaptierte wird in seiner Erklärungs- und Begründungskraft entscheidend relativiert und abgeschwächt. Auch wenn man auf chinesischer Seite also immer wieder die internationale Verbreitung und den faktischen Erfolg der westlichen Wissenschaft ausdrücklich anerkennt, so scheint dessen Fremdheit doch ein interessantes neues, der eigenen Denktradition schlussendlich aber nur partiell zuträgliches Nebenprodukt zu sein.

Westliche Wissenschaft ist deshalb zunächst fremd, weil sie nicht innerhalb der eigenen Kultur entstanden war oder über einen längeren Zeitraum hinweg *peu à peu* implementiert werden konnte. Wohl ließ der weltweite „Siegeszug" des im Westen entstandenen Ideenguts – unabhängig von früheren gegenseitigen Einflüssen – den In-

---

[558] Den Übergang von und Bruch mit der altchinesischen Wissensordnung führt Li Wenchao in: „Dekanonisierung der traditionellen Wissensordnung." (A.a.O.) aus.

tellektuellen und den Institutionen auch nie wirklich die Wahl, die neuen Paradigmen anzunehmen oder abzulehnen. In seiner lebensweltlichen Tragweite ist das weniger wissenschaftshistorisch erfahrbar. Der Hintergrund des chinesischen Schock-Erlebnisses, den der außenpolitische und ökonomische *Overrun* am Ende des 19. Jahrhunderts hervorrief, spielt eine weitaus größere Rolle, um die als Kollaps empfundene Ankunft des neuen Wissens zu ermessen. Westliche Wissenschaft, das meint vor allem die naturwissenschaftlichen Gesetze und die Abduktionsregeln in den technischen Wissenschaften, mag wissenschaftstheoretisch gesehen frei von etwaigen ordnungskategorialen Normen sein. Es kann ihr nicht der Vorwurf der „kulturellen Indoktrination und Okkupation" gemacht werden. Mit anderen Worten: Universalisierung von Wissenschaftsparadigmen ist nicht gleichbedeutend mit Assimilation fremder Kulturen.[559]

Das große Aber lautet: Der Geltungsbereich des zeitgenössischen Wissenschaftsparadigmas wird (auf beiden Seiten) so wahrgenommen, dass mit ihm immer auch Ansprüche auf normative Direktiven angemeldet sind – einerseits vom Westen, der qua technologischem Vorteil oft genug auch den richtigen gesellschaftlichen Fortschritt bereits entdeckt zu haben glaubte und gewillt war, diesem nötigenfalls mit teils massiver Interventionspolitik in fremden Kulturen zum Leben zu verhelfen; und andererseits von China, das den Einzug der Wissenschaften kulturhistorisch über Jahrzehnte direkt mit dem Vormarsch anderer Zivilisationen und dem gleichzeitigem lebensweltlichen Rückzug *ihrer* eigenen Ordnung verbunden sah. Insbesondere wenn es um lebensweltliche Orientierung geht, stellen sich mir die kosmologisch-organischen Analogiemuster als Versuch des Wiederanschlusses an die eigene, historisch gewachsene Ord-

---

[559] Wie ich in I 4.2 und III 4.1 ausgeführt habe. Die Kritik am Universalismus als unrechtmäßiger Infiltration von fremden Kulturen führt in eine Scheindebatte.

nung[560] und als Revitalisierung der Deutungshoheit über das eigene Geschick und Schicksal dar. So werden die fremden Begriffe in Bekanntes innerhalb der reaktualisierten eigenen Kategorien überführt, der hermeneutische Widerstand der fremden Ideen zur Widerständigkeit ihnen gegenüber transformiert und als legitim ausgelegt, weil er eine bestimmte normative Orientierungsfunktion ausübt. Die chinesische Wissenschaft zeigt sich offen und wissbegierig gegenüber dem Fremden, adaptiert es aber nur unter der Maßgabe, dass die in den fremden Thesen dargebrachten normativen Schlussfolgerungen sowie ordnungskulturellen Implikationen als verhandelbar erscheinen, also genauso gut auch ablehnbar sind. Von einem objektiven Miss- oder Unverstehen des Fremden zeugen die chinesischen Texte deshalb weniger als vielmehr von dem Versuch, gegenüber fremdkulturellen Entwicklungssträngen die eigene, zwischenzeitlich ins Hintertreffen geratene Ideengeschichte zu revitalisieren und als besonders werthaft bzw. wertvoll zu rekanonisieren.

6.2 Fremdverstehen = Falschverstehen? – Versuch einer Kritik

Insofern bestimmte Begriffe unverzichtbar für die Artikulation eines (eigenen) kulturellen Selbstverständnisses sind, empfiehlt es sich, nur vorsichtig mit dem Vorwurf eines falschen Verstehens oder eines „assimilierenden Fremdverstehens" hausieren zu gehen. Eine negative Beurteilung der Art und Weise, wie mit den in der eigenen

---

[560] Diese habe ich hier nicht philosophiehistorisch rekonstruiert sondern anhand von ausgewählten Thesen *ex negativo* Rückschlüsse bzw. Informationen auf den geistesgeschichtlichen Hintergrund zu liefern. Es gibt bereits eine ganze Reihe von Publikationen über die (alt-)chinesische Philosophie, z.B. Wolfgang Bauer. *Geschichte der chinesischen Philosophie. Konfuzianismus, Daoismus, Buddhismus*. München 2001; Granet, Marcel. *Das chinesische Denken. Inhalt, Form, Charakter*. München 1963. Nicht zuletzt ist Schmidts Auseinandersetzung mit der konfuzianischen Geistestradition zu nennen: *Herausforderung des Fremden*. A.a.O., Kap. 6–10.

Denktradition entstandenen Texten in einer fremden Kultur rezeptiv umgegangen wird, droht schnell zur bloßen Abwertung zu geraten. Kritik kann auch weniger vom Bemühen um Verstehen als vielmehr davon zeugen, ‚sich insgeheim doch für besser zu halten'. Es gibt jedoch keine guten Gründe, warum in Interpretationsversuchen nicht grundsätzlich auch Kritik geübt werden darf, nämlich dann, wenn sich Kritik nicht als Beurteilung von kulturfremden, normativen Entscheidungen versteht. Anstelle dessen möchte ich mit den unten folgenden Anmerkungen zu einigen, von chinesischen Technikphilosophen vorgebrachten Thesen Möglichkeiten des Selbstverstehens und Selbst-Missverstehens aufzeigen. Das soll nach Maßgabe der Kriterien, wie sie die chinesischen Texte größtenteils eigens vorgeben, geschehen. Man kann darin natürlich eine verschleierte Belehrungsstrategie sehen und das monieren. Ich möchte die hiesigen Ausführungen dagegen eher als individuelles Angebot verstehen, wie über dem chinesischen Versuch der Selbstverständigung und meinem Versuch des Fremdverstehens so etwas wie ein gegenseitiger Verständigungsaustausch auf den Weg gebracht werden kann, und zwar gerade auch durch die Kritik von und an den Unterscheidungsmustern, die – wiederum auf beiden Seiten – kolportiert werden.

Das sich für die „im Westen sozialisierten Augen" u.U. so darstellende Falsch- oder Unverstehen seitens der chinesischen Autoren, was Mensch, Technik, Marx und Co. betrifft, zeugt meines Erachtens in qualitativer Hinsicht von drei Dingen: 1) einem Unterschied in der Wahrnehmung von Technik in deren Verhältnis zur Natur; 2) dem Versuch, sich nach der Wissenschaftsuniversalisierung auch wieder ein Bild seiner eigenen chinesischen Geistesgeschichte zu machen, die zwischenzeitlich ins Hintertreffen geraten war; 3) dem Anspruch, mit einem Verständnis von Mensch und Technik so etwas wie ein kulturelles Selbst zu gewinnen, das meint ein Wissen um die Ordnung, die einen selbst auszeichnet und in der man sich situieren will.

Das Vermischen von Theoriebausteinen und Begriffen, die unterschiedlicher philosophiegeschichtlicher Herkunft sind, zeigt einerseits, dass sich die technikphilosophischen Vertreter in den chinesischen Texten über das die Kultur Auszeichnende (Eigene) neu zu verständigen suchen. Woran es der chinesischen Wissenschaft hier womöglich fehlt, ist ein bewusst gewordenes Selbstverständnis dieses ihres geschichtlichen und kulturellen Hintergrundes. So offen und wohlwollend sich die chinesische Wissenschaft derzeit gegenüber dem Fremden verhält, so gebricht es ihr doch teilweise an einem reflektierten Bezug auf ihr eigenes Weltbild. Das eigene Selbstordnungskonzept wird als keines wahrgenommen, das selbst wiederum nur eines von vielen (möglichen und wirklichen) ist – und das sich geschichtlich gesehen nicht rupturlos entwickelt hat geschweige denn heute noch bzw. wieder sein könnte.

Wie willkürlich und vorurteilsverstrickt die chinesischen Texte nicht nur im Hinblick auf ein differenzierteres Verständnis der westeuropäischen Philosophietradition, sondern gerade auch mit ihrer eigenen geistesgeschichtlichen Tradition verfahren, lässt sich beispielsweise an Huang Shiruis Gegenüberstellungen nachvollziehen. Wie oben ausgeführt wurde, stellt Huang einer auf „Ruhe" (*jing*) und „Geistiges" (*jingshen*) ausgerichteten chinesischen Tradition das westliche Denken entgegen, welches der „Bewegung" (*dong*) und dem „Materiellen" (*wuzhi*) verpflichtet sein soll. Dem lassen sich drei Einwände entgegenbringen. Die ersten zwei betreffen das Verständnis der fremden, von Huang als westlich gekennzeichneten Philosophie. Der dritte Einwand ergibt sich vor dem Hintergrund der chinesischen Geistesgeschichte selbst. 1) Stellt man unter die „Ruhe/Bewegung"-Kategorie etwa die Auffassung eines Parmenides der Heraklits entgegen und unter die „Geist/Materie"-Kategorie die Rationalismus-Empirismus-Debatte, kann man sehen, dass sich zum einen Huangs Unterscheidung bereits innerhalb der westeuropäischen Philosophiegeschichte durchaus tätigen lässt. 2) Darüber hinaus ist zweifelhaft, ob eine solche scharfe Trennung überhaupt aufrecht erhalten werden kann.⁵⁶¹ 3) Nicht zuletzt tut es der chinesischen Denktradition selbst einen qualitativ nicht eben geringen Abbruch, zwängt man sie in eine mehrtausendjährige starre Rüstung des nur „auf Geistiges" ausgerichteten Denkens und der „Ruhe".⁵⁶²

Es mag sein, dass sich der naturphilosophisch verstandene Gedanke eines ruhenden, weil kosmologisch prästabilen und sich zyklisch reaktualisierenden Seins von Welt und Umwelt durch die chinesische Denkgeschichte zieht. Jedoch würde die Floskel „Ruhe" etwa eine konfuzianische Vorstellung, die seit dem 2. Jahrhundert n. Chr. immerhin jahrtausendelange Staatsdoktrin war, nicht wirklich im ebenso wichtigen Punkt des pragmatisch orientierten Fließgleichgewichts von Mensch und Gesellschaft treffen, mit dem im übrigen auch immer dynastische Zusammenbrüche begründet wurden.⁵⁶³ Ebenso wenig ist mit dem Wort-Flaggschiff „Geist" das in unterschiedlichsten – beispielsweise daoistischen, aber auch konfuzianischen – Ansätzen wiederkehrende, sich in vielfältigen Interpretationen der chinesischen Geistesgeschichte durchhaltende *qi* [wahlweise mit „Hauch", „Odem", Materie", „Materialität", „Pneuma", „Lebensatem" etc. übersetzbar] fassbar, das bei allen Übertragungen

---

561 Siehe hinsichtlich der Rationalismus-Empirismus-Diskussion Jürgen Engfers Ansatz, diese Dichotomie zu unterlaufen. Engfer, Jürgen, *Empirismus versus Rationalismus? Kritik eines philosophiehistorischen Schemas*. Paderborn u.a. 1996. Bes. S. 29–32.

562 Und in der Tat darf die Interpretin des Textes bis zuletzt nicht sicher sein, ob sie die Zuordnungen so vorgenommen hat, wie Huang sie meint. Denn bis auf den Aufsatztitel, der die Unterscheidungsreihenfolge China – Westen [„Zhong-Xi"] vorgibt und nach der sich der Autor im Text in der Regel auch leiten lässt, wird im direkten Vergleich keines der postulierten Charakteristika explizite einer Region zugerechnet. Das scheint nach Huang intuitiv auf der Hand zu liegen und nicht gesondert zuordnungsbedürftig zu sein.

563 Die herrschende Schicht im kaiserlichen China waren die konfuzianischen Beamten. Politische Entscheidungen wurden in einen Begründungszusammenhang mit der alten Naturkosmologie gestellt.

und auch Fehlinterpretationen (unter Chinesen wie Europäern) stets doch sein stoffliches Moment beibehielt.[564]

So ignoriert Huang Shirui eine quantitative Vielfalt des Denkens und begeht den Fehler, qualitative Differenzen zugunsten einer scheinbar nur allein „richtigen" Antwort auszuschließen. Zum einen bedient er sich auf diese Weise einer neoklassischen Argumentationsstrategie, die sich auch in vielen anderen aktuellen, chinesischen Publikationen findet: Um ein genuin Eigenes der chinesischen Kultur herauszustellen, wird diese auf wenige Schlagwörter hin zugespitzt, die vornehmlich das ganz Andere der europäischen Philosophie bezeichnen sollen, z.B. chinesisches *wuwei* („nicht-handeln") statt eines westlichen Handlungsbegriffs; chinesisches praktisches Können statt eines europäischen Theoretisierens; angewandtes, implizites Wissen (*wuxing*) statt kausale Erklärungen und explizierbares Wissen (*lixing*),[565] etc. Andererseits verfährt Huang Shirui meines Erachtens damit auf eine ebenso problematische Weise holistisch wie etwa ein d'Holbach, der jede menschliche Handlung als streng determiniert erklären zu können glaubt und darüber das Pendant der kategorialen Unterscheidung, nämlich jenes der „Freiheit", verliert.[566] Damit geht aber auch der Begriff des „Unfreien" jeder Bedeutung verloren. Wenn nun alles chinesische Denken laut Huang dasselbe ist und alles auf „Geistiges" oder „Geist" abgestellt sein soll, was hat das „Materielle" dann überhaupt noch für einen – auch nur heuristischen – Sinn im Abgleich hierzu?

---

[564] Stellvertretend sei auf die das *qi* betreffenden Abschnitte in Geldsetzer, Lutz/Hong Han-ding. *Grundlagen der chinesischen Philosophie.* Stuttgart 1998. S. 62, 66, 106, 138, 153, verwiesen.
[565] Siehe hier Wang Q. „Wenhua duoyangxing. Cultural diversification." A.a.O.
[566] Siehe d'Holbach. *System der Natur.* A.a.O., S. 33 ff., 60 ff.

6.3 Konkurrenz von Wissensordnungen/ Was (übrig-)bleibt

Doch zeugt die verwirrende und manchmal wohl etwas selbstverwirrte Auseinandersetzung mit den europäischen Texten in der zeitgenössischen chinesischen Wissenschaftslandschaft letztlich nicht auch davon, wie sich über der rezeptiven Aufnahme von neuen Ideen eine Ordnungskultur herauskristallisiert, die überhaupt erst den ermöglichenden Hintergrund für die Aufnahme und Interpretation des Fremden bildet? Die Suche nach der eigenen, chinesischen Vergangenheit qua Neubelebung klassischer Motive der Beschreibung von Welt wird mit einzelnen, der westeuropäischen Denklandschaft entstammenden Begriffen und Thesen bruchstückhaft versetzt. Jetzt konkurrieren zwei verschiedene Wissensordnungen miteinander. Was ihre Terminologie(n), ihren Erklärungsanspruch und ihre Begründungsstrategien angeht, scheinen sie nicht kompatibel zu sein.

Ist es indessen so unplausibel, die harmonischen Endzielvisionen einer steuerbaren technischen Kreativität, die gesamtgesellschaftlichen Nutzen bringt, und des *tian ren heyi*, das ein „Königreich der Moral" (*daode wangguo*[567]) befördern soll, ihrem Status nach als Suche nach konkreter moralischer Orientierung und als Versuch zu verstehen, eine eigene Zukunft im Angesicht kulturübergreifender Vernetzungstendenzen zu entwerfen? Die Auseinandersetzung mit den technikphilosophischen Klassikern aus dem Westen würde damit nicht allein eine rein argumentative, im Ungefähren und Unverbindlichen bleibende Rezeption sein. Eher würde sie eine neue alte Hoffnung zum Vorschein bringen, dass trotz der Unbestimmbarkeit vieler technischer Entwicklungen ein Vollkommenheitsideal des ge-

---

[567] Siehe Liu Zeyuan. „Kexue wangguo he daode wangguo de tongyi – mianxiang xiandai kexue jishu de lunlixue tansuo zhi lu. Unification between the Science Kingdom and Morals Kingdom. – Way of researching the ethics facing modern science and technology." In: GJZNJ03. S. 4–17.

sellschaftlichen Beisammen- und Miteinanderseins diesseitig erfüllbar ist.

Die chinesischen Texte zeugen so nicht von einem „Falschverstehen" bzw. von einem „Nichtverstandenhaben": Fremdverstehen beantwortet ohnehin nicht die Frage, ob man die „richtigen" Begriffe verwendet oder ob sie in einer Argumentation „richtig" erfasst werden, insbesondere wo etwa das Wesen und die Aufgabe von Technik und Technikphilosophie anders gesehen werden, als es in der zuvor rezipierten Kultur und in deren (eigener) Wissenschaftsgeschichte der Fall war/ist. Wenn die chinesischen Thesen auch auf der Grundlage *hiesig* üblicher, verbindlicher erkenntnistheoretischer Grundlagen verfasst werden,[568] so pflegt man doch nicht die Skepsis des Westens gegenüber dem „Gang der Natur".[569] Stattdessen stellt sich die favorisierte Allianz von „Wissenschaft und Moral" als eine immer schon diesseitig angenommene, prädisponierte Einheit heraus, welche nur noch in der konkreten Situation aktualisiert zu werden hat, und dies durch technikphilosophische Rekapitulation des aktuellen Status Quo qua Reflexion auf die normativen Zielvorgaben vonseiten der Gesellschaft.

So aber stehen nun bis auf weiteres zwei Ordnungen nebeneinander. Die eine versteht ihre wissenschaftlichen Beobachtungen als Zukunftsprognose und ruft sie entsprechend moralischen Direktiven aus. Das tut sie, indem sie die andere Ordnung betreffs gesellschaftlicher Fragen für viel zu diagnostisch-zurückhaltend erklärt

---

[568] Im europäischen Wissenschaftsdiskurs kommt man ja bis heute (trotz Hegel und Heidegger) nicht darum herum, Kant seine Referenz zu erweisen – ob man ihn nun unterstützt oder auf Distanz zur Subjekt-Objekt-Relation geht. Demgegenüber bedürfen die chinesischen Texte aufgrund der fehlenden Verwurzeltheit keiner gesonderten Diskussion des Erkenntnisproblems. Siehe für die chinesische Seite Liu. „Kexue wangguo he daode wangguo. Unification." A.a.O., S. 5, mit Bezug auf Kants drei Kritiken.

[569] Nach der erkenntnistheoretischen Wende ist der menschliche Fortschritt nur negativ bestimmbar. Siehe Kant. „Idee zu einer allgemeinen Geschichte." A.a.O., S. 48 [A 409].

und deshalb ergänzend die klassisch etablierte, zuversichtlichere Perspektive auf das Verhältnis von Mensch und Welt beistellt. Was bleibt dann von den gegenläufigen Blickwinkeln?

Im Verstehensversuch der fremden, chinesischen Strategie und *vice versa* im chinesischen Interpretations- und Adaptionsverfahren der fremden Ideen, wird meiner Ansicht nach eine doppelte Bewegung beobachtbar. Sie mündet in eine ineinander gebundene Schleife, in der ein wechselseitiges Bemühen um Selbst- und Fremdverstehen zum Vorschein gelangt. In der konkreten Auseinandersetzung, die auf beiden[570] Seiten jeweils vor dem Hintergrund einer fremden Ordnung entstanden ist, scheint eine beiderseitige Tendenz auf, etwas über das Andere der eigenen Existenz zu erfahren, um sich selbst besser zu verstehen und damit schlussendlich ein konkreteres Verständnis vom Anderen, zu dem man eine Beziehung hat, zu gewinnen. Sich über sich und die eigene Ordnung auf dem Umweg über das Andere verständigend, kann man sehen, dass das Fremde ebenso verstehensinteressiert an einem selbst ist. Der einseitige Verstehensversuch sieht sich von einem beiderseitigen Austauschversuch im Sinne eines wiederholten Bezugs auf das jeweils Andere begleitet. Der Versuch des Fremdverstehens läuft auf einen gegenseitigen Verständigungsversuch hinaus: Zwei unterschiedliche Ordnungen suchen sich durch ihren Fremdbezug selbst besser zu konturieren. Sich selbst zu verstehen ist notwendig in den Fremdverstehensversuch eingebunden und sieht sich darin konkretisiert.

Dies ist jedoch mehr als ein sich selbst per Wiederholung in Schwung haltender Prozess, der nur so lange läuft, wie die Bezüge auf das Andere jeweils auch reflektiert und verstanden werden wollen. In der Wiederholung des Verstehensversuchs gelangt ein kreatives, ordnungsstiftendes und in diesem Sinne Welten bildendes, schöpferisches Moment zum Vorschein. Das konkrete Fremdverstehen erweist sich nicht nur qua auslegender Interpretation als

---

[570] Mein Verstehensversuch der chinesischen Ansätze sowie die chinesischen Auslegungsbemühungen der westeuropäischen Texte.

kulturrezipierendes Vermögen, sondern es wird über dem Potential, den Verstehenden (von sich selbst) zu irritieren, zum Ordnungen neu konstituierenden und Ordnungen umbildenden Geschehen. Dieses Geschehen ist weder vorhersehbar noch steuerbar. Es öffnet plötzlich neu entstehende, auf diese Weise neu zu *er*stehende Um- und Abwege eines Fremdbegegnens und Fremdverstehens. Erst damit wird jedoch auch so etwas wie ein Fremdlandbegehen[571] möglich.

---

[571] In Anlehnung an Iris Därmann: „Fremdgehen." A.a.O., S. 461.

Ortlogiken – Verständigung über das Fremde,
Verständigung mit dem Fremden

VII Paradoxien und Verständigungsvorurteile

1 Ergangene Wege – Zurück zur Selbstvergegenwärtigung

Immer gestaltet es sich als eine schwierige, auch etwas delikate Angelegenheit, Denkunterschiede von bzw. zwischen Kulturen interpretativ auszumachen und positiv zu exponieren. Weil jeder Interpretationsversuch an eine Ordnung rückgebunden ist und von *einer* konkret-limitativen *von vielen* möglichen individuellen Verstehensperspektiven auf die Welt zeugt, befindet sich die Interpretation in der Auseinandersetzung mit fremden Texten immer im Spannungsfeld von differenten Leitunterscheidungen, die in den Texten getätigt werden. Es sind differente implizite oder explizite Normative, unter denen sich Texte erschließen und unter denen sie erschlossen werden.

Das Thema der Hermeneutik im interkulturellen Feld wurde anhand von Kierkegaards Begriff des Selbst, dem Ordnungskonzept von Waldenfels sowie unter einem systemtheoretischen Blickwinkel auf funktionale Ein- und Ausschlussverfahren von Kultur als Grundproblem prinzipiell unendlich vieler Verstehensperspektiven entfaltet, welche auf Welt geworfen werden (können). Der konkrete Verstehensversuch des Fremden der chinesischen Kultur und die Interpretation des Themenfeldes der aktuellen technikphilosophischen Wissenschaftsdisziplin in der VR, die darauf folgend unternommen wurde, wies sich dementsprechend als individueller, perspektivierter Blick aus. Der Versuch bringt bestimmte Unterscheidungsparadigmen mit und legt diese an die Interpretation an, zu deren Gegenstandsbereich (dem Anderen seiner Existenz) er sich zuvor in eine Beziehung gesetzt sah.

In der ersten Rekonstruktion stellten sich die chinesischen Texte so dar, dass sich die darin verfochtenen Thesen von Unterscheidungen leiten lassen, wie sie die von ihnen rezipierten europäischen Überlegungen thematisch bereits vorgegeben hatten, so im Feld des Verhältnisses von Mensch und Natur, der technischen Nutzbarmachung und Kontrolle der Umwelt als auch in den Fällen der technologischen Kreativität, des Wissens und der Ethik. So basierten die in den chinesischen Texten aufgeworfenen Fragen vordergründig auf Grundfragen und Grundproblemen der Philosophie und der Technikphilosophie, wie sie sich disziplingeschichtlich bis dato im westeuropäisch-angelsächsischen Bereich etabliert hatte. Obgleich die chinesischen Autoren als Rezipienten der im Westen entstandenen technikphilosophischen Ansätze auftreten, sieht sich die über weite Strecken explizit als Fremd-Adaption begreifende Argumentationsstrategie jedoch latent von bestimmten Ausdrücken und sprachlichen Wendungen durchkreuzt. Dadurch gerät die eigene Positionsbestimmung in eine systematische Schieflage zu dem ausdrücklich Importierten.

Diesem Fremden der neuesten chinesischen Philosophie beabsichtigte ich mit dem Schlagwort der „Wissensordnung" näher zu kommen. Die in den Texten stattfindende Argumentation wurde als Anschlussversuch an das zeitgenössische, westliche Wissensparadigma und Wissenschaftsmodell ausgelegt, demgegenüber sich die Argumentationspointe als Suche nach einer älteren, chinesischen Wissensordnung erschloss. Deren Naturvorstellung erscheint nicht kompatibel mit dem zeitgenössischen Paradigma. Das Fremde in den chinesischen Texten zeugt so einerseits negativ von einem mit der internationalen Wissenschaftsstandardisierung verloren gegangenen eigenen Weltverständnis. Andererseits zeigt es positiv einen Revitalisierungs- bzw. Reaktualisierungsversuch eines zwischenzeitlich ins Hintertreffen geratenen älteren kulturellen Selbstverständnisses an.

Die Überlegungen im Folgenden suchen in einer Art rekursiver Schleife die bisher aufgestellten Thesen erneut methodologisch zu prüfen. Die Beobachtungsperspektive, die im Abschnitt zur chinesischen Technikphilosophie vorgeführt wurde, soll dabei auch im

Hinblick auf einige mit Unterscheidungsmustern üblicherweise gern einhergehende Stolpersteine kritisch rekapituliert werden. Ich versuche hier den konkreten Interpretationsversuch an die zuvor getätigten methodologischen Überlegungen anzubinden und daran zu messen.

2 Sprachstrukturen und das Vorurteil mentaler Determiniertheit

Es wurde bereits festgehalten, dass eine konkrete Kultur mit ihren Leitunterscheidungen je einen positiven Anspruch auf ihr So-Sein erhebt. Das tut sie, indem sie sich qua Unterscheidung als Beobachtetes/Relevantes inkludiert und anderes als Fremdes/Irrelevantes exkludiert. Das hermeneutische Geschick, kulturelle Differenzen in der Aufschiebung der eigenen Perspektive qua Durchkreuzen-Lassen durch die Unterscheidungen fremder Texte zu sehen, sieht sich aber jeweils beidseitig von Geltungsansprüchen begleitet, gleich ob diese reflektiert werden oder nicht.

Es scheint mir nicht per se ein Problem zu sein, dass eine Kultur qua Leitunterscheidungen ihr So-Sein mit normativen Geltungsansprüchen versieht. Der faktische „Clash" der Kulturen bildet zunächst nur einen Tatbestand, der eine (potentielle) Problemstelle indiziert. Kultur „ist" ja gerade nur dann, wenn sie eigene Ansprüche hat, mit denen sie sich von anderen unterscheidet und schlussendlich ordnungsmäßig anderes exkludiert. Problematisch ist jedoch, wenn der kulturelle Geltungsanspruch auf einem generischen bzw. generativen Begründungszusammenhang einer eigenen, vorgängigen Überlegenheit gegenüber anderen basiert wird. Unabhängig von der Frage, worin das zu verstehende Fremde der chinesischen Kultur bestehen könnte, zeugt seit ca. 200 Jahren und den Anfängen des neuzeitlichen Wissensverständnisses ein konkretes Problemfeld sehr plastisch von dieser Strategie des Ausschlusses per Abqualifikation:

Das betrifft die Frage nach dem Zusammenhang von Sprach- und Denkstrukturen.

Die Frage, „ob ein notwendiger Zusammenhang besteht zwischen der Form einer natürlichen Sprache und der in ihr – ausweislich der überlieferten Texte – ausgedrückten Denkformen,"[572] wurde in der Geschichte sprachtheoretischer und sprachphilosophischer Erörterungen häufig wie folgt beantwortet: Bestimmte Kulturkreise zeichnet aufgrund ihrer spezifischen Sprachform ein Unvermögen zum „echten", formallogischen Denken aus. So etwa fehle der alten chinesischen Sprache die Kopula „sein", was ein „lack of consciousness of universals" und ein „lack of abstract thought" indiziere.[573] Die ursprünglich von den Linguisten Edward Sapir (1884–1939) und Benjamin Lee Whorf (1897–1941) als Relativitätsprinzip der Sprache formulierte These kann als wissenschaftshistorischen Gewährsmann bereits Wilhelm von Humboldt (1767–1835) anführen. Er sah in den verschiedenen natürlichen Sprachen ein „Organ des Denkens" und hielt deshalb z.B. die chinesische Sprache aufgrund fehlender Flexionen gegenüber anderen Sprachen für unterlegen.[574] Weiter gingen damit auch Behauptungen einher, die eine Überlegenheit der europäischen Kultur gegenüber der chinesischen bzw. anderen, nicht-europäischen Kulturräumen postulieren.

Ich denke, dass die These von der Unterlegenheit bestimmter Sprachen (und ineins Kulturen) heute als eine Denkströmung unter an-

---

[572] Trauzettel, Rolf/Wang Shuren. *Einführung in die chinesische Weisheit. Denken die Chinesen anders?* Material der Fernuniversität Hagen 1993. S. 85 (Anhang IV).

[573] Siehe Nakamura Hajime. Ways of thinking of eastern peoples. India, China, Tibet, Japan. London 1997 (rev. ed.). S. 185–196.

[574] Einen Überblick über die Diskussion des Problems innerhalb der China- bzw. Ostasien spezifischen Wissenschaften findet sich bei Trauzettel und Wang. *Einführung in die chinesische Weisheit.* A.a.O. S. 85–111. Zudem ist das zuletzt intensiver diskutierte Buch von Chad Hansen. *Language and Logic in Ancient China.* Michigan 1983, zu nennen, das sich vielfach den Vorwurf des Sprachrelativismus einhandelte.

deren zu Beginn einer Problemgeschichte bestimmt werden kann, die sich über die Unhintergehbarkeit der sprachlichen Verfasstheit des Menschen bewusst wurde und Sprache als *conditio sine qua non* der Erkenntnis von Welt zu reflektieren begann. Die These von der Determiniertheit des Denkens durch Sprache hat wissenschaftshistorische Bedeutung. Als Indiz für die bloß sprachgeschichtliche Relevanz und die Überlebtheit des Paradigmas der Sprach- als Denkform lässt sich z.B. die moderne chinesische Sprache anführen. Man hält dem Chinesischen bis heute gerne vor, dass es schwer zur Bildung von Begriffen oder zur genauen Denkmöglichkeit philosophischer Probleme taugt. Die chinesische Sprache ist indessen sehr wohl imstande gewesen, einen aufwendigen, fachspezifischen Begriffsapparat zu entwickeln und diesen kontinuierlich auszudifferenzieren. So wird man der Masse an Übersetzungen Herr und den fremdsprachigen Autoren gerecht, die inzwischen massenhaft auf den Buchmarkt und in den Wissenschaftsbetrieb strömen.[575] Das bedeutet, ein sogenannter „Mangel" an terminologischen Differenzierungsmöglichkeiten ist weder der Status Quo noch unveränderliches Element einer lebendigen Sprache. Aber das nur am Rande.

Die Debatte um den vermeintlich zwingenden Zusammenhang von Sprache und Denken hat m.E. einen kleinen, jedoch grundlegenden Fehler: sie lässt sich von der Annahme leiten, dass das grammatisch-syntaktische Gerüst oder die linguistische Ebene[576] einer Sprache eineindeutig mit den semantischen Bedeutungsmöglichkeiten in einer Kultur übereinstimmt und die funktionale Pragmatik des Sprachgebrauchs, schlussendlich Denkmöglichkeiten überhaupt kau-

---

[575] Und dies nicht zum ersten Mal. Hatte sich schon die Rezeption des Buddhismus im 3. und 4. Jahrhundert als fruchtbarer Übersetzungs- und Transkulturationsprozess von Indien nach China herausgestellt (siehe Elberfeld. „Übersetzung der Kultur." Aa.O., S. 81), so folgte im 19. Jahrhundert – über den Weg Japans und Russlands – eine Übersetzungswelle aus dem europäischen Ausland, an die sich heute wiederum ein weiterer, kreativer Übersetzungsschub anschließt.

[576] Siehe Elberfeld. „Übersetzung der Kultur." A.a.O., S. 76f.

salursächlich limitiert sind. Es liegt aber so etwas wie ein naturalistischer Fehlschluss vor, ähnlich als würde vom faktischen Sein auf ein Nicht-anders-möglich-sein-können geschlossen, im hiesigen Falle also, wenn konkrete Sprechweisen mit dem Denkmöglichen in dieser Sprache verwechselt werden. Übersehen wird über diesem Missverständnis zudem noch etwas anderes, grundlegenderes: Sprache verweist als eine Art unersetzbare Größe auf die universelle Vermitteltheit von Welt und Wissen überhaupt. Als Medium stellt Sprache einen Möglichkeitsraum zur Bildung von (begrifflichen) Differenzen bereit. Konkret kommt sie immer in spezifischen Realisierungen von prinzipiell unendlich vielen Unterscheidungsmöglichkeiten vor – ohne dass Sprache durch jene Aktualisierungen bzw. Manifestationen ihrer Medienhaftigkeit verlustig geht.[577]

Wenn man also von einer faktischen Sprachverwendung, festen Sprachgebräuchen und einer instanziierten Ordnung qua konkretem Sprachgebrauch auf das Fehlen anderer Unterscheidungsmöglichkeiten schließt und dann einen Mangel von Denkmöglichkeiten behauptet, so handelt es sich um ein deterministisches Missverständnis. Der Fauxpas besteht in einem unzulässigen Umkehrschluss, der eine (einzelne) konkrete Sprache mit Sprache als Medium verwechselt und ihr eine vorgängige Festgelegtheit und Entwicklungsunfähigkeit unterstellt. Unterscheidungsmöglichkeiten variieren indessen nicht nur zwischen verschiedenen einzelnen Sprachen wie Deutsch, Russisch und Chinesisch, sondern sind jeweils auch in ei-

---

[577] Mit Hubig wird Sprache als Medium ausgewiesen und der Mediumbegriff aspektisch an dem der Sprache exemplifiziert. Siehe Hubig. „Medialität und Möglichkeit." A.a.O., S. 193, 195. Vgl. Hubig. „Die Hermeneutik bei Schleiermacher und Dilthey." A.a.O., darin die Aussagen zur Sprache. Mit Kierkegaard wurde herausgestellt, dass es mit zum Verstehen von Welt gehört, nicht nur verschiedene Seinsmöglichkeiten zu reflektieren, sondern sich auch für eine davon zu entscheiden. Hier gibt man mittels einer eigenen Sprache, faktischen Sprachformen und dem pragmatischen Sprachgebrauch also seine konkrete Existenz wieder, ohne *andere* mögliche Verstehensperspektiven (und Sprachformen) zu verhindern.

ner einzelnen, lebendigen Sprache möglich und treten beständig auf. Wenn demnach bestimmte Denkmöglichkeiten faktisch nicht vorkommen – z.B. im Kantischen Sinne metaphysische Fragen in altchinesischen daoistischen Ansätzen –, so weist dies nicht auf eine Realisierungsunfähigkeit hin, sondern analytisch betrachtet zunächst einmal nur auf eine nicht wahrgenommene Möglichkeit. Negativ kann eine fehlende differentielle Aktualisierung auch auf Gründe zurückgeführt werden, warum etwaige Begriffsgebräuche nicht implementiert werden *woll(-t-)en*, und nicht, warum sie nicht realisiert werden *konnten*.

Der tatsächliche Gebrauch der Sprache, d.i. eine Sprachpraxis, ist nicht mehr und nicht weniger als der notwendige wirkliche Ausdruck einer konkret-faktischen Lebenswelt, wie diese sich mittels Sprache beschreibend entwirft. *Dass* innerhalb einer Ordnung qua verwirklichter sprachlicher Unterscheidungsmuster ein bestimmtes Bild von der Welt ausgedrückt wird, indem etwaige andere Unterscheidungen nicht in der Sprachpraxis erscheinen, zeugt nicht von einem Unvermögen, sondern erst einmal nur von der Notwendigkeit, sich auf eine von vielen Unterscheidungsmöglichkeiten festzulegen, um sich ein Bild von seiner eigenen Ordnungskultur in Abgrenzung zu anderen machen zu können. Gleichwohl geht der Ordnung nicht die Möglichkeit zur Veränderung und zur Verlagerung von Unterscheidungen, damit auch von neu und anders aktualisierbaren Denkmöglichkeiten und Vorstellungen von sich verloren. Sprache stellt beide Möglichkeiten bereit, die der Selbstbeschreibung wie den des qua Sprache aktualisierten Selbst(-neu-)Entwurfs. Sprache repräsentiert so die spezifische Kontingenz von Entscheidungsmöglichkeiten, die als so und so sich ausdrückende Ordnungswirklichkeiten thematisch werden können.

Angesichts des Unterscheidungsgeflechts, die chinesische Texte oft von fremdsprachigen Philosophien übernehmen, zeugt das deshalb einerseits davon, dass kulturfremde Denkansätze durchaus sprachlich aufgenommen werden können. Andererseits scheint jedoch die eigene Ordnungskultur über dem beliebigen begrifflichen Nebeneinander an Ausdrucksstärke bzw. an eigener Verbindlichkeit verloren zu haben. Hier bleibt abzuwarten, mit welchen differentiellen Unterscheidungsgebräuchen die Suche nach dem Eigenen im Chinesischen sich zukünftig gestaltet und neu konturiert wird.[578] Wie hierbei Unterscheidungsmöglichkeiten aktualisiert werden, ist offen, je nachdem, wie die eigene Positionsbestimmung in Fragen ethischer Direktiven und Technikbewertung aussehen soll. Die Welt z.B. in der Form einer „Einheit von Himmel und Mensch" zu denken, hat möglicherweise gute Gründe für die chinesischen Autoren, nicht unbedingt, um mit traditionellen Ausdrücken neueste Ansätze zu reformulieren, sondern vielleicht eher, um die eigenen, alten Geistesströmungen wieder neu anzueignen und zu verstehen. Sie waren über dem Vormarsch des modernen Wissensparadigmas ins wissenshistorische Abseits gedrängt worden. – So zeugt das Fehlen der Kopula „sein" in altchinesischen Denkansätzen nicht vom Nichtdenken-können, oder wäre eine

> „Kausalursache für das Fehlen eines isolierten Seinsbegriffs – aus der beobachteten Korrespondenz lässt sich ebenso gut der Schluss ableiten, dass kein denkerischer Bedarf an einem solchen Begriff bestanden hat."[579]

Womöglich besteht auf chinesischer Seite heute jedoch umso mehr Bedarf an einer Reaktualisierung des Verständnisses um die alte Wissensordnung, um so den Bruch mit ihr – qua Implementierung der modernen Wissenschaft – aneignend nachvollziehen und sich damit wieder in ein reflexives Verhältnis zu sich selbst bringen zu können.

---

[578] Diese Ansicht versucht sich nicht aus der Verantwortung zu ziehen, aktuelle Entwicklungslinien zu erklären, sondern versteht sich eher als wertungsspezifische Zurückhaltung gegenüber den sich vage abzeichnenden, noch fluiden Richtungsentscheidungen im Wissenschaftsfeld von Technik, Umwelt und Gesellschaft.

[579] Schmidt. *Herausforderung des Fremden.* A.a.O., S. 224.

3 Babylonisches Gewirr – Die Möglichkeit einer Übersetzung

Wie kann etwas, das in der fremden Sprache ausgedrückt wird, auch hinreichend und präzise mit der Sprache erfasst werden, in der sich der Verstehenwollende dem Anderen zuwendet? Unmittelbar mit der Sprache als Indikator und Realisat einer Ordnung ist das Übersetzungsproblem verbunden. Der Übersetzungsvorgang von einer Sprache in die andere hat es nie nur mit linguistischen Problemen zu tun, sondern sieht sich genuin mit kulturellen Implikationen konfrontiert, die eine konkrete fremde Sprache mitbringt. Sprache selbst ist ein Übersetzungsphänomen,[580] da ihre Dimension über bloße Bedeutungsfunktionalität hinausgeht und nicht unabhängig von jeweiligen Ordnungen und Ordnungskulturen[581] erfasst werden kann, die sich durch sie konstituieren und in ihr realisieren.[582] Ebenso wie fremde Ordnungen haben also auch deren Sprachen in die eigene Ordnung übersetzt zu werden.[583] Sprache ist kein sekundäres, den Dingen und dem Denken nachgeordnetes Phänomen.

---

[580] Siehe schon Nietzsche, Friedrich. „Ueber Wahrheit und Lüge im außermoralischen Sinne." In: *Kritische Studienausgabe* (KSA, Bd. 1). Hg. von Giorgio Colli und Mazzino Montinari. München 1999. S. 873–890, S. 884.

[581] Der Begriff der Ordnungskultur lässt an dieser Stelle mehrere Ebenen der Sprachunterscheidung zu: eine so genannte raumübergreifende zwischen Englisch, Spanisch, Japanisch usw., eine rauminterne horizontale – Wissenschafts-, Politik-, Wirtschaftssprache – und eine raumintern-vertikale, das meint hier soziale Parameter und Indikatoren von Gruppen- und Gemeinschaftssprachen.

[582] Siehe Stenger, Georg. „Übersetzen übersetzen. Zur Phänomenologie des Übersetzens." In: Renn, Joachim u.a. (Hg.). *Übersetzung als Medium des Kulturverstehens und sozialer Integration*. Frankfurt a.M., New York 2002. S. 93–122. S. 95, 97.

[583] Ähnlich Shimada Shingo. *Grenzgänge – Fremdgänge. Japan und Europa im Kulturvergleich*. Frankfurt a.M., New York 1994. S. 232.

Erst hier wird die Übersetzung zwischen Sprachen überhaupt und grundlegend zum Problem.[584]

Im Kontext der Verstehbarkeit eines kulturellen Fremden stellt sich die Frage, ob in der Sprache, in der ich mich als Verstehenwollende/r aufhalte, die Übersetzung in einen – im besten Falle – kommunikativen Austauschprozess mündet, der über die Differenzen und Gemeinsamkeiten von Kulturen Aufschluss gibt. Oder zeigt das Übersetzen nur kanonisierte Sinnzusammenhänge an, mittels derer ein identischer Sinn und eine universelle Vernunft unterstellt werden und bestimmte Verschlussmechanismen zum Tragen kommen?

„Mit einer besonders extremen Form der diskursiven Eröffnung von Wegen und zugleich deren Desavouierung haben wir es im Prozeß der zwischensprachlichen Tradierung zu tun. Tradierung kompliziert sich hier in Form der ‚Translation' oder der ‚Traduktion', d. h. der Übersetzung. [...] Die Schwierigkeit der interkulturellen und intersprachlichen Übertragung vereinfacht gewissermaßen die Herausbildung von Verdichtungen und kanonischen Knotenpunkten. Allein, daß ein Autor überhaupt in eine Zielsprache übertragen wird, eröffnet einen Kanonisierungsprozeß."[585]

Obgleich eine absolute Sprachübersetzung, die jedes Wort und alle Bedeutungen im fremden Text zur Gänze erfasst, unmöglich ist, sieht sich dennoch häufig eine Traduktion forciert, die das Fremdsprachige umfassend allein in den Kategorien der eigenen Wissensordnung übertragen zu können meint. Alfred Hirsch gibt zurecht die übersetzerische Praxis zu bedenken. Neben einer Orientierung, welche sie mit der Traduktion anbietet, birgt das Übersetzen immer

---

[584] Siehe Hirsch, Alfred. Der Dialog der Sprachen. Studien zum Sprach- und Übersetzungsdenken Walter Benjamins und Jacques Derridas. München 1995. S. 44.

[585] Hirsch, Alfred. „Kanon und Transkulturalität oder Averroes auf der Suche nach der Komödie." In: Ehrlich u.a. (Hg.). *Die Bildung des Kanons*. A.a.O., S. 141–152. S. 141.

auch die Gefahr der „Eingemeindung" des Fremden qua Sprachsetzung und Sprachbeschränkung, damit auch eine Gefahr diskursiver Ausgrenzung der Sprache des Fremden, schlussendlich des Fremdkulturellen selbst.[586] Abstreifen lässt sich die eigene Sprache nicht, so wie man auch nicht seine eigene Verstehensperspektive ablegen kann. Woran also hat sich eine Übersetzung zu halten, sich an welchem Kriterium zu bemessen und was umzusetzen, um dem kulturellen Fremden Wege zu eröffnen und Möglichkeiten zu öffnen mittels der eigenen Sprache, in der verstanden werden will?

Eine Übersetzung verliert nie ihren Bezug auf das originale Fremde und geht immer auf das fremde Original zurück. Hier ist das Verdikt von Walter Benjamin (1892–1940) zu berücksichtigen, nach dem eine gute Übersetzung gerade nicht analog einer Abbildtheorie den Anspruch erheben sollte, die „Ähnlichkeit mit dem Original ihrem letzten Wesen nach an[zu]streben",[587] sondern als Form nur eine *vorläufige* Art ist, sich mit der Fremdheit der Sprachen auseinanderzusetzen."[588] Benjamin stellt seine Erörterungen in den Kontext der Idee einer „reinen Sprache", welche die Sprache der Wahrheit sein und deren Totalität in der Übersetzung intentional erfasst wer-

---

[586] Siehe Hirsch. „Kanon und Transkulturalität." A.a.O. S. 141 ff. Hier sind Derridas Arbeiten zur Sprache zu erwähnen. (An diese schließt nicht zuletzt auch Hirsch an, siehe *Der Dialog der Sprachen*. A.a.O., S. 183–197; Ders. [Hg.] *Übersetzung und Dekonstruktion*. Frankfurt a.M. 1997. S. 15–36, 119–165, 396–429.) Derrida basiert Sprachlichkeit („die Urschrift") auf einem Schriftlichkeitsprinzip. Eine generalisierte Schrift, die *différance*, legt Möglichkeiten der Unterscheidung fest, anhand derer wiederum tatsächliche Festlegungen (différence[s]) getätigt werden. Sprache eröffnet so die Möglichkeit, unterschiedlich generalisierte (Sprach-)Formen in ein Verhältnis zu setzen. Siehe z.B. Derrida, Jacques. „Die Différance." In: *Randgänge der Philosophie*. Wien 1999. S. 31–56; *Grammatologie*. Frankfurt a.M. 1974. S. 9–48.

[587] Benjamin, Walter. „Die Aufgabe des Übersetzers." In: *Gesammelte Schriften* (Bd. IV.1). Hg. von Rolf Tiedemann und Hermann Schweppenhäuser, unter Mitarbeit von Theodor W. Adorno und Gershom Sholem. Frankfurt a.M. 1972–1991. S. 9–21. S. 12.

[588] Benjamin. „Die Aufgabe des Übersetzers." A.a.O., S. 14 (Hervorhebung JS).

den soll. Hier wird in metaphysischer Absicht eine Verwandtschaft der Sprachen postuliert.[589] Die „reine Sprache" als „wahre Sprache" sieht sich von Benjamin mit zentralen Thesen jüdischer Sprachmystik verbunden.[590] – Obgleich ich den Schlussfolgerungen zustimme, zu denen Benjamin im Hinblick auf das Klischee der Ähnlichkeit in der Übersetzung gelangt, teile ich seine metaphysisch-messianischen Grundprämissen nicht.[591] Mit Benjamin soll hier deshalb nur hervorgehoben werden, dass, wollte man dem Ideal der Worttreue folgen, dies dem zu erfassenden Sinn der fremden Sprache wohl am allermeisten Abbruch tun und Fremdes schädigen würde.

Im Folgenden stelle ich zunächst einige Überlegungen an, wie sich der Übersetzungsprozess von „West nach Ost", sprich von den europäischen Technik-Ansätzen hin zur chinesischen Rezeption ausnimmt. Daran schließt sich eine Reflexion über die Problematik der (Rück-)Übersetzung in die eigene Sprache und der Translation von fremden chinesischen Unterscheidungsmustern an. Das chinesische Fremde liest sich hier als eine Art Einspruch gegenüber dem von ihr zuvor Rezipierten (= europäischen Fremden) und bildet für den Verstehenwollenden einen „dritten Wert", der dessen eigene Sprache durchkreuzt. Das gegenseitige Sich-Verschränken der einander adaptierenden Sprachlinien stellt sich nicht als sprachliche Verwirrung, sondern eher als kreatives Sprachengewirr und Ausdruck einer „Anfremdung" der hiesigen Perspektive an das chinesische Pendant dar. Mit Blick auf die Internationalisierung der

---

[589] Siehe Benjamin. „Die Aufgabe des Übersetzers." A.a.O., S. 16, 19.
[590] Siehe hierzu Hirsch. *Der Dialog der Sprachen.* A.a.O. Bes. S. 142–178.
[591] Das Ideal der Interlinearversion, in die das fremde Werk laut Benjamin in der Übersetzung münden soll, würde bei der unflektierten chinesischen Sprache – die auch in ihrer modernen Ausformung nur wenige andeutende Partikel für Tempus und Kasus-Aspekte bereithält – wohl in einer wörterbuchartigen Endlosliste von vielen verschiedenen Flexionsmöglichkeiten gerinnen. Siehe Hoffmann, Peter. „Aus dem Alltag des Unmöglichen – Zu Theorie und Praxis des Übersetzens aus dem Chinesischen." Auf http://www.fask.uni-mainz.de/inst/chinesisch/kautz_symposium05_hoffmann.html (Download 23. 08. 2005) S. 7, 8.

Wissenschaftssprache soll erneut eine Antwort auf die Frage nach dem Status der differenten Schwerpunktsetzungen, die trotz einer „(Fach-)Sprachenglobalisierung" *ex negativo* ersichtlich sind, aufgegriffen werden.

Im Verständigungsprozess von zwei Kulturen und zwischen zwei unterschiedlichen Verstehensperspektiven – dem des rezipierenden Verstehenwollenden und dem des rezipierten Textes, welcher der anderen Kultur entstammt – stellt sich die Übersetzung grundsätzlich nicht nur als eine des Textes im engeren Sinne dar. Mit ihr geht auch „eine Übertragung ganzer Sinnsysteme" vonstatten,[592] oder anders formuliert: Die Unterscheidungsmuster und -prioritäten der in der zu übersetzenden Sprache manifesten fremden Ordnung sind in jene Sprache, in welche übersetzt wird, mit einzubeziehen. In der methodischen Betrachtung lassen sich drei verschiedene Ebenen analytisch voneinander unterscheiden, vor deren Hintergrund sich eine Übersetzung ansiedelt: 1) die linguistische Ebene, 2) die übersetzungstechnische Ebene sowie 3) die kulturelle Ebene.[593]

1. Ebene: Als grammatisch-linguistische und lexikalische Kennzeichen der chinesischen Sprache sind Flexionsfreiheit sowie die ideographische Schrift zu nennen. Die Wörter „Existenz", „Existierender" sowie „existieren" etwa werden immer mit *cunzai* wiedergegeben. Je nachdem, an welcher Stelle oder in welcher grammatischen Konstruktion das Zeichenbinom auftaucht, zeigt es seine Form als Prädikat (*ren cunzai* „der Mensch existiert"), Substantivierung (*cunzaizhe* „der Existierende") oder als einfaches Nomen (*ren de cunzai* „die Existenz des Menschen") an.[594] Für die in den westeuropäi-

---

[592] Elberfeld. „Übersetzung der Kultur." A.a.O., S. 75.
[593] Diese Unterteilung übernehme ich von Elberfeld. „Übersetzung der Kultur." A.a.O., S. 76. Der von Elberfeld angesprochene Aspekt der Übersetzungsgeschichte wird hintenangestellt.
[594] Ein weiteres Beispiel: *jishu* tritt auf als Substantiv („Deguo [de] jishu", „Technik aus Deutschland/deutsche Technik"), in Kombination mit einem zweiten Substantiv als Zusammensetzung („jishu zhexue", „Technikphilosophie"), als Adjektiv („jishu chuangxin", „technische Innovation"), als

schen Texten, auf welche sich die chinesische Technikphilosophie bezieht, vermehrt auftauchenden Substantivierungen und Nominalisierungen, mit anderen Worten den Hang zum nominalen Sprachstil, sind bestimmte Zeichen wie z.B. *zhuyi* (in: *Makesi zhuyi* „Marxismus") oder *xing* (in: *shuangdaoxing* „Zweischneidig*keit*"; in: *gongyixing* „technologischer *Charakter*", „technologisches *Wesen*") entwickelt worden. So sollen Abstraktionsstatus und nominale Form der fremden Termini angezeigt werden können. Davon abgesehen ist wie für die altchinesische Schriftsprache auch für das moderne Chinesisch eine Tendenz „zu verbalen Ausdrucksweisen, den so genannten Serialverb-Konstruktionen"[595] festzuhalten.

2. Ebene: Übersetzungstechnisch gibt es grob umrissen grundsätzlich drei verschiedene Strategien, um das Gedankengut und den Problemhorizont des in der fremden Sprache geschriebenen Textes in eine andere Sprache zu übertragen: a) Transliteration (man kann es auch Nicht-Übersetzen nennen), d.h. die buchstabengetreue, lautlich so ähnlich wie mögliche Wiedergabe des Begriffs; b) Assimilation, d.i. Wiedergabe des fremden Begriffs mit einem der eigenen Kultur entstammenden Terminus; c) Wortneuschöpfung, bei der es zur Herausbildung einer spezifischen Fachterminologie kommt.

> „Jede dieser Möglichkeiten geht mit gewissen Vor- und Nachteilen einher. Die lautliche Wiedergabe läßt die zu übertragenden Ideen fremd bleiben, ist doch der Sinn des so geschaffenen Begriffs vor allem für Laien schwer zu entschlüsseln. Die völlige Assimilation hebt diesen Nachteil auf, führt aber leicht zu unerwünschter Verwechslung mit dem einheimischen Begriff und macht den zu übertragenden Terminus überflüssig. Die dritte Möglichkeit [...] darf als Zwischenlösung verstanden werden.

Substantivierung („huanjing de jishuxing", „der technische Charakter der Umwelt") sowie in verbialer Konstruktion („jishuhua", „technisieren"; wahlweise wiederum auch als Substantivierung: „Technisierung"]).

[595] Elberfeld. „Übersetzung der Kultur." A.a.O., S. 79.

Weil aber anders als in den europäischen Sprachen im Chinesischen jeder Begriff grundsätzlich aus einem oder mehreren Zeichen besteht, die jedes für sich genommen bereits Bedeutungsträger sind, ist die Grenze zur zweiten Alternative häufig fließend."[596]

Der Status quo der aktuellen technikphilosophischen Landschaft ist ein direkter Bezug auf traditionsexterne Texte. Deren Rezeption und Diskussion dominierte und formte in den letzten Jahrzehnten die eigene Wissenschaftsentwicklung. Von der Möglichkeit der lautlichen Wiedergabe der wichtigsten Begriffe wird in den chinesischen Texten bis auf weiteres kein Gebrauch gemacht.[597] Stattdessen setzt man die originalen *termini technici* jedoch sehr oft in Klammern neben die fachterminologisch zuvor entwickelten chinesischen Wörter, die den begrifflichen Bedeutungsgehalt in der Übersetzung adäquat wiedergeben sollen. Die Fachtermini, zu deren Bildung es im Verlauf der Rezeption der europäischen Texte bereits gekommen ist, sehen sich also jeweils eineindeutig von ihren Originalen flankiert. Teilweise suchen die Autoren mit etymologischen Herleitungen und Erläuterungen der griechisch-lateinisch stämmigen Begriffe die (auch) durch die idiographische Schrift bedingten, bedeutungsmäßig in Kauf genommenen Dissonanzen wenn nicht zu „neutralisieren", so doch zu explizieren.

Was hier zu beobachten ist, ist eine spezifische Internationalisierung der wissenschaftlichen Fachsprache. Zwar hat die chinesische Sprache in fachterminologischer Absicht durchaus Wörter für die bis dato sprachexternen Ideen entwickelt. Da die Diskurse international aber nicht in vielen verschiedenen Sprachen geführt werden, sondern zunehmend die englische Sprache als Wissenschaftssprache in Gebrauch und anerkannt ist, wird den chinesischen Termini gerne

---

[596] Li. „Dekanonisierung der traditionellen Wissensordnung." A.a.O., S. 179.
[597] Hiervon ausgenommen sind Eigennamen.

das offenbar verbindlichere Sprachoriginal beigestellt.[598] Es zeigt nicht nur an, welcher wissenschaftlichen Landschaft die Diskussion entstammt, sondern auch, wo sie schwerpunktmäßig geführt bzw. von wem sie theorieentwicklungsmäßig bestimmt wird.

Abgesehen davon ist meines Erachtens jedoch keine „fremdsprachliche Okkupation" des Chinesischen beobachtbar. Die Verwendung von Ausdrucksweisen, die der eigenen chinesischen Geistestradition entnommen sind, stellt in diesem Kontext nach meinem Dafürhalten deshalb keine Strategie der „Assimilation des Fremden qua Wiedergabe der fremden Begriffe mittels kultureigener Termini" dar. Eher ist die dezidiert chinesische Redeweise gerade dafür ein Indiz, dass trotz „Verwestlichung der Wissenschaftssprache" eigene besondere Beschreibungsmöglichkeiten von den Autoren beibehalten und revitalisiert werden wollen. Die Devise im Chinesischen lautet im Angesicht der Übersetzungsexplosion der westeuropäischen Texte also nicht Assimilation statt Fremdverstehen, sondern sprachliche Re-Kreation einer eigenen Weltvorstellung qua Erinnerung an alte, ordnungsrelevante Ideen! Insofern haben die fremdsprachigen Texte und Ideen gerade nicht nur eine große Übersetzungswelle, sondern indirekt auch eine Selbstneuentdeckungswelle und ein Bedürfnis des Selbstneudenkens in China hervorgerufen.

3. Ebene: Die wechselseitigen und z.T. gegenläufigen Prozesse im zeitgenössischen Wissenschaftsfeld von einerseits Rezeption und Gegenrezeption, Begriffsproduktion, -adaption und -rekreation sowie andererseits von Wissensparadigmen, internationalen Stan-

---

[598] Parallel ist als Beispiel die Diskussion um *corporate social responsibility* (CSR) bzw. *corporate citizenship* im deutschen Wissenschaftsfeld zu nennen, also die Frage nach der sozialen Verantwortung von Unternehmen bzw. nach „korporativer sozialer Verantwortung" und „korporativer Bürgerschaft", wie es wörtlich heißt. Sieht man sich die Publikationslage in der Wirtschaftsethik an, so ist die Verwendung der englischen Termini im deutschen Diskurs absolut verbindlich. Sie zeigt m.E. jedoch weniger eine Sprachausgrenzung an, sondern scheint eher Hinweis darauf zu sein, von wo die Impulse meistenteils kommen.

dards und einer vorderhand kulturunabhängigen Implementierung bergen für ein Verständlichmachen qua Übersetzung immer die Gefahr einer Vereinheitlichung, sprich Verengung von sprachlichen Beschreibungs- und Denkmöglichkeiten von Welt.[599] Übersetzung ermöglicht neue Verstehenswege und alternative Denkoptionen und verschließt sie gleichzeitig. Der Sprung von der einen Sprache in die andere, und umgekehrt, das Verstehenwollen des Fremden vermittels der eigenen Sprache ist verbunden mit einer potentiellen Vervielfältigung von Weltbeschreibungen durch die Vielfalt der Sprachen und den darin zum Ausdruck gelangenden Ordnungen. Gleichzeitig ist er auch je verschränkt mit einer Tendenz zur sprachlichen Einnahme oder sogar Vereinnahmung bestimmter Denkfelder.

Man sollte sich deshalb nachgerade davor hüten, die für das eigene Auge zuweilen – um es „diplomatisch ungefiltert" zu formulieren – etwas krude anmutenden Behauptungen und Sprachverwendungen in den chinesischen Texten als Nicht-Verstehen der europäischen Wissenschaftstradition abzuqualifizieren. Das Bemühen um Unterbringung der verschiedenen Schulen und Technik-Thesen in einem großen umfassenden System mag schräg anmuten, scheint es vom Standpunkt bspw. einer konkreten Technikbewertung doch kaum sachorientiert zu sein, sondern eher nur einen ungebremsten, ziellosen „Sammeltrieb" anzuzeigen. Der „Drang zum Sammeln und Ordnen aller Perspektiven" gibt jedoch womöglich (weniger schräg) den Wunsch nach Orientierung in einer Welt an, in welcher der wirtschaftlich-technische Fortschritt die Zukunft der eigenen Ordnung beliebig-ausrichtbar und in diesem Sinne gesichtslos erscheinen lässt, da der wissenschaftliche Strom von neuen Paradigmen und Thesen keine apriorische Verbindlichkeit mehr zur Verfügung stellt.[600] Auf das Thesen-*Ver*sammeln werden vermutlich auch wie-

---

[599] Hier wird noch einmal Hirschs These aufgegriffen, siehe „Kanon und Transkulturalität." A.a.O.
[600] Auch deshalb scheint die marxistische Systematik nach wie vor hoch im Kurs zu stehen: Mit ihr können den sozialen Defiziten von technischen

der (*aus-*)sortierende Entscheidungen folgen, wie man sich die eigene Kultur vorstellen will und unter welchen verbindlichen Normativen sie begriffen werden soll. Den fremden Ideen wird – nach einer Phase ihrer verstärkten Übertragung – dann wohl auch ihr geistesgeschichtlicher Ort als Impulsgeber zur Selbstneuschöpfung zugewiesen werden.

Ich möchte noch einmal betonen, dass die hiesigen Aussagen ausschließlich der chinesischen Philosophie als Wissenschaftsdisziplin gelten. Was bspw. die VR-chinesische politische Landschaft betrifft, so besteht dort bereits seit geraumer Zeit ein „ganz genaues Wissen" darüber, was China im Weltgeschehen sein will und wie die Welt es respektvoll anerkennen soll: als *global player*, der in Bezug auf Land und Leute nur seinen eigenen, in der politischen Hierarchie von ganz oben verordneten Spielregeln folgt.[601] Vertreter geisteswissenschaftlicher Disziplinen treten da (noch) wesentlich zurückhaltender auf, was die Betonung und Hervorkehrung eines eigenen Selbstverständnisses angeht. Der anhaltende Strom westlicher Theorieliteratur scheint bislang zu beeindruckend zu sein, als dass man sich ohne weiteres als (geistes-)wissenschaftliche Frontspitze kommunizieren könnte. Gleichwohl gibt es auch hier die Tendenz, das eigene

---

Entwicklungen gesellschaftstheoretisch eineindeutige Bewertungsmöglichkeiten beigestellt werden.

[601] Damit verbunden sieht sich eine Argumentationsstrategie, in der China einen „eigenen Weg" geltend macht. Begründet wird das so, dass die größten transnationalen (Umwelt-)Probleme vom Ausland und *deren* katastrophalen Industrialisierungsfolgen sowie früheren Kolonialisierungsbestreben evoziert wurden. Deshalb müsse man sich nicht vorschreiben lassen, wie die eigene technische Entwicklung, Wirtschafts- und Umweltpolitik zu gestalten sei. China steht u.a. unter starkem Beschuss, was seine Wirtschaftsstrategie auf dem afrikanischen Kontinent angeht. Siehe Bork, Henrik. „Zur Ablenkung auf die Seychellen. Hu Jintao in Afrika: Chinas Präsident sucht auf dem Kontinent nach Rohstoffen für sein energiehungriges Land." In: *Süddeutsche Zeitung* vom 31.1.2007, S. 8; Junger, Sebastian. „Enter China, the Giant." In: *Vanity Fair* 7/2007 (engl. Ausgabe). S. 94–103; Goergen, Marc. „Afrikas neue Herren." In: *Stern* vom 30.8.2007, S. 128–143.

Selbstbewusstsein zu stabilisieren, indem man die „alten Weisen" der vergangenen Geistestradition als Ausweis der philosophischen Kompetenz bemüht, die bereits seit frühester Zeit ganz im Sinne westlicher Vorstellungen bestanden haben soll.[602]

Meiner Ansicht nach kommt dies einer positiven (Eigen-)Diskriminierung sehr nahe. Die Strategie der Anerkennung qua ungerechtfertigter Aufwertung oder Überschätzung wird im übrigen auch von europäischen Kollegen unternommen.[603] Dies geschieht z.B. nach dem Muster, die alte chinesische Denktradition mit Begriffen wie „Individuum", „Individualismus" und „Epistemologie" zu beschreiben oder auch gleich von Konfuzius und Co. als „Subjekten" zu reden. So meint man dem Appell der Gleichrangigkeit des Frem-

---

[602] Feng Youlans (1895–1990) Konstruktion der chinesischen Philosophie nach westlichen Kategorien legte philosophiegeschichtlich gesehen den Grundstein. Die eigene Geistesgeschichte analog in das fremde Korsett von Entwicklungslinien einpassen zu wollen, (um sie so auch dem Westen nahe bringen zu können), ruft jedoch eher eine komparative Schräglage denn eine wirklich ernst zu nehmende (trans-)kulturelle Perspektive hervor. Siehe Feng Youlan. *The spirit of chinese philosophy*. London 1947. Zur Kritik an Feng vgl. Schmidt. *Die Herausforderung des Fremden*. A.a.O., S. 118–122, sowie Pfister, Lauren. „Von den ‚drei Lehren' zur ‚chinesischen Philosophie'. Die moderne Konstruktion des Grundkonzeptes der ‚chinesischen Philosophie' in Feng Youlans verschiedenen chinesischen Philosophiegeschichten." In: *minima sinica* 2/2002. S. 28–66.

[603] Die Verdeutschungen altchinesischer Texte z.B. von Kongzi durch Richard Wilhelm können als doppelsinnig beispielhaft gelten, wie man in der Übersetzung Fremdes zum Spiegelbild der eigenen Tradition macht. Wilhelm übersetzt z.B. den konfuzianisch wichtigen Ausdruck *ren* mit „Humanität". Er ebnet damit die für *ren* konstitutive Bedeutungskomponente der abgestuften, hierarchisch organisierten und in diesem Sinne separativ strukturierten Gemeinschaftlichkeit ein. Westeuropäischen Vertretern eines Universalismus der Kulturen ist zu Beginn des 20. Jahrhunderts damit Tür und Tor geöffnet, Konfuzius als ersten Humanisten Chinas zu hypostasieren. Siehe Wilhelm, Richard. *Kungfutse. Gespräche Lun Yü*. Jena 1910. [Reprint in der Gelben Reihe im Diederichs Verlag, München 2000, 8. Auflage der Neuausgabe].

den genüge zu tun.[604] Es kommt für mich jedoch einer regelrechten Andichtung gleich, wenn man, um ein zweites Beispiel zu nennen, dem technischen Fortschritt der Chinesen gleich ein modernes Wissenschaftsverständnis unterstellt, dass diese bereits im 14. Jahrhundert entwickelt haben sollen. Dem Verständnis vergangener Geschichtsläufe tut dieser normative Übersetzungsegalitarismus, wie sich die Verwendung von westeuropäisch etablierten Begriffen für fremde Denktraditionen nennen ließe, den qualitativen Abbruch im Allgemeinen, wie es dies für das Verstehen der traditionalen Wurzeln und der zeitgenössischen Ordnungskultur Chinas auch im Besonderen tut. Bestimmt gibt es auch jemanden, der den sich an meine Übersetzungsvorschläge anschließenden Auslegungen diesen Vorwurf machen wird. Hier geht es zunächst aber allein um die Frage, wie Verstehen im interkulturellen Kontext überhaupt möglich sein kann. Bis zur sogenannten interkulturellen Philosophie, in der ein gleichrangiger Austausch von Ideen verschiedener Kulturen stattfindet, ist es noch ein weiter Weg. Da ist es eher unproduktiv, Fremdes gleich als so-und-so verfassten Gesprächspartner festzulegen, auch wenn das in „guter Absicht" geschieht.

Angesichts der potentiell unendlich vielen, eigenständigen Verstehensperspektiven bleibt allein die Schlussfolgerung, dass das babylonische Gewirr der gesprochenen und geschriebenen Sprachen nicht Verwirrung stiftet. Vielmehr ist es ein notwendiger Beitrag, im Angesicht der Globalisierung und in diesem Sinne Kanonisierung von Sprachfeldern (z.B. die Wissenschaft) auch so etwas wie Kanones unterlaufende Explikations- und Verstehensmöglichkeiten der eigenen Selbstbefindlichkeit zu wahren. Internationalisierung von Sprach- sowie Begriffsstandards im Wissenschaftsfeld ist nicht gleichbdeutend mit der Kanonisierung von Denkmöglichkeiten und Ordnungsentwürfen. So lange in der fremden chinesischen Land-

---

[604] Siehe Roetz, Heiner. „Philologie und Öffentlichkeit." A.a.O., hier S. 92. Ich sehe mich von Hans-Georg Möllers Kritik unterstützt. Siehe dessen Replik auf Roetz: „Blindes Verständnis. Überlegungen zum Beitrag von Heiner Roetz." In: *Bochumer Jahrbuch*. A.a.O., S. 113–117.

schaft die vorderhand verbindlichen Sprachkodizes in Problemkontexte implementiert werden, wie sie woanders nicht eingestellt worden sind, geht der Kanon einer Fachsprache nicht eineindeutig mit der Kanonisierung von Denkfeldern innerhalb der eigenen Ordnungskultur einher.

Der Prozess der Rezeption (von West nach Ost) und Rück-Übersetzung birgt nun jedoch auch für denjenigen, der das chinesische Fremde verstehen möchte, die Chance, dritte Möglichkeiten wahrzunehmen, die innerhalb der eigenen Unterscheidungen nicht aktualisiert wurden. Die Unmöglichkeit einer absoluten Übersetzung bedeutet deren Notwendigkeit.[605] Und sie wird dadurch möglich, weil die Translation zum schöpferischen Über-Setzen in die eigene Selbstordnung wird. Übersetzungsversuche des Fremden, mit dem man sich bekannt machen will, sind Einsprüche gegen sich selbst als so-und-so verfasstes Selbst – und dies nicht in einem destruktiven, sondern vielmehr schöpferischen, sprich: sich selbst erneut und neu vergegenwärtigenden Sinne. Die Pointe im Übersetzungsvorgang besteht darin, das verstehenwollende und deshalb ein Fremdes übersetzende Selbst sich in seiner Unabgeschlossenheit konkret vorführbar werden zu lassen. Die Sprache des Fremden vermittels der eigenen zu transportieren, läuft darauf hinaus, die mit ihr verbundenen anerkannten Gebrauchsformen dem Anderen der eigenen Existenz „anzufremden". Die eigene Sprache wird einem im Angesicht der Übersetzung und den aufscheinenden andersartigen Sprachformen merkwürdig.

Anfremdung wird bereits in der Diskussion um Fehler und Möglichkeiten von Übersetzungen verwendet.[606] Was ich in diesem Kontext mit dem Begriff hervorheben möchte, ist, dass in der Übersetzung andere, dritte Entscheidungen, Unterscheidungen und wahrgenommene Prioritäten zum Vorschein kommen, die beim

---

[605] Eine absolute Übersetzung wäre nichts anderes als das Original selbst. Siehe Hoffmann. „Aus dem Alltag des Unmöglichen." A.a.O., S. 3.
[606] Siehe z.B. Hoffmann. „Aus dem Alltag des Unmöglichen." A.a.O., S. 13 ff.

(fremd-)verstehenwollenden Selbst in dessen Ordnung zuvor nicht aufgetaucht, weil nicht gewählt worden waren und damit nicht in Gebrauch sind. Übersetzung ist ein Anzeiger für die Inkommensurabilität[607] des Selbst und der Ordnungskulturen untereinander. Übersetzung indiziert und zeigt die Unauflöslichkeit und Unauslöschbarkeit der Perspektivvielfalt an. Einmal mehr lässt sich beispielhaft die „Einheit von Himmel und Mensch" anführen. Die hier implizierte Vorstellung von einer Natur, welche nie im Gegensatz zur einer Kultur stand, sondern Mensch, seine Kenntnis um die Dinge und soziale Praxis innerhalb eines kosmologisch präetablierten Fließgleichgewichts ansiedelt, bildet eine Strategie, den terminologisch unauflöslichen Hiatus von Kultur und Natur zu umgehen, welcher in der westeuropäisch-angelsächsischen Literatur nicht so wahrgenommen wurde.[608]

Übersetzen bedeutet ein Verstehen des Fremden *ex negativo*. Das meint, Fremdes wird als dasjenige verstanden, wofür sich der Übersetzende *nicht* selbst entschieden hat, was er *selbst* alles *nicht* ist – gleichwohl hätte als ein anderes Selbst werden können (in einer Ordnung, die nicht seine ist). Da wo die Übersetzung als Fremdvermittlungs*versuch* reflektiert wird, verbirgt sich hinter ihr nicht (nur) „eine Kultur der machtvollen Integration und der irreversiblen Identifizierung",[609] sondern sie ist in der Lage, Wege der Tradierung und Weisen der Festsetzung von Selbstzuschreibungen vermittels des Fremden transparent werden zu lassen. Indem qua Translation das Fremde übermittelt wird, setzt sich das übersetzende Selbst zugleich in ein neues, verstehendes Verhältnis zu sich selbst. Mit anderen Worten: Indem er zum Fremden überzusetzen versucht, rückt

---

[607] Vgl. das Vorwort des von Alfred Hirsch herausgegebenen Bandes *Übersetzung und Dekonstruktion*. A.a.O. S. 7 ff.
[608] Kultur fasst Natur immer mit ein, sie sind keine entgegengesetzten Pole. Vgl. Schmidt-Glintzer, Helwig. „Vielfalt und Einheit – Zur integrationistischen Tendenz in der Kultur Chinas." In: Paul, Sigrid (Hg.). *„Kultur". Begriff und Wort in China und Japan*. Berlin 1984. S. 123–139. S. 123.
[609] Hirsch. „Kanon und Transkulturalität." A.a.O., S. 142.

der Einzelne zugleich auch näher an sich als dasjenige heran, welches qua Reflexion auf die eigenen Voraussetzungen ein besseres Verständnis von sich selbst und von der Welt gewinnen will.

Um Fremdes keinem Kanon einzupassen und damit wieder nur das eigene Weltverständnis als schlechthin gültig zu begreifen, sind zwei Dinge elementar notwendig, die es in der Übersetzung reflexiv zu berücksichtigen gilt. 1.) Kommunikative Beziehungen haben als das zur Kenntnis genommen zu werden, was die interkulturell gesinnte Hermeneutik heute zu oft als *ad acta* gelegt betrachtet, wenn sie nur oft genug an die Gleichrangigkeit der Verstehensperspektiven appelliert zu haben meint: Kommunikation verfährt nicht neutral, sondern gestaltet sich immer als eine Beziehung mehrerer nicht restlos gleichrangiger Gegenüber. Kommunikation, auch die der Übersetzung eines dem Selbst fremden Textes, verfährt immer asymmetrisch, und zwar deshalb, weil es je eine bestimmte, einzelne Perspektive ist, aus der heraus eine übersetzende Kommunikation angestrengt wird. Deshalb ist es auch so, dass

> „[d]ie sprachliche Beziehung als soziale Begegnung [...] nicht als friedliches oder auch nur neutrales vis-à-vis [gilt]; nicht als eine gerechte Verteilung von kommunikativen Mitteln und noch weniger als individuell freier Gebrauch eines gemeinschaftlichen Sprachfundus."[610]

Im Extremfall bedeutet hier Sprachlosigkeit Existenzlosigkeit, nämlich dann, wenn mit der Übersetzung eineindeutige Vorgaben einer „richtigen" bzw. „legitimen" Sprache gemacht werden, die im Kontext bestimmter Problemfelder anzustrengen sein soll, oder wenn eine Übersetzung ganz und gar ausbleibt.

> „Denn einigermaßen augenfällig ist, daß die Beziehung zwischen zwei Sprachen die Differenz zweier sprachlicher Ordnungen vorsieht. [...] Wenn es sich also um zwei unterschiedliche Ordnungen handelt, dann dürften an den Rändern dieser Ord-

---

[610] Hirsch. „Kanon und Transkulturalität." A.a.O., S. 142.

nungen auch die Grenzen der jeweiligen sprachlichen Gesetze, Regeln und Bedeutungen verlaufen. D. h. an den Grenzen der einzelnen Sprache müßten auch die Grenzen der jeweiligen machtspezifischen Unterscheidungen von legitim und illegitim, kanonisch und kanonfern oder kompetent und inkompetent liegen. An den Grenzen unserer Sprache hört der Einflußbereich jeder anderen Sprache auf. Nicht zuletzt aus diesem Grunde aber liegt es im Interesse der Machtdiskurse einer Sprache und ihrer Sprecher, den Einflußbereich ihrer Sprache auszudehnen oder doch zumindest zu erhalten."[611]

2.) Wenn aber der Übersetzung inhäriert, sprachlich festzulegen und quasi-intrinsisch ausgewählten Ordnungsbereichen zu einem bestimmten (Mehr-)Einfluss zu verhelfen, so kann ein „Lösungsansatz" des Kanonisierungsproblems in der sprachlichen Übersetzung weder darin bestehen, Gleichrangigkeit einfach einzufordern, noch sie zu postulieren bzw. zu unterstellen. Damit allein ist dem konkreten Kommunikationsversuch nicht gedient. Wenn jene durch die Übersetzung ebenso bedingten wie evozierbaren sprachlichen Verstarrungstendenzen untergraben werden sollen, so muss der Übersetzungsvorgang selbst wiederholt werden. Das Übersetzen von der anderen Sprache in die eigene gewinnt genau dann an sprachlichem Reichtum und schützt Sprachen, wenn sich die in ihnen getätigten Unterscheidungen durch eine erneute Translation vorgeführt und unterlaufen sehen. Wiederholen meint kein Holen eines eineindeutigen Sinns im Sinne eines „Nur-wieder-zurückholens" dessen, was bereits einmal da gewesen wäre und vorgängig so und so feststand oder fest bestanden haben würde. Wiederholen als *sich* wiederholende Übersetzung meint eine Reflexion darauf, dass sich jeder Verstehensversuch unweigerlich im Anfangsstadium des Fremdverstehens befindet und letztlich auch darin bleibt.

Hier drängt sich schlussendlich folgende Frage auf: In welcher Weise vermag die Wiederholung des Übersetzens dem verstehenwol-

---

[611] Hirsch. „Kanon und Transkulturalität.". A.a.O., S. 143 f.

lenden Selbst Kommunikationsmöglichkeiten bereitzustellen? Oder inwiefern bringt ein wiederholter Übersetzungsversuch des Fremden vermittels der eigenen Sprache einen kommunikativen *Übersetzungsversuch zum* Fremden auf den Weg? Kann eine Kommunikation *über* das Andere, die in der Übersetzung als einem Kennenlernen seiner entsteht, auch zu einem Kommunikationsversuch *mit* dem Fremden werden?

VIII Neuland, unterwegs

1 Verständigungsversuch(e), induktiv

Es ist ein altes, bislang nicht ausgestorbenes Vorurteil, dass die Gegenwart, in der sich ein Selbst befindet und situiert, stets besser zu verstehen wäre als die Vergangenheit, sei es die eigene oder eine andere. Dasjenige, was der Fremdverstehensversuch in den Blick nehmen will und dem sich der Verstehenwollende nähert, schert sich indessen nicht darum, ob es ein zeitgenössisches oder epochal entferntes Phänomen ist. Es bleibt das nie gänzlich einholbare Andere der verstehenwollenden Existenz. Man sitzt auch einem bis dato gut gepflegten, gleichwohl irre führenden Ideologem auf, wollte man aus einer Internationalisierung oder Globalisierung, allgemeiner gesprochen aus vereinheitlichenden Tendenzen, die z.B. in den wissenschaftlichen Disziplinen aktuell zu beobachten sind, direkte Rückschlüsse auf etwaige kulturell Okkupierte und deren wirkmächtige Okkupanten tätigen. Unterscheidungen von „hegemonialisierender Ordnung" und „zur Seite gedrängter, unterdrückter Ordnung" sind letztlich stereotype Schwarz-Weiß-Kontraste.

Eine Kommunikation mit dem Fremden, zu dem sich der verstehenwollende Einzelne als zu seinem Anderen in einem grundlegenden Verhältnis hin situiert sieht, reibt sich in diesen verhärteten Gegenüberstellungen auf und kommt eher zum Erliegen, als dass sie in Gang gebracht würde oder sogar fortliefe. Ausgehend von diesen Bedenken, die mir als Negativfolie dienen sollen, möchte ich im Folgenden einige Punkte herauszustellen versuchen, worin meines Erachtens eine Kommunikation mit Fremdem bestehen könnte. Wann kann nicht nur von einem Kommunikations- als Verstehensversuch *über* das Fremde die Rede sein, sondern auch von einer Verständigung *mit* ihm? Absicht ist es hier weder, alle möglichen Strategien, in denen sich Kommunikation als solche entfaltet, zu eruieren. Auch wird keine endliche Anzahl von derlei Vorgehensweisen angenommen. In der Bestimmung, was Kommunikation als eine Möglichkeit der Verständigungsvermittlung respektive der gegenseitigen Verständigung zwischen Selbst und Fremdem sein kann, ist das hiesige Vorgehen eher induktiv-tastend denn deduktiv-proklamierend angelegt. Die nachfolgenden Aussagen weisen sich nicht als eine Theorie der (interkulturellen) Kommunikation aus, gleichwohl kommunikationstheoretisch orientierte Thesen aufgestellt werden. Dementsprechend ziehe ich solche Schlüsse, die sich aus einer von vielen Perspektiven ergeben (haben), das meint, welche jeweils Thesen über Kommunikation als Vermittlung dieses hier ausgeführten, konkreten Verstehensversuchs bleiben. Differente Ansätze und unterschiedliche Zielstellungen liegen nicht nur im Bereich des Möglichen, sondern sind Ausdruck der Perspektivvielfalt[612].

Meine Rede schließt strategisch an die im zweiten Teil entwickelten Thesen an. Ich bin der Ansicht, dass im Ausgang von einer Selbstvergegenwärtigung als Analyse der Beziehung eines verstehenwollenden Selbst zum Anderen seiner Existenz prinzipiell die Möglichkeit einer Verständigung mit dem Fremden gegeben ist. Dabei verstehe ich die Vorläufigkeit jeder Übersetzung des Fremden als verbindlichen Wegweiser. Dessen Richtungsangaben gilt es bei der „Kartenhandhabung im Fremdgelände" mit zu berücksichtigen. Was die Erläuterungen zum Kommunikationsbegriff als Terminus der gegenseitigen Verständigung betrifft, so sind die Aussagen zum Übersetzungsgeschehen, um im Bild zu bleiben, der Kompass, der beim Einnorden der Karte helfen soll, die selbst wiederum erst im Entstehen begriffen ist. Mit den hiesigen Überlegungen wird nur ein rudimentärer Aufriss zur Kommunikation zwischen Selbst und

---

[612] Dies dann an anderer Stelle, z.B. anderen Qualifikationsarbeiten, Essays, Romanen, politischen Berichten usw. usf. Schmidt betont ähnlich zur hiesigen Argumentation, dass ein methodologischer (Kultur-)Hermeneutikentwurf daran gebunden ist, „den Verlauf *eines konkreten* Verstehensprozesses nachzuzeichnen". Siehe Schmidt. *Die Herausforderung des Fremden.* A.a.O., S. 13 [Hervorhebung JS].

Fremdem gegeben. Die nachfolgenden Thesen haben propädeutischem Charakter.

2 Offenheit und Kontinuität – Zur Frage der wechselseitigen Kommunikation

Wenn Verstehen im interkulturellen Kontext auch Wege gegenseitiger Verständigung ermöglichen können soll, so ist Kommunikation als jene konkrete Verständigungsvermittlung auf zwei elementare, notwendige Bedingungen angewiesen: zum einen auf eine spezifische Offenheit, zum anderen auf eine Kontinuität in der Vermittlung zwischen Selbst und Fremdem. Zwischen diesen zwei Bedingungen spannt sich der hiesig favorisierte Kommunikationsbegriff auf. Im Folgenden soll er etwas näher ausgeführt werden.

2.1 Im-Gespräch-bleiben als Offenheit

Die Frage nach der Kommunikation, an der sich das Verhältnis von Verstehenwollendem und zu Verstehendem (positiv) erweisen soll, setzt nicht nur aus heuristischen Zwecken eine spezifische Kommunikativität zwischen Selbst und Fremdem voraus. Eingangs hatte ich im Anschluss an Kierkegaards Überlegungen zum verstehenden Selbst herausgestellt, dass dieses sich nicht nur zum Anderen seiner Existenz als dem eigenen Anderssseinkönnen verhält und je relational auf es bezogen ist. Das individuierte Selbst, welches verstehen will, ist auch kommunikativ. Sein konkreter Versuch des Fremdverstehens (als eines Weltverstehens) sieht sich zunächst als persönliches Anliegen der eigenen Lebensverständigung ausgelegt. Das verstehenwollende Selbst genügt sich sprachlich eben nicht selbst, sondern verweist nachgerade auf ein Anderes. Deshalb kreist die Rede vom kommunikativen Selbst im Grunde nicht darum, wie Selbst und Fremdes in die Situation einer Kommunikation hineingelangen. Die Frage ist nicht, ob sie überhaupt Möglichkeiten einer gegenseitigen Verständigung haben. Denn wenn angenommen werden darf, dass der verstehenwollende Einzelne je schon kommunikativ verfasst ist, so folgt daraus, dass er mehr oder weniger, sprich ausdrücklicher oder versteckter, unbewusst oder reflektierend, implizit oder explizit, je „schon drin" ist in einer konkreten Kommunikation mit Fremdem.[613] Die Frage nach einer grundsätzlichen Kommunikationsmöglichkeit mit Fremdem ist etwas irreführend, suggeriert sie doch, dass zwischen Selbst und Anderem genauso gut auch nicht kommuniziert werden könnte.

Die Rede von der Nicht-Kommunikation bzw. einer Kommunikationslosigkeit im Kontext von sozialen Beziehungen kann letztlich nur unzureichender Schluss einer falsch gestellten Frage sein. Hierin ist den zwar unterschiedlich zielgerichteten, aber ähnlich intendierten sprachphilosophischen Überlegungen von sowohl Phänomenologen, Konstruktivisten als auch Pragmatisten zuzustimmen. Waldenfels zeichnet das Antworten und die Responsivität als sprachlich-phänomenalen Grundzug unseres Handelns aus. Luhmann spricht von der Kommunikation als dem Medium, in dem soziale Systeme überhaupt erst verstehen und funktionieren können. Heidegger nennt die Sprache das „Haus des Seins", das Existenz und Verstehen erst ermöglicht. Die Autoren siedeln ihre Aussagen zwar in je unterschiedlichen Problemkontexten an und gelangen zu differenten Einschätzungen über Kommunikationsstrategien als ausgezeichnete, konkrete Weisen der Selbstthematisierung sowie Beschreibung fremder Ordnungskulturen. Alle stellen sie dabei jedoch nie Kommunikation als Grundelement von sozialen Beziehungen in Frage.

Kommunikation und kommunikative Verhältnisse von Selbst und Fremdem sind bzw. werden also nicht etwa deshalb prekär, weil

---

[613] Vgl. Luhmann: die funktionale Differenz in der Relation von Systemselbst und Fremdem im Verstehen ist die Pointe der Kommunikation. Das Selbst versteht nur, indem es kommuniziert und kurzfristig nach Maßgabe der das fremde System auszeichnenden Unterscheidungen Information und Mitteilung „auswertet". S.o. Abschnitt IV 3.1. Waldenfels geht von einem kommunikativen Anspruch aus, den das Fremde erhebt, s.o. Abschnitt III 3.

Kommunikation „an sich" oder auch „per se" versiegen könnte.[614] Selbstverständlich kann es zum Abbruch von konkreten, einzelnen Kommunikationen und also Gesprächen kommen. Sind in einer Diskussion über das Für und Wider beispielsweise der Stärke des trans-zendentalpragmatischen Diskursbegriffs im kulturhermeneutischen Feld alle Argumente ausgetauscht und ist apodiktisch Stellung bezogen worden, wird bei Fortlaufen der Worte nicht mehr (über) das Problem kommuniziert, sondern redundiert.[615] Gilt dem einen ein Lektürekanon als *conditio* des Studiums, will der andere hingegen jede normative Verbindlichkeit abgeschafft sehen, sieht sich die Kommunikation am Ende oft durch das Wiederkäuen der Einstellungen ersetzt. Beim Abbruch der Kommunikation und eines Gesprächs spielt es keine Rolle, ob der eine Kommunikationsteilnehmer zu dumm gewesen sein mag, ein Argument nachzuvollziehen oder ob er oder sie „tatsächlich" das schlechtere Argument hatte[616] – kommt die Diskussion nicht auf neue Felder, Aspekte, Problemstellungen zu sprechen, läuft sie leer. Entscheidend für einen einzelnen Kommunikationsabbruch ist so nicht, ob ein Problem zwischen den Probanden oder vom Verstehenwollenden in der Interpretation des Textes „gelöst" wurde, sondern vielmehr, ob weiterhin ein ausdrückliches Interesse füreinander besteht. Zum Problem können nur konkrete Kommunikationen werden, nämlich wenn sie nicht eine *Offenheit* im Gespräch und eine Offenheit des Gesprächs als kommunikativem Vermittlungsversuch als entscheidend begrei-

---

[614] Sollte dies „der Fall" sein, interessiert die Frage ja überhaupt nicht mehr. Vgl. das Scheinproblem des fallenden Baumes und seines Geräuschs, das niemand hört.

[615] Mit Luhmann gesprochen, haben die Mitteilungen keinen informativen Wert mehr, auf deren Grundlage der Verstehenwollende neue systeminterne Unterscheidungen gebraucht. Vgl. den Schlagabtausch von Roetz und Möller im *Bochumer Jahrbuch*. A.a.O., S. 89–111 und S. 113–117, der von Roetz in der Einleitung des Bandes nochmals befeuert wird, leider frei von (neuen) Argumenten.

[616] Ich mache hier also keine Unterscheidung von „wahrer Kommunikation" und „ideologischer Verblendung".

fen. Kommunikativ „sein" bedeutet im Kontext des Verständigungsversuchs mit einem Fremdkulturellen, „im Gespräch zu *bleiben*".

Ich kann im weiteren keine tiefer gehende Diskussion von Ansätzen anstrengen, die Sprachregeln im allgemeinen und Regeln von Kommunikation zwischen Teilnehmern im besonderen thematisieren. Mit dem Begriff der Offenheit geht es mir weniger darum, Position für oder gegen eine generative Grammatik, Sprechakte, Sprachspiele oder überhaupt Gesetzmäßigkeiten zu beziehen, nach denen Kommunikation als eine Regelganzheit beschrieben werden kann. Was ist stattdessen mit Offenheit gemeint im Kontext des hier interessierenden Problems differenter, untereinander fremder Ordnungskulturen? Offenheit soll darauf hinweisen, dass das Selbst seine Bezüge als einen sich verständigenden „offenen Vollzug" ansieht. Diesen Vollzug gilt es bewusst in Gang zu halten. Kommunikation macht uns zur Aufgabe, Veränderungen der Art, wie wir verstehen, und der Weisen, in welchen uns Fremdes begegnet, nicht nur für möglich zu halten, sondern auch zuzulassen.

Das ist viel leichter gesagt, als es in der Regel umgesetzt wird. Das Bild der Regel hinkt auch. Worum es in der Kommunikation mit Fremdem geht, besteht gerade nicht in gesprächsstrukturierenden Regeln als „code of conduct" des guten Benehmens. Es kommt nicht darauf an, den Ton oder etwaige Zielstellungen einer Kommunikation partout sicher zu stellen. Offene Kommunikation mit Fremdem kann nicht im abgesicherten Modus geführt werden. Dass Kommunikation gelingt, wird höchstens wahrscheinlicher, und zwar durch wiederholte Versuche. Kommunikation ist hier ein Ereignis, dessen Regeln der Herbeiführung sich dem Verstehenwollenden je entziehen, weil stets mehr zu berücksichtigen ist, als in Erfahrung gebracht werden könnte, um den Verständigungsversuch zu steuern. Offenheit, die die Kommunikation im interkulturellen Feld auszeichnet, meint also Ereignishaftigkeit.

Wie oft hat man bei einer Lektüre schon die Erfahrung gemacht, den Text zwar besser, aber nicht wesentlich anders zu verstehen. Der

Text scheint mehr und mehr das zu bestätigen, was ich ohnehin bereits vermutet hatte, die Lektüre ist eher nur eine größere Routine als eine Neuentdeckung. Mit Routine wird hier ein zu einem größeren Programmkomplex gehörendes Teilprogramm gemeint, das ohne Einsatz höherer Bewusstseinsleistungen ausgeübt oder abgespielt werden kann und damit dem Ausführenden und in komplexen Situationen kontrolltechnisch erprobte Handlungssicherheit bereitstellt. Unbestrittenermaßen ist sie, insbesondere was das Alltagsleben betrifft, lebensnotwendig. Für die offene Gestaltung einer auf Fremdkulturelles gerichteten Kommunikation, die in den berühmtberüchtigten Zeiten der Globalisierung womöglich alltäglich werden soll und es alles andere als das ist, legt Routine aber zu sehr bestimmte Abfolgen fest. Routinierte Lektüre geht mit feststehenden Bewandtniszusammenhängen und bis dato üblichen Verstehenseindrücken einher, die vorausgesetzt und im Großen und Ganzen beibehalten werden. Gerade diese gilt es – und damit komme ich auf den eingangs eingeführten Terminus der Offenheit zurück – bewusst zu durchbrechen. Aufgabe ist es, sich von eingespielten Bewegungs- und Verfahrensabläufen der Verständigung zu entfernen.

Es gibt diese Momente, wo sich das zu Verstehende nicht nur besser, sondern von einer gänzlich anderen Seite zeigt – unter der Perspektive einer Frage, die gestellt wird, eines neuen Anwendungskontextes, in den der Text eingefügt ist, oder unter dem Blickwinkel eines neuen Bezugshintergrundes, vor dem der Text wieder zur Hand genommen wird. In der Perspektive des Selbst ist dieses mit den Weisen, das eigene Anderesseinkönnen zu verstehen, „im Gespräch". Eine Frage neu an einen Text stellen zu können und neue Fragen zu stellen, um eine andere konkrete von den unendlichen vielen Seiten des größeren Anderen zu entdecken – das ist es, was ich unter versuchter Kommunikation mit Fremdem verstehe. Hier wird der fremde Text nicht festgelegt auf eine positive Auslegung und vermag so auf die Frage nach dem Anderesseinkönnen auch neue Antworten zu geben. Der Text ist offen, weil er neue Fragen aufwirft. Und sich offen zu halten, ist in diesem Sinne ein Offenhalten des Fremden als eines zu bestimmenden Anderen gegenüber demjenigen, der verstehen will. Eine wechselseitige Verständigungsmöglichkeit besteht vor diesem Hintergrund darin, den unendlich vielen Antwortmöglichkeiten, die ein fremder Text potentiell bereitstellt, weiter nachzuspüren.

Ineins begebe ich mich als Verstehenwollende/r wieder an einen der vielen Anfänge, die das Verstehen des Fremden als Verständigungsversuch mit ihm bereit hält. Der Schriftsteller Wilhelm Genazino (*1943) spricht von einem Rätsel-Charakter der Dinge, die es mittels einer Epiphanie immer wieder an ein *Anfangsverstehen* zu bringen gilt, um sich die Möglichkeit der Neuauslegung qua Umdeutung, damit der Neubegegnung mit der Welt zu erhalten.[617] Ich nehme diesen Gedanken auf, um hier von der Offenheit als Unerwartbarkeit interkultureller Kommunikation und von einer Anfänglichkeit des Fremdverstehens zu sprechen. Wir sollten uns von der Vorstellung verabschieden, dass jede Kommunikation zugleich einen präzise bestimmbaren Beitrag zur Identifikation des Fremden, mit dem wir uns verständigen wollen, mit sich bringen muss. Die Herausforderung der Offenheit, welche Kommunikation im interkulturellen Kontext auszeichnet, besteht darin, dass das Fremde ständig gedeutet werden muss und sich schlussendlich auch nur als ein je Umgedeutetes zeigt.

Die Offenheit des Gesprächs mit Fremdkulturellem bedingt, dass sich Lese- und Verstehenseindrücke übereinander lagern und sich überlagern, ohne dass daraus ein glatt strukturiertes Gewebe werden würde. Stattdessen entsteht in der Wiederholung des Verständigungsversuchs eher so etwas wie ein Patchwork nebeneinander

---

[617] Wohlgemerkt, nicht (Welt) zu sichern. Siehe Genazino, Wilhelm. „Der gedehnte Blick." In: Ders. *Der gedehnte Blick*. München 2004. S. 39–61. S. 50 f. In dem Essayband heißt es wörtlich: „der Rätsel-Charakter der Objekte". Ich habe „Objekte" gegen „Dinge" ausgetauscht, um nicht den Rattenschwanz an Bedeutungen zu übernehmen, den der „Objekt"-Begriff epistemologisch nach sich zieht – dies in der Manier, in der das Genazino bei anderen Termini ähnlich macht.

gestellter Bezugsbilder sowie Frage- und Antwortverhältnisse. Sie bilden eine an den Rändern unabgeschlossene und deshalb flächenmäßig je erweiterbare Decke. Die Decke „existiert" nur so lange, wie sie sich, sich ausfaltend, vergrößert. Interkulturelle Kommunikation „gibt es" demnach nur dann, wenn das Selbst das Fremde als ein sich ihm immer wieder anders Zeigendes, Anders-sein-Könnendes zu verstehen bereit ist. Was Genazino für unseren Bezug auf die Dinge beschreibt, paraphrasiert par excellence die Situation, in der wir uns gegenüber Fremdem befinden. Denke im Folgenden für „Dinge" gleichsinnig „das Fremde":

„Wir wissen, daß *wir* die Dinge mit Bedeutungen anschauen, an denen die Dinge schuldlos sind. Wir können nicht schauen ohne den Drang nach Bedeutung. Wir können aber wissen, daß Bedeutungen kommen und gehen, daß sie aufsteigen und wieder fallen, das heißt, wir wissen, daß Bedeutungen selber Epiphanien sind. [...] Wir haben, mit anderen Worten, nichts anderes hervorgebracht als eine raffinierte Perfektionierung unseres kindlichen Sehens, das [...] immer schon damit zu kämpfen hatte, daß es über die kruden Anfänge eines Verstehens selten hinausgekommen war."[618]

Wir sehen jetzt noch deutlicher, dass wir, weil wir selbst unabgeschlossen sind, durch unsere Perspektive Fremdes je mit Bedeutungen und das Unbestimmbare momentweise mit Bestimmungen zu belegen gezwungen sind, um uns darauf positiv verstehend beziehen zu können. Wir sehen auch, dass das Selbst die Ferne zwischen sich und dem Fremden nicht aufheben kann. Gleichwohl ist es dem Einzelnen möglich, sich mit Fremdem zu verständigen, ohne es zu einem „Eigenen" zu machen, nämlich wenn er Offenheit als letztgültige Unbestimmbarkeit eines jeden Kommunikationsversuchs akzeptiert. Halt geben dem einzelnen Selbst nicht festgelegte Auslegungen des Fremden, denn das ist unmöglich. Es bleibt aber eine

---

[618] Siehe Genazino. „Der gedehnte Blick." A.a.O., S. 54 f. [Hervorhebung vom Autor].

Wiederholung des konkreten Verständigungsversuchs. Sie ist der reaktualisierte Akt des Sich-Vergewisserns über die fluide Beziehung zum Anderen.

2.2 Die Wiederholung – Kontinuität im Versuch

Es ist Kierkegaard, der von der Wiederholung spricht, durch die man sich der Unmöglichkeit eines feststehenden positiven Bezugs auf das Andere vergewissert. Gerade deshalb hält die Wiederholung dem Selbst aber auch diese negative Erkenntnis gegenwärtig und zukünftige Bezüge auf das Andere offen. Denn was sei es schon der Mühe wert, sinniert Kierkegaard eingangs der Problemata in *Furcht und Zittern*, „dasjenige Vergangene in die Erinnerung zu rufen, das nicht zu einem Gegenwärtigen werden kann."[619] Das Selbst versucht Zeit seines Lebens das Andere einzuholen und wiederholend zu reaktualisieren. Damit ist eine ‚Erinnerung nach vorn'[620] in Bildung begriffen, durch die das verstehenwollende Selbst kein anderer wird, sondern in der der Einzelne nichts geringeres als den Prozess des Selbstwerdens als des Sich-Beziehens-auf-das-Andere in Gang hält: „Ich bin wieder ich selbst; hier habe ich die Wiederholung".[621]

Kierkegaard spricht davon, dass die Wiederholung eine Transzendenz ist, weil sie sich auf das Absurde, d.i. den Glauben an Gott im Nichtwissen um ihn bezieht.[622] Ich hatte für den hiesigen Problem-

---

[619] Kierkegaard, Søren [1843]. *Furcht und Zittern*. In: *Gesamtausgabe der Werke in vier Einzelbänden* (Bd. 3). Hg. von Hermann Diem, Walter Rest unter Mitwirkung von Niels Thulstrup und der Kopenhagener Kierkegaard-Gesellschaft. Übers. Günther Jungbluth. München 1976, 2005. S. 205.

[620] Siehe W, S. 329.

[621] W, S. 430.

[622] Siehe W, S. 396. Allgemein verbindliche ethische Direktiven werden dann zugunsten des einzelnen Verhältnisses zum Anderen suspendiert. Die Schrift *Furcht und Zittern* widmet sich der Frage, ob es „eine teleologische Suspension des Ethischen" gibt. Damit ist wieder das Problem verbunden, wie ich als Einzelner vom Absoluten zu reden vermag, wo ich nur qua Sprache (und Begriff) ein Allgemeines ausdrücken kann. Siehe Kierke-

kontext an früherer Stelle vorgeschlagen, in systematischer Anlehnung an Kierkegaards Argumentationsstruktur für „das Andere" die Formel des Fremdkulturellen einzusetzen und damit inhaltlich Kierkegaards Pfad des noch von ihm selbst intendierten religionsphilosophischen Problemfeldes zu verlassen hin zu einer kulturhermeneutischen Fragestellung. Parallel zu Kierkegaards eigener Fragestellung bringe ich an, dass die Wiederholung des Verständigungsversuchs gleichsinnig darauf hinausläuft, im Verhältnis zum Anderen eine neue Verständigungsmöglichkeit zu gewinnen und sich dabei auch in seinem Verhältnis zum Fremdkulturellen neu zurück zu gewinnen.

Wichtig ist hier, dass in der Wiederholung die vergangenen Bezüge auf das Andere nicht *als* vergangen, das meint als abgeschlossen reflektiert werden. Sondern sie sollen als solche begriffen werden, die die Relation von Selbst und Fremdem zu rekreieren, d.h. konkret zu rekonstituieren helfen. Das Selbst ist qua Wiederholung in der Lage, die gegenwärtigen und zukünftigen Bezüge auf das Andere als wirklich Neues und als offenen Prozess zu begreifen.

„Die Dialektik der Wiederholung ist leicht; denn was wiederholt wird, ist gewesen, sonst könnte es nicht wiederholt werden, aber gerade daß es gewesen ist, macht die Wiederholung zu etwas Neuem. [...]; wenn man sagt, das Leben sei eine Wiederholung, dann sagt man: das Dasein, das gewesen ist, entsteht jetzt." (W, S. 351 f.)

Schließlich spricht Kierkegaard von der Wiederholung als jenem Versuch, Kontinuität in der eigenen Existenz herzustellen, indem der Bezug auf das Andere gerade nicht als etwas verstanden wird, was durch eine bestimmbare oder quantifizierbare Vermittlung[623] zu erreichen wäre. Stattdessen erlangt das Selbst in der Wiederholung eine „Gewißheit des Augenblicks". Hier führt die Idee, dass Selbst

---

gaard. *Furcht und Zittern.* A.a.O., S. 244. (Der induktive Ausweg liegt in der Wiederholung des Versuchs.)
[623] In Kierkegaards Worten: „Mediation". W, S. 351.

und Anderes immerzu in Bewegung sind, zu einer Kontinuität in der eigenen Existenz und damit zu einer verstehenden Beziehung mit dem Anderen. Die Wiederholung ermöglicht dem Selbst, die Fluidität des Fremdverstehens als kontinuierlichen Prozess zu begreifen und so trotz Momenthaftigkeit und Punktualität eines positiven Verstehens des Fremden als negativem Bezugsmoment nicht „verlustig zu gehen". Weil die Wiederholung aber auch etwas ist, das in der Vergangenheit gemachte Erfahrungen nicht als „vergangen" beschreibt, sondern als „gegenwartsrelevant", ist die Wiederholung keine „durch Abstumpfung des Beobachtungsvermögens hergestellte Einförmigkeit", sondern sichert nachgerade ein zukunftsfähiges, individuelles Verhältnis zum Anderen. Wiederholend hält das Selbst seine Erkenntnis gegenwärtig, dass das Andere ein immer wieder Umzudeutendes bleibt. Auf diese Weise setzt es zwar nicht das Paradox außer Kraft, das unbestimmbare Fremde momentweise bestimmen zu müssen und dessen Fremdheit dabei nur wieder aufzuschieben. Das Selbst setzt mit der wiederholten Vergegenwärtigung seiner Bezüge aber sich in Kraft, und zwar als denjenigen, dessen Kultur es kommunikativ verständlich zu machen gelingen kann.[624]

Kommunikation mit einem Fremdkulturellen sieht sich in einer doppelten Reflexionsschlaufe umkreist. Zum einen bildet die Offenheit des Gesprächs und der Auslegung durch das Selbst in seinen Bezügen eine Bedingung für die Möglichkeit zu einer wechselseitigen Verständigungsbewegung. Andererseits sieht sich der Kommunikationsversuch mit dem Fremden durch eine wiederholte Selbstvergegenwärtigung des Verstehenwollenden kontinuiert. – Wir gewahren hier noch einmal, dass die Kriterien, um etwas als Kommunikation mit einem Fremden auszuweisen, verhältnismäßig amorph sind. Es werden keine feststehenden Merkmale oder Eigenschaften ersichtlich, die einen Kommunikationsversuch präzise als gelingende, wechselseitige Verständigung bestimmen lassen. Kommunikati-

---

[624] W, S. 330, 387.

on basiert auf der Voraussetzung der Bezughaftigkeit des verstehenwollenden Selbst, ohne das darum diese Voraussetzung selbst je zureichend ausgedeutet oder restlos positiv identifiziert werden könnte.

Die Idee der Kommunikation ist also etwas, das selbst immerzu in Bewegung ist, ohne Angemessenheitsstandards im Umgang mit dem Anderen fixieren zu können. Stattdessen suchen neue Räume, in denen das Fremde als bedeutsames Anderes denkbar wird, kommunikativ eröffnet zu werden. Von Verstarrungstendenzen zu reden, die ein Gespräch bzw. die Kommunikation mit Fremdem laut seiner Kritiker kennzeichnen soll, erübrigt sich hier meines Erachtens. Die Rede über kommunikative Verständigung mit dem Fremden qua Wiederholung meiner Bezüge darauf ist keine Rede, die auf dem Fundament einer einseitigen Herstellungsperspektive[625] fußt. Vielmehr macht sie die Nicht-Herstellbarkeit im Sinne der technisch-regelhaften bzw. -regelbaren Wiederholbarkeit zu ihrem hermeneutischen Ausgangspunkt. Kierkegaard schreibt an einer Stelle in der *Wiederholung*: „Ich kann um mich selbst herumsegeln; aber ich kann nicht über mich hinauskommen, diesen archimedischen Punkt kann ich nicht ausmachen."[626] Man muss hier noch einen Schritt weitergehen. Weil Kommunikation nicht herstellbar ist und weil kein archimedischer Punkt im Beziehungsgeflecht zwischen mir und dem Anderen mehr ausgemacht werden kann, muss ich immer wieder hin und her segeln und immer weiter segeln, um zeitweise auf mich zurückkommen und momentweise beim Anderen ankommen zu können. Die Karte, die hier im Erarbeiten einer Methodologie des Fremdverstehens im Entstehen begriffen ist, wird also immer gerade dann präziser, wenn sie mit all ihren weißen Flecken – dem unsagbaren Fremden – bereits in persönlichem Gebrauch ist und auf das Abenteuer der Unbenennbarkeit hin dennoch neue Ecken aufgesucht werden.

---

[625] Vgl. AR, S. 290.
[626] W, S. 396.

Mit Universalismus als einem phalanxhaft geschlossenen Ganzen, in dessen Gefüge bekannten und fremden Ordnungen ihre Plätze exakt zugewiesen werden, hat dies nun wenig zu tun. Wer verstehen will, gelangt stets nur soweit, wie er seine eigene Perspektive als Prozess der individuellen Selbstvergegenwärtigung und als im Fluss befindlich begreift. Der Universalismus geht hier in einen (epistemologisch) negativ gewendeten Perspektivismus über, dessen Geflecht aus unendlich vielen Kommunikationen als bezughaften wechselseitigen Verweisen von Selbst und vielen Fremdheiten besteht. Das Selbst aber kann sich als einen dieser Blickwinkel verstehen, dem immer wieder neuer Aufschluss über die Welt gegeben wird.

3 Selbstvergewisserung im Progress – Acht Thesen zur Hermeneutik auf interkulturellem Feld (Auch ein Resümee)

> *Das Wartenkönnen, das Wartenmüssen ist die Grundbedingung jedes Verstehens, das Warten ist die Toleranz der unendlichen Vertagung, die das Verstehen vor sich selbst aufbaut. [...] Ich frage mich oft, ob wir das strukturelle Warten nicht selbst schon für das Verstehen halten sollen.*
>
> Wilhelm Genazino, *Der gedehnte Blick*

Es gibt immer mehrere, um nicht zu sagen unendlich viele Gründe, die eine Auseinandersetzung mit einer fremden Kultur durchaus lohnend oder sogar zwingend notwendig erscheinen lassen. Eine Vielzahl souveräner Staaten will heute ihre politischen und ökonomischen Handlungsabsichten steuern und z.B. umwelttechnische Zielvorstellungen eigenständig gestalten. *Per se* ist Kultur hier zwar kein souveränes Subjekt im Sinne eines Staates als juristisch anerkanntem Rechtsträger. Kultur meint zunächst nur den Inbegriff von ordnungsmäßig bindenden Unterscheidungsmustern und überindividuell priorisierten Handlungsstrategien. Es sind aber gerade kulturelle Ordnungen, welche die einzelnen politischen Ordnungsbereiche grundieren und vor deren Hintergrund institutionelle Rechtsträger wie Staaten überhaupt erst ihre (nationale) Identität gewinnen. Die im geopolitischen und geoökonomischen Feld auftretenden staatlichen Akteure sind wiederum vor dem Hintergrund einer jeweiligen Kultur konstituiert worden. So erklärt sich auch, warum heute nicht allein von zwischen*staatlich*en Auseinandersetzungen die Rede ist, sondern insbesondere auch von *kultur*räumlichen Differenzen.[627] Heutzutage sind es jeweils verschiedene Nationen auf verschiedenen Kontinenten, die aufeinander treffen und im staatseigenen Interesse jeweils dieselben Ressourcen für dieselben wirtschaftlichen Expansionsziele zu sichern suchen, um Unabhängigkeit zu erlangen und internationalen Machtgewinn zu verbuchen. Parallel dazu treten national und international agierende Nichtregierungsorganisationen (z.B. Transparency International, WWF, Greenpeace), Handelsverbünde (APEC, OPEC) und politische Institutionen (EU, UNO, Internationaler Gerichtshof in Den Haag) für bestimmte Gruppeninteressen ein. Diese Interessen sehen sich zum einen wiederum von Staaten legitimiert und forciert. Die Gestalt und der Aufgabeninhalt der Organisationen gehen jedoch nicht in deren partiellen nationalen Interessen auf. Die durch zunehmend transnationale Handlungszusammenhänge entstandenen Probleme – Stichworte: Globalisierung des Wirtschafts- und Arbeitsmarktes, global relevante Umweltveränderungen usw. usf. – können nicht mehr ausschließlich auf nationaler oder allein zwischenstaatlicher Ebene behoben werden. Sie fordern *global*

---

[627] Hierzu wird einem wohl auch noch in zehn Jahren eines der meistdiskutierten Bücher einfallen, das aus politikwissenschaftlicher Perspektive explizit die Rede vom „Kampf der Kulturen" bzw. original „Clash der Zivilisationen" führt: Huntington, Samuel P. *The Clash of civilizations and the remaking of world order*. New York 1996. (Dt. Ausgabe: *Kampf der Kulturen. Die Neugestaltung der Weltpolitik im 21. Jahrhundert*. München 1996.)

governance-Entscheidungsstrukturen ein. Das bedeutet: Im Angesicht einer steigenden Zahl von Problemen wie denen des Ressourcenverbrauchs und der nachhaltigen Entwicklung, des Umweltschutzes und der Friedenssicherung oder der Sicherung von Menschen- und Völkerrechten muss angestrebt werden, überstaatliche Entscheidungswege zu legitimieren und trans-nationale Sanktionsmöglichkeiten instanziieren. Ziel ist es, für die im globalen Kontext ganz deutlich auch als kulturelle Dissonanzen wahrnehmbaren Konflikte von Nationen verbindliche Handlungsstrategien zu finden, zu sichern und durchzusetzen. Geschützt werden sollen demnach nicht mehr allein legitime Belange einzelner Nationalstaaten. *Global governance*-Institutionen machen es sich zur Aufgabe, ergebnisorientierte, faire Verständigungsprozeduren zwischen differenten kulturellen Ordnungen einzurichten, auf die nicht zuletzt auch ökonomische, politische und ökologische Meinungsverschiedenheiten zurückgehen.[628]

Zwei Fragen erscheinen an dieser Stelle zunehmend wichtiger und mehr und mehr entscheidend, wo es um mittelfristige, verbindliche Lösungsansätze im globalen Handlungskontext geht: 1) Wie können gemeinschaftsorientierte und die Weltgemeinschaft sichernde Entscheidungen gefällt werden, die über singuläre Staatsinteressen hinweg zugunsten der Weltgemeinschaft tragfähig sind? Diese Frage nach der *Steuerung* des Welt-Gemeinwesens beantworten Sozialwissenschaften und Politik auf einer weltgesellschaftlichen Basis mit trans-national operierenden Institutionen als relevanten Entscheidungsträgern.

---

[628] Siehe dazu Messner, Dirk/Nuscheler, Franz. „Das Konzept Global Governance. Stand und Perspektiven." In: Senghaas, Dieter (Hg.). *Global Governance für Entwicklung und Frieden: Perspektiven nach einem Jahrzehnt*. Bonn 2007, S. 18–80; Mayntz, Renate. „Die Handlungsfähigkeit des Nationalstaats in Zeiten der Globalisierung." In: Heidbrink, Ludger/Hirsch, Alfred (Hg.). *Staat ohne Verantwortung? Zum Wandel der Aufgaben von Staat und Politik.* Frankfurt a.M., New York 2007. S. 267–281.

2) Der Frage nach konkreten, verbindlichen Handlungsstrategien zugrunde liegt jedoch noch eine andere, die den lebensweltlichen Grund der kulturell verfassten Welt-Gesellschaft überhaupt betrifft: Wie kann eine kulturelle Diversität, die die Weltgemeinschaft kennzeichnet und welche das Nebeneinander der Nationen fundiert, erhalten werden, ohne dass einzelne Kulturräume privilegiert würden und ohne dass es zu einer unfairen Verdrängung von Ordnungen kommt? Dieses Phänomens der kulturellen Vielfalt und der Frage nach der Erhaltung von Diversität nehmen sich verstärkt die kulturwissenschaftlich verorteten Fächer an. Dazu zählt auch die Hermeneutik, die sich aufs interkulturelle Feld begibt und sich als eine kulturphilosophische Disziplin aufstellt.

Wenn mir die Frage gestellt wird, welches der disziplinären Ziele wichtiger, dringlicher oder einfach „hehrer" im Anspruch sei – entweder Institutionen-Forschung und *global governance*-Konzepte oder kulturhermeneutische Reflexion auf Welt – dann passe ich bei der Antwort. Mein Anliegen, über Möglichkeiten des Kulturverstehens nachzudenken und eine Methodologie des Fremdverstehens anzudenken, impliziert weder, dass Kulturhermeneutik „besser" oder „höher angelegt" als sozialwissenschaftliche Überlegungen ist, noch speist sich meine Fragestellung aus dem Motiv heraus, kulturhermeneutische Fragen als die einzig hinreichenden Kriteriengeber und anleitenden Parameter für zeitgenössische zwischenkulturelle Verwerfungen zu definieren. Eher stellt es sich für mich so dar, dass die zeitgenössischen Hauptfragen – die nach den Menschenrechten, demokratisch fundierter Rechtsstaatlichkeit, Umweltschutz und einer technologisch basierten und gesicherten Lebensqualität – nur noch auf von einzelnen Nationen unabhängigen Wegen gefunden werden können, und dies mittels vieler verschiedener Disziplinen, die sich in diesem Kontext bei der Suche engagieren.

Andererseits gebe ich zu bedenken, ob Lösungskonzepte auf internationaler und institutioneller[629] Ebene nicht überhaupt erst erfolgreich in konkrete Zusammenhänge implementiert werden können, wenn auch die von ihnen betroffenen einzelnen, je kulturell verorteten Individuen überzeugt werden und ein Verständnis von sich und von dem betroffenen Anderen gewinnen. Zwischenkulturelle Kooperationen, etwa auf dem Feld der Technik, sind notwendig auf eine Vielzahl von Individuen – reflexiv formuliert: ‚Selbsten' – angewiesen. Erfolgreich ausgehandelte Verständigungsprozesse werden meines Erachtens erst dann mittelfristig anerkannt, wenn auch die sie umsetzenden Einzelnen verstehen, dass es unterschiedlichste Möglichkeiten gibt, Welt zu sehen, sich in ihr zu verhalten und zu gestalten. Gerade deshalb rückt Kulturhermeneutik heute mehr und mehr in ein Geschehenszentrum, nämlich weil sie als „kleine Vor-Schule des Problemlösens" überhaupt erst den Sinn für verschiedene Kulturwelten und mit ihr viele auch anders mögliche Lebenshorizonte erfahren und verstehen lässt. Wenn man also Entwicklungsmöglichkeiten im *inter*kulturellen Bereich annimmt, um auf *trans*nationalen Problemfeldern handelnd agieren und steuern zu können, dann muss man offene internationale Verhältnisse auch für möglich halten – und diese Offenheit sicherstellen. Genau dies versucht eine kulturhermeneutische Reflexion auf das Andere, wie ich sie versucht habe aufzuzeigen. Sie geht damit einen von vielen möglichen Wegen gegenseitiger Begegnung.

Die Offenheit des Fremdverstehens und die Kulturverhältnisse charakterisierende existentielle Unabgeschlossenheit legen nahe, zum Ende meiner Argumentationsabfolge weniger eine klassische Zusammenfassung positiver Ergebnisse anzustrengen. Insofern ich meine Überlegungen zum Fremdverstehen in einer Reflexion auf die individuelle Zugangsmöglichkeit zu ihm gewonnen und die kon-

---

[629] Damit ist an dieser Stelle nicht das Gesamt von anerkannten Handlungsrichtlinien gemeint, sondern die durch politische Entscheidungen eingerichteten und qua Verträgen bindenden konkreten Gebilde.

kret-veränderliche Perspektive des Einzelnen als Dreh- und Angel- „Punkt" jeden Fremdverstehens bestimmt habe, will ich zum Schluss erneut einige Thesen aufstellen. Sie sind einerseits Quintessenz meines Zugangs zur Frage des Fremdkulturellen und Fremdverstehens, den ich im Gang der Arbeit gewonnen habe. Andererseits dienen sie als Hypothesen für eine neu in Gang zu setzende Frage nach Möglichkeiten des Verstehens von fremden Kulturen. Frei nach Kierkegaards Weise, sich in der Welt zum Anderen hin zu situieren, kann es kulturhermeneutisch je nur darum gehen, das bisher Verstandene in einen erneuten Begegnungsprozess einmünden zu lassen.

1. These: Kulturhermeneutik ist eine Methodologie, durch die Analyseinstrumentarien für das Verhältnis differenter kultureller Ordnungen entworfen und kritisch reflektiert werden können.

Aus der Perspektive einer Kulturvielfalt verstehe ich die interkulturell orientierte Hermeneutik als die Disziplin, welche nicht nur auf im weitesten Sinne normative Diskrepanzen zwischen Kulturräumen hinweist und diese zu analysieren in der Lage ist. Weil Hermeneutik zwischenkulturelle Probleme explizite auch als Phänomen des Unverstehens bzw. des Missverstehens ausmacht, kann sie als ein *Propädeutikum* fungieren, welches die ganz konkreten, (all-)täglichen Handlungsstrategien der einzelnen Kooperationspartner reflektieren und im Hinblick auf fremde Entscheidungsstrukturen neu bedenken lässt.

Als ein Lehrangebot von Methoden stellt Hermeneutik im Kontext von Verständigungsproblemen unter einzelnen Ordnungen nicht direkte Handlungsstrategien bereit. Vielmehr werden durch das hermeneutische Propädeutikum grundlegende Diskrepanzen von unterschiedlichen Handlungsabsichten reflektiert und Möglichkeiten für neu auszuhandelnde Kooperationen unter den einzelnen Beteiligten aufgezeigt. Was die Kulturhermeneutik im Besonderen auszeichnet, ist nicht primär, dass qua Verstehen unterschiedliche Ordnungen konkret miteinander verhandeln können. Vielmehr vermögen diese Ordnungen als verstehende kulturelle Räume überhaupt erst ein kommunizierbares Verhältnis miteinander zu pflegen. Sie treten sich nicht mehr nur monodimensional als um dieselben Güter etc. konkurrierende Verhandlungspartner gegenüber, sondern sie suchen multiperspektivisch reflektiert in ein Gespräch über eigene und fremde anerkannte Handlungsmuster und die dem zugrunde liegenden ordnungsmäßigen Voraussetzungen einzutreten. Mit anderen Worten, potentielle Verhandlungspartner können zwar nicht die jeweils fremde (kulturelle) Perspektive übernehmen, wohl aber partiell nachvollziehen, anerkennend verstehen lernen und auf diese Weise einen Grundstein für perspektivisch reflektierte, konstruktive Gespräche legen.

Kulturhermeneutik lässt also nicht unmittelbar handeln oder direkt zwischenkulturelle Vorgehensweisen aushandeln. Dagegen setzt sie die beteiligten Perspektiven überhaupt erst in die Lage, unterschiedliche Prioritäten als kulturverhaftet zu verorten und Reflexionsmöglichkeiten auf die Erschließung neuer Kooperationsräume zu finden. Stellt die Kulturhermeneutik also einerseits disziplinengeschichtlich zunächst eine Reaktion auf die zeitgenössischen Verwerfungen dar, welche als wirtschaftliche, ethische und religiöse Diskrepanzen konkreter Kulturräume untereinander zu Tage treten, so sucht sie doch nicht nur darauf zu reagieren. Eher stellt sich die Kulturhermeneutik mit ihren Fragen agierend als methodisch intendierter Entwurf des Problembedenkens und des Neubedenkens von kulturellen Ordnungskonzepten und Ordnungsverhältnissen diesen voran. In diesem Sinne ist Hermeneutik keine Theorie über kulturelle Verhältnisse. Sie ist propädeutische Methodologie von Bedingungen, unter denen man die verschiedenen Konzepte von Kultur, die in einzelnen Kulturen anerkannt sind, erst adäquat thematisieren kann.

2. *These: Bei der Frage nach kultureller Fremde sind Erwartungen, von denen die Kulturhermeneutik getragen wird, zu unterscheiden von Erwartungen, welche die interkulturelle Philosophie oder auch international orientierte Gesellschaftswissenschaften hegen.*

Kulturhermeneutik und interkulturelle Philosophie haben vieles gemeinsam, so etwa jenes beiden Disziplinen zugrunde liegende Interesse für andere Kulturen und fremde Ordnungszusammenhänge. Der Anspruch interkultureller Philosophie geht zum einen jedoch weiter, in anderer Hinsicht wiederum hat sie einen schmaleren Aktionsradius. Als eine Disziplin, die sich im wissenschaftlichen Feld gerade aufzustellen sucht, will die interkulturelle Philosophie Vergleiche und Abwägungen zwischen Argumenten ermöglichen, die aus unterschiedlichen kulturellen Geistesgeschichten stammen. Interkulturell philosophierend, sollen die in einer Kultur aufgegriffenen und erörterten Fragekomplexe kennengelernt, verstanden und in systematischer Diskussionsabsicht zwischen differenten Kulturen fruchtbar gemacht werden. Die vor dem Hintergrund eines bestimmten Kulturraums gestellten Fragen sollen im Verlaufe der Diskussion fremder Theoreme als von einem spezifischen, weil von einem kulturell verorteten Erkenntnisinteresse geleitet ausgewiesen werden. Es ist kontrafaktische Leitidee der interkulturellen Philosophie, über Unterschiede in verschiedenen Argumentationen die *eine* Philosophie als jene Gemeinsamkeiten entdeckende und verbindende Philosophie auszuweisen und schlussendlich eine Symmetrie der differenten philosophischen Traditionen zu gewährleisten. Ein Verstehen des Fremden wird hier vorausgesetzt.

Demgegenüber geht die interkulturelle Hermeneutik einerseits verhaltener vor, weil sie keine verallgemeinerbare Rede über Gemeinsamkeiten und Unterschiede mehrerer Geistesgeschichten führen kann. Was ein Fremdverstehen betrifft, verfährt sie indes methodologisch grundlegender. Interkulturelle Hermeneutik thematisiert die Bedingungen, unter denen vor dem Hintergrund zweier oder mehrerer als eigenständig gedachter (Denk-)Ordnungen überhaupt erst eine vergleichende, Argumente systematisierende Rede angestrengt und das Fremde damit als Fremdes verstanden werden kann. Interkulturelle Hermeneutik führt zunächst also keine philosophische Diskussion *mit* dem Fremden (über ein bestimmtes Thema) oder würde – wie es Aufgabe von Sozial- und Gesellschaftswissenschaften in diesem Feld ist – spezifische Handlungsstrategien zur Koordination unterschiedlicher Interessen erörtern. Sondern sie eruiert methodologisch die Voraussetzungen für eine solche Kommunikation und Koordination. Demnach entwickelt Kulturhermeneutik auch keine im Austausch von verschiedenen Argumentationslinien gewonnene Theorie, sondern bleibt stets nur vorangestellte Prüfung der und Reflexion auf Methoden der Theoriegewinnung, insbesondere jener der eigenkulturellen.

3. These: Die interkulturelle Hermeneutik ist ein konkreter Perspektivismus, der auf Offenheit gegenüber fremden Kulturen setzt und asymmetrische Beziehungen zum Fremden stets miteinschließt.

Wo sich ein Verstehen vor dem Hintergrund einer konkreten Ordnungskultur abspielt und beim einzelnen, kulturhaft verfassten Selbst anhebt, ist Fremdverstehen perspektivisch verortet. Die eigene Perspektive, von der aus verstanden werden will, ist letzthin Anker von Frage und Antwort. In diesem Sinne verfährt kulturhermeneutisches Fragen immer asymmetrisierend, d.h. Sichtweisen auf Welt ungleichmäßig gewichtend. Der Bezug desjenigen, der zu verstehen sucht, bleibt lebensweltlich vorrangig vor dem, das verstanden werden will. Kulturhermeneutik hebt bei der Selbstvergegenwärtigung an, wie sie schlussendlich auch wiederum nur auf die Selbstordnungskritik anstatt eine Kritik an der fremden Kultur zurückzukommen vermag. Sie ist ein nur individuell souveränes Vorbedenken der eigenen Art und Weise, Welt verstehend zu strukturieren, d.h. abgrenzend-unterscheidend einzuteilen und sie damit nachgerade für die eigene Perspektive als Verstandenes zu erschließen.

Die konkrete Frage nach dem Verständnis und der Verwendung von sowie dem Umgang mit Technik wird die interkulturelle Hermeneutik mithin nie als eine techniktheoretische oder moralphilosophische Frage nach systematisch oder pragmatisch eruierbaren Lösungsmöglichkeiten beantworten können. Sie offeriert ihre Antworten allein als Angebote, die sich bewusst sind, ihre argumentative Stärke nachgerade aus den der eigenen Kultur entstammenden Intuitionen, Selbstverständlichkeiten oder der dort üblichen wissenschaftlichen Praxis zu gewinnen. Kriterien für ein transkulturelles „richtiges Verständnis" im Sinne des Handlungsverbindlichkeiten basierenden Verstehens, so etwa den „richtigen Technikumgang", sind demnach notwendig auf der Basis der Fremdverstehensfrage fundiert. Sie stellen jedoch keine hinreichenden Kriterien bereit. Kulturhermeneutik ist dafür da, die diskursiv Beteiligten in einer konkreten Problemlage miteinander ins Gespräch zu bringen und sie darin zu halten. Sie ist nicht zwangsläufig – wie etwa die internationale Politik – auch dafür zuständig, etwaige für mehrere Perspektiven bindende Entscheidungen zu fällen.

4. These: Eine Kulturhermeneutik „gibt es" nur so lange, wie Individuen tatsächlich anderes aus und von anderen Kulturen verstehen wollen und auf diese Weise in einer kommunikativen Praxis stehen.

Wo sie philosophische Methode des Problembedenkens ist, stellt sich Kulturhermeneutik als Gesamt der Verschränkungen tatsächlicher Verstehensversuche und also als Gesamt von Selbstvergegenwärtigungen individuierter Begegnungsweisen im interkulturellen Feld dar. Von Hermeneutik als philosophischer Methode kann immer nur dann die Rede sein, wenn sich mindestens ein Teil der Summe der Verschränkungen aller konkreten Perspektiven auf das Fremde als ein zu Verstehendes explizit thematisiert sieht. So lange die Fremdverstehensfrage sich nicht auch mit einem konkreten Gegenstandsbereich verknüpft sieht und überdem faktisch gestellt wird, setzt man sich keiner dezidiert *kultur*hermeneutischen Frage aus bzw. wird nicht nach fremder Kultur gefragt. Gleichwohl muss sich eine kulturhermeneutische Frage nicht ausschließlich im *inter*kulturellen, sondern kann sich auch im Bereich des *intra*kulturellen Fragens und Antwortens ansiedeln. – Vielmehr noch als eine philosophische Disziplin, über die disziplinintern gesprochen und disziplinentheoretisch verhandelt wird, ist Kulturhermeneutik deshalb eine *Kommunikationspraxis*. Diese kann, muss vom Verstehenwollenden aber nicht ständig auf deren theoretische Grundlagen hin reflektiert werden. Es „gibt" Kulturhermeneutik genau so lange, wie jemand seine verstehenden Vollzüge zu reflektieren sucht, indem er tatsächlich und wirklich eine Fremderfahrung macht. Kulturhermeneutik „ist" immer dann und genau dort, wo sich ein Fremdverstehen konkret entwirft.

5. These: Fremdverstehen evoziert den Wunsch nach Einigkeit, die ins Unendliche aufgeschoben wird. Ob deren Enttäuschung hält der Wunsch zu neuen Verstehensversuchen an.

Weil interkulturelle Hermeneutik immer den Schritt vor der Systematisierung von Argumenten, die aus verschiedenen Ordnungskulturen stammen und je unterschiedlich favorisiert werden, meint, bedeutet Fremdverstehen letztendlich die Vertagung und unendliche Aufschiebung eines Übereinstimmungsverlangens und einer Perspektivenverschmelzung zwischen Verstehenwollendem und unverstandenem Fremden. Kulturhermeneutik kann nie zu einem Rückbau von asymmetrischen Machtverhältnissen und Wissenskanones führen oder allgemeiner den Abbau von faktisch verbindlichen Unterscheidungshierarchien innerhalb einzelner Ordnungen und zwischen verschiedenen Ordnungen bewirken. Wohl aber vermag ein Fremdverstehensversuch deren So-Sein als anerkannte Paradigmata sichtbar zu machen und so zwischenzeitlich die Unterscheidungsmuster in deren Wirkmächtigkeit zu unterminieren. Indem Verständigungsversuche als bestimmte Blickwinkel des Weltdeutens thematisiert werden, bleibt Welt als Einheit ein Versprechen, dessen Einlösung abzuwarten bleibt und nicht mehr erwartet werden darf.

Verstehen, interkulturell, erwächst deshalb einer enttäuschenden Einsicht, nämlich dass im Angesicht einer Vielzahl von Einzelkulturen Einstimmigkeit in lebensweltlich praktischen Belangen wie denen der Politik, der Ökonomie und des Umgangs mit der Natur weder unbedingt noch bedingt längerfristig möglich ist. Dem Verstehenwollenden kann es deshalb nur noch um eine Vielfalt der kulturellen Perspektiven gehen, die im Zeichen des Ähnlichen Annäherung anstrebt, nicht mehr jedoch auch völlig gleiche Sichtweisen supponiert. Das unendliche Warten auf eine gegenseitige Verständigung generiert an dieser Stelle den praktischen Anlass der Suche nach minimalen, Kulturen verbindenden Sittlichkeitspräambeln.

6. These: Wechselseitige Rezeptions- und Übersetzungsbewegungen zeugen davon, dass wir uns auf das Fremde einlassen können, wie nachgerade auch davon, dass das Fremde als ein eigenständiges Anderes uns gegenüber offen ist.

Die Geschichte der kulturellen und interkulturellen Begegnungen wurde in unserer Kultur lange Zeit eigentlich ausschließlich als eine eindirektionale Geschichte des europäisch-angelsächsischen Abendlandes geschrieben, welches fremde Welten forschend erschloss und seine indigenen Vorstellungen von Mensch, Gesellschaft und Umwelt als Fortschritt exportieren wollte. Gleichwohl auch früher schon Exkursionen in die Fremde wie z.B. die christliche Missionsbewegung europäischer Katholiken im chinesischen Kaiserreich des 17. Jahrhunderts unter einer interkulturellen Flagge angesiedelt worden sind, so war der Übersetzungsprozess doch in den meisten Fällen vornehmlich exklusiv aus Richtung „West" nach „Ost" projektiert. Ebenso werden Rezeptionsprozesse wie etwa jener der sozialphilosophischen Ideen am Ende des 19. und zu Beginn des 20. Jahrhunderts (Marx, Bakunin, Kropotkin, Darwin) hierzulande noch vielfach als kulturhistorische Entwicklungen fokussiert, wo das „abendländische Original" sein ostasiatisches „Abbild" und maximal sein zeitversetztes, jedoch nicht wirklich eigenständiges Pendant fand.

Andererseits und geradezu seitenverkehrt sind heute Selbstbehauptungen fremder Kulturräume beobachtbar, die für sich ganz eigene legitime Weltbilder und Umgangsweisen mit Mensch und Gesellschaft stark machen wollen, ohne darauf detaillierter einzugehen (geschweige denn bis auf die eigene lange Tradition gesondert zu rechtfertigen), was genau unter, sagen wir, genuin „russischen" oder auch „besonderen asiatischen Menschenrechten" zu verstehen sein soll. Sollte früher Asien die europäischen Ideen und insbesondere einen „westlichen Fortschritt" als Geschenk empfangen und hinnehmen, so wird hier umgekehrt unbedingte Originalität und Selbständigkeit geltend gemacht und bedingungslos zu akzeptieren eingefordert. – Nun glaube ich weder, dass das bloße Behaupten eines „eigenen Weltbildes" wie auch das einfache Einfordern seiner Akzeptanz hinreichend von einer Originalität oder einem so genannten Eigenen zeugt, noch bin ich davon überzeugt, dass man es im Austausch von unterschiedlichen Weltvorstellungen mit einem Sachverhalt zu tun hat, bei dem das Kriterium des „Fortschritts" zu größerer Transparenz der Problemlage oder gar einem besseren gegenseitigen Verständnis führen würde. Ich bin aber der Ansicht, dass die Einflüsse, denen fremde Kulturen seitens unseres westeuropäischen Raumes bis dato vielfach ausgesetzt waren, wie auch das Interesse, welches sie dabei Europa und europäischer Wissenschaft entgegenbrachten, von einer wesentlich eigenständigeren Offenheit und einer größeren Selbständigkeit gegenüber dem für sie Fremden zeugen, als wir es selbst bemerken.

Bei allen „Unzulänglichkeiten", die man oft an Rezeptionsprozessen der eigenen Ideen zu kritisieren geneigt ist, wenn diese nicht genau so verstanden werden, wie man es selbst intendiert haben mag, ist es gerade die Offenheit fremder Ordnungen gegenüber unserem Kulturraum, die das eigentlich Bemerkenswerte ist. Denn trotz aller Irritation, welche die sich als fortschrittlicher verstehende (westliche) Seite bereits hervorgerufen hat, wird sie von fremden Ordnungen wie der chinesischen gleichwohl stärker noch als „Inspiration" aufgenommen denn als Deformationspotential zu verdrängen versucht. Die chinesische Diskussion über Theorien, die aus Westeuropa stammen, und die Wiederbelebungsversuche der alten chinesischen Tradition zeugen nicht von „vergrätzter Gegenwehr" oder einer Abwehr des Fremden, wie es anderswo – in der Diskussion um Ausländer- und Migrantenquoten, um „Leitkultur" und den „Schutz der eigenen Volksgemeinschaft" – ja weitaus üblicher scheint. Das chinesische Fremde tritt uns mit einer ungleich souveräneren Offenheit und Neugier entgegen und zeugt von einem Willen, sich auf das Andere und sich gegenseitig aufeinander einzulassen, wie dies dem bis dato entwicklungsgeschichtlich immer „begünstigteren" westlichen Kulturraum oftmals noch umso schwerer fällt. Der rege und in den letzten Jahren intensivierte Übersetzungsschwung in der chinesischen Buchlandschaft drückt damit auch deren „kulturelles Verantwortungsbewusstsein" aus, sich Fremdes als Fremdes erst einmal zugänglich zu machen und darauf zuzugehen. Die Übersetzungsbewegungen und Transliterationsimpulse müssen deshalb, so eine der meines Erachtens dringendsten Aufgaben in nächster Zeit, noch weiter forciert werden, und sie müssen in beide Richtungen hin angestrengt werden, um für sich überhaupt die Möglichkeit der Annäherung an das Andere seiner eigenen Existenz – und eben nicht nur dem Anderen seine eigenen Ideen – bereitzustellen.

7. These: Ein mittelfristiges, tragfähiges Miteinander mehrerer kultureller Ordnungen kann es nur auf der Grundlage eines Prinzips der Perspektivvielfalt geben, die erhalten wird.

Die Welt sieht sich nicht erst in jüngster Zeit von Kulturkonflikten geprägt, gleichwenn internationale Kämpfe um Ressourcen und Entwicklungsräume dies womöglich so nahe legen. Unter dem Blickwinkel des kulturellen Selbsterhalts und -schutzes standen einzelne Kulturräume schon mehrere hundert Jahre zuvor unter fremdkulturellen Übergriffen von Außen und haben darunter gelitten, dass ihre eigene Ordnung weniger verständigenswert schien als vielmehr unter eroberungspolitischen Interessen geortet wurde. Die christlichen Kreuzzüge zur Rückeroberung Jerusalems und des „Heiligen Landes" vom 11. bis zum 13. Jahrhundert, die Okkupation Südamerikas im 16. Jahrhundert durch spanische Konquistadoren oder auch das Kolonialisierungswesen westeuropäischer Staaten in Afrika und Asien am Ende des 19. und zu Beginn des 20. Jahrhunderts zeugen davon, dass Kulturräume zwar durchaus als fremde Ordnungen wahrgenommen, aber von polit- und wirtschaftsstrategischen Grenzziehungen durchkreuzt und so letztlich kulturell marginalisiert werden. Ordnungskulturelle Verhältnisse münden deshalb meist in Konflike ein, weil die Kulturen nur unter Maßgabe eines politisch intendierten „Freund-Feind"-Schemas betrachtet werden. Unter dem Paradigma dieser Unterscheidung bedeutet die Lösung eines Kulturenkonflikts dann nur noch entweder Grenzentoleranz qua (aufkündbarer) Bündnisschließung mit dem politischen Freund oder aber Grenzabschaffung qua Bekämpfung und finaler (Ex-)Termination des Feindes. Gleichwohl kulturelle Ansprüche wie der Schutz und Erhalt ethnischer Minoritäten heute auch in politischen Kontexten und Organisationen verhandelt werden, unterstehen politische Grenzziehungen und Grenzmarkierungen auch oft genug nicht der Präambel des unbedingten Erhalts und des unabdingbaren Schutzes von ordnungshaften Existenzweisen.

Ein mittelfristiges Miteinander von Kulturen, die je schon durch ihre Unterscheidungsmuster quasi selbstbegründend in sich ihren hinreichenden (Existenz-)Grund konstituiert haben, lässt sich meines Erachtens nur dann in Aussicht stellen, wenn über realpolitische Konstellationen hinausgehend auf der Grundlage eines *Prinzips der Perspektivvielfalt* viele Ordnungskulturen erhalten werden. Von welcher Idee lässt sich dieses Prinzip leiten? Weder legt es die Frage der geo- oder ökostrategischen Nützlichkeit fremder Ordnungen zugrunde, noch werden Kulturen als „Freunde" – die man schützen will – oder „Feinde" – welche man zerstören muss – positiv identifiziert und schematisiert. Stattdessen formuliert das Prinzip der Perspektivvielfalt unter modernen Bedingungen die Antwort auf die brüchig und uneindeutig gewordene Frage nach der für *alle* verbindlichen Wahrheit und dem Problem des *Konsens* einfordernden guten Handelns. Wo sich die eigenkulturellen Unterscheidungsdichotomien nicht mehr positiv ontologisch oder metaphysisch begründen lassen, ohne dass sogleich Kriege um „die wahre Religion und den richtigen (sprich guten) Glauben" heraufbeschworen werden, wird mit dem Prinzip der Perspektivvielfalt zur Kenntnis genommen, dass letzte Begründungen exklusiver, eigenkultureller Ansprüche nicht mehr möglich sind. Als Ausweg wird ein *kompossibles Nebeneinander* von Wahrheits- und Sittlichkeitsverständnissen angeboten. Ein Miteinander von Kulturen ist möglich, wenn die an einer Problemsituation Beteiligten ihr Nebeneinander als einen an sich und an den jeweils Anderen gerichteten unauslöschlichen Anspruch respektieren. Vielfalterhalt und der Erhalt von Möglichkeiten sind deswegen die grundlegenden Bedingungen, um eigene kulturelle Vorstellungen als legitim auszuweisen und dem Gegenüber als anerkenn*bar* anzubieten. Diese Überlegung mag sich letztlich als eine durch die individuelle Intuition evozierte Idee herausstellen. Dennoch scheint sie auf dem zeitgenössischen Feld der Vielzahl von Kulturen eher auf der Hand zu liegen als ihr Gegenteil, wenn das die Minimierung von kulturellen Selbstentwürfen und Entwurfsangeboten als „besseren" Ausweg aus dem Dilemma des Kulturenkonflikts anbieten zu können meint.

8. These: Qua Verstehen können handlungsverbindliche Unterscheidungsparadigmen einer fremden Kultur in jeweils konkreten Problemkontexten eingeübt werden. Kommunikation, die Handlungsanschlüsse eröffnet, stellt dabei auf kurze Zeit ab.

Eine Kompossibilität des Vielen zum Ausgangspunkt und zur unabdingbaren Grundlage des kulturellen Nebeneinanders nehmend, rekonstituiert und revitalisiert sich im Verstehen immer wieder nur eine Pluralität von Kulturen. Weil kommunikativ eine Vielzahl von Verstehensperspektiven erhalten bleiben soll, ist im Gegenzug dazu wechselseitige Verständigung allein in besonderen Problemkontexten, konkreten Situationen und einzelnen Fällen möglich und so nur kurzfristig einlösbar. In der einzelnen Situation wechselseitigen Verständigungsbegehrens suchen wiederum die handlungsverbindlichen Unterscheidungen und Effektivitätspräambeln von jeweils einer (von mehreren) kulturellen Beteiligten übernommen und eingeübt zu werden. Die in eine Problemlage involvierten ordnungskulturellen Perspektiven müssen immer wieder perspektivübergreifend verbindliche Lösungswege prozessual aushandeln. Wechselseitige Verständigung ist hier nur auf kurze Zeit abgestellt, denn schlussendlich kann es keiner der betroffenen Ordnungskulturen gelingen, auf Dauer fremde Unterscheidungsstrukturen und -dichotomien zu internalisieren. Gelingende Verständigung im Sinne einer verbindlichen, Handlungsziele aufzeigenden und Handlungsstrategien eröffnenden Kommunikation mit Fremdem ist ein eben so seltenes Ereignis, wie es bereits das individuelle Verstehensgeschehen von sich selbst ist.

Literaturverzeichnis

Herausgeberbände werden nur dann einzeln unter dem Namen des Editors aufgeführt, wenn aus dem Band mindestens zwei Aufsätze zitiert werden (ansonsten siehe unter dem Namen des Aufsatzautors).

1) Monographien, Aufsätze, Sammelbände

Akutagawa, Ryūnosuke 芥川龙之介. *Rashomon. Ausgewählte Kurzprosa.* Übers. Jürgen Berndt. Berlin 1975.

Albrecht, Corinna/**Wierlacher**, Alois. „Kulturwissenschaftliche Xenologie." In: **Nünning**, Ansgar/**Nünning**, Vera (Hg.). *Konzepte der Kulturwissenschaften. Theoretische Grundlagen – Ansätze – Perspektiven.* Stuttgart 2003. S. 280–306.

Angehrn, Emil. *Interpretation und Dekonstruktion. Untersuchungen zur Hermeneutik.* Weilerswist 2003.

Apel, Karl-Otto. Artikel „Verstehen". In: *Historisches Wörterbuch der Philosophie* (Bd. 11). Hg. von Gottfried Gabriel, Karlfried Gründer, Joachim Ritter. Basel, Stuttgart 2001. S. 918–1038.

Armbruster, Claudius/**Hopfe**, Karin (Hg.). *Horizont-Verschiebungen. Interkulturelles Verstehen und Heterogenität in der Romania.* Tübingen 1998.

Baecker, Dirk. „Auf dem Rücken des Wals. Das Spiel mit der Kultur – die Kultur als Spiel." In: *Lettre International* 24/1995. S. 24–28 (Auch unter dem Titel „Der blinde Fleck der Kultur." In: *Wozu Kultur?* Berlin ²2001. S. 77–97).

Baecker, Dirk. „Über Verteilung und Funktion von Intelligenz im System." In: **Rammert**, Werner (Hg.). *Soziologie und künstliche Intelligenz.* Frankfurt a.M. 1995. S. 161–186.

Baecker, Dirk. „Der Einwand der Kultur." In: *Berliner Journal für Soziologie* 1/1996. S. 5–14 (Auch in: *Wozu Kultur?* Berlin ²2001. S. 98–111).

Baecker, Dirk. „Gesellschaft als Kultur." In: *Lettre International* 45/1999. S. 56–58 (Auch in: *Wozu Kultur?* ²2001. S. 44–57).

Baecker, Dirk. *Wozu Kultur?* Berlin ²2001.

Baecker, Dirk. „Kulturelle Orientierung." In: **Burkart**, Günter/**Runkel**, Gunter (Hg.). *Luhmann und die Kulturtheorie.* Frankfurt a.M., 2004. S. 58–90.

Baraldi, Claudio/**Corsi**, Giancarlo/**Esposito**, Elena (Hg.). *GLU. Glossar zu Niklas Luhmanns Theorie sozialer Systeme.* Frankfurt a.M. 1997.

Barthes, Roland [1970]. *Das Reich der Zeichen.* Frankfurt a.M. 1981.

Bauer, Wolfgang. *Geschichte der chinesischen Philosophie. Konfuzianismus, Daoismus, Buddhismus.* München 2001.

Benjamin, Walter. „Die Aufgabe des Übersetzers." In: *Gesammelte Schriften* (Bd. IV.1). Hg. von Rolf Tiedemann und Hermann Schweppenhäuser, unter Mitarbeit von Theodor W. Adorno und Gershom Sholem. Frankfurt a.M. 1972–1991. S. 9–21.

Berg, Eberhard/**Fuchs**, Martin (Hg.). *Kultur, soziale Praxis, Text. Die Krise der ethnographischen Repräsentation.* Frankfurt a.M. 1993.

Bernasconi, Robert. „Horror alieni. Auf der Suche nach einem philosophischen Pluralismus." In: **Därmann**, Iris/**Jamme**, Christoph (Hg.). *Fremderfahrung und Repräsentation.* Weilerswist 2002. S. 125–150.

Blume, Georg. „Wird die Welt chinesisch?" In: *Die Zeit* 25/2005 (16. Juni). S. 21–23.

Blume, Georg. „An die Spitze." In: *Die Zeit* 25/2005 (16. Juni). S. 34.

Bochumer Jahrbuch zur Ostasienforschung (Bd. 26). Hg. Fakultät für Ostasienwissenschaften der Ruhr-Universität Bochum. München 2002.

Bork, Henrik. „Zur Ablenkung auf die Seychellen. Hu Jintao in Afrika: Chinas Präsident sucht auf dem Kontinent nach Rohstoffen für sein energiehungriges Land." In: *Süddeutsche Zeitung* vom 31.1.2007, S. 8

Brandes, Georg. *Sören Kierkegaard. Eine kritische Darstellung.* Leipzig 1992.

Breinig, Helmbrecht (Hg.). *Interamerikanische Beziehungen. Einfluß-Transfer-Interkulturalität. Ein Erlanger Kolloquium* (Lateinamerika-Studien, Bd. 27). Frankfurt a.M. 1990.

Brocker, Manfred/**Nau**, Heino (Hg.). *Ethnozentrismus. Möglichkeiten und Grenzen des interkulturellen Dialogs.* Darmstadt 1997.

Buchner, Hartmut (Hg. im Auftrag der Stadt Meßkirch). *Japan und Heidegger. Gedenkschrift der Stadt Meßkirch zum hundertsten Geburtstag Martin Heideggers.* Sigmaringen 1989.

Burkart, Günter/**Runkel**, Gunter (Hg.). *Luhmann und die Kulturtheorie.* Frankfurt a.M., 2004.

Burkart, Günter. „Niklas Luhmann: Ein Theoretiker der Kultur?" In: **Ders.**/**Runkel**, Gunter (Hg.). *Luhmann und die Kulturtheorie.* Frankfurt a.M., 2004. S. 11–39.

Busche, Hubertus. *Leibniz' Weg ins perspektivische Universum. Eine Harmonie im Zeitalter der Berechnung* (Paradeigmata 17). Hamburg 1997.

Butler, Judith. *Hass spricht. Zur Politik des Performativen.* Aus dem Englischen von Kathrina Menke und Markus Krist. Berlin 1998.

Cassirer, Ernst. „Form und Technik." [1930] In: *Symbol, Technik, Sprache.* Hamburg 1985. S. 39–91.

Chen Jingxie. „Changes in the relations between Technological Progress, Enterprises, Science and Technology." In: **König**, Wolfgang u.a. (Hg.). *Technological Development, Society and State. Western and Chinese civilizations in comparison.* Singapur 1991. S. 155–164.

Clam, Jean. „Unbegegnete Theorie. Zur Luhmann-Rezeption in der Philosophie." In: **de Berg**, Henk/**Schmidt**, Johannes F.K. (Hg.). *Rezeption und Reflexion. Zur Resonanz der Systemtheorie Niklas Luhmanns außerhalb der Soziologie.* Frankfurt a.M. 2000. S. 296–321.

Därmann, Iris. „Fremdgehen: Phänomenologische ‚Schritte zum Anderen'." In: Münkler, Herfried (Hg.). *Die Herausforderung durch das Fremde.* Berlin 1998. 461–544.

Därmann, Iris. „Fremderfahrung und Repräsentation. Einleitung." In: **Dies.**/**Jamme**, Christoph (Hg.). *Fremderfahrung und Repräsentation.* Weilerswist 2002. S. 7–46.

Därmann, Iris/**Jamme**, Christoph (Hg.). *Fremderfahrung und Repräsentation.* Weilerswist 2002.

Delhom, Pascal/**Hirsch**, Alfred (Hg.). *Im Angesicht des Anderen. Levinas' Philosophie des Politischen.* Zürich, Berlin 2005.

Deng Shuzeng. „China's Technology Policy and Technology Legislation." In: **König,** Wolfgang u.a. (Hg.). *Technological Development, Society and State. Western and Chinese civilizations in comparison.* Singapur 1991. S. 216–225.

Derrida, Jacques [1967]. *Grammatologie.* Frankfurt a.M. 1974.

Derrida, Jacques. „Die Différance." In: *Randgänge der Philosophie.* Hg. von Peter Engelmann. Übers. Gerhard Ahrens. Wien 1999 (2., überarb. Aufl.). S. 31–56.

Dilthey, Wilhelm [1910]. *Der Aufbau der geschichtlichen Welt in den Geisteswissenschaften.* Eingel. von Manfred Riedel. Frankfurt a.M. 1970.

Duala-M'bedy, Munasu. *Xenologie. Die Wissenschaft vom Fremden und die Verdrängung der Humanität in der Anthropologie.* Freiburg, München 1977.

Ehrlich, Lothar/**Schildt,** Judith/**Specht,** Benjamin (Hg.). *Die Bildung des Kanons. Textuelle Faktoren – kulturelle Funktionen – ethische Praxis.* Weimar 2007.

Eichler, Uta. „Verzweiflung und Selbst. Nachwort." In: **Kierkegaard,** Søren [1849]. *Die Krankheit zum Tode.* Aus dem Dänischen von G. Perlet. Stuttgart 1997. S. 159–173.

Elberfeld, Rolf/**Kreuzer,** Johannes/**Minford,** John/**Wohlfart,** Günter (Hg.). *Komparative Philosophie. Begegnungen zwischen östlichen und westlichen Denkwegen.* München 1998.

Elberfeld, Rolf. *Kitaro Nishida (1870–1945). Moderne japanische Philosophie und die Frage nach der Interkulturalität* (Studien zur Interkulturellen Philosophie, Bd. 10.) Amsterdam, Atlanta 1999.

Elberfeld, Rolf/**Kreuzer,** Johann/**Minford,** John/**Wohlfart,** Günter (Hg.). *Translation und Interpretation* (Schriften der Académie du Midi, Bd. V). München 1999.

Elberfeld, Rolf. „Übersetzung der Kultur – am Beispiel der Übertragung buddhistischer Texte vom Sanskrit ins Chinesische." In: **Ders.** u.a. (Hg.). *Translation und Interpretation* (Schriften der Académie du Midi, Bd. V). München 1999. S. 75–89.

Elberfeld, Rolf. „Überlegungen zur Grundlegung ‚komparativer Philosophie'." In: *Allgemeine Zeitschrift für Philosophie* 1/1999. S. 125–154.

Ellrich, Lutz. „Hat das Verstehen einen Haken? Zur Frage der ‚Beobachtbarkeit' von Sinnkonstitution und Sinnentzug." In: **de Berg**, Henk/ **Prangel**, Matthias (Hg.). *Systemtheorie und Hermeneutik*. Tübingen, Basel 1997. S. 89–116.

Engfer, Jürgen. *Empirismus versus Rationalismus? Kritik eines philosophiehistorischen Schemas*. Paderborn u.a. 1996.

Esterbauer, Reinhold. „Schweigen zwischen Heidegger und Luhmann. Sprachphilosophische Bemerkungen zu den Weltbegriffen beider." In: **Brejdak**, Jaromir/**Ders.**/**Rinofner-Kreidl**, Sonja/**Sepp**, Hans Rainer (Hg.). *Phänomenologie und Systemtheorie*. Würzburg 2006. S. 96–107.

Feng Youlan. *The spirit of chinese philosophy*. Transl. E.R: Hughes. London 1947.

Figal, Günter. „Die Freiheit der Verzweiflung und die Freiheit im Glauben. Zu Kierkegaards Konzeption des Selbstseins und Selbstwerdens in der ‚Krankheit zum Tode'." In: *Kierkegaardiana XIII*. Hg. durch Udgivne af Søren Kierkegaard Selskabet, namentl. Niels J. Cappelørn, Helge Hultberg, Poul Lübcki. Kopenhagen 1994. S. 11–23.

Figal, Günter. *Der Sinn des Verstehens. Beiträge zur hermeneutischen Philosophie*. Stuttgart 1996.

Figal, Günter. „Die Komplexität philosophischer Hermeneutik." In: **Ders.** *Der Sinn des Verstehens. Beiträge zur hermeneutischen Philosophie*. Stuttgart 1996. S. 11–31.

Figal, Günter. „Übersetzungsverhältnisse." In: **Ders.** *Der Sinn des Verstehens. Beiträge zur hermeneutischen Philosophie*. Stuttgart 1996. S. 101–111.

Fischer, Peter. „Zur Genealogie der Technikphilosophie." In: **Ders.** (Hg.). *Technikphilosophie. Von der Antike bis zur Gegenwart*. Leipzig 1996. S. 255–335.

Fuchs, Peter/**Göbel**, Andreas (Hg.). *Der Mensch – das Medium der Gesellschaft?* Frankfurt a.M. 1994.

Gadamer, Hans-Georg [1960]. *Wahrheit und Methode. Grundzüge einer philosophischen Hermeneutik*. Tübingen ⁶1990 (durchgesehene und erweiterte Auflage).

Gadamer, Hans-Georg. Artikel „Hermeneutik." In: *Historisches Wörterbuch der Philosophie* (Bd. 3). Hg. von Joachim Ritter und Karl Gründer. Basel, Stuttgart 1974. S. 1061–1073.

Gamm, Gerhard. *Flucht aus der Kategorie. Die Positivierung des Unbestimmten als Ausgang der Moderne.* Frankfurt a.M. 1994.

Gamm, Gerhard. *Nicht nichts. Studien zu einer Semantik des Unbestimmten.* Frankfurt a.M. 2000.

Gamm, Gerhard/**Hetzel**, Andreas. „Eine zeitgemäss-unzeitgemässe Philosophie der Technik." In: **Diess.** (Hg.). *Unbestimmtheitssignaturen der Technik. Eine Deutung der technisierten Welt.* Bielefeld 2005. S. 9–15.

Gamm, Gerhard/**Hetzel**, Andreas (Hg.). *Unbestimmtheitssignaturen der Technik. Eine Deutung der technisierten Welt.* Bielefeld 2005.

Gander, Hans-Helmuth (Hg.). *Europa und die Philosophie* (Schriftenreihe der Martin-Heidegger-Gesellschaft, Bd. 2). Frankfurt a.M. 1993.

Geertz, Clifford. *Dichte Beschreibung. Beiträge zum Verstehen kultureller Systeme.* Aus dem Amerikanischen von Brigitte Luchesi und Rolf Bindemann. Frankfurt a.M. 1983.

Gehlen, Arnold. *Die Seele im technischen Zeitalter. Sozialpsychologische Probleme der industriellen Gesellschaft.* Hamburg 1957.

Geldsetzer, Lutz/**Hong** Han-ding. *Grundlagen der chinesischen Philosophie.* Stuttgart 1998.

Genazino, Wilhelm. *Der gedehnte Blick.* München 2004.

Geyer, Carl-Friedrich. *Einführung in die Philosophie der Kultur.* Darmstadt 1994.

Goergen, Marc. „Afrikas neue Herren." In: *Stern* vom 30.8.2007, S. 128–143.

Göller, Thomas. *Kulturverstehen. Grundprobleme einer epistemologischen Theorie der Kulturalität und kulturellen Erkenntnis.* Würzburg 2000.

Granet, Marcel. *Das chinesische Denken. Inhalt, Form, Charakter.* München 1963.

Grøn, Arne. *Angst bei Søren Kierkegaard. Eine Einführung in sein Denken.* Stuttgart 1999.

Gu Baogui/**Xue** Zhiwu. „The mechanism of international technology transfer and the related policies of China." In: **König**, Wolfgang u.a. (Hg.). *Technological Development, Society and State. Western and Chinese civilizations in comparison.* Singapur 1991. S. 252–260.

Habermas, Jürgen. *Technik und Wissenschaft als Ideologie.* Frankfurt a.M. 1968.

Hahn, Alois. „Ist Kultur ein Medium?" In: **Burkart**, Günter/**Runkel**, Gunter (Hg.). *Luhmann und die Kulturtheorie.* Frankfurt a.M., 2004. S. 40–57.

Hansen, Chad. *Language and Logic in Ancient China.* Ann Arbor 1983.

Hegel, Georg Wilhelm Friedrich. *Wissenschaft der Logik II.* In: *Werke in 20 Bänden.* Hg. von Eva Moldenhauer und Karl Markus Michel. Frankfurt a.M. 1986.

Heidbrink, Ludger. *Kritik der Verantwortung. Zu den Grenzen verantwortlichen Handelns in komplexen Kontexten.* Weilerswist 2003.

Heidegger, Martin [1927]. *Sein und Zeit.* Tübingen, [18]2001.

Heidegger, Martin [1953/54]. „Aus einem Gespräch von der Sprache. Zwischen einem Japaner und einem Fragenden." In: Ders. *Unterwegs zur Sprache.* [13]2003. S. 83–155.

Heidegger, Martin. *Die Technik und die Kehre.* Pfullingen 1962.

Held, Klaus. „Heimwelt, Fremdwelt, die eine Welt." In: **Orth**, Ernst Wolfgang (Hg. im Auftrag der Deutschen Gesellschaft für phänomenologische Forschung). *Phänomenologische Forschungen, Bd. 24/25. Perspektiven und Probleme der Husserlschen Phänomenologie.* Freiburg i.Br., München 1991. S. 305–337.

Held, Klaus. „Europa und die interkulturelle Verständigung. Ein Entwurf im Anschluß an Heideggers Phänomenologie der Grundstimmungen." In: **Gander**, Hans-Helmuth (Hg.). *Europa und die Philosophie.* Frankfurt a.M. 1993. S. 87–103.

Hellmann, Kai-Uwe. „Fremdheit als soziale Konstruktion. Eine Studie zur Systemtheorie des Fremden." In: **Münkler**, Herfried (Hg.). *Die Herausforderung durch das Fremde.* Berlin 1998. 401–459.

Hirsch, Alfred. *Der Dialog der Sprachen. Studien zum Sprach- und Übersetzungsdenken Walter Benjamins und Jacques Derridas* (Phänomenologische Untersuchungen, Bd. 4). München 1995.

Hirsch, Alfred (Hg.). *Übersetzung und Dekonstruktion.* Frankfurt a.M. 1997.

Hirsch, Alfred. „Kanon und Transkulturalität oder Averroes auf der Suche nach der Komödie." In: **Ehrlich**, Lothar/**Schildt**, Judith/**Specht**, Benjamin (Hg.). *Die Bildung des Kanons. Textuelle Faktoren – kulturelle Funktionen – ethische Praxis.* Weimar 2007. S. 141–152.

Historisches Wörterbuch der Philosophie (Zwölf Bände nebst Registerband). Hg. von Gottfried Gabriel, Karlfried Gründer und Joachim Ritter. Basel, Stuttgart 1971–2007.

Hoffmann, Peter. „Aus dem Alltag des Unmöglichen – Zu Theorie und Praxis des Übersetzens aus dem Chinesischen." Auf http://www.fask.uni-mainz.de/inst/chinesisch/kautz_symposium05_hoffmann.html (Download 23.08.2005).

d'Holbach, Paul-Henri Thiry [1770]. *System der Natur oder von den Gesetzen der physischen und moralischen Welt.* Aus dem Frz. von Fritz-Georg Voigt. Berlin 1960.

Holenstein, Elmar. *Menschliches Selbstverständnis. Ich-Bewußtsein – intersubjektive Verantwortung – interkulturelle Verständigung.* Frankfurt a.M. 1985.

Holz, Hans Heinz. *Gottfried Wilhelm Leibniz. Eine Monographie.* Leipzig 1983.

Honneth, Axel. *Leiden an Unbestimmtheit. Eine Reaktualisierung der Hegelschen Rechtsphilosophie.* Stuttgart 2001.

Horstmann, Axel. „Interkulturelle Hermeneutik – eine neue Theorie des Verstehens?" In: *Deutsche Zeitschrift für Philosophie* 3/1999. S. 427–448.

Hubig, Christoph. *Dialektik und Wissenschaftslogik. Eine sprachphilosophisch-handlungstheoretische Analyse.* Berlin, New York 1978.

Hubig, Christoph. *Handlung – Identität – Verstehen. Von der Handlungstheorie zur Geisteswissenschaft.* Weinheim, Basel 1985.

Hubig, Christoph. „Die Hermeneutik bei Schleiermacher und Dilthey und ihre Bedeutung für die Psychologie." In: **Jüttemann**, Gerd (Hg.).

Wegbereiter der historischen Psychologie. München, Weinheim 1988. S. 70–83.

Hubig, Christoph. *Technik- und Wissenschaftsethik. Ein Leitfaden.* Heidelberg, Berlin u.a. 1993.

Hubig, Christoph. „Verantwortung und Hochtechnologie." In: **Bayertz,** Kurt (Hg.). *Verantwortung – Prinzip oder Problem?* Darmstadt 1995. S. 98–139.

Hubig, Christoph. *Technologische Kultur.* Leipzig 1997.

Hubig, Christoph/**Huning,** Alois/**Ropohl,** Günter (Hg.). *Nachdenken über Technik. Die Klassiker der Technikphilosophie.* (Technik – Gesellschaft – Natur, Bd. 2) Berlin 2000.

Hubig, Christoph. „Macht und Dynamik der Technik – Hegels verborgene Technikphilosophie." In: **Bubner,** Rüdiger (Hg.). *Die Weltgeschichte – das Weltgericht?* (Veröffentlichungen der Internationalen Hegel-Vereinigung, Bd. 22). Stuttgart 2001. S. 335–343.

Hubig, Christoph. „Historische Wurzeln der Technikphilosophie." In: **Ders./Huning,** Alois/**Ropohl,** Günter (Hg.). *Nachdenken über Technik. Die Klassiker der Technikphilosophie.* (Technik – Gesellschaft – Natur, Bd. 2) Berlin 2000. 19–40.

Hubig, Christoph. *Mittel.* Bielefeld 2002.

Hubig, Christoph. „Medialität und Möglichkeit." In: *Scientia Poetica. Jahrbuch für Geschichte der Literatur und der Wissenschaften* Bd. 7/2003. S. 187–209.

Hubig, Christoph. „'Wirkliche Virtualität'. Medialitätsveränderung der Technik und der Verlust der Spuren." In: **Gamm,** Gerhard/**Hetzel,** Andreas (Hg.). *Unbestimmtheitssignaturen der Technik. Eine neue Deutung der technisierten Welt.* Bielefeld 2005. S. 39–62.

Hubig, Christoph/**Rottenburg,** Richard. „Trading zones. Eine zielführende Strategie des Konfliktmanagements im interkulturellen Transfer." In: **Ders./Poser,** Hans (Hg.) *Technik und Interkulturalität. Probleme, Grundbegriffe, Lösungskriterien* (VDI-Report 36). Düsseldorf 2007. S. 221–226.

Huning, Alois. *Das Schaffen des Ingenieurs. Beiträge zu einer Philosophie der Technik.* Düsseldorf 1974.

Huntington, Samuel P. *The Clash of civilizations and the remaking of world order.* New York 1996. (Dt. Ausgabe: *Kampf der Kulturen. Die Neugestaltung der Weltpolitik im 21. Jahrhundert.* Aus dem Amerikanischen von Holger Fliessbach. München 1996.)

Husserl, Edmund [1929/31]. *Cartesianische Meditationen. Eine Einleitung in die Phänomenologie* (= Gesammelte Werke: Husserliana, I). Hg., eingel. von Elisabeth Ströker. Hamburg ³1995.

Husserl, Edmund [1935–36]. „Die Krisis des europäischen Menschentums und die Philosophie." In: **Husserl,** Edmund. *Die Krisis der europäischen Wissenschaften und die transzendentale Phänomenologie. Eine Einleitung in die phänomenologische Philosophie* (=Husserliana, VI). Hg. von Walter Biemel. Den Haag/Dordrecht, Boston, Lancaster 1962. S. 314–349.

Irrgang, Bernhard. *Technologietransfer transkulturell. Komparative Hermeneutik von Technik in Europa, Indien und China.* Frankfurt a.M. 2006.

Jamme, Christoph/**Pöggeler,** Otto (Hg.). *Phänomenologie im Widerstreit. Zum 50. Todestag Edmund Husserls.* Frankfurt a.M. 1989.

Jaspers, Karl. *Die geistige Situation der Zeit.* Berlin und Leipzig 1931.

Jullien, François. *Über die Wirksamkeit.* Berlin 1999.

Jullien, François. *Der Umweg über China. Ein Ortswechsel des Denkens.* Berlin 2002.

Jullien, François. „Eine Dekonstruktion von außen. Von Griechenland nach China, oder: Wie man die festgefügten Vorstellungen der europäischen Vernunft ergründet." In: *Deutsche Zeitschrift für Philosophie* 53/2005. S. 523–539.

Junger, Sebastian. „Enter China, the Giant." In: *Vanity Fair* 7/2007 (engl. Ausgabe). S. 94–103.

Kant, Immanuel [1781/1787]. *Kritik der reinen Vernunft.* In: *Werksausgabe* (Bd. III, IV). Hg. von Wilhelm Weischedel. Frankfurt a.M. ¹⁴2000.

Kant, Immanuel [1784]. „Beantwortung der Frage: Was ist Aufklärung?" In: *Werksausgabe* (Bd. XI). Hg. von Wilhelm Weischedel. Frankfurt a.M. 1968. S. 53–61.

Kant, Immanuel [1784]. „Idee zu einer allgemeinen Geschichte in weltbürgerlicher Absicht." In: *Werksausgabe* (Bd. XI). Hg. von Wilhelm Weischedel. Frankfurt a. M. 1968. S. 33–50.

Kant, Immanuel [1790]. *Kritik der Urteilskraft*. In: *Werksausgabe* (Bd. X). Hg. von Wilhelm Weischedel. Frankfurt a.M. 1968.

Kapp, Ernst [1877]. *Grundlinien einer Philosophie der Technik. Zur Entstehungsgeschichte der Cultur aus neuen Gesichtspunkten*. Braunschweig 1877. (Reprint Düsseldorf 1978.)

Kierkegaard, Søren [1843]. *Die Wiederholung*. In: *Gesamtausgabe der Werke in vier Einzelbänden* (Bd. 3). Hg. von Hermann Diem, Walter Rest unter Mitwirkung von Niels Thulstrup und der Kopenhagener Kierkegaard-Gesellschaft. Übers. Günther Jungbluth. München 1976, 2005.

Kierkegaard, Søren [1843]. *Furcht und Zittern*. In: *Gesamtausgabe der Werke in vier Einzelbänden* (Bd. 3). Hg. von Hermann Diem, Walter Rest unter Mitwirkung von Niels Thulstrup und der Kopenhagener Kierkegaard-Gesellschaft. Übers. Günther Jungbluth. München 1976, 2005.

Kierkegaard, Søren [1844]. *Der Begriff Angst*. Aus dem Dänischen von G. Perlet. Stuttgart 1992.

Kierkegaard, Søren [1844/46]. *Philosophische Brocken. Auch ein Bißchen Philosophie./Abschließende Unwissenschaftliche Nachschrift*. 2 Bde. Aus dem Dänischen von Chr. Schrempf. Jena 1910.

Kierkegaard, Søren [1849]. *Die Krankheit zum Tode*. Aus dem Dänischen von G. Perlet. Stuttgart 1997.

Kimmerle, Heinz. „Die interkulturelle Dimension im Dialog zwischen afrikanischen und westlichen Philosophien." In: **Brocker**, Manfred/**Nau**, Heino (Hg.). *Ethnozentrismus. Möglichkeiten und Grenzen eines interkulturellen Dialogs*. Darmstadt 1997. S. 90–110.

Kimmerle, Heinz/**Mall**, Ram A. (Hg.). *Philosophische Grundlagen der Interkulturalität* (Studien zur interkulturellen Philosophie Bd. 1). Amsterdam, Atlanta 1993.

Kimura, Bin [1972]. *Zwischen Mensch und Mensch. Strukturen japanischer Subjektivität*. Aus dem Japanischen von Elmar Weinmayr. Darmstadt 1995.

Kiss, Gábor. *Grundzüge und Entwicklung der Luhmannschen Systemtheorie.* Stuttgart 1990.

Kneer, Georg/Nassehi, Armin. „Verstehen des Verstehens. Eine systemtheoretische Revision der Hermeneutik." In: *Zeitschrift für Soziologie* 5/1991. S. 341–356.

Kogge, Werner. *Verstehen und Fremdheit in der philosophischen Hermeneutik. Heidegger und Gadamer* (Studien und Materialien zur Geschichte der Philosophie, Bd. 59). Hildesheim u.a. 2001.

Kogge, Werner. *Die Grenzen des Verstehens. Kultur – Differenz – Diskretion.* Weilerswist 2002.

Konersmann, Ralf. „Kultur als Metapher." In: **Konersmann**, Ralf (Hg.). *Kulturphilosophie.* Leipzig ²1998. S. 327–354.

Konersmann, Ralf (Hg.). *Kulturphilosophie.* Leipzig ²1998.

König, Wolfgang/**Poser**, Hans/**Radtke**, Wolfgang/**Schnell**, Welf H. (Hg.). *Technological Development, Society and State. Western and Chinese civilizations in comparison.* Singapur 1991.

Köpping, Klaus-Peter. „Ausgrenzung oder Vereinnahmung? Eigenes und Fremdes aus der Sicht der Ethnologie." In: **Müller**, Siegfried/**Otto**, Hans-Uwe/**Otto**, Ulrich (Hg.). *Fremde und Andere in Deutschland. Nachdenken über das Einverleiben, Einebnen, Ausgrenzen.* Opladen 1995. 179–201.

Kornwachs, Klaus (Hg.). *Technik – System – Verantwortung.* Münster 2004.

Koschorke, Albrecht/**Vismann**, Cornelia (Hg.). *Widerstände der Systemtheorie. Kulturtheoretische Analysen zum Werk von Niklas Luhmann.* Berlin 1999.

Kraft, Volker. *Systemtheorie des Verstehens.* Frankfurt a.M. 1989.

Krause, Detlef. *Luhmann-Lexikon. Eine Einführung in das Gesamtwerk von Niklas Luhmann mit 27 Abbildungen und über 500 Stichworten.* Stuttgart ²1999 (vollst. überarb. Neuauflage).

Kurosawa, Akira 黒泽明. „Akira Kurosawa on *Rashomon*." Auf: Http://www.criterion.com/asp/release.asp?id=138&eid=213&section=essay&page=1 (Letzter Zugriff am am 28.9.2007).

Langenegger, Detlev. *Gesamtdeutungen moderner Technik. Moscovici, Ropohl, Ellul, Heidegger. Eine interdiskursive Problemsicht.* Würzburg 1990.

Leibniz, Gottfried Wilhelm [1686, 1714]. *Monadologie und andere metaphysische Schriften*. Französisch-Deutsche Textausgabe. Übers., hg. von Ulrich Johannes Schneider. Hamburg 2002.

Leibniz, Gottfried Wilhelm [1697]. „Vorwort zu ‚Novissima Sinica'." In: **Hsia**, Adrian (Hg.). *Deutsche Denker über China*. Frankfurt a.M. 1985. S. 9–27.

Leibniz, Gottfried Wilhelm [1710]. *Versuche in der Theodicée über die Güte Gottes, die Freiheit des Menschen und den Ursprung des Übels* (Philosophische Werke in vier Bänden, in Zusammenstellung von Ernst Cassirer, Bd. 4). Übers., mit Anmerkungen versehen von Arthur Buchenau. Hamburg 1996.

Lévi-Strauss, Claude [1962]. *Das wilde Denken*. Aus dem Frz. von Hans Naumann. Frankfurt a.M. ^{12}2004.

Lévi-Strauss, Claude [1971]. *Mythologica I. Das Rohe und das Gekochte*. Aus dem Frz. von Eva Moldenhauer. Frankfurt a.M. ^{6}2000.

Lévinas, Emmanuel. „Die Spur des Anderen." In: Ders. *Die Spur des Anderen*. Freiburg i.Br., München 1983. S. 209–236.

Li Guoguang. „High-Tech Industry and Social Culture." In **König**, Wolfgang u.a. (Hg.). *Technological Development, Society and State. Western and Chinese civilizations in comparison*. Singapur 1991. 127–134.

Li Wan. „China's Strategy of Technology Development and the Reform of Technology Policies." In: **König**, Wolfgang u.a. (Hg.). *Technological Development, Society and State. Western and Chinese civilizations in comparison*. Singapur 1991. 33–45.

Li Wenchao. *Die christliche China-Mission im 17. Jahrhundert. Verständnis, Unverständnis, Mißverständnis. Eine geistesgeschichtliche Studie zum Christentum, Buddhismus und Konfuzianismus* (Studia Leibnitiana Supplementa 32). Stuttgart 2000.

Li Wenchao/**Poser**, Hans (Hg.). *Das Neueste über China. G.W. Leibnizens Novissima Sinica von 1697* (Studia Leibnitiana Supplementa 33). Stuttgart 2000.

Li Wenchao. „Dekanonisierung der traditionellen Wissensordnung in China oder wie es zur Erfindung einer chinesischen Philosophie kam." In: **Ehrlich**, Lothar u.a. (Hg.). *Die Bildung des Kanons. Textuelle Faktoren – kulturelle Funktionen – ethische Praxis*. Weimar 2007. S. 173–185.

Liang Shihe. „Technological Process and Structural Change in Industry." In: **König,** Wolfgang u.a. (Hg.). *Technological Development, Society and State. Western and Chinese civilizations in comparison.* Singapur 1991. 180–189.

Lohmar, Dieter. „Intersubjectivity and the meeting of cultures. A critique of the hermeneutics of the ‚strict analogy'." In: **Schneider,** Notker u.a. (Hg.). *Einheit und Vielfalt. Das Verstehen der Kulturen.* Amsterdam, Atlanta 1998. S. 195–211.

Luhmann, Niklas. „Die Unwahrscheinlichkeit der Kommunikation." In: **Ders.** *Soziologische Aufklärung 3. Soziales System, Gesellschaft, Organisation.* Opladen 1981. S. 25–34.

Luhmann, Niklas [1984]. *Soziale Systeme. Grundriß einer allgemeinen Theorie.* Frankfurt a. M. ⁷1999.

Luhmann, Niklas [1986]. *Ökologische Kommunikation. Kann die moderne Gesellschaft sich auf ökologische Gefährdungen einstellen?* Opladen ³1990.

Luhmann, Niklas. „Systeme verstehen Systeme." In: **Ders./Schorr,** Karl Eberhard (Hg.). *Zwischen Intransparenz und Verstehen. Fragen an die Pädagogik.* Frankfurt am Main, 1986. S. 72–117.

Luhmann, Niklas. *Die Wissenschaft der Gesellschaft.* Frankfurt a.M. 1992.

Luhmann, Niklas. *Beobachtungen der Moderne.* Opladen 1992.

Luhmann, Niklas. „Die Tücke des Subjekts und die Frage nach dem Menschen." In: **Fuchs,** Peter/**Göbel,** Andreas (Hg.). *Der Mensch – das Medium der Gesellschaft?* Frankfurt a.M. 1994. S. 40–56. (Auch in: **Luhmann,** Niklas. *Soziologische Aufklärung 6. Die Soziologie und der Mensch.* Opladen 1995. S. 155–169.)

Luhmann, Niklas. *Soziologische Aufklärung 6. Die Soziologie und der Mensch.* Opladen 1995.

Luhmann, Niklas. „Was ist Kommunikation?" In: **Ders.** *Soziologische Aufklärung 6. Die Soziologie und der Mensch.* Opladen 1995. S. 113–124.

Luhmann, Niklas. „Wie ist Bewußtsein an Kommunikation beteiligt?" In: **Luhmann,** Niklas. *Soziologische Aufklärung 6. Die Soziologie und der Mensch.* Opladen 1995. S. 37–54.

Luhmann, Niklas. „Dekonstruktion als Beobachtung zweiter Ordnung." In: **de Berg**, Henk/**Prangel**, Matthias (Hg.). *Differenzen. Systemtheorie zwischen Dekonstruktion und Konstruktivismus*. Tübingen, Basel 1995. S. 9–35.

Luhmann, Niklas. *Die neuzeitlichen Wissenschaften und die Phänomenologie.* Wien 1996.

Luhmann, Niklas. *Protest. Systemtheorie und soziale Bewegungen.* Hg. von Kai-Uwe Hellmann. Frankfurt a.M. ²1997.

Luhmann, Niklas [1997]. *Die Gesellschaft der Gesellschaft* (2 Bde.) Frankfurt a.M. 2002.

Luhmann, Niklas. „Kultur als historischer Begriff." In: **Ders.** *Gesellschaftsstruktur und Semantik. Studien zur Wissenssoziologie der modernen Gesellschaft 4*. Frankfurt a.M. 1999. S. 31–54.

Luhmann, Niklas. *Einführung in die Systemtheorie*. Hg. von Dirk Baecker. Heidelberg 2002.

Ma Jiyong. „The Development of Mankind and the New Technology Policy." In: **König**, Wolfgang u.a. (Hg.). *Technological Development, Society and State. Western and Chinese civilizations in comparison*. Singapur 1991. S. 196–204.

Mall, Ram A. „Begriff, Inhalt, Methode und Hermeneutik der interkulturellen Philosophie." In: **Kimmerle**, Heinz/**Ders.** (Hg.). *Philosophische Grundlagen der Interkulturalität*. Amsterdam, Atlanta 1993. S. 1–28.

Mall, Ram A. „Interkulturelle Philosophie und Historiographie." In: **Brocker**, Manfred/**Nau**, Heino (Hg.). *Ethnozentrismus. Möglichkeiten und Grenzen des interkulturellen Dialogs*. Darmstadt 1997. S. 69–89.

Marcuse, Herbert. *One-dimensional Man*. Boston (Mass.) 1964.

Marquard, Odo. „Frage nach der Frage, auf die die Hermeneutik die Antwort ist." In: Ders. *Abschied vom Prinzipiellen. Philosophische Studien*. Stuttgart 2000. S. 117–147.

Marx, Karl. *Das Kapital. Kritik der politischen Ökonomie. Der Produktionsprozess des Kapitals* (= Bd. 23). In: **Ders.**/**Engels**, Friedrich. *Werke* (MEW). In 39 Bänden und Werkverzeichnis. Berlin ²²1977 [Werke 1956–].

Matthes, Joachim. „Kulturvergleich: Einige methodologische Anmerkungen." In: **Breinig**, Helmbrecht (Hg.). *Interamerikanische Beziehungen.*

Einfluß-Transfer-Interkulturalität. Ein Erlanger Kolloquium (Lateinamerika-Studien, Bd. 27). Frankfurt a.M. 1990. S. 13–24.

Matthes, Joachim. „The Operation called ‚Vergleichen'." In: **Ders.** (Hg.). *Zwischen den Kulturen? Die Sozialwissenschaften vor dem Problem des Kulturvergleichs*. Göttingen 1992. S. 75–99.

Matthes, Joachim (Hg.). *Zwischen den Kulturen? Die Sozialwissenschaften vor dem Problem des Kulturvergleichs*. Göttingen 1992.

Di Mauro, Tullio/**Formigari**, Lia (Hg.). *Leibniz, Humboldt, and the origins of comparativism*. Amsterdam, Philadelphia 1990.

Mayntz, Renate. „Die Handlungsfähigkeit des Nationalstaats in Zeiten der Globalisierung." In: **Heidbrink**, Ludger/**Hirsch**, Alfred (Hg.). *Staat ohne Verantwortung? Zum Wandel der Aufgaben von Staat und Politik*. Frankfurt a.M., New York 2007. S. 267–281.

Messner, Dirk/**Nuscheler**, Franz. „Das Konzept Global Governance. Stand und Perspektiven." In: **Senghaas**, Dieter (Hg.). *Global Governance für Entwicklung und Frieden: Perspektiven nach einem Jahrzehnt*. Bonn 2007, S. 18–80.

La Mettrie, Julien Offray de. *Der Mensch eine Maschine*. (Frz.-dt. Ausgabe) Aus dem Frz. von Theodor Lücke. Leipzig 1984.

Meyer-Abich, Klaus Michael. *Wege zum Frieden mit der Natur. Praktische Naturphilosophie für die Umweltpolitik*. München 1984.

Mittag, Achim. „‚Offensive Expansion' und ‚innere Kolonisation' – das Fallbeispiel China. Zu den Voraussetzungen der Expansion des chinesischen Großreichs (17.–19. Jh.) im historischen Denken und geographisch-ethnographischen Wissen der mittleren und späten Ming-Zeit (16.–17. Jh.)." In: **Dürr**, Renate/**Engel**, Gisela/**Süßmann**, Johannes (Hg.). *Expansionen in der Frühen Neuzeit*. Berlin 2004 (Zeitschrift für historische Forschung. Beiheft Nr. 34). S. 69–95.

Möller, Hans-Georg. „Blindes Verständnis. Überlegungen zum Beitrag von Heiner Roetz." In: *Bochumer Jahrbuch zur Ostasienforschung*, Bd. 26. München 2002. S. 113–117.

Moritz, Ralf. „Begriff und Geschichte – Ein Beitrag zu Zhu Xi." In: **Hammer**, Christiane/**Führer**, Bernhard (Hg.). *Tradition und Moderne. Religion, Philosophie und Literatur in China*. Dortmund 1997. S. 83–98.

Mu Gongqian. „The status and role of government in technological progress." In: König, Wolfgang u.a. (Hg.). *Technological Development, Society and State. Western and Chinese civilizations in comparison. Singapur 1991.* S. 64–72.

Münkler, Herfried (Hg.). *Die Herausforderung durch das Fremde.* Berlin 1998.

Musil, Robert [1930–1952]. *Der Mann ohne Eigenschaften* (2 Bde., Roman und Nachlass). Hg. von Adolf Frisé (1978). Reinbek bei Hamburg 1987.

Nakamura, Hajime. *Ways of thinking of eastern peoples. India, China, Tibet, Japan.* London 1997 (rev. ed.).

Nakamura, Yoshiro. *Xenosophie. Bausteine für eine Theorie der Fremdheit.* Darmstadt 2000.

Needham, Joseph. *Science and Civilization in China* (12 Bde.). Cambridge 1954–.

Needham, Joseph. *Wissenschaftlicher Universalismus. Über Bedeutung und Besonderheit der chinesischen Wissenschaft.* Hg., eingel. und übers. Tilman Spengler. Frankfurt a.M. 1977.

Nietzsche, Friedrich. „Ueber Wahrheit und Lüge im außermoralischen Sinne." In: *Kritische Studienausgabe* (KSA, Bd. 1). Hg. von Giorgio Colli und Mazzino Montinari. München 1999. S. 873–890.

Perkins, Franklin. „The Theoretical Basis of Comparative Philosophy in Leibniz' Writings of China." in: **Li** Wenchao/**Poser**, Hans (Hg.). *Das Neueste über China. G.W. Leibnizens Novissima Sinica von 1697.* Stuttgart 2000. S. 275–293.

Perkins, Franklin. *Leibniz and China. A commerce of light.* Cambridge 2004.

Perpeet, W. Artikel „Kultur, Kulturphilosophie." In: *Historisches Wörterbuch der Philosophie* (Bd. 4). Hg. von Joachim Ritter u.a. Basel, Stuttgart 1976. S. 1309–1324.

Pfister, Lauren. „Von den ‚drei Lehren' zur ‚chinesischen Philosophie'. Die moderne Konstruktion des Grundkonzeptes der ‚chinesischen Philosophie' in Feng Youlans verschiedenen chinesischen Philosophiegeschichten." In: *minima sinica* 2/2002. S. 28–66.

Poser, Hans. „Leibnizens *Novissima Sinica* und das europäische Interesse an China." In: **Li** Wenchao/**Ders.** (Hg.). *Das Neueste über China. G.W. Leibnizens Novissima Sinica von 1697* (Studia Leibnitiana Supplementa 33). Stuttgart 2000. S. 11–28.

Rapp, Friedrich. „The Historical Development of the Philosophy of Technology in Germany." In: **König**, Wolfgang u.a. (Hg.). *Technological Development, Society and State. Western and Chinese civilizations in comparison.* Singapur 1991. S. 92–98.

Rapp, Friedrich (Hg.). *Technik und Kultur. Technik und Philosophie* (Lexikon in 10 Bdn.; Bd. 1). Düsseldorf 1990.

Reckwitz, Andreas. „Kulturtheorie, Systemtheorie und das sozialtheoretische Muster der Innen-Außen-Differenz." In: *Zeitschrift für Soziologie* 1/1997. S. 317–336.

Reckwitz, Andreas. „Die Logik der Grenzerhaltung und die Logik der Grenzüberschreitungen: Luhmann und die Kulturtheorien." In: **Burkart**, Günter/**Runkel**, Gunter (Hg.). *Luhmann und die Kulturtheorie.* Frankfurt a.M., 2004. S. 213–240.

Rodi, Frithjof. *Erkenntnis des Erkannten. Zur Hermeneutik des 19. und 20. Jahrhunderts.* Frankfurt a.M. 1990.

Roetz, Heiner. „Philologie und Öffentlichkeit. Überlegungen zur sinologischen Hermeneutik." In: *Bochumer Jahrbuch zur Ostasienforschung*, Bd. 26. München 2002. S. 89–111.

Rohbeck, Johannes. *Technologische Urteilskraft. Zu einer Ethik technischen Handelns.* Frankfurt a.M. 1993.

Rohrmoser, Günter [1966]. „Kierkegaard und das Problem der Subjektivität." In: **Schrey**, Heinz-Horst (Hg.). *Sören Kierkegaard.* Darmstadt 1971. S. 400–427.

Ropohl, Günter. *Eine Systemtheorie der Technik. Zur Grundlegung der allgemeinen Technologie.* München, Wien 1979.

Rorty, Richard. *Eine Kultur ohne Zentrum. Vier philosophische Essays.* Dt. von Joachim Schulte. Stuttgart 1993.

Rorty, Richard. „Ist Naturwissenschaft eine natürliche Art?" In: Ders. *Eine Kultur ohne Zentrum.* Stuttgart 1993. S. 13–47.

Rorty, Richard. „Heidegger, Kundera und Dickens." In: Ders. *Eine Kultur ohne Zentrum*. Stuttgart 1993. S. 72–103.

Rorty, Richard. „Rationalität und kulturelle Verschiedenheit." In: Ders. *Wahrheit und Fortschritt*. Frankfurt a.M. 2000. S. 269–290.

Sakai Kiyoshi. „Leibnizens Chinologie und das Prinzip der *analogia*." In: **Li** Wenchao/**Poser**, Hans (Hg.). *Das Neueste über China. G.W. Leibnizens Novissima Sinica von 1697*. Stuttgart 2000. S. 258–274.

Schirrmacher, Frank. „Rumsfelds Kunst. Die poetische Sprache des Pentagons: sechs Gedichte des amerikanischen Verteidigungsministers." In: *Frankfurter Allgemeine Zeitung* vom 8. April 2003, S. 39 (Übersetzung: Joachim Kalka).

Schleiermacher, Friedrich Daniel Ernst. *Hermeneutik und Kritik*. Hg. und eingel. von Manfred Frank. Frankfurt a.M. 1977.

Schmidt, Stephan. *Die Herausforderung des Fremden. Interkulturelle Hermeneutik und konfuzianisches Denken*. Darmstadt 2005.

Schmied-Kowarzik, Wolfdietrich/**Stagl**, Justin (Hg.). *Grundfragen der Ethnologie. Beiträge zur gegenwärtigen Theorie-Diskussion*. Berlin 1980.

Schmidt-Glintzer, Helwig. „Vielfalt und Einheit – Zur integrationistischen Tendenz in der Kultur Chinas." In: **Paul**, Sigrid (Hg.). *„Kultur". Begriff und Wort in China und Japan. Symposion des Forschungskreises für Symbolik, Salzburg, vom 25.–27.6.1982*. Berlin 1984. S. 123–139.

Schneider, Notker/**Lohmar**, Dieter/**Ghasempour**, Morteza/**Scheidgen**, Hermann-Josef (Hg.). *Philosophie aus interkultureller Sicht. Philosophy from an Intercultural Perspective* (Studien zur interkulturellen Philosophie Bd. 7). Amsterdam, Atlanta 1997.

Schneider, Notker/**Mall**, Ram A./**Lohmar**, Dieter (Hg.). *Einheit und Vielfalt. Das Verstehen der Kulturen* (Studien zu Interkulturellen Philosophie Bd. 9). Amsterdam, Atlanta 1998.

Schneider, Wolfgang Ludwig. „Hermeneutik sozialer Systeme. Konvergenz zwischen Systemtheorie und philosophischer Hermeneutik." In: *Zeitschrift für Soziologie* 6/1992. S. 420–439.

Schnell, Welf. *Technik und Technikbegriff in der Volksrepublik China*. Berlin (ohne Jahresangabe).

Schrey, Heinz-Horst (Hg.). *Sören Kierkegaard*. Darmstadt 1971.

Schulz, Walter [1957/1967]. „Sören Kierkegaard. Existenz und System." In: **Schrey**, Heinz-Horst (Hg.). *Sören Kierkegaard*. Darmstadt 1971. S. 297–323.

Sequeira, A. Ronald. „Wohin mit dem Absoluten? Ist ein interkultureller Dialog der Philosophien noch möglich?" In: **Fornet-Betancourt**, Raúl (Hg.). *Unterwegs zur interkulturellen Philosophie. Dokumentation des II. Internationalen Kongresses für Interkulturelle Philosophie* (Denktradition im Dialog: Studien zur Befreiung und Interkulturalität, Bd. 4). Frankfurt a.M. 1998. S. 106–129.

Shimada, Shingo. *Grenzgänge – Fremdgänge. Japan und Europa im Kulturvergleich*. Frankfurt a.M., New York 1994.

Shimada, Shingo/**Straub**, Jürgen. „Relationale Hermeneutik im Kontext interkulturellen Verstehens. Probleme universalistischer Begriffsbildung in den Sozial- und Kulturwissenschaften – erörtert am Beispiel ‚Religion'." In: *Deutsche Zeitschrift für Philosophie* 3/1999. S. 449–477.

Sepp, Hans-Rainer. „Homogenisierung ohne Gewalt? Zu einer Phänomenologie der Interkulturalität im Anschluß an Husserl." In: **Schneider**, Notker u.a. (Hg.). *Philosophie aus interkultureller Sicht. Philosophy from an Intercultural Perspective*. Amsterdam, Atlanta 1997. S. 263–275.

Siemons, Mark. „Nehmt euch ein Beispiel an der Schraube. Man muß in Peking nur auf die Straße gehen, und überall sieht man das revolutionäre Drehmoment: Was werden wir von den Chinesen lernen?"In: *Frankfurter Allgemeine Zeitung* 24.11.2005. S. 33.

Simon, Josef/**Stegmaier**, Werner (Hg.). *Fremde Vernunft. Zeichen und Interpretation IV*. Frankfurt a.M. 1998.

Spencer Brown, George. *Laws of Form*. New York 1972.

Spiewak, Martin. „Alle Macht geht vom Forscher aus." In *Die Zeit* 25/2005 (16. Juni). S. 33.

Stagl, Justin. „Die Beschreibung des Fremden in der Wissenschaft." In: **Duerr**, Hans Peter (Hg.). *Der Wissenschaftler und das Irrationale. Erster Band: Beiträge aus Ethnologie und Anthropologie*. Frankfurt a.M. 1981. S. 273–295.

Stagl, Justin. „Szientistische, hermeneutische und phänomenologische Grundlagen der Ethnologie." In: **Schmied-Kowarzik**, Wolfdietrich/**Stagl**, Justin (Hg.). *Grundfragen der Ethnologie. Beiträge zur gegenwärtigen Theorie-Diskussion*. Berlin 1980 S. 1–38.

Stagl, Justin. „Eine Widerlegung des kulturellen Relativismus." In: **Matthes**, Joachim (Hg.). *Zwischen den Kulturen? Die Sozialwissenschaften vor dem Problem des Kulturvergleichs*. Göttingen 1992. S. 145–166.

Stegmaier, Werner. *Substanz. Grundbegriff der Metaphysik* (Reihe problemata, Bd. 63). Stuttgart-Bad Cannstatt 1977.

Stenger, Georg. „Interkulturelle Kommunikation. Diskussion – Dialog – Gespräch." In: **Schneider**, Notker u.a. (Hg.). *Philosophie aus interkultureller Sicht. Philosophy from an Intercultural Perspective*. Amsterdam, Atlanta 1997. S. 289–315.

Stenger, Georg. „Phänomenologische Methode und Interkulturelle Philosophie." In: **Schneider**, Notker u.a. (Hg.). *Einheit und Vielfalt. Das Verstehen der Kulturen*. Amsterdam, Atlanta 1998. S. 167–182.

Stenger, Georg. „Übersetzen übersetzen. Zur Phänomenologie des Übersetzens." In: **Renn**, Joachim u.a. (Hg.). *Übersetzung als Medium des Kulturverstehens und sozialer Integration*. Frankfurt a.M., New York 2002. S. 93–122.

Stenger, Georg. *Philosophie der Interkulturalität. Erfahrung und Welten. Eine phänomenologische Studie*. Freiburg i.Br., München 2006.

Stichweh, Rudolf. „Der Fremde – Zur Evolution der Weltgesellschaft." In: **Simon**, Dieter (Hg.). *Rechtshistorisches Journal* 11/1992. 295–316.

Stichweh, Rudolf. *Inklusion und Exklusion. Studien zur Gesellschaftstheorie*. Bielefeld 2005.

Straub, Jürgen. *Verstehen, Kritik, Anerkennung. Das Eigene und das Fremde in der Erkenntnisbildung interpretativer Wissenschaften*. (Essener Kulturwissenschaftliche Vorträge 4). Göttingen 1999.

„Technik" (Artikel). In: *Historisches Wörterbuch der Philosophie* (Bd. 10). Hg. von Joachim Ritter und Karl Gründer. Basel, Stuttgart 1998. S. 940–952.

Theunissen, Michael. „Die existenzdialektische Grundvoraussetzung der Verzweiflungsanalyse Kierkegaards." In: **Babich**, Babette E. (Hg.). *From* *phenomenology to thought, errancy, and desire. Essays in honor of William J. Richardson, S.J.* Dordrecht u.a. 1995. S. 181–204.

Theunissen, Michael. „Für einen rationaleren Kierkegaard. Zu Einwänden von Arne Grøn und Alastair Hannay." In: *Kierkegaard Studies.* Yearbook 1996. Hg. von Niels Jørgen Cappelørn, Hermann Deuser. Berlin, New York 1996. S. 63– 90.

Trauzettel, Rolf/**Wang** Shuren. *Einführung in die chinesische Weisheit. Denken die Chinesen anders?* Material der Fernuniversität Hagen 1993.

Vasilache, Andreas. *Interkulturelles Verstehen nach Gadamer und Foucault.* Frankfurt/Main 2003.

Waldenfels, Bernhard. *Das Zwischenreich des Dialogs. Sozialphilosophische Untersuchungen im Anschluß an Edmund Husserl.* Den Haag 1971.

Waldenfels, Bernhard. *Ordnung im Zwielicht.* Frankfurt a.M. 1987.

Waldenfels, Bernhard. *Der Stachel des Fremden.* Frankfurt a.M. 1990.

Waldenfels, Bernhard. „Verschränkung von Heimwelt und Fremdwelt." In: **Mall**, Ram Adhar/**Lohmar**, Dieter (Hg.). *Philosophische Grundlagen der Interkulturalität.* Amsterdam, Atlanta 1993. S. 53–66.

Waldenfels, Bernhard. *Antwortregister.* Frankfurt a.M. 1994.

Waldenfels, Bernhard. „Eigenkultur und Fremdkultur. Das Paradox einer Wissenschaft vom Fremden." In: Studia Culturologica 3. Bd. 3/1994. S. 7–26.

Waldenfels, Bernhard. „Das Eigene und das Fremde." In: *Deutsche Zeitschrift für Philosophie* 4/1995. S. 611–620.

Waldenfels, Bernhard. *Topographie des Fremden. Studien zur Phänomenologie des Fremden I.* Frankfurt a.M. 1997.

Waldenfels, Bernhard. „Phänomenologie des Eigenen und des Fremden." In: **Münkler**, Herfried (Hg.). *Furcht und Faszination. Facetten der Fremdheit.* Berlin 1997. S. 65–84.

Waldenfels, Bernhard. „Antwort auf das Fremde. Grundzüge einer responsiven Phänomenologie." In: **Ders.**/**Därmann**, Iris (Hg.). *Der Anspruch des Anderen. Perspektiven phänomenologischer Ethik.* München 1998. S. 35–49.

Waldenfels, Bernhard. „Kulturelle und soziale Fremdheit." In: **Schneider**, Notker u.a. (Hg.). *Einheit und Vielfalt. Das Verstehen der Kulturen*. Amsterdam, Atlanta 1998. S. 13–35.

Waldenfels, Bernhard. *Verfremdung der Moderne. Phänomenologische Grenzgänge* (Reihe Essener Kulturwissenschaftliche Vorträge.) Göttingen 2001.

Waldenfels, Bernhard. „Paradoxien ethnographischer Fremddarstellung." In: **Därmann**, Iris/**Jamme**, Christoph (Hg.). *Fremderfahrung und Repräsentation*. Weilerswist 2002. S. 151–182.

Waldenfels, Bernhard. *Grundmotive einer Phänomenologie des Fremden*. Frankfurt a.M. 2006.

Weber, Ralph. „Oneness and Particularity in Chinese Natural Cosmology: The Notion *tianrenheyi*." In: *Asian Philosophy* Vol. 15 2/2005. S. 191–205.

Wellbery, David E. „Die Ausblendung der Genese. Grenzen der systemtheoretischen Reform der Kulturwissenschaften." In: **Koschorke**, Albrecht/**Vismann**, Cornelia (Hg.). *Widerstände der Systemtheorie. Kulturtheoretische Analysen zum Werk von Niklas Luhmann*. Berlin 1999. S. 19–27.

Wesche, Tilo. *Kierkegaard. Eine philosophische Einführung*. Stuttgart 2003.

Wilhelm, Richard. *Kungfutse. Gespräche Lun Yü*. Jena 1910. [Reprint München 2000, 8. Aufl. der Neuaufl.]

Wimmer, Franz M. „Zur Aufgabe des Kulturvergleichs in der Philosophiehistorie." In: **Wimmer**, Franz M. (Hg.). *Vier Fragen zur Philosophie in Afrika, Asien und Lateinamerika*. Wien 1988. S. 154–161.

Wimmer, Franz M. „Ansätze einer interkulturellen Philosophie." In: **Kimmerle**, Heinz/**Mall**, Ram A. (Hg.). *Philosophische Grundlagen der Interkulturalität*. Amsterdam, Atlanta 1993. S. 29–40.

Yang Derong. „Studies in Chinese Technology Philosophy." In: **König**, Wolfgang u.a. (Hg.). *Technological Development, Society and State. Western and Chinese civilizations in comparison*. Singapur 1991. 99–109.

2) Chinesische Literatur

An Weifu 安维复. „Shehui jiangou zhuyi: yizhong xin de jishu zhexue. Social constructivism: a new Philosophy of Technology." In: GJZNJ02. S. 333–344.

Bao Guoguang 包国光. „Jishu faming he jishu gaijin de yibanxing jizhi. The general Mechanism of Technological Invention & Innovation." In: GJZNJ02. 135–142.

Chang Linong 常立农. „Shilun jishu fazhan de zonghe mudixing dongli. The views on the comprehensive objective force of the Technology Development." In: GJZNJ02. S. 326–332.

Chen Changshu 陈昌曙/**Chen** Hongbing 陈红兵. „Jishu zhexue jichu yanjiu de 35 zu wenti. 35 Groups of Issues in the Basic Research of Philosophy of Technology." In: GJZNJ01. S. 93–101.

Chen Changshu 陈昌曙/**Chen** Hongbing 陈红兵. „Ba ‚jishu' yu ‚jishu yingyong' qubie kailai – Guanyu jishu zhongxing de lunbian. The Delimitation between Technology and Technological Application" In: GJZNJ02. S. 14–20.

Chen Changshu 陈昌曙/**Chen** Hongbing 陈红兵. „Lun xianshi zhuyi de jishu taidu. On Realism of Attitude to Technology" In: GJZNJ02. S. 154–166.

Chen Wenhua 陈文化/**Shen** Jian 沈健/**Hu** Guixiang 胡桂香. „Guanyu jishu zhexue yanjiu de zaisikao. Reflecting again on the studies of the Philosophy of Technology." In: ZYY 8/2001. S. 60–66.

Chen Xibo 陈喜波. „Qiantan jishu yu shehui sixiang biange. Impact of Technology on Social Thought." In: GJZNJ01. S. 158–162.

Dai Yanjun 戴艳军. „Lun kexue jishu yu lunli daode de guanxi. On the Relationship between Science & Technology and Ethic & Morals." In: GJZNJ03. S. 58–68.

Du Baogui 杜宝贵/**Hu** Zhenya 胡振亚. „Lun jishu zeren zhuti de queshi. On Subject's Absence on Responsibility for Technology." In: ZBY 5/2003. S. 29–33.

Gao Lianghua 高亮华. „Dakai jishu heixiang: Dangdai jishu zhexue yanjiu de jingyan zhuanxiang. Open the Black Box of Technology: The

Empirical Turn in the current Philosophy of Technology Research." In: GJZNJ02. S. 55–62.

Guo Chongchen 郭冲辰. *Jishu yihua lun. On Alienation of Technology* (Northeastern University Ph.D. Library in Philosophy of Technology, Bd. 2). Shenyang 2004.

Guo Lili 郭丽丽. „Jishu shidai de weixian. Qiantan Haidege'er de jishuguan. The danger of Technique era. On Heidegger's Technique View." In: GJZNJ02. S. 270–276.

Huang Shirui 黄世瑞. „Zhong Xi keji sixiang wenhua bijiao. On comparison of scientific and technological thought between China and Western countries". In: ZBY 7/2002. S. 68–71.

Jiang Zhaohua 姜赵华. „Jishu chuangxin yu zhidu chuangxin guanxi yanjiu shuping. Discussion about Studies on the Relation of Technological Innovation and Institutional Innovation." In: GJZNJ01. S. 225–230. S. 227.

Kong Xianyi 孔宪毅. „Guangyi jishu yu guangyi jishu zhexue. Technology in a broad sense and Philosophy of Technology in a broad sense." In: GJZNJ02. S. 21–28.

Kong Xianyi 孔宪毅/**Kong** Qingxin 孔庆新. „Jiaqiang dui ren yu jishu guanxi de yanjiu. Lay more stress in the study of the relationship between Human und Technology." In: GJZNJ03. S. 119–126.

Li Bocong 李伯聪. „,Wo si gu wo zai' yu ,Wo zao wu gu wo zai'. – Renshilun yu gongcheng zhexue chuyi. ,I Think therefore I Am' and ,I Create therefore I Am'. – A Comparison between Epistemology and Philosophy of Engineering. In: ZYY 1/2001. S. 21–24.

Li Bocong 李伯聪. „Cong gongju de fazhan kan shehui xingtai de fazhan. The view to the development of social formation from the development of implements". In: GJZNJ03. S. 184–196.

Li Wenchao 李文潮. „Jishu lunli yu xing'ershangxue. Lun Younasi de zeren lunli. Technological Ethic and Metaphysics. On the ,Imperative of Responsibility' written by Hans Jonas." In: GJZNJ02. S. 143–153.

Li Xiaowei 李晓伟/**Wang** Zhaohe 王昭翮. „Jishu chuangxin de shixian moshi. Realization Modes of Technical Innovation." In: GJZNJ02. S. 369–376.

Lin Dehong 林德宏. „‚Shuangdaojian' jiedu. Interpretation of ‚Two-sided Sword'." In: ZBY 10/2002. S. 34–36.

Liu Yongzhen 刘永振. „Ren yu ziran: jishu zhexue de yongheng zhuti. Human and Nature: an eternal theme of Philosophy of Technology." In: GJZNJ02. S. 29–45.

Liu Zeyuan 刘则渊. „Makesi he Kapu: Gongchengxue chuantong jishu zhexue bijiao. Marx and Kapp: Comparison of their Engineering Philosophy of Technology." In: GJZNJ01. S. 71–80.

Liu Zeyuan 刘则渊. „Gongcheng kexue he jishu zhexue lianhe de fanlie. – Deguo Jishu zhexue de gongchengxue chuantong ji qi qishi. Example of the Combination of Engineering Science and Philosophy of Technology. – The Engineering Tradition and illumination of Germany Philosophy of Technology." In: GJZNJ01. S. 102–105.

Liu Zeyuan 刘则渊/**Wang** Fei 王飞. „Zhongguo jishulun yanjiu ershi nian (1982–2002). Chinese Research on Technology Theory for 20 years." In: GJZNJ02. S. 299–314.

Liu Zeyuan 刘则渊/**Wang** Xukun 王续琨 (Hg.). *Gongcheng-Jishu-Zhexue. 2001 nian jishu zhexue yanjiu nianjian. Engineering – Technology – Philosophy. 2001's Research Yearbook on Philosophy of Technology.* Dalian 2002. [Abgekürzt: GJZNJ01]

Liu Zeyuan 刘则渊/**Wang Xukun** 王续琨 (Hg.). *Gongcheng-Jishu-Zhexue. 2002 nianjian Zhongguo jishu zhexue yanjiu nianjian. Engineering-Technology-Philosophy. 2002's Research Yearbook on Philosophy of Technology in China.* Dalian 2002. [Abgekürzt: GJZNJ02]

Liu Zeyuan 刘则渊/**Wang** Xukun 王续琨/**Wang** Qian 王前 (Hg.). *Gongcheng-Jishu-Zhexue. 2003 nianjuan Zhongguo jishu zhexue yanjiu nianjian. Engineering-Technology-Philosophy. 2003's research Yearbook on Philosophy of Technology in China.* Dalian 2004. [Abgekürzt: GJZNJ03]

Liu Zeyuan 刘则渊. „Kexue wangguo he daode wangguo de tongyi – mianxiang xiandai kexue jishu de lunlixue tansuo zhi lu. Unification between the Science Kingdom and Morals Kingdom. – Way of researching the ethics facing modern science and technology." In: GJZNJ03. S. 4–17.

Qian Junsheng 钱俊生/**Zeng** Lin 曾林. „Jishu lixing de renwen fansi. Humanistic Think (sic) on Technological Reason." In: ZBY 8/2003. S. 49–52.

Qiao Ruijin 乔瑞金/**Zhou** Xing 周星. „Keheng jishi zhengtilun sixiang tanwei. Exploration of Cohen's Technological Wholism [sic]." In: GJZNJ02. S. 63–70.

Wang Dewei 王德伟. „Chanpin shi jiejue Modun wenti de zhongyao gainian. The Product is the important Concept of solving the Problem of Merton." In: GJZNJ02. S. 78–89.

Wang Haiqin 王海琴. „Shixi Haidege'er guanyu xiandai jishu benzhi he Ereignis de sixiang. On Heidegger's Thinking of Essence of Modern Technology and Ereignis." In: GJZNJ01. S. 106–114.

Wang Haiqin 王海琴. „Haidege'er fenxi jishu dui xingershangxue de yingxiang. On the influence of Technology on Metaphysics of Heidegger's Analysis." In: GJZNJ02. 260–269.

Wang Nan 王楠. „Guonei Ou Mei jishu zhexue yanjiu zongshu. A Summary of Research on Western Philosophy of Technology in China." In: GJZNJ03. S. 368–376.

Wang Qian 王前. „Zhongguo jin xiandai jishu fazhan de wenhua duoyangxing. Diversification of Literature of Technology Development in China." In: GJZNJ01. S. 163–171.

Wang Qian 王前. „Jishu chansheng he fazhan guocheng de renzhi tedian. The cognitive characters of Technological Bringing and Developing Processes." In: GJZNJ02. S. 130–134.

Wang Qian 王前. *Zhongguo jishu sixiang shi lun* [Abhandlung über die Geschichte des chinesischen Technikdenkens]. Beijing 2004.

Wang Qian 王前. *Zhong Xi wenhua bijiao gailun* [Einführung in den Kulturvergleich: China und der Westen.] Beijing 2005.

Wang Xukun 王续琨. „Jishu zhexue de kuaxueke yanjiu. Cross-disciplinary Research on Philosophy of Technology." In: GJZNJ02. S. 46–57.

Wu Guosheng 吴国盛. „Jishu yu renwen. [Technik und Humanität]" In: GJZNJ01. S. 232.

Wu Guosheng 吴国盛. „Zhexue de ‚jishu zhuanxiang'. ‚Technology Turn' in Philosophy." In: ZYY 1/2001. S. 26–27.

Wu Guosheng 吴国盛. *Rang kexue huigui renwen. Science vs. Humanism – Interlocution*. Nanjing 2003.

Xia Baohua 夏保华. „Xin shiji jishu chuangxin de zhanlüe fangxiang. Strategic Orientations of Technological Innovation in New Century." In: GJZNJ02. S. 359–368.

Xia Baohua 夏保华. „Jishu de xingzhi yu jishu de san xiang goucheng. The Nature of Technology and its constitutions." In: ZBY 3/2003. S. 49–53.

Xiao Feng 肖峰. „Jishu yu shehui guanxi de huanwei sikao. A conversing thinking about the relation between Technology and Society." In: GJZNJ02. S. 315–325.

Xiao Feng 肖峰. „Lun jishu de shehui shixian. On the social realization of Technology." In: ZBY 2/2002. S. 31–33.

Yang Qingfeng 杨庆峰/**Zhao** Weiguo 赵卫国. „Jishu gongjulun de biaoxian xingshi ji beilun fenxi. Analysis on Representation and Paradox of Instrumentalism of Technology." In: ZBY 4/2002. S. 55–57.

Yu Sheng 俞胜/**Hong** Xiaonan 洪晓楠. „Lun Bolanni de kexue jishu huajieguan. Study on Polanyi's View on the Division of Science and Technology." In: GJZNJ02. S. 71–77.

Yuan Deyu 远德玉. „Jishu chuangxin de tezhi yu gongneng. The Character and Function of Technological Innovation."In: GJZNJ01. S. 193–198.

Zhang Dezhao 张德昭/**Yang** Qingfeng 杨庆峰/**Shi** Dunguo 石敦国. „Lun lunli pingjia dui kexue jishu de zhangli. The Impact of ethical Evaluation on Science and Technology." In: ZBY 1/2002. S. 31–33.

Zhang Huaxia 张华夏/**Zhang** Zhilin 张志林. „Guanyu jishu he jishu zhexue de duihua – ye yu Chen Changshu, Yuan Deyu jiaoshou shangtan. A Dialogue about Technology & Philosophy of Technology – Negotiation with Chen Chang-shu & Yuan De-yu." In: ZBY 1/2002. S. 49–52.

Zhang Liwen 张立文 (Hg.). *Dao* [Dao] (Zhongguo zhexue fanchou jingcui congshu [Buchreihe zu den Kategorien der chinesischen Philosophie]. Beijing 1996.

Zhang Wanyong 张万勇. „Cong shehui huanjing jiaodu kan jishu zhuanyi de leixing he jieduan. Type and Stage of Technological Transformation." In: GJZNJ02. S. 345–350.

Zhao Shiying 赵士英/**Liu** Yongzhen 刘永振. „Jishu chuangxin xitong de zhexue fenxi. The philosophical Analysis of Technology Innovation System." GJZNJ01. S. 199–204.

Zhexue yanjiu (yuekan)/Philosophical research (monthly). Darin diverse Aufsätze. [Abgekürzt: ZYY]

Ziran bianzhengfa yanjiu/Studies in Dialectics of Nature. Darin diverse Aufsätze [Abgekürzt: ZBY]

3) Wörterbücher, Lexika

Benseler Griechisch-Deutsches Schulwörterbuch. Bearb. von Adolf Kaegi [1931]. Stuttgart, Leipzig [15]1994 (unveränderte Neuauflage).

Chinesisch-Deutsches Wörterbuch (6400 Schriftzeichen mit ihren Einzelbedeutungen und den gebräuchlichsten Zusammensetzungen). Von Werner Rüdenberg. Hamburg [2]1936.

Ciyuan [Wörterbuch zu den Quellen sprachlicher Ausdrücke, in einem Bd.]. Beijing 1988 (erw. Neuaufl.).

Gu Hanyu changyongzi zidian [Wörterbuch häufig gebrauchter Zeichen der alten chinesischen Sprache]. Beijing [10]1998 (1. Auflage 1979).

Hanyu da cidian [Großes Wörterbuch der chinesischen Sprache. 12 Bde., mit Index]. Shanghai 1995.

Historisches Wörterbuch der Philosophie, 13 Bände. Hg. von Joachim Ritter, Karlfried Gründer. Stuttgart, Basel 1971–2007.

Mathew's Chinese-English Dictionary (American Edition, with revised English Index). Kompil. von R.H. Mathews. Shanghai 1931. Nachdruck Tabei [13]1975.

Xin shidai Han Ying da cidian. New Age Chinese-English Dictionary. Beijing 2001.

www.ingramcontent.com/pod-product-compliance
Lightning Source LLC
Chambersburg PA
CBHW021929290426
44108CB00012B/781